Konfliktfeld Arzneimittelversorgung

AF816672

ALLOKATION IM MARKTWIRTSCHAFTLICHEN SYSTEM

Herausgegeben von
Heinz König, Hans-Heinrich Nachtkamp,
Ulrich Schlieper, Eberhard Wille

Band 46

PETER LANG
Frankfurt am Main · Berlin · Bern · Bruxelles · New York · Oxford · Wien

EBERHARD WILLE
MANFRED ALBRING
(Hrsg.)

KONFLIKTFELD ARZNEIMITTEL-VERSORGUNG

PETER LANG
Europäischer Verlag der Wissenschaften

Die Deutsche Bibliothek - CIP-Einheitsaufnahme

Konfliktfeld Arzneimittelversorgung / Eberhard Wille / Manfred Albring (Hrsg.). - Frankfurt am Main ; Berlin ; Bern ; Bruxelles ; New York ; Oxford ; Wien : Lang, 2002
(Allokation im marktwirtschaftlichen System ; Bd. 46.)
ISBN 3-631-50291-5

ISSN 0939-7728
ISBN 3-631-50291-5

© Peter Lang GmbH
Europäischer Verlag der Wissenschaften
Frankfurt am Main 2002
Alle Rechte vorbehalten.

Das Werk einschließlich aller seiner Teile ist urheberrechtlich geschützt. Jede Verwertung außerhalb der engen Grenzen des Urheberrechtsgesetzes ist ohne Zustimmung des Verlages unzulässig und strafbar. Das gilt insbesondere für Vervielfältigungen, Übersetzungen, Mikroverfilmungen und die Einspeicherung und Verarbeitung in elektronischen Systemen.

www.peterlang.de

Danksagung

Die Fertigstellung des vorliegenden Symposium-Bandes der sechsten „Bad Orber Gespräche" erforderte ein hohes Engagement. Von der Planung und Vorbereitung bis hin zur Durchführung der Tagung und Präsentation der Ergebnisse als Publikation waren Arbeitseinsatz und Motivation vieler Beteiligter gefragt. Stellvertretend für alle möchten wir unseren ausdrücklichen Dank Dr. Michaela Flug, Dr. Vanessa Elisabeth Schaub, Martina Giese, Konstanze Lipelt, Ingeborg Hagedorn und Corinna Schulze aussprechen.

Dr. med. Manfred Albring — Prof. Dr. rer. pol. Eberhard Wille

Berlin im Juni 2002

Inhaltsverzeichnis

Vorwort

Peter Schmidt

Wieder einmal stehen die Arzneimittelausgaben in der gesetzlichen Krankenversicherung (GKV) im Brennpunkt der Gesundheitspolitik. Sie expandieren mit hohem Tempo. Allein im Jahr 2001 sind sie gegenüber dem Vorjahr um 10,8 Prozent gestiegen. Im ersten Quartal 2002 haben sie sich um weitere 5,2 Prozent erhöht. Derzeit gibt es keine Anzeichen, dass dieser Trend alsbald gebrochen wird. Der Druck auf die Politik und die beteiligten Akteure im Gesundheitswesen, die Qualität und Wirtschaftlichkeit der Arzneimittelverordnung zu verbessern, lässt also nicht nach. Die Politik darf, kann und will deshalb zum einen die Ärzte nicht aus ihrer Verantwortung für eine durchgängig rationale, qualitätsorientierte und wirtschaftliche Verschreibung entlassen. Zum anderen muss sie alle Chancen ausloten, in der Wertschöpfungskette „Arzneimittel" Einsparpotenziale zu identifizieren und auszuschöpfen.

Dabei stößt sie auf den geballten Widerstand von Arzneimittelherstellern, Pharmagroßhandel und Apothekern. Die Positivliste, die Medikamente aus dem Leistungskatalog der GKV eliminieren soll, deren therapeutische Wirksamkeit umstritten oder nicht nachgewiesen ist, war und ist – ebenso wie die Umkehrung der bisherigen Aut-idem-Regelung – erbittert umkämpft. Es spricht alles dafür, dass es mit zwei weiteren zentralen Reformvorhaben auf dem Feld der Arzneimittelversorgung nicht anders sein wird. Das erste dieser beiden Projekte betrifft die Nutzen-Kosten-Untersuchung von Arzneimitteln, das andere die Zulassung des Versandhandels von Arzneimitteln.

Schon die bloße Absichtserklärung der Bundesministerin für Gesundheit, in der nächsten Legislaturperiode den Versand von Arzneimitteln zuzulassen, hat die Apotheker auf die Barrikaden getrieben. Wie in der Gesundheitsbranche üblich, nehmen auch die Apotheker mit ihrer Kampagne gegen den Versandhandel nicht etwa ihre eigenen Belange wahr. Sie werfen sich vielmehr völlig uneigennützig für die Interessen der Patienten in die Bresche. Die Apothekerschaft wehrt sich im Wesentlichen mit folgenden Argumenten gegen die Zulassung von Versandapotheken/des Arzneimittelversandhandels:

- Die Arzneimittelsicherheit und
- die flächendeckende orts- und zeitnahe Versorgung der Bevölkerung mit Medikamenten werde gefährdet
- die Qualität der Versorgung werde verschlechtert

- die erwarteten Einsparungen würden nicht erzielt.

Arzneimittelsicherheit

Die Zulassung von Versandapotheken wird die Arzneimittelsicherheit nicht gefährden. Die Arzneimittelsicherheit ist unteilbar. Sie muss bei der konventionellen Medikamentenabgabe und beim Arzneimittelversand identisch sein. Da der Träger des Arzneimittelversandes (auch beim E-Commerce) eine traditionelle Apotheke (Versandapotheke) sein wird, ist fachlich und institutionell sichergestellt, dass die Arzneimittelsicherheit auch beim Versand von Medikamenten gewahrt wird. Die Erfahrungen, die im Ausland – zum Beispiel in der Schweiz und den USA – beim Versand von Medikamenten gemacht worden sind, zeigen, dass die Arzneimittelsicherheit gewährleistet ist, wenn die notwendigen logistischen Voraussetzungen geschaffen worden sind. Dazu gehört unter anderem, dass die Versandapotheke – etwa über ein Call Center – rund um die Uhr eine qualifizierte pharmazeutische Beratung durch einen Apotheker anbietet.

Bei Teilnahme von Versandapotheken aus anderen EU-Mitgliedstaaten an der Arzneimittelversorgung ist sicherzustellen, dass die Verkehrsfähigkeit und die Pharmakovigilanz dem AMG-Standard entsprechen, den Patienten eine vollständige und verständliche Patienteninformation in deutscher Sprache an die Hand gegeben wird und die Patientenrechte nach Maßgabe des AMG und des Apothekengesetzes gewahrt werden.

Gefährdung der flächendeckenden orts- und zeitnahen Versorgung der Bevölkerung mit Medikamenten

Das von der Apothekerschaft prophezeite Massensterben der traditionellen Präsenzapotheke wird ausbleiben. Die Präsenzapotheke wird auch in Zukunft ein faktisches Monopol bei der Akutversorgung besitzen. Die Versandapotheke wird demgegenüber ausschließlich chronisch Kranke mit Medikamenten beliefern. Es darf allerdings nicht verkannt werden, dass der Löwenanteil der Arzneimittelausgaben auf die medikamentöse Versorgung eben dieser Patienten entfällt. Gelänge es den Versandapotheken, die Versorgung der chronisch Kranken weitgehend an sich zu ziehen, wäre den meisten Präsenzapotheken aller Voraussicht nach die wirtschaftliche Basis entzogen. Die flächendeckende orts- und zeitnahe Versorgung der Bevölkerung mit Arzneimitteln wäre dann in Gefahr. Die Eintrittswahrscheinlichkeit dieses Worst-Case-Szenarios ist jedoch außerordentlich niedrig. In den USA, in denen es den Arzneimittelversand seit Jahrzehnten gibt und in denen viele Versicherte auf Grund ihres Versicherungsvertrages gehalten sind, Medikamente über diese Vertriebsschiene zu beziehen, stagniert der Marktanteil der Versandapotheken bei maximal 15 Prozent. In den Niederlanden, in Großbritannien und der Schweiz spielt der Arzneimittelversand nur eine marginale Rolle. Sein Marktanteil in der Schweiz liegt bei einem Prozent.

Die Versandapotheke soll – und wird – die bewährte Arzneimitteldistribution über die Offizinapotheke nach alledem nicht ersetzen. Sie wird den etablierten Vertriebsweg vielmehr lediglich ergänzen. Die Versandapotheke wird der Präsenzapotheke, einen Teil des „Umsatzkuchens" wegnehmen. Wie groß dieses Kuchenstück wird, hängt nicht zuletzt von den Marketingstrategien der Apotheker ab.

Zwischen Präsenz- und Versandapotheke muss ein Wettbewerb der „gleichlangen Spieße" stattfinden. Deshalb darf die Versandapotheke keine „Rosinenpickerei" betreiben, indem sie lediglich hochpreisige Präparate in ihrem Sortiment führt, die unter Ertragsgesichtspunkten besonders lukrativ sind. Die Versandapotheken werden gesetzlich zu verpflichten sein, das Vollsortiment anzubieten und auszuliefern.

Die Preisbindung der zweiten Hand im Arzneimittelvertrieb muss – etwa im Sinne eines Höchstpreissystems – modifiziert werden, wenn die angestrebten Effizienzgewinne erzielt werden sollen. Damit entfiele die Grundlage für die Mischkalkulation, auf der die finanzielle Existenz und das bisherige Dienstleistungsangebot (Beispiel: Not- und Nachtdienst) der Präsenzapotheke beruhen.

- Deshalb wird zu prüfen sein, ob die Einführung der Versandapotheke mit einer Drehung der Arzneimittelpreisverordnung verknüpft wird, die einerseits den Apothekenzuschlag bei den hochpreisigen Medikamenten (Marktanteil: zehn Prozent) spürbar verringert und andererseits die Apothekentaxe bei den niedrigpreisigen Präparaten (Marktanteil: 90 Prozent) maßvoll erhöht.

- Diskutiert werden sollte auch das Schweizer Preismodell, das aus einer Kombination eines preisunabhängigen Beratungsfixums und einer preisgebundenen Aushändigungsgebühr besteht.

- Darüber hinaus wird zu überlegen sein, den Nacht- und Notdienstzuschlag angemessen zu erhöhen.

- Ferner gehören die Gebühren für die Herstellung von Rezepturen durch die Apotheke auf den Prüfstand.

- Außerdem müssen die Restriktionen für den Botendienst unter die Lupe genommen werden.

Am Grundsatz der freien Apothekenwahl durch den Patienten wird nicht gerüttelt, der Arzt wird seinen Patienten vielmehr auch in Zukunft ihre Rezepte aushändigen. Es ist sodann allein deren Sache, die Apotheke ihres Vertrauens auszuwählen, bei der sie ihre Verordnung einlösen. Die Patienten- und Rezeptsteuerung wird auch in Zukunft ausgeschlossen sein. Weder der behandelnde Arzt noch die Krankenkasse werden das Recht bekommen, die Präsenz- oder Versandapotheke zu bestimmen, die ihre Patienten bzw. Versicherten mit Medikamenten versorgt, die zu Lasten der GKV verordnet werden.

Einsparvolumen

Niemand kann fundierte und stichhaltige Prognosen über die Höhe der Einsparungen abgeben, die mit dem Versand von Arzneimitteln erzielt werden. Denn zum einen ist niemand in der Lage, belastbare Aussagen darüber zu machen, in welchem Umfang die Patienten von ihrem Wahlrecht Gebrauch machen, ihre Medikamente auf diesem Vertriebsweg zu beziehen. Zum anderen lässt sich nicht absehen, welche Konsequenzen die geänderten Rahmenbedingungen für die Präsenzapotheke zeitigen werden.

Fremd- und Mehrbesitzverbot

Die Apotheker agitieren auch mit der Behauptung gegen den Arzneimittelversand, dessen Einführung müsse zwangsläufig zur Aufhebung des Fremd- und Mehrbesitzverbotes führen. Die dann zulässigen Apothekenketten machten den mittelständischen Apothekern schnell den Garaus. Die Aufhebung des Fremd- und Mehrbesitzverbotes steht – allen Unkenrufen der Apothekerschaft zum Trotz – aber nicht auf der politischen Agenda. Präsenzapotheker sollten aber das Recht bekommen, sich zu „Arzneimittelversand-Ringen“ zusammenzuschließen.

Resümee

Die „Bad Orber Gespräche“ haben die politische, rechtliche und ökonomische Aufarbeitung des Themenkreises „Versandhandel/E-Commerce“ ein gutes Stück voran gebracht. Sowohl die Referenten als auch die Diskutanten haben ihre kontroversen Standpunkte – wie nicht anders zu erwarten – kompetent, differenziert und mit Überzeugungskraft vorgetragen. Sie haben das Für und Wider des Versandes von Arzneimitteln im Detail vorgetragen, kein Argument, das nicht in Rede und Gegenrede unter die Lupe genommen und hinterfragt worden wäre. Entsprechendes gilt für die anderen Themen auf dem „Konfliktfeld Arzneimittelversorgung".

Die auch diesmal hochkarätig besetzten „Bad Orber Gespräche" haben ihren Ruf gefestigt, eine Plattform zu bieten, auf der ohne Tabus und Denkverbote über die aktuellen und künftigen Herausforderungen unseres Gesundheitswesens diskutiert wird. Die „Bad Orber Gespräche" 2001 haben Appetit auf die „Bad Orber Gespräche" 2002 gemacht.

Begrüßung

Manfred Albring

Meine sehr geehrten Damen und Herren, lieber Herr Professor Wille, herzlich willkommen zu den 6. Bad Orber Gesprächen in Berlin. Hauptstadt statt Provinz, Kultur statt Waldlauf – das war der Wunsch vieler Teilnehmer des letztjährigen Symposions. Und wir machen nun den empirischen Test, ob sich die Berliner Luft befruchtend auf die Ergebnisse unserer Veranstaltung auswirken wird.

Themen für die diesjährigen Bad Orber Gespräche hatten Professor Wille und ich in überaus reichlichem Maße zur Auswahl. So z. B. die geplanten Maßnahmen des Gesetzgebers zur Schaffung eines morbiditätsorientierten RSA sowie die Einführung von Disease-Management-Programmen; ferner die Umsetzung von kompletten Fallpauschalen im stationären Bereich sowie die erneute Diskussion zum Hausarztmodell, oder schließlich das Festbetragsneuordnungsgesetz, um nur einige zu nennen. Dass wir uns trotzdem für den Arzneimittelbereich entschieden haben, stand aber auch mit unserer Vermutung im Zusammenhang, dass bei Budgetproblemen zum Jahresende - für Interventionen der Arzneimittelbereich und den dann rasch zu realisierenden Kapitalbeschaffungsmaßnahmen - die Arzneimittelhersteller noch am ehesten geeignet wären.

Seit es Kostendämpfungsgesetze gibt, steht die Arzneimittelversorgung im Fokus der Gesundheitspolitik: Durch kurzfristig wirksame Eingriffe, wie sie augenblicklich im Gesetzgebungsverfahren sind, oder durch langfristig strukturelle Veränderungen, wie sie etwa mit dem mühsamen Weg zu einer Neuauflage der Positivliste angestrebt werden. Wohl kein Leistungsbereich im Gesundheitswesen hat in den letzten 20 Jahren, gemessen an seiner Relevanz für die Ausgaben des Gesundheitswesens, so viel Aufmerksamkeit und Energie beansprucht wie die Arzneimittelversorgung. Ich bin sicher, dass sich dies auch in absehbarer Zukunft nicht ändern wird.

Eine Ursache dafür könnte sein, dass die Arzneimittelversorgung im Unterschied zu den meisten anderen Leistungssektoren den höchsten Grad an professioneller Kommerzialisierung aufweist, die natürlich immer wieder in Verdacht steht, unerwünschte Monopolrenditen einzufahren. Das Eröffnungsreferat von Herrn Professor Glaeske zum Thema „Arzneimitteltherapie – das Geschäft mit der Krankheit?“ könnte darauf Antworten geben.

Am morgigen Freitag werden wir uns mit der gesamten erprobten und noch nicht erprobten Klaviatur der Steuerungsinstrumente im Arzneimittelsektor auseinandersetzen. Um die Spannung zu erhöhen und Kreativitätspotentiale zu heben, sollen je zwei Referenten mit ihren kontroversen Bewertungen oder Positionierungen die Akzentuierung zu den einzelnen Themenblöcken liefern. Wir werden dabei von den primär an der Ausgabendämpfung ausgerichteten Instrumenten wie Richtgrößen, Budgets und Festbeträgen überleiten zu strukturverändernden Instrumenten wie der geplanten Positivliste und den Voraussetzungen für eine Innovationsfinanzierung. Ich erwarte, dass wir aus der Rückschau auf Instrumente, die über viele Jahre angewendet worden sind – vor allem sind dies die Festbeträge und die Arzneimittelbudgets – Aufschluss darüber erhalten, welche inzwischen verbrauchten Reglements durch neue, funktionstüchtigere ersetzt werden könnten. Ich nenne hier beispielhaft die Festbeträge, die autonom von der Selbstverwaltung der Krankenkassen gemeinsam und einheitlich festgesetzt worden sind – ein Verfahren, das sich rechtspolitisch als wohl nicht haltbar erwiesen hat und ersetzt werden müsste. Wie dies geschehen könnte, hat entscheidend mit der Frage zu tun, wie eine neue Wettbewerbsordnung der Krankenkassen aussieht. Man kann sich leicht vorstellen, dass die Art der künftigen Preisbildung auf dem größten europäischen Arzneimittelmarkt für die pharmazeutische Industrie von essentieller Bedeutung ist.

Ein besonderes Problem bei begrenzten Ressourcen in der gesetzlichen Krankenversicherung ist die Option auf eine fortschrittliche Versorgung von Patienten mit lebensbedrohenden Erkrankungen mit Arzneimitteln, die für die entsprechende Indikation noch nicht zugelassen sind. Eine Arzneimitteltherapie außerhalb der Regelversorgung beinhaltet so gut wie immer eine gutachterliche Bewertung seitens des MDK und der Kassen, oder aber auch die Gefahr eines extremen Regressrisikos für diejenigen Ärzte, die trotz fehlender Kostenerstattungsübernahme eine Behandlung eingeleitet haben.

Beim Einsatz von Arzneimitteln außerhalb der nicht oder noch nicht zugelassenen Indikation geht es im engeren Sinne um die Bedingungen, unter denen neue medizinische Erkenntnisse über ein in vielen Fällen bereits zugelassenes Arzneimittel in die therapeutische Wirklichkeit umgesetzt und für Patienten auch schon vor der Zulassung verfügbar gemacht werden könnten. Ich bin froh, dass wir hier alle Experten unter uns haben, so dass wir die unterschiedlichen Sichtweisen und Interessenlagen zusammenführen und verstehen lernen können. Und dass wir auch verstehen lernen, in welch schwieriger Konfliktsituation sich der einzelne Arzt befindet, wenn er einerseits aufgrund vorliegender medizinischer Erkenntnis nach dem bürgerlichen Recht eine Innovation einsetzen muss, sich aber im Falle der Verweigerung haftungsrechtlich wegen unterlassener Hilfeleistung zu verantworten hat, andererseits aber wegen der noch nicht vorliegenden arzneimittelrechtlichen Zulassung die Gefährdungshaftung vom Hersteller auf den Arzt übergeht und dieser überdies auf der sozialrechtlichen Schiene sich dem Risiko eines Arzneimittelregresses aussetzt.

Den letzten, und ich glaube nicht minder spannenden Teil unserer diesjährigen Bad Orber Gespräche wollen wir der Liberalisierung der Arzneimitteldistribution widmen. Wir haben dabei inzwischen einigen Tatsachen in die Augen zu blicken: Im Ausland, und zwar in Holland und in der Schweiz, stehen Versandhändler und Internet-Apotheken Gewehr bei Fuß. So oder so wird der Europäische Gerichtshof ein bereits anhängiges Verfahren entscheiden müssen. Teile der Politik zeigen ein Interesse an der Arzneimitteldistribution, das nahe legt, sich besser auf zukünftige Veränderungen einzustellen. Eine Liberalisierung der Distribution dürfte in ihrer Auswirkung nicht nur auf die Offizinapotheken beschränkt bleiben, sondern auch gravierende Folgen für die pharmazeutische Industrie haben. Dies insbesondere dann, wenn durch den Fortfall des Mehr- und Fremdbesitzverbotes der Apotheken völlig neue Nachfragestrukturen mit erheblicher Nachfragemacht entstehen. Mit Recht wird auch in diesem Zusammenhang die Frage nach Wirtschaftlichkeitsreserven und nach dem Maß der Wertschöpfung in der Arzneimitteldistribution gestellt. Ich erhoffe mir neue Fakten und neue Erkenntnisse bei diesem spannenden Thema.

Darüber hinaus erwarte ich – wie auch in den Vorjahren – eine angeregte, jedoch nicht aufgeregte Diskussion, und eröffne die „6. Bad Orber Gespräche“ zum „Konfliktfeld Arzneimittelversorgung“.

Arzneimitteltherapie – das Geschäft mit der Krankheit?

Gerd Glaeske

Evidenz in der Arzneimittelinformation – Voraussetzung für Effizienz in der Therapie
– Für eine „Gegenöffentlichkeit“ auf dem Arzneimittelmarkt –

Bei allen notwendigen Überlegungen über die Möglichkeiten, im Zusammenhang mit den auffällig steigenden Arzneimittelausgaben in der gesetzlichen Krankenversicherung (GKV) die ohne Zweifel noch vorhandenen Wirtschaftlichkeitsreserven zu mobilisieren, wird immer wieder das Thema vernachlässigt, wie denn Informationen über Arzneimittel zu den Ausgabensteigerungen beitragen. Dabei ist seit langem bekannt, dass es die begleitende Information ist, die aus einer chemischen Substanz ein Arzneimittel macht. Der folgende Beitrag kann daher auch als verbindender Gedanke für alle auf dieser Tagung noch folgenden Referate angesehen werden – eine Festbetragsregelung oder eine aut-idem-Strategie kann nämlich nie die in sie gesetzten Hoffnungen und Erwartungen zur Nutzung von Wirtschaftlichkeitsreserven erfüllen, wenn die zugrunde liegende Arzneimitteltherapie in ihrer Anwendung nicht evidenzbasiert ist. Falsch angewendete Arzneimittel oder die Anwendung falscher Arzneimittel bleiben eben unwirtschaftlich, auch wenn sie als Generika im Rahmen eines Festbetrages genutzt werden.

Noch immer Prednison statt Prednisolon

Ein erstes Beispiel aus der Vergangenheit – ausgewählt auch als Referenz an den Ausrichter der „Bad Orber Gespräche“:

1955 brachte Schering den lebensnotwendigen Stoff Prednisolon, eine Substanz aus der Reihe der Glukokortikoide, auf den Markt, unter Monopolbedingungen, wie damals angemerkt wurde (Basisgruppe Pharmazie, 1968). Die Gewinne waren deshalb beträchtlich, der Marktanteil für dieses Mittel lag bei 89 %. Schering bezog das fertige, unverarbeitete Prednisolon von der Firma Upjohn, die Verarbeitung und Abfüllung kostete Schering ca. 1,5 Cent pro Tablette, während der Verbraucherpreis bei 30 Cent pro Tablette lag. Auch nachdem 1957 weitere, aber kleinere Firmen das gleiche Präparat sogar aus der gleichen Bezugsquelle gewinnbringend mit 2 Cent pro Tablette auf den Markt gebracht hatten, verlangte Schering weiterhin den gleich hohen Preis. Andere Firmen wie Upjohn und Pfizer hatten sich den hohen Schering-Preisen übrigens angeschlossen. Auf die Frage, warum der enorme Umsatz die Firma Schering nicht zu einer Preissenkung veranlasst habe, antwortete ihr damaliger Präsident Brown: „Ich glaube nicht, dass wir zu einem niedrigeren Preis noch mehr verkaufen würden." Seltener ist klar gemacht worden, dass die normalen Gesetze von Angebot und Nachfrage in der medizinischen Versorgung wenig Gültigkeit besitzen – die Werbung für das Schering-Produkt, die Positionierung der Marke eines potenten Herstellers, hat offensichtlich die Ärztinnen und Ärzte in ihrer Verordnungstätigkeit mehr beeinflusst als Überlegungen, die gleiche Therapie wirtschaftlicher mit preisgünstigeren Mitteln durchführen zu können. Und dieser Marketingaufwand war beträchtlich: Insgesamt gab Schering in diesen Jahren für jeden Dollar Umsatz 32,5 Cent für Werbung und Produktinformation aus – bei 2,5 Mrd. Dollar also ¾ Mrd. Dollar, die natürlich im Endverkaufspreis enthalten waren und von den Patienten mitfinanziert werden mussten. In der Zwischenzeit hat sich der Markt der Kortikoide zwar verändert, Festbeträge und Generika haben in Deutschland dazu geführt, dass sich Angebot und Preisniveau deutlich verändert haben. Dennoch ist im Markt der Kortikoide eine Marktauswahl zu beobachten, die U. Schwabe als „schwer verständlich" beschreibt (Schwabe 2001). Betrachtet man nämlich den Markt der nichtfluorierten Glukokortikoide, so entfallen rund 25 % der verordneten 218 Mio. Tagesdosierungen auf den Wirkstoff Prednison, der um 60 % teurer als die Prednisolon-Präparate angeboten wird und der zudem den Nachteil hat, dass er zunächst in den biologisch aktiven Metaboliten Prednisolon umgewandelt werden muss. Prednison wird damit zum Prodrug – es gibt unter pharmakotherapeutischen Gesichtspunkten keinen nachvollziehbaren Grund, noch immer das teurere Prednison einzusetzen. Noch auffälliger ist dies für das Methylprednisolon, das sogar viermal so teuer in den Tagesdosierungskosten ist wie das Prednison, ohne wesentliche therapeutische Vorteile anbieten zu können. Warum wird dieses Wissen, das seit vielen Jahren zu den Standardaussagen in Lehrbüchern gehört, so wenig im Alltag berücksichtigt? Sind die Namen der meist verordneten Prednison- und Methylprednisolonhaltigen Mittel – nämlich Decortin und Urbason – derart als Marke etabliert, dass für viele Ärztinnen und Ärzte die Assoziation „Glukokortikoid" und „Decortin" oder „Urbason" so gängig ist wie „Tempo" und „Papiertaschentücher" oder „McDonalds" für alle Fleisch-Burger? Diese fehlleitenden Informationen führen allein im Markt der nichtfluorierten Glukokortikoide zu unnötigen Mehrausgaben von rund 40 Mio. €, ein Betrag, der sinnvollerweise für wirklich neue und therapeutisch fortschrittliche Arzneimittel eingesetzt werden sollte, z. B. für atypische Neuroleptika (siehe auch weiter unten). Die interessensgelenkte Information von Firmen, die den Absatz und Umsatz ihrer Arzneimittel in den Mittelpunkt stellt, beeinflusst offensichtlich nachhaltig die Entscheidungen in der Therapie – ohne Evidenz in der Information ist die Verbesserung der Effizienz in der Arzneimitteltherapie kaum erreichbar. Im hier zitierten Indikationsbereich hätte aber unter Effizienzgesichtpunkten die Verordnung Prednisolon-haltiger Generika eine besondere Bedeutung – hierauf hat allgemein E. Wille bereits 1994 hingewiesen: „Im Unterschied zu innovativen Arzneimitteln beeinflussen ‚imitierende Produkte' wie Analogpräparate und Generika nicht die gesundheitlichen Wirkungsziele, ihnen fällt vielmehr die Aufgabe zu, bei schon existierenden Produkten über Preissenkungen die Effizienz der Gesundheitsversorgung zu verbessern." Dieser Nutzen im Sinne einer Effizienzoptimierung durch die Verordnung von preisgünstigen Generika kann aber, wie das Beispiel der Glukokortikoide zeigt, nur dann realisiert werden, wenn die Anwendung sinnvoller Wirkstoffe als Generika nicht durch Markenorientierte Informationskampagnen für andere unnötige Wirkstoffdiversifikationen „gestört" wird. Allerdings dürfte kaum zu erwarten sein, dass die Hersteller von Prednisolon- oder Methylprednisolon-haltigen Mitteln freiwillig auf die pharmakokinetischen Vorteile der Prednison-haltigen Mittel hinweisen. Hier sind strukturierte Kampagnen z. B. der Arzneimittelkommissionen der Deutschen Ärzteschaft oder der Kassenärztlichen Vereinigungen ebenso erforderlich wie Qualitätszirkel oder Diskussionen über Verordnungsanalysen (Herholz 2002).

Abhängigkeit als Therapierisiko – längst bekannt

Ein zweites Beispiel – auch schon historisch, aber ebenfalls nach wie vor aktuell: Schon kurz nach der Einführung der ersten Benzodiazepine Chlordiazepoxid (ab 1960 in Librium) und Diazepam (ab 1963 in Valium) war darauf hingewiesen worden, dass diese Mittel zu Absetz- und Entzugserscheinungen führen können (Essig 1964). Im amerikanischen Pendant zu unserer ROTEN LISTE, der Physicians' Desk Reference (PDR), war daher ab 1974 konsequent darauf hingewiesen worden, dass Mittel mit Benzodiazepinen zur psychischen und physischen Abhängigkeit führen können („May be habit forming"). In der ROTEN LISTE 1982 waren im Abschnitt „Psychopharmaka" insgesamt 30 Benzodiazepin-Monopräparate von 19 Herstellern aufgeführt. Nur ein einziger Hersteller wies bei den Informationen über sein Präparat (Sigacalm) darauf hin, dass bei seinem Präparat „wie bei anderen Arzneimittel dieses Wirktyps ... bei fortgesetzter Einnahme die Gefahr einer Abhängigkeitsentwicklung (Sucht!)" steigt. Dieses Präparat war als einziges der Gruppe nach Inkrafttreten des Arzneimittelgesetzes (AMG) von 1976 zugelassen worden. Bei identisch zusammengesetzten Präparaten anderer Firmen mit dem Inhaltsstoff Oxazepam (Adumbran, Praxiten) fehlten entsprechende Hinweise. In einer Bewertung dieser Befunde schrieb damals der Herausgeber des „Bewertenden Arzneimittel-Index", E. Greiser: „Wenn sich der verordnende Arzt umfassend über die Eigenschaften von Arzneimitteln informieren will, ist er vielfach auf das Informationsangebot der pharmazeutischen Industrie angewiesen, da sowohl die Standardwerke über Arzneimitteltherapie als auch unabhängige Informationsquellen über Arzneimittel wie z. B. die „Arzneiverordnungen“ der Arzneimittelkommission der deutschen Ärzteschaft nur einen kleinen Teil des auf dem Markt befindlichen Spektrums beschreiben können. Dabei ist von dem verordnenden Arzt folgende Konsequenz aus erlangten Informationen für das Verschreibungsverhalten zu erwarten: Er wird um so eher geneigt sein, ein bestimmtes Arzneimittel zu verordnen, je günstiger sich für ihn das Verhältnis von therapeutischem Nutzen zu therapeutischem Risiko darstellt. Der therapeutische Nutzen wird ihm um so größer erscheinen, je breiter das Spektrum der Anwendungsgebiete ist, bei dem eine therapeutische Wirksamkeit zu erwarten ist. Das therapeutische Risiko wird sich ihm um so bedenklicher darstellen, je ernster die Kontraindikationen und je schwerwiegender die unerwünschten Arzneimittelwirkungen eines Arzneimittels sind. Bei den in dieser Arbeit beurteilten Arzneimitteln (Psychopharmaka, Hypnotika, Sedativa; d.V.) zeigt sich bei den meisten Firmen der pharmazeutischen Industrie eine deutliche Tendenz, die therapeutische Wirksamkeit selbst auf Anwendungsgebieten als gesichert hinzustellen, bei denen keine wissenschaftlich exakt durchgeführten Therapiestudien vorgenommen worden sind. Andererseits werden mit der Therapie verbundene Risiken und Kontraindikationen verharmlost. Diese Tendenz erscheint um so bedenklicher, wenn ein Arzneimittelrisiko wissenschaftlich seit Jahren unumstritten ist. Zu diesen bedenklichen Risiken sind bei Tranquilizern, Hypnotika und Sedativa vor allem die Möglichkeit der Entwicklung von Gewöhnung und Abhängigkeit zu rechnen.“ Und die Situation heute? Aufgrund der damaligen Publikation wurde zwar das Risiko „Abhängigkeitsentwicklung“ ab 1984 in der ROTEN LISTE als Gruppenrisiko aufgeführt, die rund 25 Jahre nicht evidenzbasierte Information über die Produkte seit dem Beginn der 60er Jahre hatte aber ein Verordnungsrisiko bis dahin ungeahnten Ausmaßes nach sich gezogen:

Nach Untersuchungen auf der Basis von Krankenkassendaten kann darauf geschlossen werden, dass im Jahre 2001 rund 1,1 Millionen Menschen abhängig von Benzodiazepinderivaten sind, daneben übrigens weitere 300.000 von anderen Arzneimitteln. Die Benzodiazepin-Abhängigkeit findet zumeist im Rahmen einer „low-dose-dependency“ statt, also einer Niedrigdosisabhängigkeit, die auf einer niedrigen therapeutischen Dosierung über Jahre, z. T. über Jahrzehnte, konstant bleibt – zu einem großen Teil also eine iatrogen gebahnte und „tolerierte“ Abhängigkeit. Vor allem ältere Menschen und Frauen werden dauerhaft mit solchen Mitteln „versorgt“ und gefährdet (Remien 1995).

Auffällig ist, dass entgegen der vorliegenden Evidenz vor allem Schlafmittel über zu lange Zeiträume zur Anwendung kommen, die wegen ihrer langen Halbwertzeit insbesondere hang-over-Effekte und damit Reaktionsbeeinträchtigung und Sturzgefahr mit dem Risiko schlecht heilender Brüche am Oberschenkel oder an der Hüfte am nächsten Tag verursachen können. (Weyerer 2001, Wang et al. 2001). Die Folgekosten solcher nicht evidenzbasierter Verordnungen können daher erheblich sein.

Aktuelle Auswertungen von Versichertendaten zeigen, dass etwa 2 bis 3 % aller Versicherten Arzneimittel aus der Gruppe der Benzodiazepine bekommen, davon rund 0,4 bis 0,5 % in Dauertherapie, nach Altersstufen aber bis knapp 8 %, z. B. bei den 80 bis 90 jährigen Frauen. (Glaeske, 2001)

Rund 1/3 bis die Hälfte all dieser Mittel – so Schätzungen aus Untersuchungen des Verordnungsverhaltens niedergelassener Ärztinnen und Ärzte – wird nicht wegen akut medizinischer Probleme, sondern langfristig zur Suchtunterhaltung und zur Vermeidung von Entzugserscheinungen verordnet. Abhängigkeit und Sucht sind aber längst bekannte unerwünschte Wirkungen dieser Arzneimittel, die ebenso wie andere Nebenwirkungen beachtet und möglichst vermieden werden müssen. In den Informationen zu Arzneimitteln muss auf dieses Risiko immer und immer wieder hingewiesen werden (Glaeske, 2000).

Die im Jahre 2000 am häufigsten verkauften Schlaf- und Beruhigungsmittel sind in Tabelle 1 aufgelistet, die meist verkauften Benzodiazepin-Tranquilizer in Tabelle 2. Über das Missbrauchs- und Abhängigkeitspotential informiert die Wertung von + (gering) bis ++++ (besonders auffällig).

Tabelle 1: Die meist verkauften Schlaf- und Beruhigungsmittel 2000

Rang	Name	Wirkstoff(e)	Packg. in (Mio.)	Missbrauchs-/ Abhängigkeits-potential
1	Hoggar N	Doxylamin	2,2	Nein
2	Baldriparan N	Baldrian, Hopfen; Stark: zusätzlich Melisse	2,0	Nein
3	Stilnox	Zolpidem	2,0	+ (bis ++)
4	Noctamid	Lormetazepam	1,5	+++
5	Baldrian-Dispert Nacht	Baldrian, Hopfen	1,3	Nein
6	Radedorm	Nitrazepam	1,3	+++
7	Ximovan	Zopiclon	1,0	+ (bis ++)
8	Rohypnol	Flunitrazepam	0,9	++++

Rang	Name	Wirkstoff(e)	Packg. in (Mio.)	Missbrauchs-/ Abhängigkeits-potential
9	Vivinox Schlafdr.	Baldrian, Hopfen, Passionsblume	1,0	Nein
10	Baldrian-Dispert	Baldrian	0,9	Nein
12	Sedariston-Konzentrat	Johanniskraut, Baldrian	0,8	Nein
12	Bikalm	Zolpidem	0,9	+ (bis ++)
13	Lendormin	Brotizolam	0,8	+++
14	Kytta Sedativum f	Baldrian, Hopfen, Passionsblume	0,7	Nein
15	Vivinox duo	Baldrian, Hopfen	0,6	Nein
16	Remestan	Temazepam	0,5	+++
17	Planum	Temazepam	0,5	+++
18	Halcion	Triazolam	0,5	+++
19	Dalmadorm	Flurazepam	0,5	+++
20	Flunitrazepam ratiopharm	Flunitrazepam	0,5	+++

Bei den als Tranquilizer verordneten Arzneimitteln, die therapeutisch sinnvoll gegen Angst- und Panikattacken oder zur Muskelrelaxierung eingesetzt werden, dominieren die Benzodiazepine noch stärker als bei den Schlaf- und Beruhigungsmitteln.

Tabelle 2: Die meist verkauften Tranquilizer 2000

Rang	Name	Wirkstoff(e)	Packg. in (Mio.)	Missbrauchs-/ Abhängigkeits-potential
1	Diazepam-ratiopharm	Diazepam	2,3	+++
2	Adumbran	Oxazepam	1,9	+++
3	Tavor	Lorazepam	1,4	+++
4	Oxazepam-ratiopharm	Oxzepam	1,0	+++
5	Bromazanil-Hexal	Bromazepam	0,8	+++
6	Normoc	Bromazepam	0,8	+++
7	Faustan	Diazepam	0,7	+++
8	Lexotanil 6	Bromazepam	0,6	+++
8	Tranxilium	Dikaliumclorazepat	0,4	+++
9	Tafil	Alprazolam	0,4	+++
10	Durazanil	Bromazepam	0,4	+++
11	Praxiten	Oxazepam	0,3	+++
12	Oxa von ct	Oxazepam	0,3	+++
13	Lorazepam-neurax	Lorazepam	0,3	+++
14	Valium Roche	Diazepam	0,2	+++

Rang	Name	Wirkstoff(e)	Packg. in (Mio.)	Missbrauchs-/ Abhängigkeits-potential
15	Frisium	Clobazam	0,2	+++

Im Jahre 2000 wurden in der Bundesrepublik Deutschland rund 38 Mio. Packungen Schlaf- und Beruhigungsmittel verkauft, darunter auch viele pflanzliche Mittel, die ohne Rezept in der Apotheke gekauft werden können. Von den ersten Plätzen verdrängt wurden die Benzodiazepine allerdings in der Zwischenzeit von einer neuen Gruppe von Schlafmitteln, zu der die Wirkstoffe Zolpidem und Zopiclon gehören. Die Präparate Stilnox, Bikalm und Ximovan sollen ein geringeres Abhängigkeitsrisiko als Benzodiazepine aufweisen (siehe Tabelle + [bis ++]), Missbrauchsfälle wurden bisher nur vereinzelt berichtet. Es gibt aber Berichte über schwerwiegende zentrale Nebenwirkungen (Amnesie, visuelle Wahrnehmungsstörungen, Auslösen von Psychosen), dennoch werden diese Mittel insgesamt günstiger als Benzodiazepine bewertet (Noble et al. 1998, Darcourt et al. 1999). Kürzlich wurden insbesondere für Zolpidem Störeffekte berichtet (arznei-telegramm 2002): Den australischen Behörden sollen darüber 72 Berichte innerhalb des ersten Jahres nach Markteinführung vorliegen, dem Bundesinstitut für Arzneimittel und Medizinprodukte (BfArM) insgesamt 30. Dabei geht es um das Auftreten von neurologischen oder psychiatrischen Reaktionen, vor allem um optische Halluzinationen und anterograde Amnesien. Beide unerwünschten Wirkungen werden auch bei einigen Benzodiazepinen beobachtet. Gerade bei neuen Mitteln muss daher auf die vorliegende evidenzbasierte Information auch zu den unerwünschten Wirkungen geachtet werden, damit bei den möglichen Vorteilen solcher Mittel nicht die vorhandenen Risiken übersehen werden. Bei den Benzodiazepinen hat sich die bekannte und immer wieder in den Vordergrund gestellte gute somatische Verträglichkeit als „Falle" erwiesen: Die allzu leichtfertige Verordnung über viele Jahre hinweg, gefördert durch das (bewusste?) Unterdrücken einer evidenzbasierten Information über Entzugs- und Abhängigkeitsentwicklung, die bei Bekannt werden sicherlich den Umsatz massiv beeinträchtigt hätte, hat zu einem großen Problem geführt, sowohl für die Patientinnen und Patienten als auch für die ständige therapeutische Begleitung dieser Betroffenen. Mangelnde Information führt zweifellos zu Defiziten in der Effizienz – die Ausgaben für die fortgesetzte Verordnung solcher Mittel, um Entzugssymptome zu vermeiden, oder die Entgiftungs- und Entzugsbehandlung bedeuten Folgebehandlungen und Folgekosten, die durch eine nicht evidenzbasierte Verordnung dieser Benzodiazepin-haltigen Mittel zustande kommen.

Aktuelle Entwicklungen – immer evidenzbasiert?

Insbesondere die aktuellen Verordnungsentwicklungen machen deutlich, warum die Effizienz der Arzneimitteltherapie nur im Zusammenhang mit einer adäquaten und evidenzbasierten Therapie erreichbar ist. Da geht es nämlich um die Arzneimittelgruppen, die zu den auffälligen Steigerungen bei den Ausgaben beigetragen haben. Die Ergebnisse für das Jahr 2001 in der GKV zeigen nämlich, dass die 11,2 % Ausgabensteigerung gegenüber dem Vorjahr vor allem auf die Nutzung teurer Analogprodukte mit geringem therapeutischen Zusatznutzen zurückgehen, so jedenfalls die Interpretation der zuständigen Bundesministerin Ulla Schmidt. Gleichzeitig wies sie auf die enormen Preisspannen für Medikamente mit gleichen Wirkstoffen, Mengen und Darreichungsformen hin und damit auf die Möglichkeit, noch häufiger als bisher solche kostengünstigen Alternativen zu verschreiben. Die Analysen bei einzelnen Kassen, hier als Beispiel bei der Gmünder Ersatzkasse (GEK), geben nähere Aufschlüsse über die Ausgabensteigerungen. Insgesamt sind die Arzneimittelkosten bei dieser Kasse um insgesamt 11,26 % angestiegen – von 506,7 Mio. DM im Jahre 2000 auf 563,8 Mio. DM im Jahre 2001. Mitgliederbezogen übrigens rund 18,45 % (von 561,43 DM auf 665,03 DM)

Rund 70 % der Zuwachsraten (insgesamt 41,9 Mio. DM) entfallen auf lediglich 10 Arzneimittelgruppen von insgesamt 60, Grund genug, diese Top 10 einmal näher zu betrachten (siehe auch Tabelle 3).

Tabelle 3: Die 10 führenden zuwachsstarken Arzneimittelgruppen im Vergleich 2000 zu 2001 (alle Werte in DM), geordnet nach DM-Zuwächsen

Arzneimittelgruppe	Kosten 2000	Kosten 2001	Differenz	Änderung in %
Immunmodulatoren	20,4 Mio. DM	28,9 Mio. DM	8,5 Mio. DM	+ 41,5 %
Lipidsenker / Mittel gegen Arteriosklerose	24,5 Mio. DM	29,0 Mio. DM	4,5 Mio. DM	+ 18,4 %
Blut und Blutbildung beeinflussende Mittel	16,0 Mio. DM	20,4 Mio. DM	4,4 Mio. DM	+ 27,8 %
Blutdrucksenkende Mittel	37,2 Mio. DM	41,6 Mio. DM	4,4 Mio. DM	+ 11,7 %
Magen-/Darm-Ulcustherapeutika	28,4 Mio. DM	32,3 Mio. DM	3,9 Mio. DM	+ 13,7 %
Psychopharmaka	22,1 Mio. DM	26,0 Mio. DM	3,9 Mio. DM	+ 17,5 %
Antidiabetika	20,3 Mio. DM	24,0 Mio. DM	3,7 Mio. DM	+ 18,3 %
Hormone und ihre Hemmstoffe	36,2 Mio. DM	39,5 Mio. DM	3,3 Mio. DM	+ 9,2 %
Rheumamittel	10,8 Mio. DM	13,8 Mio. DM	3,0 Mio. DM	+ 27,0 %

Arzneimittelgruppe	Kosten 2000	Kosten 2001	Differenz	Änderung in %
Mittel gegen Infektionen	14,1 Mio. DM	16,4 Mio. DM	2,3 Mio. DM	+ 15,9 %
Summe 10 Gruppen	**230 Mio. DM**	**271,9 Mio. DM**	**41,9 Mio. DM**	**+ 18,2 %**
Gesamtausgaben GEK	**506,7 Mio. DM**	**563,8 Mio. DM**	**57,1 Mio. DM**	**+ 11,3 %**

Die Ausgaben für sog. Immunmodulatoren stiegen prozentual am stärksten – um 41,5 % von 20,4 Mio. auf 28,9 Mio. DM. Zu dieser Gruppe gehören vor allem die Interferone, die eingesetzt werden bei Multipler Sklerose oder auch bei Hepatitis C. Hierzu gehören aber auch sog. Immunsuppressiva, dies sind Mittel, mit denen überschießende Reaktionen des Immunsystems unterdrückt werden sollen. So gibt es Wirkstoffe (z. B. Ciclosporin), die nach Organtransplantationen verhindern, dass die körperfremden Organe wie z. B. Herzen oder Nieren wieder abgestoßen werden. Solche Mittel sind daher unter der Voraussetzung der richtigen Indikationsstellung sinnvoll, die Mehrausgaben hängen mit dem therapeutischen Fortschritt zusammen, der den Patientinnen und Patienten der GKV zugute kommen soll, wenn solche Mittel erforderlich sind.

An zweiter Stelle der Ausgabensteigerungen liegen die Mittel zur Senkung des zu hohen Fettspiegels im Blut und Mittel, die gegen Arteriosklerose verschrieben werden – im Jahre 2000 betrugen diese Ausgaben bei der GEK noch 24,5 Mio. DM, im Jahre 2001 bereits 29,0 Mio. DM (+18,4 %). Der größte Anteil entfällt dabei auf Präparate wie Sortis, Zocor, Denan oder Pravasin – es gehörte auch das Mittel Lipobay dazu, das im vergangenen Jahr wegen gefährlicher Wechselwirkungen mit einem anderen Mittel zur Senkung des Fettspiegels zu erheblichen Nebenwirkungen und zu Todesfällen führte. Nicht das Mittel selber war allerdings die Ursache für diese Nebenwirkungen, vielmehr war es das Verordnungsverhalten von Ärztinnen und Ärzten, die nicht ausreichend auf die Kontraindikationen geachtet hatten – es war nämlich ausdrücklich untersagt, das Mittel Lipobay zusammen mit einem Mittel, das den Wirkstoff Gemfibrozil enthält (z. B. in Gevilon), zu verordnen. Viele Ärzte brauchen aber offensichtlich mehr Kompetenz und gezielte evidenzbasierte Informationen, um richtig mit Arzneimitteln umgehen zu können. Zwar sind diese Mittel in der Behandlung vor allem von Patienten mit hohen Cholesterinspiegeln und gleichzeitigem Risiko für Herz-Kreislaufkrankheiten sinnvoll angewendet, die Behandlung mit diesen Mitteln bei allein erhöhten Cholesterinspiegeln ist dagegen keineswegs immer erforderlich. Hier muss jeweils genau geprüft werden, ob solche Mittel wirklich medizinisch notwendig sind.

An dritter Stelle der Ausgabensteigerungen stehen Mittel, die z. B. nach einem Herzinfarkt oder einem Schlaganfall eine weitere Bildung eines Blutgerinnsels (Thrombus) verhindern (Azetylsalicylsäure, Clopidogrel, Heparin u. a.) oder die z. B. bei Dialysepatienten einer Blutarmut vorbeugen sollen (Erythropoietin). Der gut wirksame und kostengünstige Standardwirkstoff zur Verhinderung erneuter Thromben ist nach wie vor Azetylsalicylsäure (z. B. in Aspirin oder ASS-ratiopharm u. a.), seit einiger Zeit stehen aber auch neue Wirkstoffe für eine Therapie zur Verfügung (z. B. der Wirkstoff Clopidogrel), die allerdings erheblich teurer sind (statt 0,07 DM pro Tag kosten diese Mittel 5,61 DM). Solche neuen Mittel werden vorzugsweise verwendet, wenn Azetylsalicylsäure nicht gut vertragen wird oder wenn Patienten mit arteriellen Gefäßverschlüssen behandelt werden. Hier gibt es offensichtlich Vorteile mit dem neuen Mittel. Bei der Behandlung von Patienten mit Schlaganfall oder Herzinfarkt sind aber Mittel mit Azetylsalicylsäure nach wie vor Mittel der Wahl – dies sollte bei der Auswahl immer wieder bedacht werden, bevor der pro Tag etwa 70fach teurere neue Arzneiwirkstoff angewendet wird.

Auf drei Gruppen soll noch kurz hingewiesen werden: Deutlich angestiegen sind auch die Mittel zur Behandlung des Diabetes – von 20,3 Mio. DM auf 24,0 Mio. DM (+18,25 %). „Schuld“ daran sind vor allem neue Insuline, sog. Analoginsuline, die von den Herstellern als innovative Weiterentwicklung der Humaninsuline gepriesen werden. Viele Experten halten diese neuen teuren Insuline allerdings für nicht erforderlich – hier sollen Therapieempfehlungen dafür sorgen, dass die Anwendungshäufigkeit dieser neuen Insuline nicht weiter im gleichen Maße ansteigt. Eine Übersichtsbewertung kommt zu folgender Einschätzung: „Mit den kurz wirksamen Insulinanaloga (Insulin aspart und Insulin lispro) kann also keine deutliche Verbesserung der Stoffwechseleinstellung erreicht werden. Die Unterschiede sind nur minimal, und mit Normalinsulin ist eine gleich gute Diabeteseinstellung möglich. Deshalb wird gerne in der Werbung auf die höhere Zufriedenheit der Patienten verwiesen. Ob dies 30 % höhere Therapiekosten und einen Marktanteil von 36 % rechtfertigt, muss bezweifelt werden. Das langwirksame Insulin glargin (...) ist bei Patienten mit Typ-2-Diabetes und rezidivierenden Hypoglykämien jedoch eine sinnvolle Alternative. Die Frage nach einem erhöhten Tumorrisiko unter Insulin glargin ist noch nicht geklärt. Die höhere Flexibilität in der Therapie und die etwas selteneren Hypoglykämien müssen gegen die 30 % höheren Therapiekosten abgewogen werden. Fast alle bisher publizierten klinischen Studien über Insulinanaloga wurden durch die Hersteller mitfinanziert, wodurch das Abschätzen praktischer therapeutischer Vorteile erschwert wird.“ (Der Arzneimittelbrief 2002). Die Effizienz der kurz wirksamen Analoga wird also durchaus bezweifelt – evidenzbasierte Informationen sollten Ärztinnen und Ärzte auf diesen Aspekt aufmerksam machen, um nicht unnötig die Ausgaben für die Insulintherapie zu steigern. Beim Verzicht auf diese kurz wirksamen Insulinanaloga wären in der gesamten GKV Einsparungen von rund 50 bis 60 Mio. € möglich. Die eher einseitige und nicht unbedingt evidenzbasierte Information der Hersteller behindert diese Effizienzverbesserung, nämlich mit weniger eingesetzten finanziellen Ressourcen ein gleich gutes Therapieziel zu erreichen.

Probleme in der Bewertung machen auch neue Mittel zur Behandlung rheumatischer Erkrankungen. In diesem Bereich sind Ausgabensteigerungen von 10,8 Mio. DM im Jahre 2000 auf 13,8 Mio. DM im Jahre 2001 zu verzeichnen. Diese Steigerungen gehen vor allem auf die neuen und teuren sog. Cox-2-Hemmer wie Vioxx und Celebrex zurück. Viele Experten bezweifeln aber, dass die Vorteile so hoch sind, wie die Verordnungsmengen und die steigenden Ausgaben vermuten lassen könnten. Vielleicht ist bei einigen Patienten eine besser Magenverträglichkeit zu erwarten, allerdings muss auf ein ganz neues Risiko geachtet werden, weil die Häufigkeit von Herzinfarkten ansteigen kann. Auch hier ist also Zurückhaltung mit der Verordnung teurer Neuerungen angebracht, evidenzbasierte Informationen sind dringend erforderlich, wenn sich die Effizienz nicht verschlechtern soll – mehr eingesetzte finanzielle Ressourcen bei gleichbleibendem therapeutischen Nutzen sind für niemanden ein Gewinn, außer für die pharmazeutischen Hersteller.

Schließlich neue Psychopharmaka zur Behandlung von Psychosen und Schizophrenien oder zur Behandlung von Depressionen: Hier stiegen die Ausgaben von 22,1 Mio. auf 26,0 Mio. DM. Auch hier gilt: Bei vielen Patientinnen und Patienten mag es Vorteile geben, da die neuen Mittel gegen Psychosen deutlich weniger den unangenehmen zwanghaften Bewegungsdrang (Dyskinesien) auslösen wie dies die bisher verfügbaren Mittel tun, dennoch sollte auch immer genau geprüft werden, ob diese neuen und teuren Mittel erforderlich sind – sie haben nämlich andere Nebenwirkungen: Gewichtszunahme, Blutzellschäden oder Magen-Darm-Unverträglichkeiten können vorkommen. Vorteile sind dennoch in der Zwischenzeit belegt, die richtige Indikationsstellung ist allerdings Voraussetzung für eine Effizienzverbesserung mit diesen neuen Arzneimitteln, die vor allem auf der Einsparung von stationären Liegezeiten und der Verringerung von Rückfällen beruht. (Czernansky 2002)

Insgesamt sind einige Ausgabensteigerungen sicherlich gut nachvollziehbar und lasen sich durch die veröffentlichte Evidenz erklären: Wenn es Arzneimittel mit therapeutischem Fortschritt gibt, sollten die auch für die Patienten und Patientinnen der GKV verordnet werden. Es gibt aber andere Mittel, deren allgemeiner Zusatznutzen weniger klar ist und deren

Verordnungsmenge offensichtlich auch auf eine gute und erfolgreiche Marketingstrategie der Hersteller zurückgeht. Ärztinnen und Ärzte benötigen evidenzbasierte Informationen, um sich nicht auf Hochglanzbroschüren mit wenig „Substanz" verlassen zu müssen. Denn teure Mittel ohne Zusatznutzen sollten gar nicht erst verordnet werden – hier stehen in der Regel preisgünstige Generika, also lang bewährte Mittel, zur Verfügung. Nicht alles, was im Jahre 2001 zu höheren Ausgaben geführt hat, brachte auch eine Verbesserung in der Therapie! Die Analysen weisen aber auch darauf hin, dass bei vielen Arzneimittelgruppen Einsparungen erzielt wurden – insgesamt rund 16 Mio. DM, viele Mittel wurden im Jahre 2001 weniger verordnet als im Jahre 2000. Hierzu gehören z. B. hustenlösende Mittel oder auch bestimmte Mittel bei Magen-Darm-Geschwüren, die nicht mehr als notwendige Mittel für eine Behandlung gelten (z. B. H2-Antagonisten). Zur Behandlung der Magen-Darm-Ulzerationen hat sich längst die sog. Eradikationstherapie bewährt, eine Kombinationstherapie aus Protonenpumpeninhibitoren und zwei Antibiotika. (Lind 1999). Diese evidenzbasierte Therapie wird allerdings noch viel zu selten angewendet, Schätzungen gehen davon aus, dass bei lediglich 15 – 20 % der Patientinnen und Patienten diese 7-tägige Therapie verordnet wird. Insofern sind chronisch durchgeführte Therapien bei Magen-Darm-Geschwüren mit Protonenpumpenhemmern wie Omeprazol nicht mehr Therapie der Wahl – die Eradikationstherapie ist trotz der aktuell höheren Kosten ein gutes Beispiel für die Verbesserung der Effizienz: Krankenhausliegezeiten verringern sich, die dauerhafte Therapie mit Magenmitteln wird unnötig. Die Strategie: „Sparen mit Arzneimitteln und nicht an Arzneimitteln" wird hier besonders klar.

Mehr Effizienz durch anbieterunabhängige Evidenz

Diese wenigen Beispiel zeigen, dass alle Überlegungen für Strategien der Effizienzverbesserung in der Arzneimitteltherapie nicht ausschließlich monetäre, sondern auch qualitative Gesichtspunkte berücksichtigen müssen. Reine Kostendämpfungsmaßnahmen sind untauglich, wenn es lediglich um die Verbesserung der Wirtschaftlichkeit geht, alle ökonomisch orientierten Interventionen im Arzneimittelmarkt müssen sich auch bezüglich der Auswirkungen auf die Versorgungsqualität prüfen lassen. Voraussetzung hierfür ist allerdings eine vorhandene Evidenz zur Therapie mit Arzneimitteln, die über die Ergebnisse von klinischen Studien hinausgeht. Die haben nämlich nur bedingt mit der Realität in der Patientenversorgung zu tun. Klinische Studien sind vielmehr Herstellerinduziert und Arzneimittelorientiert angelegt, indem sie einem artifiziellen Maschinenmodell folgen, bei dem die Behandlung mit dem Arzneimittel möglichst die einzige systematisch veränderte Einflussgröße ist (daher auch die große Bedeutung von Ein- und Ausschlusskriterien, die letztlich im

Vergleich mit der Routineversorgung zu einer „Kunstpatientenpopulation" führen; hierzu trägt auch die Bevorzugung von meist männlichen Patienten im mittleren Lebensalter bei.). Die reale Patientenversorgung ist dagegen patientenorientiert und arztinduziert ausgerichtet. Das bedeutet, dass es dem Arzt oder der Ärztin obliegt, die Arzneimitteltherapie auf die individuellen Gegebenheiten des Patienten abzustimmen, also z. B. Änderungen und Umstellungen der Medikation, der Dosierung, der Applikationsfrequenz, der Komedikation usw. vorzunehmen. Erst in diesem Umfeld wird daher ein realistisches Bild der Anwendung von Arzneimitteln unter den „naturalistischen" Bedingungen der ärztlichen Alltagspraxis gezeichnet: Die Patienten sind nicht mehr selektiert wie in der klinischen Prüfung, daher sind auch Variabilitäten in der Therapieentscheidung aufgrund der unterschiedlichen Patientencharakteristika (Alter, Geschlecht, Schwere der Symptome usw.) notwendig. Auf diesen Überlegungen beruht im übrigen die „Philosophie" der Versorgungsforschung als notwendiger Ergänzung zur klinischen Prüfung, die daher – nicht ohne Grund – mehr und mehr in den Vordergrund rückt, wenn es um die Frage einer effizienten Behandlung geht (Versorgungsforschung sollte auch gut geplante Anwendungsbeobachtungen einbeziehen, siehe hierzu Victor et al.1991, 1997). Leider beruht die Evidenz in der Arzneimitteltherapie bislang vor allem auf den Ergebnissen klinischer Studien, die von den vermarktungsinteressierten Herstellern durchgeführt wurden und mit einem erheblichen „Realitätsbias" belastet sind. Dieser Informationsvorsprung auf Seiten der pharmazeutischen Industrie muss mit industrieunabhängigen Informationen ausgeglichen werden, mit einer „Gegenöffentlichkeit" gegen die allgegenwärtigen Vermarktungs- und Positionierungsstrategien der Unternehmen. Nur durch diese Informationsasymmetrie wird es schließlich möglich, auch in der Arzneimittelversorgung „Marken" zu etablieren, selbst wenn unter Evidenzaspekten eher Zweifel an der Effizienz der Mittel angebracht wären. „Briserin ist Bluthochdruck" – so lautete noch vor zwanzig Jahren die „Markengleichung" aus einer überaus erfolgreichen Marketingkampagne für diese – seinerzeit jedenfalls – nicht sinnvoll kombinierte Dreierkombination. Auch heute gibt es Produkte, die es mit Marketingstrategien „geschafft" haben, ohne unbedingt mit Evidenz gegenüber anderen bereits eingeführten Mitteln zu überzeugen. Von vielen würden in diesem Zusammenhang Mittel wie Tebonin, Antra MUPS, Beloc ZOK oder Norvasc erwähnt, auch Lipobay gehörte während seiner „aktiven" Zeit wohl dazu. Wenn sich aber Ärztinnen und Ärzte durch derartige Informationen leiten und beeinflussen lassen, leider auch häufig durch sachlich oder finanzielle Zuwendungen motiviert, sollte dringend über Gegenstrategien nachgedacht werden, damit sich die Effizienz nicht unnötig verschlechtert: Diese Gegenstrategien sind sowohl struktureller als auch individueller Art. Strukturell dort, wo es um die dringende Forderung geht, unser Arzneimittelangebot endlich lückenlos auf Effektivität zu prüfen – Effizienz ist ohne effektive Arzneimittel nicht herstellbar. Rund 10.400 Arzneimittel warten noch immer auf die Nachzulassung, ein Zustand, der nicht laut genug kritisiert werden kann und seit Jahren die Strukturqualität unseres Arzneimittelmarktes schwächt. Strukturell auch dort, wo es um die Prüfung der Effizienz neuer Arzneimittel im Rahmen eines pharmaökonomischen Bewertungssystems geht und um die endgültige Aufnahme in den Leistungskatalog der GKV nach der Zulassung auf der Basis von Langzeitstudien, wie es in einem Gutachten für die Friedrich-Ebert-Stiftung vorgeschlagen wurde (Glaeske et al, 2001). Individuell dort, wo für die einzelnen Ärztinnen und Ärzte Informationsstrategien angeboten werden, die sich auf das individuelle Verordnungsverhalten der jeweiligen Ärzte beziehen – Qualitätssicherung und Effizienzverbesserung in einem Kommunikationssystem auf der Basis realer Verordnungsdaten. (Herholz 2002)

Mit diesen Maßnahmen kann auf Dauer erreicht werden, das sich vorhandene evidenzbasierte Informationen für eine Effizienzverbesserung nutzen lassen und dass sich Ärztinnen und Ärzte nicht mehr ausschließlich einer industrieabhängigen Information ausgesetzt sehen. Dies hatte übrigens auch schon Professor Wolfgang Heubner, ab dem Jahr 1930 Pharmakologe an der Universität in Heidelberg, erkannt. In seiner Antrittsvorlesung sagte er damals: „Man kommt um die Schlussfolgerung nicht herum, dass die Propaganda für Arzneipräparate nicht nur deren Wert im einzelnen in die Höhe treibt, sondern zu einer allgemeinen Überwertung der Arzneitherapie überhaupt führt und längst geführt hat. (...) Insofern bedeutet eine Überwertung des Arzneimittels im ganzen Heilplan eine Verminderung der Qualität der ärztliche Leistung. (...) Es ist notwendig, viel von Pharmakologie zu verstehen, um wenig Arzneimittel zu brauchen." – nämlich nur da, wo die Evidenz ausreichend sichere Hinweise für eine effiziente Therapie bietet.

Literatur

arznei-telegramm (2002) Halluzinationen unter Zolpidem. 33,3; 31-32

Basisgruppe Pharmazie (1968) Der Patient ihr bestes Kapital – Das Geschäft mit der Krankheit - Berlin

Csernansky G, Mahmoud R, Brenner R (2002) A Comparison of Risperidon and Haloperidol for the Prevention of Relapse in Patients with Schizophrenia. N Engl J Med 346: 16-22

Darcourt G, Pringuey D, Salliere D, Lavoisy J (1999) The safety and tolerability of zolpidem - an update. J.Psychopharmacol. 13: 81-93

Der Arzneimittelbrief (2002) Der Nutzen von Insulinanaloga in der Therapie des Diabetes mellitus. 36,2: 9-12

Essig CF (1964) Addiction to nonbarbiturate sedative and tranquilizing drugs. Clin Pharmacol Ther 5: 334

Glaeske G (2000) Präventive Sucht- und Drogenpolitik bei spezifischen Substanzen. In: Schmidt B, Hurrelmann K (Hrsg) Präventive Sucht- und Drogenpolitik. Opladen. S. 111-128

Glaeske G, Janhsen K (2001) GEK-Arzneimittel-Report. Asgard-Verlag, Sankt Augustin.

Glaeske G, Lauterbach K, Rürup B, Wasem J (2001) Weichenstellung für die Zukunft. Elemente einer neuen Gesundheitspolitik. Friedrich-Ebert-Stiftung, Bonn.

Greiser E (Hrsg.) (1983) Bewertender Arzneimittel-Index, Band 2. Medpharm, Wiesbaden. S. XXVII ff.

Herholz H (2002) Qualitätssicherung und Qualitätsmanagement in der ambulanten Versorgung am Beispiel Hessen. Bundesgesundheitsblatt Gesundheitsforschung - Gesundheitsschutz 45,3: 249-259

Heubner W (1931) Arznei als Wert, Springer-Verlag, Berlin.

Lind T, Mégraud F, Unge P et al (1999) The MACH 2 study: Role of omeprazole in eradication of helicobacter pylori with l-week triple therapies. Gastroenterology 116: 248-253

Noble S, Langtry HD, Lamb HM (1998) Zopiclone. An update of its pharmacology, clinical efficacy and tolerability in the treatment of insomnia. Drugs 55:277-302

Remien J (1995) Medikamente mit Mißbrauchspotential. Eine Analyse auf der Basis des ärztlich verordneten Arzneimittelverbrauchs aller Versicherten einer Krankenkasse. In: DHS (Hrsg.) Jahrbuch Sucht 96. Neuland, Geesthacht. S. 124 – 133

Schwabe U, Paffrath D (Hrsg.) (2001) Arzneiverordnungs-Report 2001. Springer. Berlin, Heidelberg

Schwabe U (2001) Corticosteroide. In: Schwabe, U, Paffrath D (Hrsg.) (2001) a.a.O.

Victor N, Windeler J, Hasford J, Köpcke W, Linden M, Michaelis J, Röhmel J, Schäfer H: Empfehlungen der Gesellschaft für Medizinische Informatik, Biometrie und Epidemiologie (GMDS) zur Durchführung von Anwendungsbeobachtungen. Stand: 21. Mai 1997. http://www.med.uni-muenchen.de/gmds/pub/awb.html

Victor N, Schäfer H, Nowak H, Bethge H, von Ferber L, Fimmers R, Fink H, Glaeske G, Hasford J, Kallischnigg G, Kimbel KH, Kretschmer FJ, Lasek R, Letzel H, Weber E: Arzneimittelforschung nach der Zulassung – Bestandsaufnahme und Perspektiven. In: Überla K, Rienhoff O, Victor N (Hrsg.): Medizinische Informatik und Statistik 73. Springer-Verlag, Berlin u. a. 1991

Wang PS, Bohn RL, Glynn RJ, Mogun H, Avorn J (2001) Hazardous benzodiazepine Regimens in the Elderly: Effects of Half-Life, Dosage, and Duration on Risk of Hip Fracture. Am J Psychiatry 158: 892-898.

Weyerer S (2001) Medikamentensucht im Alter. In: Die Grünen im Bayrischen Landtag (Hrsg) Sucht auf Rezept. Reader zur Anhörung. München. S. 21 – 27

Wille E (1994) Zum gesellschaftlichen Nutzen pharmazeutischer Innovationen. Frankfurt am Main

Themenkreis 1

Steuerungsinstrumente der Arzneimittelausgaben

Eberhard Wille

Die Arzneimittelausgaben europaweit im Zeichen von Reformen

Zunächst möchte auch ich Sie zu den inzwischen 6. Bad Orber Gesprächen, die zum ersten Male nicht in dem hessischen Kurort, sondern in der Bundeshauptstadt stattfinden, sehr herzlich begrüßen. Herr Dr. Albring und ich wissen es sehr zu schätzen, dass so hochrangige Experten unserer Einladung folgten und einen beachtlichen Teil ihres knappen Zeitbudgets opferten, um hier kontroverse Themen im Gesundheitswesen zu diskutieren. Wir werten Ihre Teilnahme auch als eine gewisse Bestätigung unserer bisherigen Konzeption, zu einem strittigen, möglichst aktuellen Thema ein weites Meinungsspektrum zu erfassen und dieses kritisch zu beleuchten. Die überwiegend positive Resonanz der bisher publizierten fünf Bände über kontroverse Themen im Gesundheitswesen bedeutet Verpflichtung und Herausforderung zugleich. Der vorliegende Band knüpft thematisch an den Beginn der Bad Orber Gespräche an, die sich seinerzeit mit „Innovationen in der Arzneimitteltherapie" auseinander setzten (Albring, M. und Wille, E. 1997).

Die Arzneimittelausgaben rückten vor allem mit dem Budgetdefizit in Höhe von 4,9 Mrd. DM, mit dem die gesetzliche Krankenversicherung (GKV) das erste Halbjahr 2001 abschloss, erneut in den Mittelpunkt gesundheitspolitischer Reformdiskussionen. Während die beitragspflichtigen Einnahmen nur um 1,9 % und die gesamten Leistungsausgaben um 3,6 % zunahmen, stiegen die Arzneimittelausgaben um 11 % an und trugen damit zu einem erheblichen Teil zum Defizit der GKV sowie zu den dadurch erforderlichen Beitragssatzerhöhungen bei (siehe auch Sachverständigenrat für die Konzertierte Aktion im Gesundheitswesen 2001, S. 13 f.). Das überproportionale Wachstum der Arzneimittelausgaben setzte schon Mitte der neunziger Jahre ein, so dass sich ihr Anteil an den gesamten Leistungsausgaben der GKV auch in den alten Bundesländern immer mehr dem entsprechenden Anteil für die Behandlung durch Ärzte annäherte, d. h. diese Differenz verringerte sich zwischen 1995 und 2001 von vier auf einen Prozentpunkt. In den neuen Bundesländern lag der Anteil der Arzneimittelausgaben an den gesamten Leistungsausgaben in dieser Zeitspanne immer über jenem für die Behandlung durch Ärzte (Bundesministerium für Gesundheit 2001, S. 387).

Bei den Arzneimittelausgaben pro Kopf der Bevölkerung rangierte Deutschland innerhalb der Europäischen Union (EU) im Jahr 1999 hinter Belgien und Frankreich an 3. Stelle (Österreichisches Bundesinstitut für Gesundheitswesen 2001 b, S. 48). Das überproportionale Wachstum der Arzneimittelausgaben belegt allerdings per se noch keine Ineffizienzen und/oder Ineffektivitäten in der Arzneimittelversorgung, denn es handelt sich hier um eine reine Inputbetrachtung, die keine Bezüge zu den Outcomes der Gesundheitsversorgung aufweist. Die Mehrausgaben könnten, theoretisch betrachtet, auch in den Abbau von aufgestauter Unterversorgung oder in die Finanzierung von Arzneimittelinnovationen fließen, die einen relevanten Beitrag zur Erhöhung der gesundheitlichen Outcomes, d. h. der Verbesserung von Lebenserwartung und Lebensqualität, leisten. Gleichwohl legt ein deutlich überproportionales Wachstum einer Behandlungsart eine kritische Überprüfung ihrer Effizienz und Effektivität und damit eine Analyse des möglichen Rationalisierungspotentials nahe.

Ein im Vergleich zum Bruttoinlandsprodukt und zu den gesamten nationalen Gesundheitsausgaben überproportionales Wachstum der Arzneimittelausgaben stellt ebenso wenig wie Reformmaßnahmen, die diesem Trend entgegenzuwirken versuchen, in den neunziger Jahren ein bundesdeutsches Spezifikum dar. Mit Ausnahme von Luxemburg leiteten alle Mitgliedstaaten der EU im Bereich der Arzneimittelversorgung Ausgaben- bzw. Kostendämpfungsmaßnahmen ein, wobei im Durchschnitt in immer kürzeren Intervallen mehr als zehn Interventionen pro Mitgliedsland erfolgten (Österreichisches Bundesinstitut für Gesundheitswesen 2001 a, S. III u. 403). Eine Verschlechterung der wirtschaftlichen Lage und damit einhergehende Defizite der gesetzlichen bzw. sozialen Krankenkassen bildeten zumeist den Anlass der Kostendämpfungsmaßnahmen. Dabei intervenierten Länder mit einem vergleichsweise niedrigen Niveau an Gesundheits- und Arzneimittelausgaben pro Kopf in einem geringeren Ausmaß. In diesem Kontext gehörte Deutschland – insbesondere infolge der fiskalischen Effekte des Gesundheitsstrukturgesetzes – innerhalb der EU zu den Ländern, die noch relativ geringe Wachstumsraten der Arzneimittelausgaben erreichen konnten.

Zum Spektrum der Reformoptionen

Arzneimittel bilden wichtige und in vielen Fällen unverzichtbare Elemente des Behandlungsprozesses, wobei sie im Rahmen der gesundheitlichen Leistungserstellung zumeist in Verbindung mit medizinischer Behandlung als komplementäre Produktionsfaktoren zum Einsatz kommen. Sie tragen auf diese Weise maßgeblich dazu bei, die Effektivität der Gesundheitsversorgung zu verbessern, d. h. die Lebenserwartung und/oder die Lebensqualität der Patienten zu erhöhen. Zudem können sie durch Substitution anderer Behandlungsarten, wie zum Beispiel Krankenhaustage, die Kosten der Gesundheitsversorgung senken und damit deren Effizienz steigern (siehe u. a. Lichtenberg, F. R. 1996 u. 2001). Die Hoffnungen, in naher Zukunft bei schweren und/oder chronischen Krankheiten durchschlagende Erfolge zu erzielen, ruhen daher zu einem erheblichen Teil auf dem innovativen Potential von Arzneimitteln. Die Tatsache, dass Arzneimittelinnovationen in vielen Fällen die gesundheitlichen Outcomes verbessern und zuweilen auch die Kosten der Gesundheitsversorgung senken, impliziert jedoch nicht, dass jedes patentgeschützte Medikament diese Wirkungen entfaltet und unter volkswirtschaftlichen Nutzen-Kosten-Aspekten seinen Preis rechtfertigt. Da die Arzneimittelausgaben der GKV verglichen mit den Aufwendungen der übrigen Behandlungsarten in jüngster Zeit weit überproportional zunahmen, erscheint es naheliegend und im Hinblick auf die solidarische Finanzierung dieser Mittel geboten, die Arzneimittelausgaben unter Rationalisierungsaspekten kritisch zu beleuchten. Dies schließt auch Nutzen-Kosten-Analysen bzw. Überlegungen bei patentgeschützten Medikamenten ein.

Unabhängig von den fiskalischen und distributiven Effekten und der ordnungspolitischen Qualität der jeweiligen Interventionen steht zur Dämpfung der Arzneimittelausgaben in der GKV ein weites Spektrum von gesundheitspolitischen Handlungsmöglichkeiten zur Disposition (vgl. Sachverständigenrat für die Konzertierte Aktion im Gesundheitswesen 2001, S. 15 f.). Diese Reformoptionen lassen sich grundsätzlich unterscheiden in Maßnahmen, die am Leistungskatalog, an den Erzeuger- bzw. Herstellerpreisen und der Erstattungsregelung ansetzen, und in solche, die sich auf die Arzneimitteldistribution beziehen. Das Tagungsprogramm orientiert sich mit den Themenkreisen 1 und 3 an dieser globalen Differenzierung und sieht für Themenkreis 2 mit der „Arzneimitteltherapie außerhalb der Regelversorgung“ eine spezielle Thematik vor, die neben ihrer Aktualität vor allem aus medizinischer und juristischer Sicht besonderes Interesse verdient. Neben den unten aufgelisteten Reformoptionen kann auch ein verbessertes Verordnungsverhalten durch eine intensivere pharmakologische Weiter- und Fortbildung der Ärzte sowie mit Hilfe von evidenzbasierten Leitlinien, die Arzneimittel als integrale Elemente enthalten, die Effizienz und Effektivität der Arzneimitteltherapie erhöhen.

Die Reformoptionen, die sich auf den Leistungskatalog, die Herstellerpreise und die Erstattungsregelung erstrecken, umfassen vor allem:

- allgemeingültige Positiv- und Negativlisten

- zentrale staatliche Preisfixierung
- Preisverhandlungen oder Ausschreibung durch den Staat
- Preisverhandlungen mit den Krankenkassen gemeinsam und einheitlich
- staatliche Gewinnkontrolle der Unternehmen
- Positivlisten einzelner Krankenkassen
- dezentrale Preisverhandlungen der Hersteller mit den Krankenkassen im Wettbewerb
- Förderung von preiswerten Importarzneimitteln sowie von Re- und Parallelimporten
- Ausweitung der Festbetragsregelung auch auf patentgeschützte Medikamente, d. h. Festsetzung von Erstattungsobergrenzen auf der Grundlage pharmaökonomischer Kosten-Effektivitäts-Studien (sog. vierte Hürde)
- Senkung der Festbeträge
- Senkung des Mehrwertsteuersatzes sowie
- Erhöhung und/oder Änderung der Selbstbeteiligung der Patienten, z. B. durch den Übergang zu einer indikationsspezifischen oder prozentualen Selbstbeteiligung.

Im Bereich der Arzneimitteldistribution stehen insbesondere folgende Reformoptionen zur Diskussion:

- Änderung der Arzneimittelpreisverordnung
- Aufhebung der sog. Preisbindung der zweiten Hand, zumindest bei nichtverschreibungspflichtigen Medikamenten
- Suspendierung bzw. Auflockerung des Mehr- und Fremdbesitzverbotes von Apotheken
- Erleichterung der „Aut-idem-Abgabe“ bzw. der Arzneimittelsubstitution durch den Apotheker bei wirkstoffgleichen Präparaten

- aufkommensneutraler Ersatz der preisabhängigen Apothekervergütung durch einen mengenorientierten Festzuschlag oder eine Kombination aus mengen- und preisorientierter Vergütung

- eine Ändrung der Arzneimittelpreisverordnung mit kostengerechten Distributionsaufschlägen (alternativ zur mengenorientierten Vergütung)

- Ausweitung des Dispensierrechtes für ambulant und stationär tätige Ärzte oder ärztlich geleitete Einrichtungen

- Möglichkeit zur Auseinzelung von Medikamenten aus preisgünstigen Großpackungen sowie

- Zulassung von Versandhandel und E-Health-Commerce

Die meisten dieser Reformoptionen finden in den einzelnen Ländern der EU in jeweils unterschiedlicher Anzahl, Kombination und Intensität Anwendung. Dabei lassen die allfälligen Reformmaßnahmen keine einheitliche ordnungspolitische Tendenz erkennen, sondern pendeln je nach Ausgangslage zwischen einer Verschärfung der staatlichen Regulierung und stärker marktwirtschaftlichen Elementen hin und her. Einige Länder, wie z. B. Frankreich, Italien und Österreich, lösten die staatliche Preisfestsetzung durch Verhandlungen ab. Die staatlichen Entscheidungsträger bemühten nur noch im Falle eines Scheiterns der Verhandlungen das Instrument der Preisfestsetzung. Andere Länder, wie Spanien und Italien, die zuvor ebenfalls stärker staatlich regulierten, führten Referenzpreissysteme ein. Andererseits griffen Länder mit bis dahin eher liberalen Systemen, wie z. B. Dänemark und die Niederlande, stärker auf staatliche Regulierungen zurück. So führten die Niederlande 1996 ein Preisgesetz ein und in Dänemark, wo es zunächst nur Verhandlungen gab, findet nach gescheiterten Verhandlungen nun ebenfalls eine staatliche Preisfixierung statt. „Alles in allem vermitteln viele Staaten – bedingt durch budgetäre Restriktionen – den Eindruck einer gewissen Unsicherheit bei der Steuerung der Arzneimittelmärkte“ (Österreichisches Bundesinstitut für Gesundheit 2001 a, S. 416 u. 392).

Die Entscheidung für eine oder eine Kombination dieser Reformoptionen hängt in normativer Hinsicht neben fiskalischen Aspekten von der ordnungspolitischen Konzeption und der an ihr orientierten staatlichen Rahmenordnung ab, die bestimmte allokative und distributive Weichen stellt. Sofern die gesundheitspolitischen Entscheidungsträger eine ordnungspolitische Konzeption anstreben, die unter Beachtung des Solidarprinzips die wettbewerblichen Elemente stärkt, scheiden eine zentrale staatliche Preisfixierung sowie Preisverhandlungen mit dem Staat oder den Krankenkassen gemeinsam und einheitlich ebenso aus wie staatliche Gewinnkontrollen der Unternehmen. Dagegen entsprechen dezentrale Preisverhandlungen der Hersteller mit den Krankenkassen und eigene Positivlisten einzelner Krankenkassen, z. B. mit kassenspezifischen Satzungsleistungen auf der Basis eines staatlich vorgegebenen Kernkatalogs (siehe zum Konzept Wille, E. 2001, S. 149 ff.), a priori einer Weiterentwicklung der Wettbewerbsordnung in der GKV. Die Umsetzung dieser Reformoptionen setzt allerdings auch in anderen Bereichen, d. h. bei anderen Behandlungsarten, entsprechende ordnungspolitische Regelungen voraus. Die Reformoptionen, die sich auf die Arzneimitteldistribution beziehen, harmonieren ordnungspolitisch überwiegend mit einer Wettbewerbsordnung, denn sie zielen darauf ab, institutionelle Hindernisse eines funktionsfähigen Wettbewerbs abzubauen. Deutschland wies 1999 innerhalb der EU neben Luxemburg und Belgien die höchsten Großhandels- und Apothekenspannen auf (Österreichisches Bundesinstitut für Gesundheitswesen 2001 a, S. 397).

Bei der Abschätzung der fiskalischen Effekte bzw. des Einsparpotentials der Krankenkassen gilt es, um Doppelzählungen zu vermeiden, zu beachten, dass zwischen diesen Reformoptionen sowohl innerhalb der beiden Bereiche als auch zwischen ihnen vielfältige Wechselwirkungen bestehen. Eine Senkung der Festbeträge reduziert z. B. das Einsparpotential einer Reform der „Aut-idem-Abgabe". Wenn der Festbetrag im Grenzfall das Niveau des preiswertesten wirkstoffgleichen Medikamentes erreicht, vermag eine Arzneimittelsubstitution durch den Apotheker der GKV keine Einsparungen mehr zu bringen. Je besser es gelingt, mit Hilfe der übrigen Reformoptionen das inländische Preisniveau abzusenken, um so geringer fällt das Einsparpotential aus, das noch für Importarzneimittel und Versandhandel verbleibt. Die fiskalischen Effekte einer Zulassung des Versandhandels (siehe u. a. Feldmann, M. et al. 2002 sowie Pfaff, M. 2002) stehen zudem in einem engen Zusammenhang mit der Arzneimittelpreisverordnung, denn der Versandhandel konzentriert sich bei einer preisabhängigen Vergütung auf das hochpreisige Marktsegment. Der Übergang zu einer ausschließlich oder überwiegend mengenorientierten Apothekervergütung würde den Versandhandel finanziell weitgehend unattraktiv machen und damit auch sein Einsparpotential für die GKV erheblich reduzieren.

Eine „vierte Hürde" für Arzneimittelinnovationen?

Die entscheidenden Komponenten des Wachstums der Arzneimittelausgaben in der GKV bildeten, wie Tabelle 1 ausweist, von 1987 bis 2000 weder die Mengen- noch die Preisentwicklung. Die Mengenkomponente, gemessen an der Zahl der Verordnungen, ging ab 1993 mit Ausnahme des Jahres 1995 immer zurück. Der Preisindex für Arzneimittel blieb auf dem Gesamtmarkt in den letzten zwölf Jahren stabil, was allerdings nicht für die einzelnen Marktsegmente gilt. Während der Preisindex im Festbetragsmarkt von 1989 bis 2000 um 30 % absank, nahm er im Nicht-Festbetragsmarkt um gut 20 % zu (Nink, K., Schröder, H. und Selke, G. W. 2001, S. 795); dieser Trend setzte sich auch im Jahre 2001 fort (WIdO 2002, S. 6). Trotz der unterschiedlichen Entwicklung der Preisindizes in diesen beiden Marktsegmenten stieg auch der Preisindex im Nicht-Festbetragsmarkt immer noch schwächer an als die allgemeine Inflationsrate bzw. der Preisindex der Lebenshaltung (vgl. Verband Forschender Arzneimittelhersteller e. V. 2001, S. 19).

Tabelle 1: Komponenten der Ausgabenentwicklung von Arzneimitteln in der GKV

Komponenten / Jahr	Umsatzentwicklung[1]	Zahl der Verordnungen[1]	Preise[1]	Strukturkomponente		
				insgesamt[1]	Intermedikamenteneffekt[1]	Intramedikamenteneffekt[1]
1987	6,8	3,7	0,7	2,3	0,4	1,9
1988	8,5	4,1	1,4	2,7	0,8	1,9
1989	0,8	- 3,5	1,0	2,9	0,0	2,9
1990	6,5	5,3	- 0,1	1,3	- 0,4	1,7
1991	10,8	3,8	1,5	5,1	2,5	2,7
1992	9,8	3,2	2,0	4,3	1,8	2,5
1993	-12,0	- 11,2	- 3,6	2,7	0,9	1,9
1994	4,6	- 3,1	- 1,2	9,0	5,4	3,4
1995	7,1	6,3	0,2	0,7	- 0,7	1,5
1996	4,8	- 3,5	0,0	8,7	6,7	1,9
1997	-1,7	- 11,3	- 0,8	11,3	8,2	2,8
1998	4,8	- 3,2	0,2	8,1	5,6	2,3
1999	2,9	- 3,0	0,6	5,6	4,2	1,4
2000	2,8	- 4,3	0,7	6,7	6,4	0,3

[1] Veränderung im Vergleich zum Vorjahr in Prozent
Quelle: Schwabe, U. und Paffrath, D. 1997-2001.

Wie Tabelle 1 belegt, bildete in den letzten zehn Jahren – wieder mit Ausnahme des Jahres 1995 – die sog. Strukturkomponente die entscheidende Determinante für das Wachstum der GKV-Arzneimittelausgaben. Diese Strukturkomponente umfasst einen Intermedikamenteneffekt, der in den letzten fünf Jahren hauptsächlich für das Wachstum der Arzneimittelausgaben verantwortlich zeichnete, und einen Intramedikamenteneffekt. Der Intermedikamenteneffekt zeigt die Umsatzveränderungen an, die aus einem Wechsel zu anderen Arzneimitteln resultieren. Dagegen erfasst der Intramedikamenteneffekt jene Umsatzveränderungen, die auf einen Wechsel zu anderen Packungsgrößen, Darreichungsformen und Wirkungsstärken identischer Arzneimittel zurückgehen. Innerhalb des Intermedikamenteneffektes dürften sich vor allem die

Umsatzwirkungen von neuen patentgeschützten Arzneimitteln niederschlagen, wenn diese an die Stelle von herkömmlichen Medikamenten treten. Unter den Intermedikamenteneffekt fallen damit auch die fiskalischen Wirkungen von Arzneimittelinnovationen, die medizinischen Fortschritt verkörpern, indem sie die Effizienz und/oder die Effektivität der Gesundheitsversorgung erhöhen (vgl. Bausch, J. 2001). Obwohl das Sozialgesetzbuch (SGB) keine Definition oder Umschreibung des Begriffs Innovation enthält, garantiert es den Versicherten Leistungen, die nach § 2 SGB V im Hinblick auf Qualität und Wirksamkeit „dem allgemein anerkannten Stand der medizinischen Erkenntnisse zu entsprechen und den medizinischen Fortschritt zu berücksichtigen (haben)".

Der Intermedikamenteneffekt misst aber im Bereich der patentgeschützten Medikamente nicht nur die fiskalischen Effekte von „echten", d. h. zweifelsfrei outcome-erhöhenden Arzneimittelinnovationen, sondern auch die Mehrausgaben, die eine Medikamentensubstitution durch sog. Analogpräparate verursacht. Diese Arzneimittel enthalten zwar neue Moleküle bzw. Molekülmodifikationen und stellen damit patentfähige chemische Innovationen dar, ihr Wirkstoff unterscheidet sich aber nur graduell von den Substanzen, die sich bereits auf dem Markt befinden. Es profitieren deshalb z. B. nur wenige Patienten von dieser Differenzierung, und/oder die therapeutische Verbesserung fällt nur gering aus. Insoweit Analogpräparate ähnliche oder nahezu gleichwertige gesundheitliche Effekte wie bereits vorhandene Arzneimittel erzeugen, stiften sie keinen größeren therapeutischen Nutzen als deutlich preiswertere vergleichbare Medikamente. Sofern der Intermedikamenteneffekt Substitutionen von relativ preiswerten Medikamenten durch teurere Analogpräparate mit kaum verändertem therapeutischen Nutzen widerspiegelt, beinhaltet er ähnliche Wirkungen wie Preissteigerungen, d. h. in diesen Fällen enthält die Strukturkomponente teilweise Preiselemente.

Obwohl sie häufig unter dem abwertenden Begriff „Me-too-Präparate" firmieren, können Analogpräparate je nach Marktlage und -stadium aber auch den Preiswettbewerb fördern und damit die Effizienz der Arzneimitteltherapie erhöhen. Sie bieten dann im Rahmen des nachstoßenden Wettbewerbs eine preiswertere Alternative zur ursprünglichen Innovation, die unter Umständen erst kurze Zeit zuvor Marktreife erlangte (siehe auch Laukant, A. 2001, S. 2). Analogpräparate verdienen somit unter Effektivitäts- und Effizienzaspekten per se weder eine positive noch eine negative Beurteilung. Es kommt vielmehr auf den Einzelfall an, d. h. vor allem darauf, ob sie sich im Wettbewerb mit

- der noch patentgeschützten ursprünglichen Innovation

- anderen patentgeschützten, vorher oder nachher eingeführten Analogpräparaten
- dem Originalpräparat der ursprünglichen Innovation und seinen Generika
- den Generika von anderen Analogpräparaten oder
- den eigenen Generika

befinden (ähnlich Schwabe, U. 2001, S. 737 f.). In diesem Kontext zielt die sog. vierte Hürde darauf ab, den Grad der therapeutischen Wirksamkeit von patentgeschützten Arzneimitteln im Vergleich zu ihren am Markt befindlichen Alternativen zu bewerten und die jeweilige Nutzendifferenz bei der Erstattungshöhe dieses Medikamentes durch die GKV zu berücksichtigen.

Der Begriff „vierte Hürde" geht darauf zurück, dass bei der Einführung eines neuen Arzneimittels zu den ersten drei Zulassungshürden, d. h. der Überprüfung auf

- Qualität
- Wirksamkeit und
- Unbedenklichkeit nun noch eine Analyse der
- Kosten-Effektivität

hinzutritt. Die „vierte Hürde" bildet kein Element der Arzneimittelzulassung und regelt nicht den grundsätzlichen Marktzugang. Dieser erfolgt, wie bisher, nach Überwindung, der ersten drei Hürden. Die Analyse der Kosten-Effektivität eines Arzneimittels dient im Rahmen der GKV der Festlegung des angemessenen Erstattungsbetrages, der sich an der Nutzen-Kosten-Differenz im Vergleich mit der Standardtherapie orientiert.

Bei einem funktionsfähigen Marktmechanismus und einem mit ihm einhergehenden Preiswettbewerb entscheidet das Zusammenspiel von Angebot und Nachfrage über den Preis und damit über die angemessene Erstattung eines Produktes. Diese ordnungspolitischen Voraussetzungen eines funktionsfähigen Wettbewerbs liegen auf dem deutschen Arzneimittelmarkt infolge der starren Preise, d. h. der so genannten Preisbindung der zweiten Hand, nicht einmal im Segment der Selbstmedikation vor. Noch weit weniger gilt dies für Medikamente, welche die Ärzte zu Lasten der GKV verordnen. Da der Arzt als der faktische Nachfrager und der Patient als Konsument nicht den Preis für das von der Krankenkasse finanzierte Arzneimittel entrichten – bzw. auch im Falle einer Kostenerstattung nicht ökonomisch tragen –, sehen sie sich nicht gezwungen, ihre individuelle Zahlungsbereitschaft zu offenbaren. Auf der Nachfrageseite entfällt daher die Notwendigkeit, über die eigene Zahlungsbereitschaft den jeweiligen Nutzen eines Arzneimittels zu bewerten, so dass hier ein zentrales Element eines funktionsfähigen Wettbewerbs fehlt. Die vierte Hürde besitzt in diesem Kontext die Aufgabe, diese Bewertungslücke auf der Nachfrageseite auszufüllen und den therapeutischen Nutzen von Arzneimittelinnovationen unter gesamtwirtschaftlichen Aspekten abzuschätzen und als Informationsgrundlage für die Erstattung durch die GKV kategorial einzustufen. Einige Länder, wie z. B. Großbritannien und die Niederlande, evaluieren bereits den therapeutisch-ökonomischen Nutzen von neuen, teuren Arzneimitteln (Österreichisches Bundesinstitut für Gesundheitswesen 2001 a, S. 416).

Die vierte Hürde umfasst zwei Schritte, die inhaltlich und organisatorisch getrennt hintereinander erfolgen (in einem anderen Kontext ähnlich Schneeweiss, S. 2001, S. 40). Am Beginn steht unabhängig von ökonomischen bzw. Kostenaspekten die pharmakologisch-medizinische Bewertung des therapeutischen (Mehr-)Nutzens einer Arzneimittelinnovation im Vergleich mit der bisherigen Standardtherapie. Als Bewertungsinstanz bietet sich hier ein sachkundiges Gremium von unabhängigen pharmakologischen und medizinischen Experten an. Bei dieser Abschätzung des therapeutischen (Mehr-)Nutzens eines neuen patentgeschützten Arzneimittels bedarf es keiner kardinalen Messung, für den angestrebten Zweck reicht eine ordinale Skala mit 4 bis 5 Bewertungskategorien aus. Es geht im Wesentlichen darum, zu ermitteln, ob das neue Medikament im Vergleich zur Standardtherapie einen geringeren, den gleichen, einen geringfügig verbesserten, einen signifikant höheren oder einen erheblich höheren therapeutischen (Mehr-)Nutzen aufweist.

Die pharmakologisch-medizinische Bewertung des therapeutischen (Mehr-)Nutzens bildet die Entscheidungsgrundlage für die im zweiten Schritt anstehende Festlegung des Erstattungsbetrages durch die GKV. Im Sinne einer hinreichenden Rechtssicherheit des gesamten Verfahrens kommt für diese Entscheidung nur ein entsprechend legitimiertes Gremium in Frage. Die Erfahrungen bzw. Probleme mit den Festbeträgen können in dieser Hinsicht eine Orientierungshilfe leisten. Zudem sollten im Rahmen der vierten Hürde beide Schritte transparente Bewertungskriterien sowie Anhörungsrechte betroffener Gruppen und Institutionen vorsehen. Die Festlegung der Erstattungsbeträge verfolgt primär das Ziel, dass die Unternehmen Preise, die darüber liegen, entsprechend absenken. Andernfalls fällt für einen Patienten, der dieses Arzneimittel gleichwohl wünscht, wie bei den Festbeträgen eine Zuzahlung an. Dies erscheint bei Arzneimitteln, die im Vergleich zur Standardtherapie keinen oder nur einen geringfügig verbesserten therapeutischen

Zusatznutzen aufweisen, sowohl medizinisch als auch im Sinne des Wirtschaftlichkeitsprinzips ökonomisch vertretbar. Um zu vermeiden, dass Patienten, die keine hinreichende Zahlungsfähigkeit oder -bereitschaft besitzen, auf neue Arzneimittel mit signifikant höherem oder sogar erheblich höherem therapeutischen (Mehr-)Nutzen verzichten, müsste der zweite Schritt der vierten Hürde diese beiden Nutzengrade ausklammern. Diese Privilegierung von neuen Arzneimitteln mit signifikant höherem oder sogar erheblich höherem therapeutischen Nutzen würde sehr wahrscheinlich das Einsparpotential der vierten Hürde reduzieren, aber keine fiskalischen Nachteile im Verhältnis zum Status quo aufweisen, sondern therapeutisch relevante Arzneimittelinnovationen belohnen.

Die vierte Hürde strebt nicht an, mit vorwiegend fiskalischer Zielsetzung die Anreize für Arzneimittelinnovationen zu vermindern oder gar zu beseitigen. Sie möchte vielmehr mit Hilfe objektiver Studien Transparenz über das Nutzen-Kosten-Verhältnis von neuen patentgeschützten Arzneimitteln gewinnen und diese Erkenntnisse als Entscheidungsgrundlage bei der Festlegung der Erstattung dieser Präparate durch die GKV berücksichtigt wissen. Da bei der Zulassung und Patenterteilung eines Wirkstoffs zwar die Ergebnisse ausgewählter klinischer Studien, aber noch keine validen Informationen über die Kosten-Effektivität dieser Medikamente in der alltäglichen ärztlichen Praxis vorliegen, bedürfen im Rahmen der vierten Hürde beide Schritte – vor allem bei Auftreten neuer relevanter Erkenntnisse – eines fortlaufenden Controlling, d. h. einer entsprechenden Begleitforschung. Als zusätzliche Informationsquelle können hier auch eine repräsentative Befragung von ambulant praktizierenden Ärzten (vgl. Fuchs, V.R. und Sox Jr., H.C. 2001) oder ein mikroökonomischer Bewertungsansatz (vgl. Erbsland, M., Ulrich, V. und Wille, E. 2000) dienen.

Insgesamt gesehen möchte die vierte Hürde dazu beitragen:

- im Rahmen der Arzneimitteltherapie das Augenmerk stärker auf die Outcome-Dimension zu lenken
- im Hinblick auf die Kosten-Effektivität von neuen patentgeschützten Wirkstoffen die Informationsbasis von Ärzten und Patienten zu verbessern und zu objektivieren
- durch Substitutionen oder Preissenkungen von bzw. bei Medikamenten mit vergleichsweise ungünstiger Kosten-Effektivität Finanzierungsspielräume für den Abbau von Unterversorgung und für neue effektive Arzneimittelinnovationen zu gewinnen sowie

- verstärkte finanzielle Anreize für Arzneimittelinnovationen zu setzen, die nach objektivierten Kriterien einen signifikant höheren oder gar einen erheblich höheren (zusätzlichen) Nutzen stiften.

Literatur

Albring, Manfred und Wille, Eberhard, als Hrsg. (1997): Innovationen in der Arzneimitteltherapie. Definition, medizinische Umsetzung und Finanzierung, Frankfurt et al.

Bausch, Jürgen (2001): Innovationen treiben die Kosten hoch. Budgetrelevante Innovationen/Neuzulassungen auf dem deutschen Arzneimittelmarkt. Eine Studie über den Marktverlauf in einigen verordnungsrelevanten Indikationsbereichen, 01.01.1999 - 31.12.2000, Frankfurt.

Bundesministerium für Gesundheit (2001): Daten des Gesundheitswesens, Ausgabe 2001, Baden-Baden.

Erbsland, Manfred, Ulrich, Volker und Wille, Eberhard (2000): Ökonomische Bewertung von Arzneimittelinnovationen, in: Klauber, Jürgen, Schröder, Helmut und Selke, Gisbert W. (Hrsg.): Innovation im Arzneimittelmarkt, Berlin et al., S. 169-191.

Feldmann, Michael et al. (2002): Die Analyse verschiedener Szenarien zur Veränderung der Arzneimittel-Distribution, in: Recht und Politik im Gesundheitswesen, Bd. 8, Heft 1, S. 3-9.

Folino-Gallo, P. et al. (2001): Availability of Medicines in the European Union: Results from the EURO-Medicines Project, in: European Journal of Clinical Pharmacology, Vol. 57, S. 441-446.

Fuchs, Victor R. und Sox Jr., Harold C. (2001): Physicians' Views of the Relative Importance of Thirty Medical Innovations, in: Health Affairs, Vol. 20, Nr. 5, S. 30-42.

Laukant, Andreas (2001): Kostentreiber „Me-Too"-Präparate? Novartis Pharma GmbH, August 2001.

Lichtenberg, Frank R. (1996): Do (More and Better) Drugs Keep People Out of Hospitals?, in: The American Economic Review, Papers and Proceedings, Vol. 86, Nr. 2, S. 384-388.

Lichtenberg, Frank R. (2001): Are the Benefits of Newer Drugs Worth their Costs? Evidence from the 1996 MEPS, in: Health Affairs, Vol. 20, Nr. 5, S. 241-251.

Nink, Katrin, Schröder, Helmut und Selke, Gisbert W. (2001): Der Arzneimittelmarkt in der Bundesrepublik Deutschland, in: Schwabe, Ulrich und Paffrath, Dieter (Hrsg.): Arzneiverordnungs-Report 2001, Berlin et al., S. 791-836.

Österreichisches Bundesinstitut für Gesundheitswesen – ÖBIG (2001a): Arzneimittelausgaben. Strategien zur Kostendämpfung in der Europäischen Union, Wien, November 2001.

Österreichisches Bundesinstitut für Gesundheitswesen – ÖBIG (2001b): Benchmarking Arzneimittelausgaben. Strategien zur Kostendämpfung in der Europäischen Union, Wien, Dezember 2001.

Pfaff, Martin (2002): Analyse potentieller Auswirkungen einer Ausweitung des Pharmaversandes, Frankfurt et al.

Sachverständigenrat für die Konzertierte Aktion im Gesundheitswesen (2001): Bedarfsgerechtigkeit und Wirtschaftlichkeit. Zur Steigerung von Effizienz und Effektivität der Arzneimittelversorgung in der gesetzlichen Krankenversicherung (GKV), Addendum zum Gutachten 2000/2001 (Bände I bis III), Bonn.

Schneeweiss, Sebastian (2001): Pillen auf dem Prüfstand, in: Gesundheit und Gesellschaft, 4. Jg., Ausgabe 6, S. 34-40.

Schwabe, Ulrich (2001): Einsparpotentiale, in: Schwabe, Ulrich und Paffrath, Dieter (Hrsg.): Arzneiverordnungs-Report 2001, Berlin et al., S. 729-769.

Schwabe, Ulrich und Paffrath, Dieter, als Hrsg. (1987-2001): Arzneiverordnungs-Report 1987-2001, Berlin et al.

Verband Forschender Arzneimittelhersteller e.V. (2001): Statistics 2001. Die Arzneimittelindustrie in Deutschland, Berlin.

WIdO-Wissenschaftliches Institut der AOK (2002): Preisinfo 1/2002, Bonn.

Wille, Eberhard (2001): Basis- und Zusatzversorgung in der gesetzlichen Krankenversicherung, Akademie für Technikfolgenabschätzung in Baden-Württemberg, Nr. 199/Dezember 2001, Stuttgart.

Arzneimittelrichtgrößen versus Budgets

Karl-Heinz Schönbach

Kleine politische Ökonomie der Arzneimittelsteuerung

Eine Politik, die die Knappheit der Güter ignoriert, weil sie Geld drucken kann, ist ebenso schlecht beraten wie eine Politik, die die Knappheit der Steuerungsinstrumente ignoriert, weil sie Gesetze drucken kann. Gerade im selbstverwalteten Gesundheitswesen zählen Gesetze nur im Rahmen des Möglichen. Und der Ankündigung, die ungeliebten Arzneimittelbudgets abzulösen, folgte eine milliardenschwere Verordnungslawine. Auf dem Weg von Richtgrößen zu Budgets und zurück sind zunächst gerade mal „Zielvereinbarungen" übrig geblieben. Die Politik hat sich vertrauensvoll in die Hand der Arztfunktionäre begeben. Der vorliegende Beitrag geht dem Weg dorthin nach.

Budgetierung die liberalere Lösung

Richtgrößen hatte bereits der Gesetzgeber des Gesundheitsreformgesetzes (GRG) 1989 vorgesehen. Die Bestimmungen dazu wurden von den Beteiligten aber als frühe „Politik der Ermöglichung" aufgefasst und nicht in Anspruch genommen. Da keine Richtgrößen vereinbart wurden, führte der Gesetzgeber des Gesundheitsstrukturgesetzes (GSG) 1993 Budgets auf KV-Ebene ein, stellte den Vertragspartnern jedoch von Beginn an frei, diese jederzeit durch Richtgrößen zu ersetzen. Bereits im Frühjahr 1994 präsentierte der BKK Bundesverband daraufhin ein Richtgrößenkonzept. Wiederum aber blieben Vereinbarungen aus, nicht zuletzt, da die für Richtgrößen notwendigen, von den Apotheken seit 1989 gesetzlich zu liefernden Daten nicht zur Verfügung standen. Dabei waren sich allerdings auch alle Beteiligten einig, dass Richtgrößen gegenüber Budgets ungleich gravierender in die Verordnungspraxis eingreifen würden. „Richtgrößen" wurden von der Ärzteschaft stets nur als politische Alternative hochgehalten, wenn man mit Budgets nicht zurande kam.

Entsprechend forderte die Kassenärztliche Bundesvereinigung (KBV) bei den ersten Problemen im Jahre 1995 keineswegs die Einführung von Richtgrößen oder bemühte die Schiedsämter mit dem Ziel der Erhöhung der Budgets. Vielmehr forderte sie die „Aussetzung" der Budgetierung. Regionale Budgetvereinbarungen kamen daraufhin nur noch vereinzelt zustande. Das Ergebnis war die vielfach beklagte Politik des „Stop and Go". Während die Budgetierung in der Ärzteschaft weithin dämonisiert wurde, folgte auf regional befürchtete Budgetüberschreitungen eine

Stopp-Politik bis hin zum öffentlich inszenierten „Verordnungsboykott", während die Hochüberschreiter mit lädiertem Ruf glänzend zu leben verstanden. Mit anderen Worten: Die Budgetierung wurde politisch verschlissen.

Richtgrößen: Vom Aussetzen zum Ablösen

Daraus hat zunächst das 2. GKV-Neuordnungsgesetz (NOG) 1997 die politische Konsequenz gezogen und die gesetzgeberische Forderung nach Richtgrößen nachdrücklicher formuliert. Die Vertragspartner „vereinbaren" Richtgrößen nicht (GRG) oder „können (sie) vereinbaren" (GSG), sondern „haben zu vereinbaren" (2. NOG): Allerdings konnte nun auf den bis heute nicht realisierten Indikations- und Stoffgruppenbezug ebenso verzichtet werden wie auf eine jährliche Anpassung der Richtgrößen: Eines der riskantesten Manöver Seehoferscher Ordnungspolitik. Nach dem 2. NOG vereinbarte Richtgrößen führen zur „Ablösung", nicht mehr nur zur „Aussetzung" der Budgets. Ernst gemacht haben damit dann nur wenige KVen (Bayern als Beispiel). Hier gingen die Ärzte individuell ins Risiko. Beantwortet hat die Politik dies mit der Budget-Amnestie nach der Bundestagswahl 1998. Dies war einer der ersten Schritte rot-grüner Politik. Dabei wurden die gerade eingeführten Richtgrößen ab dem Jahr 1999 wieder durch per Gesetz festgestellte Budgets abgelöst.

Tabelle 1: Budgets versus Richtgrößen

	Richtgrößen	Budgets
Vorteile	• Medizinische Orientierung • Berücksichtigung von Praxisbesonderheiten als Abweichung vom Durchschnitt • Individualverantwortung	• Verordnungs- und Therapiefreiheit • Ausgleich regionaler und subregionaler Verordnungsunterschiede • Jährliche, kriteriengebundene Fortschreibung • KV-Management?
Nachteile	• Daten- und Prüfaufwand • Praxismanagement von Kleinstbetrieben • Motivation und Fähigkeit des KV-Managements	• Begrenzte Informations- und Eingriffsrechte der KV • Verordnungsschwankungen orientiert an kollektiven Ausgabenentwicklungen • Kollektivverantwortung

Quelle: BKK Bundesverband

Zweifellos ist die Verordnungs- und Therapiefreiheit der Ärzte unter einem Budget ungleich größer als bei Richtgrößen. Budgets sind die liberalere Lösung. Auch wird zugunsten der Budgets des GSG 1993 eingeräumt werden müssen, dass die Kriterien für ihre jährliche Fortschreibung (u.a. Altersstruktur der Versicherten, Änderungen des Preisniveaus, Wirtschaftlichkeitsreserven und Innovationskomponente) als „intelligent" gelten können, so das Prädikat des früheren Abteilungsleiters im Gesundheitswesen, G. Schulte. Alle Instrumente im Gesundheitswesen haben allerdings ihre Grenzen innerhalb der schwierigen Melange aus öffentlichem Recht und Wettbewerb mit Trennung von Nachfrage und Finanzierung.[1] Bei der hier diskutierten Materie traten die Grenzen aufgrund der mangelnden Verfügbarkeit der Verordnungsdaten besonders hervor:

- Die Apothekerverbände hatten die Verhandlungen erst nach dem Ende der gesetzlichen Frist 1994 aufgenommen und auf das Äußerste hinausgezögert.

- Die standeseigenen Apothekenrechenzentren nahmen die Datenlieferungen nach technischen Fehlversuchen 1996 nur zögerlich auf und verkauften die Daten eher rechtswidrig an die Pharmaindustrie,

- diese Praxis der Datenverkäufe hatte erst die rot-grüne Bundesregierung im Jahre 2000 legalisiert und anschließend im Jahr 2001 bis 2003 befristet; sie macht im Prinzip jeden Arzt mit Verordnungsrückständen zur Adresse des Pharmaaußendienstes,

- die Kassenärztlichen Vereinigungen stellten bis ins Jahr 2001 keine bundesweiten Arztverzeichnisse zur Verfügung, um eine Zuordnung der Verordnungen zu dem jeweiligen Arzt zu behindern,

- und am Ende dieser Kette hatten schließlich auch die Spitzenverbände der Krankenkassen große Probleme, die in dutzenden von Rechenzentren unterschiedlicher regionaler und institutioneller Prägung aufgelaufenen Verordnungsdaten wieder auf den einzelnen Arzt zusammenzuführen.

Von daher ist es den Spitzenverbänden der Krankenkassen erst im Herbst 2001 gelungen, die Ärzte zu 100 Prozent über ihre eigene Verordnung zu informieren. Den Ärzten werden ihre Verordnungsdaten nach

---

1 Vgl. Schönbach, K.H.: Öffentlich rechtliches Vertragsrecht und Wettbewerb in der GKV, in: Arbeit und Sozialpolitik, Heft 2 in 2001.

zahlreichen Abrechnungsschritten und aus dutzenden unterschiedlicher Quellen wieder vollständig zusammengeführt.

Von der Sache her schwerer wiegen die vor allem durch das allgemeine Wettbewerbsrecht eng begrenzten Informations- und Eingriffsmöglichkeiten der Kassenärztlichen Vereinigungen. So wurden Arzneimittellisten der KBV und Informationen einzelner KVen, Hessen als Beispiel, zivilrechtlich beklagt. Dabei nutzten einzelne Firmen die Unsicherheit deutscher Gerichte bei der Anwendung des EG-Wettbewerbsrechts. Die Politik, die dem Bundesausschuss, den KVen und den Krankenkassen für eine rationale Arzneimittelinformation an Ärzte und Versicherte öffentlich Rückendeckung zugesagt hatte, blieb rechtlich weitgehend untätig. Selbst als mit der Gesundheitsreform 2000 entsprechende Rechtsgrundlagen eingeführt wurden, sparte der Gesetzgeber sie von der Rechtswegzuweisung zu den Sozialgerichten aus.

Strukturvorgaben zu Richtgrößen

Die Kassenärztlichen Vereinigungen, die Budgets oder vereinbarte Arzneimittelvolumina zu überschreiten drohen, können aufgrund vereinbarter Richtgrößen auf die „Individualhaftung" des einzelnen Arztes verweisen. Als hoch gerüstete Institutionen, die sich nicht weiter in der Lage gesehen hatten, die Budgets zu „managen", werden sie sich gleichwohl von ihren Mitgliedern fragen lassen müssen, wie die einzelne, ungleich geringer ausgestattete Arztpraxis mit Richtgrößen umgehen soll. Die KV, mit ihren Möglichkeiten zur Kompensation zwischen vielen Ärzten und unterschiedlichen Arztgruppen bei Budgets, hat nun die Aufgabe, eine Prüfung „von Amts wegen" beim einzelnen Arzt zu begleiten. So versagt die KV ihren ärztlichen Mitgliedern die „Dienstleistungsfunktion" und beschränkt sich auf ihre „Ordnungsfunktion" (Polizeifunktion), nicht ohne dafür auch noch den Applaus ihrer Mitglieder zu reklamieren. Das ist politisch von beachtlicher Finesse.

Die Spitzenverbände der Krankenkassen und die KBV haben seit dem 2. NOG Strukturempfehlungen zu Richtgrößen abgegeben. Danach werden Richtgrößen für Arzneimittel (ohne Heilmittel) arztgruppenspezifisch und altersgewichtet auf der Basis der Ausgaben-Bruttowerte je Fall festgelegt. Die Strukturempfehlung hat eine Liste von Arzneimitteln aufgenommen und gepflegt, die aufgrund ihrer eindeutigen Bestimmtheit von Indikation und Verordnungsmenge von der Richtgrößenprüfung ausgenommen werden sollen. Darüber hinaus werden Indikationsgebiete bestimmt, die in der Richtgrößenprüfung als Praxisbesonderheit berücksichtigt werden sollen, soweit ihnen nicht bereits durch die genannte Liste von Arzneimitteln Rechnung getragen ist. Mit diesem Instrumentarium soll Verordnungsdefiziten und einem uninformierten Abweisen von Patienten von Praxis zu Praxis vorgebeugt werden.

Für die Richtgrößenprüfung wurden zwei Interventionsgrenzen eingeführt. Überschreitet der Arzt die Richtgröße über die 1. Grenze hinaus, steht eine obligatorische Beratung an. Wird die 2. Grenze überschritten, ist er zum Ausgleich der Überschreitung verpflichtet. Dabei erfolgt die Festlegung des Ausgleichsbetrages auf der Basis der Ausgaben-Nettowerte, d. h. ohne den gesetzlichen Kassenrabatt und die Zuzahlungsbeträge. Bliebe es auch im Regressfall bei der Bruttobetrachtung, wären Ärzte mit ökonomisch begünstigter Klientel bevorteilt und Ärzte mit überdurchschnittlich hoher Zahl von der Zuzahlung befreiter Patienten benachteiligt.

Die Einführung von Budgets für Arzneimittel hat im Jahr 1993 zu erheblichen Verordnungsrückgängen geführt. Die Wirkung von Richtgrößen seit dem Jahr 1998 kann kaum hinreichend beurteilt werden, weil der Gesetzgeber auf dem Gebiet der Arzneimittelpolitik ohne Unterlass tätig ist. Weit stärker aber als die „gewollte“ Individualhaftung auf der Grundlage vereinbarter Richtgrößen wirken die politischen Signale der „Abkehr von Budgets“. Besser als jede KV übersetzen tagtäglich mehr als 10.000 Pharmaberater dem Arzt die politische Botschaft. Würde tatsächlich nach Richtgrößen geprüft, müssten mehr als 30 Prozent der Ärzte aufgrund um Jahre zurückliegender Verordnungen aufwendige Verwaltungsverfahren durchlaufen, an deren Ende sie wegen einzelner Daten-Unstimmigkeiten gegen das Ergebnis klagen könnten. Von daher sind Richtgrößen auch wegen ihrer mangelnden Prüfbarkeit ärztlich gelitten. Wo die Krankenkassen wegen des Vorrangs der (künftigen) Richtgrößenprüfung auf die Prüfung nach Durchschnitten verzichtet hatten, blieben Prüfungen gänzlich aus.

Die Abkehr von der Budgetierung

Wo es frühere Bundesregierungen beim „Aussetzen“ oder „Ablösen“ der Budgets beließen, hat die Politik der amtierenden Bundesregierung in eine Art Zick-Zack-Kurs zur „Abkehr“ von den Budgets geführt. Gleich nach Regierungsantritt 1998 wurde das GKV-Solidaritätsstärkungsgesetz (SolG 1999) in Kraft gesetzt:

- Es setzte die Budgets gesetzlich in den alten dominierenden Stand,
- verfügte eine „Amnestie“ für Überschreitungen aus den Vorjahren und bestimmte die Budgetanpassung über alle KVen für das Jahr 1999

- und setzte eine Frist, bis zu der die Vertragspartner Richtgrößen vereinbaren.

Zwar gelang es der Bundesregierung zunächst, die Spitzen der Kassenärztlichen Bundesvereinigung mit Aktionsprogrammen zur Budgeteinhaltung politisch in die Pflicht zu nehmen. Und schließlich lenkten die Auseinandersetzungen um die GKV-Gesundheitsreform die Aufmerksamkeit auf andere Reizthemen wie das so genannte Globalbudget. In der realen Welt aber schritt das Ausgabenwachstum immer schneller voran, so dass auf gesetzlicher Grundlage ab dem Jahr 2000 wieder vertraglich vereinbarte Budgets weithin überschritten wurden. Die Kassenärztliche Bundesvereinigung versuchte, die Zunahme der Ausgaben für Arzneimittel vor allem mit zwei Ansätzen zu erklären:

- Zum einen wurde die Zunahme der Verordnung so genannter Spezialpräparate angeführt. Als Spezialpräparate werden meist teure Arzneimittel bezeichnet, die häufig im Rahmen spezieller Behandlungsverfahren in klinischen Zentren und Arbeitskreisen entwickelt wurden.[2] Darunter werden insbesondere Arzneimittel subsumiert, die z. B. in der Transplantationsmedizin, der Onkologie, bei AIDS-Patienten sowie in der Reproduktionsmedizin eingesetzt werden.

- Zum anderen wurde die Zunahme der Verfügbarkeit so genannter Innovationen herausgestellt. Die dabei bestehenden Bewertungsunterschiede, ob eine Innovation therapeutisch sinnvoll und vom Preis her angemessen ist, werden in aller Regel interessenpolitisch beantwortet. Unbestritten aber ist der hohe Anteil von „Innovationen" ohne therapeutischen Zusatznutzen nach der Klassifikation von Fricke & Klaus[3], die C- und D-Innovationen. Diese so genannten Metoo-Präparate zeichnen sich zumeist lediglich durch geringfügige Molekülvariationen aus, die gegenüber den eingeführten und erprobten Arzneimitteln oft keine oder nur geringfügige pharmakologische Vorteile aufweisen.

Beide Themen sollten begründen, dass der den Versicherten zugute kommende pharmakologische Fortschritt mit den zur Verfügung stehenden Mitteln nicht (mehr) zu finanzieren war und es nicht angehen könne, der Ärzteschaft die Last auf dem Wege der Budgethaftung aufzubürden. Während das seit Jahren bemühte Thema „Innovationen" in der Politik nicht zum Durchbruch gegen die Budgets verhalf, weil sich in dem Be-

---

2 Schwabe U. (2000). Spezialpräparate. In Schwabe U. & Paffrath D (Hrsg.) 2000. Arzneiverordnungsreport 1999, S. 607-620. Springer-Verlag Berlin, Heidelberg.

3 Fricke & Klaus, nach Arzneiverordnungsreport (1999). a.a.O.

griff medizinische Bewertungen und ökonomische Interessen vermischen, war der Begriff „Spezialpräparate" durchschlagend. Hier ging es ja offensichtlich um hochwirksame und unverzichtbare Arzneimittel bei schwerwiegenden Krankheiten. Die Versorgung von Patienten mit solchen Präparaten ökonomisch zu behindern konnte politisch nicht verantwortbar sein. Dass die Ausgaben für Spezialpräparate dann ausgerechnet im Jahr 2001 z. T. rückläufig waren, behinderte die politische Verwertung des Argumentes nicht.

Schließlich übernahmen Teile des Regierungsapparates ungehindert die Diktion der Pharmalobby und schärften ihren Blick anhand der sequenziellen Analytik von Datenhändlern, die gerade erst die Verkäuflichkeit der GKV-Arzneimitteldaten begrüßt hatten. Damit führte der von der Ärzteschaft für die Pharmaindustrie geführte Dauerkonflikt um die Budgets schließlich zu einem politischen Ende, dessen öffentliche Ankündigung die GKV zur Zeit Milliarden kostet und die Bilanzpressekonferenzen der Industrie gegen alle konjunkturellen Trends überaus freundlich gestaltet. Den Patienten nutzt das weithin kaum, es sei denn, sie haben sich in pharmagesponserten Clubs zusammengefunden, die auch von der Kassenärztlichen Bundesvereinigung vorgeführt werden, wenn nicht gerade von Agenturen gemietete Proteststudenten vor den Toren des Kölner Bundesausschusses in Positur gehen. Dies aber nur zur politökonomischen Abrundung des Bildes.

Abbildung 1: Anstieg der Arzneimittelausgaben der GKV nach Ankündigung des Budgetverzichts im Vergleich zum Vorjahresquartal

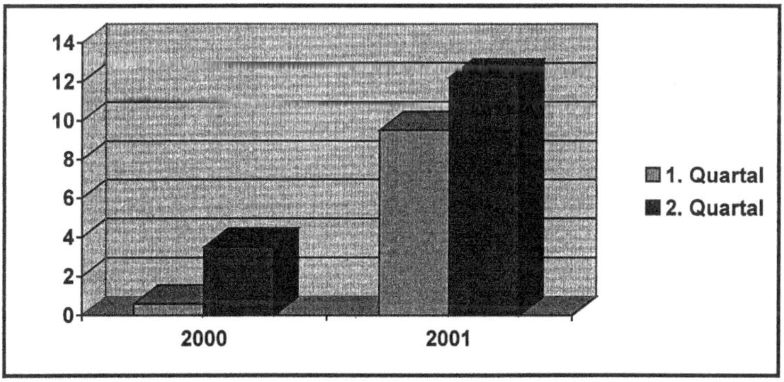

Quelle: BKK Bundesverband, Abt. Versorgungsmanagement

Alternativen gegenüber einer Politik der bloßen Abkehr von den Budgets fanden nach Verlautbarungen von der Spitze politisch keine Berechtigung mehr. So hatten die Spitzenverbände der Krankenkassen im Jahr

2000 vorgeschlagen, die Verordnung von Spezialpräparaten bei der Ermittlung der Budgets zu berücksichtigen. Zudem entwickelte der BKK Bundesverband eine Methode der Standardisierung der Ausgaben je KV nach Alter und Geschlecht der Arzneimittel-Patienten und dem Fachgruppenmix der KV, bei der zusätzlich einzelne Arzneimittelgruppen gesondert betrachtet werden. Diese Form des Benchmarkings[4] ist morbiditätsbezogen, da sie Alter, Geschlecht und Fallhäufigkeit berücksichtigt. Außerdem berücksichtigt sie die Angebotsstruktur der KV, die auch KV-übergreifend in Anspruch genommen werden kann (Stadtstaaten). Wie Berechnungen auf der Grundlage von Daten aus dem Jahr 1999 zeigten, änderte sich die Bewertung der Überschreiterpositionen der KVen nach der standardisierten Betrachtung deutlich. So konnte zum Beispiel Berlin, wo das Budget 1999 massiv überschritten worden war, hohe Anteile seiner Mehrausgaben allein unter Berücksichtigung des besonderen Versorgungsbedarfes für AIDS-Patienten erklären.

Dieser kleine Beitrag ist nicht der Ort, die Vor- und Nachteile der BKK-Benchmark-Methode auszurollen. Es soll hier lediglich herausgestellt werden, dass diese Methode zum Beispiel die Überschreitung in Berlin, die im Jahre 1999 brutto 9,2 Prozent betrug, auf 3,2 Prozent reduziert, wenn die Spezialpräparate außerhalb der Betrachtung bleiben.

Aus diesem Ansatz und anderen Ansätzen wurden von den Spitzenverbänden der Krankenkassen der politische Inhalt einer Bundesempfehlung zur Weiterentwicklung der Budgets gezogen, die im Dezember 2001 nach der Zustimmung der Verhandlungskommission auch die Zustimmung der Kassenärztlichen Bundesvereinigung erhielt, nicht aber die des so genannten Länderausschusses der KBV.

---

4 Vgl. Staffeldt, Th.: Arzneimittel-Benchmark als differenziertes Beurteilungskriterium für das Verordnungsgeschehen, in: Arbeit und Sozialpolitik, Heft 2 in 2000.

Abbildung 2: Abweichung der durchschnittlichen Ausgaben pro BKK-QFAMP nach KV 1999 vom BKK Bund Durchschnitt (standardisiert nach Alter, Geschlecht, Fachgruppenmix, ohne Spezialpräparate)

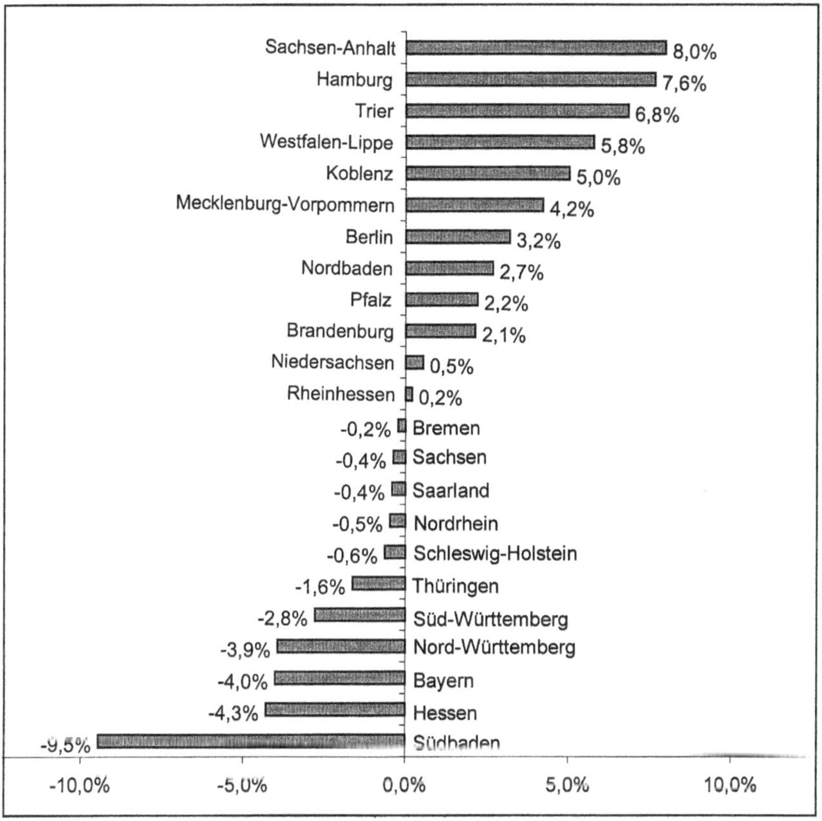

Quelle: BKK Bundesverband, Abteilung Versorgungsmanagement

Eckpunkte einer Bundesempfehlung 2001

Die für das Jahr 2001 geplante Bundesempfehlung zur Weiterentwicklung der Budgets setzte folgende Eckpunkte:

- Auf der Grundlage eines gemeinsamen Informationsmanagements von Krankenkassen und Kassenärztlichen Vereinigungen sollte ein auf Dauer angelegtes Aktionsprogramm zur Vermeidung von Regressen durchgeführt werden,

- anhand der gemeinsamen Datengrundlagen sollte eine gemeinsame regionale Bewertung der Arzneimittelversorgung vorgenommen und strukturierte Zielvereinbarungen für die Weiterentwicklung der Versorgung geschlossen werden,

- und aufgrund ihrer aktuellen gemeinsamen Analyse hinsichtlich so genannter Spezialpräparate sollten für die Kassenärztlichen Vereinigungen mit besonderem Versorgungsbedarf Korrekturfaktoren beim Arzneimittelbudget vorgesehen werden.

Nach der Ablehnung durch ihren Länderausschuss griff die KBV die von den Spitzenverbänden innerhalb der Budgets vorgeschlagenen Zielvereinbarungen politisch als „Budget-Surrogat" auf. Und die Bundesregierung brachte daraufhin tatsächlich im Jahr 2001 das Gesetz zur Abschaffung der Budgets für Arzneimittel (ABAG) durch den Bundestag: In zwei Jahren von der „Politik der Ermöglichung" zur „Politik des Vertrauens". Und in der Tat transportiert jede Bestimmung des ABAG im Kern das politische Vertrauen in die Verantwortungsfähigkeit der Kassenärztlichen Vereinigungen. Daran und nicht an den Worten kann es gemessen werden. Sonst müsste angeführt werden,

- dass das Gesetz bei den von den Budgetpartnern zu vereinbarenden Ausgabenvolumina auf die Soll-Budgets des Jahres 2001 abstellt und damit schon beim Start eine politikinduzierte Hypothek von rund 5 Mrd. DM auf den Weg gibt,

- oder etwa Passagen enthält, die weniger in einem deutschen Bundesgesetz als in der Prüfvereinbarung einer mittleren KV vermutet werden können.

Tatsächlich sind die Arzneimittelausgaben im Jahr 2001 um durchschnittlich rund 10 Prozent angestiegen. Lediglich zu Beginn des Herbstes gab es eine 4-wöchige Pause mit moderaterem Anstieg, bevor der Oktober wieder mit plus 14 Prozent startete. Dabei zeigen sich Muster, nach denen die Vertreter der Pharmaindustrie auf der ganzen Linie ungehindert erfolgreich agieren.

Fazit

Richtgrößen und Budgets haben eine wechselhafte Geschichte als politische Instrumente der Arzneimittelpolitik. Der Beitrag ist bewusst nicht der Frage nachgegangen, wann und wo Budgets vereinbart und tatsächlich einmal überschritten worden sind. Die Überschreitung war in der Tat die seltene Ausnahme, aber politisch allgegenwärtig. Zum Schluss zahlen die Versicherten für die ersatzlose Streichung der Budgets einen hohen, in Beitragssatzprozentpunkten bemessenen Preis. Die Politik ist den Arztfunktionären bis hin zu Zielvereinbarungen gefolgt, die ins Leere adressiert sind. Denn wo fände sich ein Arzt, der mit seiner Kassenärztlichen Vereinigung eine Zielvereinbarung abschlösse? Die Politik kommt nicht umhin, die Selbstverwaltung im Gesundheitswesen mit einem schlüssigen Wettbewerbskonzept auszustatten, in dessen Mittelpunkt unternehmens- und vertragsfähige Angebotsstrukturen stehen. Daran kommt man auch in einem Wahljahr nicht vorbei.

Arzneimittelrichtgrößen versus Budgets[5]

Frank Münnich

Das Für und Wider von Richtgrößen und Budgets ist seit so langer Zeit so intensiv diskutiert worden, dass es nicht verwundert, wenn sich hierzu so etwas wie eine Communis opinio herausgebildet hat. So werde ich Ihnen im Ergebnis annähernd das allgemeine Vorurteil vortragen. In der Argumentation werde ich mich in der für die ökonomische Wissenschaft typischen souveränen Missachtung von empirischen Details auf deren bekannte wissenschaftliche Vorurteile über menschliches Verhalten stützen und versuchen, von ihnen ausgehend abzuleiten, dass weder die Budgets noch die Richtgrößen ein funktionstüchtiges Instrument für die Steuerung des Arzneimittelmarktes sein können. Ich werde dabei zunächst einige Definitionen einführen, um einen präzisen Sprachgebrauch sicherzustellen. So findet man beispielsweise die Budgets unter allen möglichen Bezeichnungen wieder. Sie heißen bis heute Budgets, man findet sie aber auch unter den Decknamen Ausgabevolumen oder Richtgrößenvolumen, die beide genau das meinen, was man formal als Budget definieren kann. Ich werde dann zweitens etwas über Budgets und drittens über Richtgrößen sagen und abschließend eine vergleichende Zusammenfassung und Schlussfolgerung geben.

Natürlich kann man Beurteilungen immer nur zielorientiert durchführen. Ich werde, der vermuteten Absicht der Programmgestalter folgend, den Vergleich von Richtgrößen mit Budgets ausschließlich unter der Zielvorstellung der Kostendämpfung, also der Steuerung des Niveaus der Gesamtausgaben für Arzneimittel führen. Natürlich können auch Niveau-Maßnahmen strukturelle Effekte aufweisen. Ich gehe aber einmal davon aus, dass das, worum es geht, ausschließlich die Steuerung der Gesamtausgaben ist und nicht auch die Steuerung bestimmter Ausgabensegmente unter bestimmten therapeutischen Aspekten oder Qualitätsgesichtspunkten, wie dies beispielsweise von bestimmten Politikern oder Autoren für die Positivliste postuliert wird. Treten beim Einsatz von Budgets auch strukturelle Wirkungen auf, wenn diese beispielsweise zu eng gefasst werden, so handelt es sich dabei gewissermaßen um – in der Regel unerwünschte – politogene Nebenwirkungen. Budgets und Richtgrößen werden in diesem Referat in erster Linie unter dem fiskalischen

[5] Unter Berücksichtigung einiger Ergebnisse der Diskussion ausgearbeitete Fassung eines Impulsreferats, das ich auf den 6. Bad Orber Gesprächen in Berlin am 23.11.2001 gehalten habe.

Ziel der Kostendämpfung und nicht der Verwirklichung von Versorgungszielen beurteilt.

Definitionen und Abgrenzungen

Das Grundproblem bei beiden Steuerungsinstrumenten liegt darin, dass die faktische Steuerungswirkung immer nur vom verordnenden Arzt, also auf der untersten Entscheidungsebene des hierarchischen Gesundheitssystems ausgelöst wird. Alle Instrumente wirken letztlich immer nur dadurch, dass der verordnende Arzt sein Verordnungsvolumen mehr oder weniger zielkonform anpasst, sei es, dass er durch Wirtschaftlichkeitsprüfungen oder den Arzneiverordnungsreport dazu gebracht wird, sei es durch Informationssysteme, sei es durch die Angst, in Regress zu geraten. Die Budgets haben im Jahr ihrer Einführung (1993) vor allem deshalb gewirkt, weil sie eine diffuse Angst vor einem in seinem Ausmaß für den einzelnen Arzt nicht abschätzbaren Kollektivregress ausgelöst haben. Und sie haben in der Folge ihre Wirksamkeit zunehmend in dem Maß wieder verloren, wie sich ein Vertrauen der Ärzte, es werde schon nicht zum Regress kommen, dank vieler Expertisen, Gerichtsurteile und Amnestien aufgebaut hat.

Dadurch, dass erstens die Steuerungswirkung immer auf der untersten Ebene einsetzt, das Ziel aber, die Stabilisierung der Gesamtausgaben, auf oberster, gesamtwirtschaftlicher Ebene festgesetzt ist, und dass zweitens die Steuerungsinstrumente, die Stellglieder, wie sie in der Mess- und Regelungstechnik heißen, auf oberster oder mittlerer Ebene der Entscheidungshierarchie ansetzen, entstehen Kompatibilitätsprobleme in zweifacher Hinsicht. Zum einen muss die Vorgabe auf irgendeiner höheren Steuerungsebene in irgendeiner Weise auf die Ebene des Arztes runtergebrochen werden, weil sein Verhalten ja irgendwie an der Kollektivgröße ausgerichtet werden muss, er sich aber in erster Linie nach den Anreizen und den Notwendigkeiten ausrichten wird, die direkt und konkret und unmittelbar in seiner Praxis auftreten. Ich nenne dies das Problem der Anreizkompatibilität. Zum anderen müssen die Anreize so gesetzt werden, dass sich die individuellen Reaktionen auch zu der gesamtwirtschaftlichen Zielvorgabe aggregieren. Kommt es zu einem Überschießen der Reaktionen, wie bei den Budgets 1993, oder werden die vorgegebenen politischen Ziele nicht erreicht, fehlt es, mit anderen Worten, an Ergebniskompatibilität. Anreiz- und Ergebniskompatibilität hängen eng zusammen. In der Realität wird man aber nicht beides zugleich erreichen. Je weiter entfernt vom Arzt die Steuerungsgrößen einsetzen, um so schwieriger ist es, Anreizkompatibilität sicherzustellen. Legt man die Steuerungsgröße möglichst nahe an der ärztlichen Ebene fest, um das Problem mangelhafter Anreizkompatibilität zu mindern, so ist erst recht nicht garantiert, dass das Steuerungsziel stabiler Gesamtausgaben punktgenau getroffen wird.

In solchen Fällen gewinnt die Ausgestaltung der Sanktionen ihre Bedeutung. Sie dienen der Korrektur: einerseits des faktischen Ergebnisses in Richtung auf eine genauere Zielerfüllung und andererseits des Verhaltens der Ärzte. Während die durch die Stellgrößen bewirkten Anreize im Vorhinein gesetzt werden und also bei den zu beeinflussenden Verschreibungsentscheidungen bereits manifest sind und Belohnungen oder Bestrafungen somit zwingend „auf dem Fuße" folgen, stellen Sanktionen nur indirekt wirkende Anreize dar. Zwar hängt der Eintritt des sanktionierten Ereignisses auch von dem Verhalten des verschreibenden Arztes ab. Doch ist der Eintritt der Sanktion selbst ein zukünftiges und damit unsicheres Ereignis, das nur beschränkt, in einem von der individuellen Gegenwartspräferenz und Risikobereitschaft abhängenden Maße in den Entscheidungskalkül eingeht. Ob es trotz individuellen Fehlverhaltens zu einer Sanktion kommt, hängt daher von einer Fülle von Faktoren ab, auf die der Einzelne nur beschränkten Einfluss hat. Dabei spielt es auch eine wichtige Rolle, ob es sich um einmalige oder um repetitive Vorgänge handelt. Der verschreibende Arzt kann es daher, salopp gesprochen, einfach darauf ankommen oder aber sich ins Boxhorn jagen lassen. Konsequenz zählt daher für Politiker wie für Selbstverwalter zu einer der wichtigsten Voraussetzungen für eine erfolgreiche Steuerungspolitik.

Auch hier treffen wir wieder auf beide Kompatibilitätsprobleme: einerseits die Kompatibilität zwischen dem, was dem Arzt ex lege angedroht wird, und dem, was rechtlich, politisch oder faktisch durchsetzbar ist, und andererseits die Ergebniskompatibilität zwischen der eingeforderten Ersatzleistung, dem Regress, und der Planverfehlung. An ersterem Kompatibilitätsproblem ist de facto das Arzneimittelbudget des GSG gescheitert, obwohl es präzise Vorschriften enthielt, um die Ergebniskompatibilität sicherzustellen, an letzterem so manche Bemühung um Beitragssatzstabilität.

Als Bewertungskriterien, anhand derer die beiden Steuerungsansätze zu vergleichen wären, kommen in Betracht:

- Wirksamkeit
- Anreizkompatibilität
- Ergebniskompatibilität
- Strategieresistenz
- praktische Umsetzbarkeit
- bürokratischer Aufwand
- „Nebenwirkungen" auf die Versorgung

• Einschränkung der therapeutischen Autonomie des Arztes.

Restriktion durch Budgets

Ich wende mich nunmehr der Darstellung des Budgets zu. Unter Budget versteht man die Vorgabe eines in Währungseinheiten formulierten Wertes für die Gesamtausgaben, der unter-, aber nicht überschritten werden darf. Dabei kann ein Budget für sehr unterschiedliche Bezugseinheiten definiert sein, etwa für unterschiedliche

- regionale Einheiten (Bund, KVen, Arztbezirke ...)
- Ausgabekategorien (Gesamtausgaben, Arzneimittel, Arzneimittelgruppen ...)
- ärztliche Fachgebiete („Arztgruppen")
- Indikationen (analog zu DRGs).

Budgets könnten aber auch für einzelne Praxen („arztindividuell") definiert sein. Schon hier zeigt sich, dass es einen fließenden Übergang zwischen den Konzepten des Budgets und der Richtgrößen gibt. Eine quasi „natürliche" Bezugseinheit für ein Budget wäre die, für die auch die gesellschaftliche Zielvorgabe formuliert ist. Bis vor kurzem war bei uns diese Bezugseinheit die Kassenärztliche Vereinigung. Die Arzneimittelbudgets waren somit die in jeder KV pro Jahr maximal zulässigen Arzneimittelausgaben. Zu Demonstrationszwecken bezeichne ich diese mit $\overline{B^k}$, wobei der Index *k* die jeweilige kassenärztliche Vereinigung und der Querstrich die externe Festlegung als Steuerungsgröße kennzeichnen soll. Dann gilt:

$$\sum_m q^k_m p_m \leq \overline{B^k} \qquad \text{für } k = 1, \ldots 23$$

Dabei bezeichnen die q^k_m die in der k-ten KV zu Lasten der GKV abgerechneten[6] Mengen des Arzneimittels *m* und die p_m deren Preise, die unter unseren institutionellen Rahmenbedingungen in erster Annäherung als exogen gegeben angenommen werden dürfen. Berücksichtigt man noch explizit, dass die q^k_m die Summe der von den einzelnen Ärzten (Index *i*) der jeweiligen KV verordneten Arzneimittelmengen sind, lässt sich die Formel auch in der folgenden Form schreiben:

---

6 Ehrlichkeit unterstellend und der Einfachheit halber seien die abgerechneten gleich den dispensierten gleich den verordneten Mengen. Natürlich entscheidet der Arzt nur über die verordneten Mengen.

$$\sum_m \left(\sum_i q^{k}_{i,m} \right) p_m \leq \overline{B^k} \qquad \text{für } k = 1 \ldots 23$$

Die Budgetungleichungen erlauben die Kompensation sowohl zwischen Medikamenten als auch zwischen den Ärzten innerhalb jeder KV. Nur Kompensationen zwischen verschiedenen KVen scheiden als Mittel zur Einhaltung der Ungleichungen aus. Diese Art von Budget erlaubt also jedem Arzt einen völlig freien Spielraum bei Art und Mengen der einzusetzenden Arzneimittel. Ohne zusätzliche Steuerungsinstrumente wäre das bei der KV angesiedelte Arzneimittelbudget ohne Steuerungswirkung. Weder Anreiz- noch Ergebniskompatibilität wären gewährleistet. Noch weniger Steuerungswirkung ginge von einem über alle KVen hinweg definierten Globalbudget aus. Umgekehrt würde ein auf Praxisebene festgelegtes Budget die ärztliche Entscheidungsfreiheit erheblich einschränken. Es gilt allgemein, ohne dass dies formal bewiesen werden soll, dass, je weiter „oben" in der Entscheidungshierarchie des Gesundheitswesens das Budget angesiedelt ist, umso mehr Freiheitsgrade für die verordnenden Ärzte bestehen, und umgekehrt. Mit anderen Worten: Es gibt einen Trade-off zwischen der Budgetebene und der therapeutischen Entscheidungsfreiheit des Arztes.

Im Prinzip gewährt ein Budget Freiheitsspielräume. Budgets sind in der Industrie, teilweise aber auch in der öffentlichen Verwaltung, ein übliches Führungsinstrument, weil man dadurch der individuellen Initiative und dem individuellen Sachverstand angemessene Freiheitsräume eröffnen und dennoch sicherstellen kann, dass sich diese in einem aufeinander abgestimmten finanziellen Rahmen bewegen. Der Kampf der organisierten Ärzteschaft und der Arzneimittelhersteller gegen das Arzneimittelbudget an sich ist deshalb rational nicht ganz verständlich. Er zielt auf den falschen Gegner, insbesondere, weil die statt dessen präferierten Richtgrößen, wie ich gleich ausführen werde, ein sehr viel engeres Führungsinstrument darstellen. Die Ärzteschaft hätte sich auf einen Kampf gegen den Kollektivregress beschränken können, obwohl auch dieser sich im Verlauf der letzten fünf Jahre als ein Papiertiger erwiesen hat.

Die geringe Anreizkompatibilität des Budgets an sich wurde in praxi durch eine Reihe ergänzender Vorschriften verbessert. Hierzu zählt einmal der Individualregress, durch den generell eine unwirtschaftliche Verordnungsweise sanktioniert wird. Er entfaltet zwar eine gewisse kostendämpfende Wirksamkeit, ist jedoch weder anreiz- noch ergebniskompatibel, wie die Erfahrungen zeigen, die bereits in den späten siebziger Jahren mit dem Arzneimittelhöchstbetrag nach § 368 f (6) RVO gewonnen worden sind. Hinzu kommt, dass der Individualregress durch die gesetzlich verbindlich vorgeschriebene und im Prinzip aus Sachgründen auch unvermeidliche Berücksichtigung von Praxisbesonderheiten strategisch aufgeweicht werden kann.

Wohl aus diesem Grunde mochte sich das GSG nicht auf den Individualregress verlassen, sondern führte den Kollektivregress ein, dessen wesentlicher Vorteil im Idealfall darin gelegen haben würde, volle Ergebniskompatibilität herzustellen. Tatsächlich jedoch hat er zunächst zu einer erheblichen Überreaktion mit versorgungspolitischen Gefahren geführt. Später jedoch wurde er von der politischen Führung u. a. durch Amnestien geradezu abgemeiert, wobei insbesondere Rechtsbedenken eine Rolle gespielt haben. Es ist allerdings nie, nicht einmal konzeptionell und auch nicht von Kassenseite, ernsthaft versucht worden, den Rechtsbedenken durch eine geeignete Organisation des Regresses Rechnung zu tragen. Hätte der Wille dazu vorgelegen, hätte man sicherlich eine Zurechnungsregel gefunden, mit der die von der KV an die Kassen zurückgezahlte Summe in verursacheradäquater Weise so auf die einzelnen Vertragsärzte aufgeteilt wird, dass die Rechtsbedenken gegenstandslos werden.

Eine alternative, wenn auch weichere Methode, die Anreizkompatibilität zu verbessern, liegt in der Vereinbarung von differenzierten Ausgabezielen und der Bereitstellung von Informationen über die Entwicklung der Ausgaben und den Grad der Zielerfüllung, wie sie etwa das ABAG vorsieht. Man kann dies als ein möglichst zeitnahes Frühwarnsystem auffassen, verbunden mit Aufforderungen zur Revision des Verschreibungsverhaltens, die irgendwo zwischen moralischen Appellen – in der Konjunkturpolitik früher „moral suasion" geheißen – und manifesten Regressdrohungen liegen. Im einfachsten Falle könnten sich solche Informationen auf den Vergleich einer saisonal angepassten, der Zielvorgabe entsprechenden maximalen Wachstumsrate gegenüber dem gleichen Vorjahresmonat mit der tatsächlichen Wachstumsrate beschränken, aus dem sich dann der Anpassungsbedarf unmittelbar ergibt. Ob diese Vorgehensweise zum Erfolg führen wird, muss man abwarten. Ich hätte die Befürchtung, dass sie ähnlich erfolgreich sein wird wie die wiederholten Appelle der Politik an die Arbeitgeber und die Betriebsräte, sie möchten im Interesse der Beschäftigung freiwillig Überstunden abbauen, anderenfalls man eine entsprechende gesetzliche Maßnahme riskiere.

In den Unternehmen wird das Budget für das folgende Geschäftsjahr in der Regel in einem Gegenstromverfahren festgelegt, bei dem in einer ersten Phase bottom-up die Anforderungen erfasst und aufeinander abgestimmt und in einer zweiten Phase das Globalbudget des Unternehmens top-down an die Basis der Entscheidungspyramide heruntergebrochen wird. Für die GKV hat man sich immer mit der wesentlich robusteren Methode der zentralen Festlegung durch Fortschreibung zufrieden gegeben, die zwar administrativ im Prinzip ungeheuer einfach ist, aber auch wenig sensitiv auf die medizinischen Bedürfnisse reagiert. Im Prinzip hat der Gesetzgeber dies wohl erkannt und deswegen eine Revisionsmöglichkeit im Gesetz verankert. Alles in allem ist die Bestimmung des Budgets an den finanziellen Schranken und nicht an den medizinischen Versorgungsnotwendigkeiten orientiert gewesen.

Restriktion durch Richtgrößen

Wie Budgets stellen Richtgrößen einen maximal zulässigen Wert dar, der zwar unterschritten oder erreicht, nicht aber überschritten werden darf. Der wesentliche Unterschied zwischen beiden liegt in ihrer Dimension. Während Budgets die Dimension [Währungseinheiten/Zeit] aufweisen, beziehen sich Richtgrößen immer auf eine Mengeneinheit. Als solche Bezugseinheit kommen beispielsweise Patienten, Fälle oder Behandlungstage in Frage. Richtgrößen können in Währungseinheiten ausgedrückt werden wie beispielsweise „Gesamtbehandlungskosten je Patient“ oder „Wert der Arzneimittelverschreibungen je Fall“. Gerade für Arzneimittel ist aber auch eine Festlegung in Mengeneinheiten möglich, beispielsweise durch die Angabe maximal erstatteter definierter Tagesdosen. Im Prinzip ließen sich Richtgrößen wie Budgets für jedes Ärztekollektiv festlegen. Es macht jedoch wenig Sinn, für hoch aggregierte Kollektive wie etwa eine KV Richtgrößen festzulegen. Hier leisten Budgets denselben Dienst und sind einfacher zu handhaben. Der eigentliche Anwendungsbereich für Richtgrößen ist die einzelne ärztliche Entscheidungseinheit, in der Regel also die ärztliche Praxis. Besondere Probleme können auftreten, wenn sie sich auf mehr oder weniger feste oder lockero ärztliche Leistungsverbände beziehen sollen, wie etwa Gruppenpraxen, Ärztenetze oder vertraglich Verbünde der integrierten Versorgung nach § 140 a ff SGB V, von denen hier abgesehen werden soll. Ich formuliere im Folgenden so, dass sich die Richtgrößen immer auf die einzelne verordnende Solo-Praxis beziehen.

Der Charme von Richtgrößen als Steuerungsinstrument liegt aus Sicht von Steuerungseuphorikern in zweierlei. Zum einen erlauben sie eine recht enge Führung sowohl in wirtschaftlicher als auch in medizinischer Sicht. Man kann mit ihnen wirtschaftliche Engpässe und evidenzbasierte medizinische Vorgaben simultan befriedigen. Zum anderen lassen sie sich – jedenfalls im Prinzip – weitgehend nach Sachgesichtspunkten differenzieren. Sie sind idealiter also erheblich besser als Budgets geeignet, Praxisbesonderheiten angemessen zu berücksichtigen. Je feiner man sie gradieren möchte, umso höher sind die Anforderungen an die Basisinformationen, die zu ihrer Ermittlung benötigt werden, umso höher ist der administrative Aufwand und umso geringer ist die therapeutische Autonomie des Arztes.

Zur Darlegung von definitionsbedingtem Zusammenhang und Unterschied zwischen Budget und Richtgrößen greife ich nochmals auf eine formalisierte Darstellung zurück. Der Einfachheit halber unterstelle ich, dass die Richtgrößen praxisbezogen als Arzneimittelausgaben pro Fall, differenziert nach Indikationen, festgesetzt sind.

$$\sum_k \overline{a^k} n^k = \sum_k \overline{A^k} \leq B$$

Multipliziert man die maximal zulässigen Ausgaben a^k je Fall in Indikation k mit der Anzahl der Fälle n^k in Indikation k, so erhält man den Betrag $\overline{A^k}$, den der Arzt maximal für Arzneimittel für die Indikation k ausgeben darf. Dieser ist für den Arzt insofern eine exogen vorgegebene Steuerungsgröße, weil er die Anzahl n^k der Fälle je Indikation idealiter nicht selbst bestimmen kann. Summiert über alle Indikationen, ergibt sich so etwas wie ein Praxisbudget B, das sich jedoch von einem echten Praxisbudget ganz wesentlich unterscheidet. Bei einem echten Budget könnte der Arzt nämlich die Ausgaben zwischen den Indikationen kompensieren, was ihm bei Richtgrößen nicht erlaubt ist. Er muss, mit anderen Worten, nicht nur das Pseudo-Budget B einhalten, sondern zusätzlich auch jedes einzelne der „Unterbudgets" $\overline{A^k}$.

Der weiter oben für Budgets dargelegte Zusammenhang gilt also auch für Richtgrößen: der verschreibende Arzt verfügt über umso mehr Freiheitsspielräume, je höher in einer vorgestellten Entscheidungshierarchie die Richtgrößen angesiedelt sind. Bezöge sich die Richtgröße also (nur) auf die Zahl der Fälle – blieben also die Indikationen außer Betracht – so könnte er zwar zwischen den verschiedenen Indikationen kompensieren. Doch auch dann ist sein „Budget", das sich aus der Multiplikation der Zahl der Fälle mit der Richtgröße ergäbe, ein Pseudobudget, weil es nicht fix ist, sondern sich mit der Zahl der Fälle verändert. Im Prinzip ist in dieser Situation die Richtgröße für den verschreibenden Arzt tendenziell insofern günstiger als ein echtes Budget, als die Kasse und nicht er das Fallzahlenrisiko trägt. Der Teil des Morbiditätsrisikos freilich, der daraus resultiert, dass seine faktischen Verschreibungskosten, durch die Schwere seiner Fälle bedingt im Mittel über der Richtgröße liegen, verbleibt bei ihm. Diesem Risiko kann nur durch eine explizite Berücksichtigung von Praxisbesonderheiten Rechnung getragen werden.

Wird eine differenzierte Richtgrößenlösung mit der Sanktion versehen, Überschreitungen auf dem Wege eines Individualregresses auszugleichen, ist sie weitgehend anreizkompatibel. Ob sie auch ergebniskompatibel ist, hängt davon ab, wie die Richtgrößen festgesetzt werden. Im Gegensatz zur Festlegung von Budgets führt die Bestimmung der Richtgrößen zu erheblichen technischen Problemen, die umso größer sind, je differenzierter das Richtgrößensystem ausgestaltet ist. Man kann dabei Probleme der Erstermittlung von den Problemen der Fortschreibung resp. Revision unterscheiden. Aus medizinischer Sicht wäre für die Erstfestsetzung ein Bottom-up-Vorgehen vorzuziehen, das ggf. auf evidenzbasierten Erkenntnissen über Diagnose und Therapie, über Behandlungsdauer und kostenminimierende Preise aufbauen würde. De facto fehlen dafür bei uns aber alle epidemiologischen und statistischen Voraussetzungen. Dieser Ansatz braucht daher hier nicht weiter verfolgt zu werden.

Man wird daher derzeit ein Top-down Verfahren vorziehen, das sowohl weniger empirische Daten voraussetzt als auch technisch viel leichter durchzuführen ist. So ist auch im ABAG vorgesehen, die Richtgrößen als Mittelwerte tatsächlich beobachteter Verschreibungen zu bilden, konkret als Mittelwert des Verordnungsvolumens einer bestimmten Arztgruppe eines bestimmten ärztlichen Bezirks, ggf. getrennt nach Indikationsgruppen. Mit anderen Worten, diese Richtgrößen sind Fortschreibungen historischer Daten, wobei die Fortschreibung natürlich gesundheits-, fiskal- oder versorgungspolitisch erwünschte Entwicklungen berücksichtigen kann. Diese normative Verwendung des Faktischen ist aus methodologischer Sicht missbräuchlich und unzulässig, denn nichts an einem Mittelwert macht ihn zum Maß des Wirtschaftlichen. Kein Vergleich mit einem Mittelwert beweist oder widerlegt Unwirtschaftlichkeit. Im Gegenteil: Der Begriff des Wirtschaftlichen beinhaltet eine Optimierung, die naturgemäß nicht „in der Mitte", sondern eigentlich nur am Rande der Beobachtungen liegen kann.

Die Festlegung und Umsetzung von (differenzierten) Richtgrößen erfordert einen erheblichen administrativen Aufwand. Beide sind darüber hinaus, anders als bei der (globalen) Budgetierung, hochgradig strategieanfällig, je differenzierter umso mehr. Wie wir von den Erfahrungen mit der Einführung der DRGs in den USA oder aus den Auswertungen von Totenscheinen in Deutschland wissen, sind Indikationsangaben überaus leicht manipulier- und nur schwer und mit hohem Aufwand überprüfbar. Man erinnere sich nur daran, wie der Ausschluss der Erkältungskrankheiten durch die von Blüm im Jahr 1981 eingeführte Negativliste (vorübergehend) zu einem epidemiologisch nicht erklärbaren Anstieg von Bronchitiden geführt hatte. Zuweilen wird auch angeführt, dass man häufig für den alten multimorbiden Patienten gar keine nach den Lehrbüchern der inneren Medizin sauber klassifizierte Indikation angeben kann.

In solchen Fällen bricht die Anwendbarkeit der Richtgrößen in sich zusammen.

Auch die Revision resp. Anpassung der Richtgrößen an veränderte Rahmenbedingungen (neue Medikamente, neue Richtlinien, neue Preise) gestaltet sich wesentlich komplexer und schwieriger als die Fortschreibung von Budgets. Die Differenz zwischen beiden Ansätzen ist umso größer, je differenzierter die Richtgrößen ausgestaltet werden und je globaler das Budget konzipiert ist.

Zusammenfassung und Schlussfolgerungen

In der folgenden Tabelle habe ich versucht, die Ergebnisse der vorhergehenden Überlegungen mit Hilfe grober qualitativer Bewertungen zusammenzufassen. Die Tabelle ist nach dem Modell von Tests in den Computerzeitschriften konzipiert. Sie soll Ihnen erlauben, Ihre eigenen Bewertungen gegen die meinen zu setzen und ein eigenes Gesamturteil zu finden. Ich möchte aus naheliegenden Gründen die Begründungen für die einzelnen Teilurteile nicht wiederholen. Aus all dem folgt, meine ich, dass aus unterschiedlichen Gründen keiner der beiden Ansätze zu befriedigen vermag. Ich ziehe daraus die Schlussfolgerung, dass man diesen ganzen Firlefanz intellektueller Gedankenspiele über die komparativen Vor- und Nachteile beider Steuerungsmechanismen vergessen und nach neuen Ansätzen suchen sollte. Dabei geht man zweckmäßigerweise von der Überlegung aus, was man erreichen will und wo man ansetzen kann. Seit langem liegt uns die statistische Zerlegung der Entwicklung der Gesamtausgaben in eine Mengen-, eine Preis- und eine Strukturkomponente vor. Von welcher der Komponenten rühren die Probleme her und an welcher der Komponenten kann oder sollte man wie ansetzen?

	Budgets	**Richtgrößen**
Wirkung		
Anreizkompatibilität	fehlt	gegeben
Ergebniskompatibilität	beschränkt gegeben	beschränkt gegeben
Strategieresistenz	gegeben	beschränkt
Durchsetzbarkeit	fehlt	gegeben
Praktische Umsetzbarkeit	einfach	komplex
Bürokratischer Aufwand	gering	hoch
Therapeutische Wirkung	???	???
Therapeutische Autonomie	beschränkt gegeben	stark eingeschränkt

Da ist zunächst die Mengenkomponente. Kann man sie überhaupt steuern? Kann man sie vielleicht nur historisch einmalig korrigieren? Bestimmte Antworten hierauf versucht der Arzneiverordnungs-Report zu geben. Arzneimittel, die unwirksam sind, kann man ersatzlos streichen. Sie können definitionsgemäß keinem vernünftigen Zweck gedient haben, also bedarf es auch keines Ersatzes durch wirksame Medikamente. Insofern sollte die Elimination zu einer Senkung der Mengenkomponente führen. Eine alte Idee ist es, die gesamten verschreibungsfreien Produkte völlig aus der Erstattung herauszunehmen. Dies würde, isoliert gesehen, ebenfalls eine Senkung der Mengenkomponente zur Folge haben.

Nehmen wir als zweites die Preiskomponente. Sie soll durch die Substitution zu preiswerten Generika und durch die Festbeträge gesteuert werden. Neuerdings tritt noch das Aut-idem hinzu. Die Handhabung der Festbeträge durch Kassen und Politik ist – aus der Sicht des Steuerungseuphorikers gesehen – ein ausgemachtes Trauerspiel. Es ist mir un-verständlich, weshalb der Vorschlag der KBV, die Festbeträge in Festzuschüsse umzuwandeln, bislang so wenig Aufmerksamkeit gefunden hat, obwohl er geeignet wäre, sowohl die verfassungsrechtlichen als auch die europarechtlichen Bedenken gegen die gegenwärtige Festbetragsfestsetzung auszuräumen, ohne für die Versicherten eine materielle Schlechterstellung zu beinhalten.

Sorgen bereitet seit einiger Zeit vor allem die Strukturkomponente. Sie ist die treibende Kraft hinter der Gesamtentwicklung. Dabei ist die Betonung von „Struktur“ nur die halbe Wahrheit. Hinter der Entwicklung der Strukturkomponente verbergen sich ganz wesentlich Preiselemente. In der derzeitigen politischen Diskussion ist trotz zaghafter Bemühungen von Herrn Bausch die Strukturkomponente tabu. Man wird aber, meine ich, nicht daran vorbeikommen, über die Strukturkomponente und da speziell über die Preise von Spezialprodukten und neuen Produkten nachzudenken, denn sie sind seit einer Reihe von Jahren der eigentliche Dollpunkt der Entwicklung.

Festbeträge und Rationalisierungsreserven

Wolfgang Kaesbach

Seit Jahren steigen die Ausgaben der gesetzlichen Krankenversicherung (GKV) für Arzneimittel stärker als der Grundlohnzuwachs und überdurchschnittlich im Vergleich zu den übrigen Leistungsbereichen. An dem Fünf-Milliarden-Defizit im ersten Halbjahr 2001 sind die Arzneimittelausgaben mit drei Milliarden DM beteiligt. Im Jahr 2001 hat die GKV ein Ausgabenrekordniveau von geschätzt 45,2 Milliarden DM zu verkraften, darin eingerechnet sind die Zuzahlungen der Versicherten in Höhe von 3,9 Milliarden DM.

Die Arzneimittelversorgung ist also allein aufgrund ihrer finanziellen Dimension ein ständiges Konfliktfeld und sie wird es schon deshalb bleiben, weil die Politik zu einer grundlegenden Strukturreform nicht willens oder nicht in der Lage ist, weil die Politik unser selbstverwaltetes Gesundheitssystem vor Angriffen von innen nicht schützt und gegen Angriffe von außen nicht verteidigt oder weil die Politik, wenn die Not zu groß zu werden scheint, in einen schlecht durchdachten Kostendämpfungsaktionismus flüchtet.

Das mir zugewiesene Thema sind die Arzneimittel-Festbeträge und potentielle Rationalisierungsreserven. Ich werde mir aber erlauben, den Rahmen etwas weiter zu fassen.

Abbildung 1

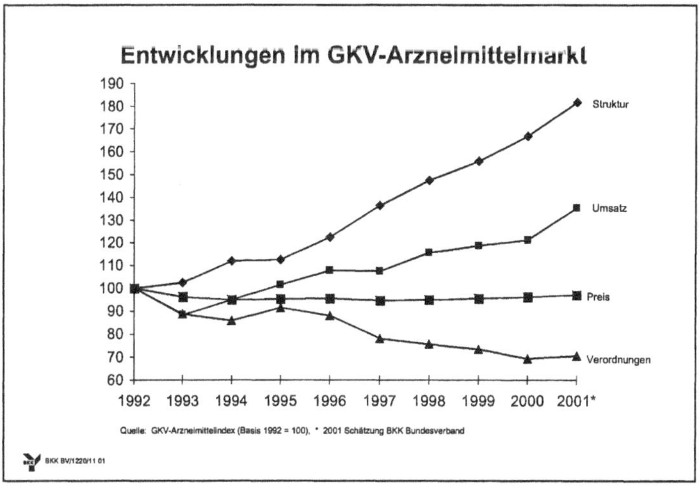

Festbeträge sind keine Festpreise, sondern Erstattungshöchstgrenzen. Sie sollen durchaus die Arzneimittelpreise beeinflussen – was sie auch tun –, aber sie können auch nur insoweit Wirkung auf die Arzneimittelausgaben entfalten.

Die Entwicklung der Arzneimittelpreise bietet – seitdem es die Festbeträge gibt – kaum Anlass zur Sorge. Bedenklich jedoch ist die Entwicklung der Strukturkomponente mit einer Steigerung von durchschnittlich acht Prozent in den letzten fünf Jahren. Der Umsatz der seit 1991 neu eingeführten Wirkstoffe betrug im Jahr 2000 bereits 9,2 Milliarden DM und damit fast 25 % an den gesamten Arzneimittelausgaben. Dieser Anteil hat sich seit 1994 nahezu verdoppelt. Es muss also die Frage gestellt werden, ob mit dieser so genannten Modernisierung der Arzneimitteltherapie ein entsprechender Nutzenzuwachs zu Gunsten der Patienten und Versicherten einhergegangen ist und einhergeht.

Jemandem, der die Festbeträge seit ihrer Einführung im Jahr 1989 intensiv begleitet, wird man die feste Überzeugung nachsehen, dass es einige der aktuell diskutierten Themen, wie z. B. die Kosten-/Nutzen-Bewertung bei Analogpräparaten oder die Aut-idem-Substitution, nicht gäbe, wäre die Festbetragsregelung konsequent umgesetzt und weiterentwickelt worden. Stattdessen wurde sie durch gesetzgeberische Eingriffe entscheidend geschwächt, und ihrer Blockade durch ungesetzliche Kartellrichter wurde tatenlos zugesehen.

Abbildung 2

Konfliktfeld Arzneimittelversorgung

- Eine gesetzliche Krankenversicherung für 90 % der Bevölkerung braucht Steuerungsinstrumente
- Die Arzneimittelversorgung ist der einzige Leistungsbereich ohne Vertragspreise
- Festbeträge „nach deutscher Art“ sind systemkonform und marktnah
- Nur ein schlüssiges Reformgesamtkonzept erschließt unbestreitbar vorhandene Rationalisierungsreserven

BKK BV/1220/11.01

Die nachstehenden Thesen und Feststellungen sprechen eigentlich für sich.

1. Deutschland hat sich für eine gesetzliche, solidarisch finanzierte Krankenversicherung entschieden und die Grenzen so gesteckt, dass 90 % der Bevölkerung in die Versicherung einbezogen sind. Das Solidarsystem ist aber auf Dauer nicht mehr finanzierbar, wenn in Folge der Weiterentwicklung in der Medizin ständig neue Leistungen möglich werden und hinzukommen. Von daher kann eine Entscheidung über den Leistungskatalog in der GKV nicht mehr lange hinausgezögert werden. Kurzfristig könnte aber entschieden werden, ob und welche neuen Leistungen alte ersetzen, die dann konsequent auch nicht mehr angeboten werden sollten, und was neue Leistungen mit Blick auf ihren therapeutischen Nutzenzuwachs kosten sollten.

   Bei einem statisch verbleibenden Finanzvolumen von ca. 250 Milliarden DM pro Jahr muss die Wirtschaftlichkeit der Leistung – also auch die Wirtschaftlichkeit der Arzneimittelverordnung – in jedem Einzelfall gewährleistet sein. Deshalb kommt der Verantwortung für das Wirtschaftlichkeitsgebot und der Durchsetzbarkeit des Wirtschaftlichkeitsgebotes als der „magna charta" der GKV besondere Bedeutung zu.

2. Der Arzneimittelbereich ist der einzige Leistungsbereich, in dem die GKV dem Diktat der Leistungsanbieter – mit anderen Worten den von den Herstellern bestimmten Arzneimittelpreisen – schutzlos ausgeliefert ist. In allen anderen Leistungsbereichen werden Entgelte und Preise vertraglich vereinbart.

   Die Behauptung erscheint nicht zu gewagt, dass die heutigen Preise für patentgeschützte, verschreibungspflichtige und nicht-festbetragsgeregelte Arzneimittel bei den Verbrauchern nicht durchsetzbar wären, wenn es die GKV nicht gäbe. Denn bei nicht-verschreibungspflichtigen OTC-Präparaten in der Selbstmedikation, wo der Verbraucher souverän über Kauf oder Nichtkauf entscheidet, sind die Preise rückläufig.

3. Mit den Arzneimittel-Festbeträgen hat der Gesetzgeber ein Steuerungsinstrument geschaffen, das sowohl systemkonform ist und zugleich auch als marktnah bezeichnet werden kann. Nicht umsonst hat die EU-Kommission in ihrer Mitteilung vom 25.11.1999 zur Vollendung des europäischen Arzneimittelmarktes festgehalten, dass einer Festbetragsregelung als ein den Marktmechanismen na-

hes Instrument ausdrücklich der Vorrang vor staatlichen Preiskontrollen einzuräumen ist.

4. Ebenso unbestreitbar wie unbestritten ist, dass es auch in der Arzneimittelversorgung Rationalisierungsreserven gibt. Ohne die Einsparvolumina zu strapazieren, die jährlich im Arzneiverordnungs-Report quantifiziert werden, und ohne eine Prognose abzugeben, wie lange die Einsparreserven, wenn sie denn realisiert würden, ausreichen, um den wahren therapeutischen Fortschritt zu finanzieren, bleibt zumindest auf absehbare Zeit eine moderne, am Nutzen orientierte Arzneimittelversorgung ohne finanziellen Mehrbedarf möglich.

Abbildung 3

Steuerung aus Sicht der Leistungserbringer

Dogma	**Veto**	**Kompromiß**
mehr Geld	Budgets	Richtgrößen
Preisbildung Patentschutz	Vertragspreise	Festbeträge
Zulassung	Positivliste	Kosten-/Nutzen-Bewertung
Therapiefreiheit (off label use) (unlicensed use)	Dokumentation Richtlinien Pflichtfortbildung	Konsensus Leitlinien Beratung

BKK BV/1220/11.01

Dass die GKV ohne Steuerungsinstrumente nicht überlebensfähig ist, dürfte von Niemandem bezweifelt werden. Von daher geht es auch nicht darum, ob gesteuert wird, sondern wie gesteuert wird. Die Leistungserbringer können sich allenfalls auf dem Kompromisswege – und natürlich nicht bedingungsfrei – mit mild wirksamen Steuerungsinstrumenten arrangieren.

1. „Mehr Geld ins System" ist die unverhohlen ausgesprochene Forderung seit den späten Seehofer-Jahren. Doch die Steuerungswirkung von Budgets und Richtgrößen ist, wenn diese nur halbherzig umgesetzt oder angewendet werden, eher desillusionierend.

2. Die Hauptgeschäftsführerin des Verbandes Forschender Arzneimittelhersteller spricht immer von „Marktpreisbildung", ohne allerdings näher zu erläutern, welcher Markt denn gemeint ist. Die GKV, in der der Wettbewerb bisher nur auf Seiten der Kostenträger etabliert ist, wird Frau Yzer doch ernsthaft nicht meinen können. Möglicherweise meint sie die deutschen Preise als Referenzpreise für Gesundheitssysteme mit staatlichen Preiskontrollen. Wer aber offen von Deutschland als Referenzpreisland spricht, räumt zugleich ein, dass die deutschen Preise allein aus diesem Grunde überhöht sein müssen, und in Deutschland, also im Wesentlichen die gesetzliche Krankenversicherung, als Erlös- und Subventionsstandort missbraucht wird. Auch die Behauptung, die Preise für neue Arzneimittel müssten so hoch sein, weil – bedingt durch niedrige Festbeträge – eine Mischpreiskalkulation nicht länger möglich sei, erweist sich somit als Mär.

3. Ein weiteres Dogma in der pharmazeutischen Industrie ist die Zulassung. Für die GKV ist die arzneimittelgesetzliche Wirksamkeit eine zwar notwendige, aber längst nicht hinreichende Bedingung für den sozialrechtlichen Nutzen. Die Zulassung ist nämlich lediglich eine produktbezogene Einzelfallprüfung. Was wir aber brauchen, ist als so genannte vierte Hürde eine therapeutische Transparenz, die nur im Wege einer systematisch vergleichenden Prüfung der gegebenen Therapiealternativen hergestellt werden kann. Über den reinen Nutzenvergleich hinaus sollten zukünftig Kosten-/Nutzen-Bewertungen den Erstattungsentscheidungen zu Grunde gelegt werden, wenn das Denken und Handeln in den Grenzen einzelner Leistungsbereiche zu Gunsten einer globaleren Systembetrachtung überwunden ist.

4. Die Therapiefreiheit steht ohnehin über Allem. Und um sie als solche zu rechtfertigen, wird all das, was so gemacht wird, als Konsens deklariert. Doch wo Konsens draufsteht, ist meistens Wissenschaft nicht drin. Therapiefreiheit bedeutet Therapieverantwortung.

   Hoch im rechtlichen wie wissenschaftlichen Diskurs steht zurzeit der so genannte off label use, also der Einsatz zugelassener Arzneimittel in anderen als den zugelassenen Indikationen. Ohne der Diskussion vorgreifen zu wollen, sei nur darauf verwiesen, dass die Rechtsprechung des Bundessozialgerichtes hierzu unmissverständlich ist. Dem Off-Label-Use mehr als nur einen Türspalt zu öffnen, hieße, die Schutzfunktion des Arzneimittelgesetzes außer Kraft zu setzen, und nähme von den Herstellern den Druck auf die Zulassung. Vielen Ärzten dürfte auch nicht bewusst sein, dass bei einem off labelbedingten Schaden weder die Produkthaftpflicht des Herstellers noch die eigene Berufshaftpflicht herangezogen werden kann.

Mit der Neufassung der Arzneimittel-Richtlinien im Jahr 1999 hatte sich der Bundesausschuss der Ärzte und Krankenkassen über Gesetz und Recht hinwegsetzen und mit der heftig diskutierten Ziffer 4.1 eine Öffnungsklausel für einen dem allgemein anerkannten Stand der medizinischen Erkenntnisse entsprechenden off label use schaffen wollen. Doch ärztliche Fachgesellschaften und Pharmaindustrie haben diesen Ansatz leider verhindert.

Abbildung 4

Arzneimittel-Festbeträge
systemkonform und marktnah

Gesetzgeber	Rahmenbedingungen, Kriterien
Selbstverwaltung	Konkretisierung (Gruppenbildung, Festbetragshöhe)
Industrie	freie Preisbildung
Ärzte	Therapiefreiheit
Versicherte	Arzneimittelauswahl
Krankenkassen	Erstattungshöchstgrenzen

BKK BV/1220/11.01

Die deutsche Festbetragsregelung hat vieles für sich. Der Gesetzgeber definiert die Rahmenbedingungen und Kriterien zur Gruppenbildung sowie zur Festbetragshöhe und die Selbstverwaltung konkretisiert diese Vorgaben für bestimmte Gruppen und Festbeträge. Ob einem der eng gefasste Ermessensspielraum der Selbstverwaltung passt oder nicht, wird jeder Hersteller an konkreten Entscheidungen festmachen. Es gibt jedoch inzwischen nicht wenige Stimmen, die der mehr therapeutische Versorgungsbedürfnisse berücksichtigenden Festbetragsfestsetzung durch die Spitzenverbände der Krankenkassen den Vorzug geben gegenüber der im Rahmen der Festbetrags-Anpassungsverordnung schematisch angelegten rechnerischen Messlatte des Bundesministeriums für Gesundheit.

Mit Festbeträgen behalten pharmazeutische Hersteller ihr Recht auf freie Preisgestaltung, werden Ärzte in ihrer Therapiefreiheit nicht eingeschränkt, erhalten Versicherte alle notwendigen Arzneimittel und dürfen die Krankenkassen ihre Leistungspflicht – ohne die Versicherten in Zuzahlungen zu treiben – der Höhe nach beschränken. Weniger Steuerung ist kaum vorstellbar.

Abbildung 5

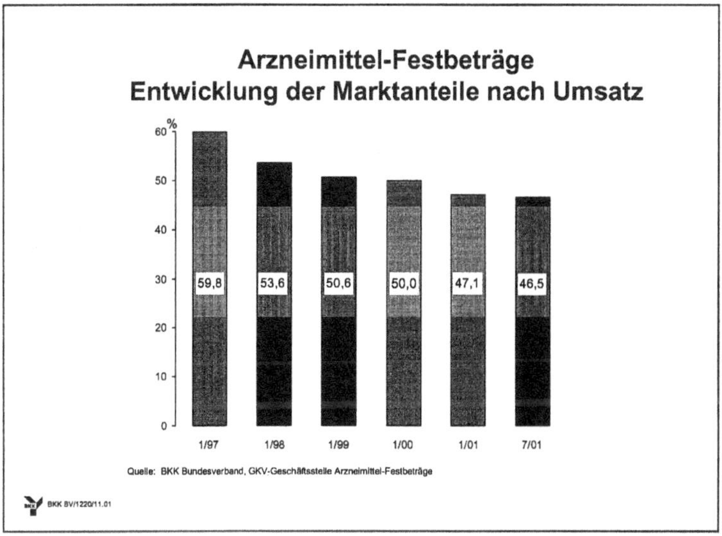

Der 1989 von Norbert Blüm prognostizierte Marktanteil der Festbeträge von 80 % mag vielleicht etwas zu hoch gegriffen sein. Aber man war auf einem guten Weg dorthin. 1997 wurde mit knapp 60 % ein Spitzenwert erreicht, von dann an ging es bergab. Ursächlich ist die 7. SGB V-Novelle, mit der generell patentgeschützte Arzneimittel mit einer Zulassung nach dem 31.12.1995 von der Festbetragsregelung freigestellt wurden. Seitdem nimmt der Anteil imitativer Produkte an den jährlichen Neueinführungen stetig zu und auch die Preiskomponente steigt wieder kontinuierlich an. Gäbe es zum Beispiel für Blockbuster wie die Protonenpumpeninhibitoren und Statine sowie für weitere umsatzstarke Arzneimittelgruppen Festbeträge auf der Grundlage der Bestimmungen des GSG 1993, wäre der aktuellen Me-too-Diskussion weitgehend der Boden entzogen.

An der Umsetzung der 1999 mit dem GKV-Solidaritätsstärkungsgesetz eingeführten Orientierung der Festbeträge am unteren Preisdrittel wurden die Spitzenverbände der Krankenkassen durch das Bundeskartellamt gehindert. In der Folge wurde zwar mit dem Festbetrags-Anpassungsgesetz die Drittellösung im August 2001 wieder aufgehoben, aber bereits einen Monat später von Ulla Schmidt über die konditionierte Abgabeverpflichtung der Apotheker bei Aut idem erneut in die Diskussion eingebracht. Ob die Regierung bei Aut idem, in welcher Ausprägung auch immer, standhaft bleibt oder sich neben dem zeitlich befristeten Preisabschlag auch diese Regelung lieber für 900 Millionen DM von der Pharmaindustrie abkaufen lässt, dürfte sich bald herausstellen. Auf jeden Fall hätte sie sich und allen Beteiligten dieses unwürdige Schauspiel ersparen können, wäre die Selbstverwaltung bei ihrem Handeln im gesetzlichen Auftrag frühzeitig rechtlich abgesichert worden.

Abbildung 6

Ausgabensteuerung in der Arzneimittelversorgung

Bundesempfehlung KBV/GKV vom 14.06.2001	**Rahmenvertrag § 129 SGB V vom 01.10.2001**	**AABG BT-Drs 14/7144 vom 16.10.2001**
mehr Generika	Auswahlkriterien bei „aut idem" Verordnung	„aut idem" Substitution als Regelfall
weniger „me too" Innovationen		Kosten-/Nutzen-Bewertung durch Bundesausschuß
weniger umstrittene		
mehr Importe	Quote 2002: 5,5 % Quote 2003: 7,0 %	
Spezialpräparate Innovationen		Therapiealternative bei Krankenhausentlassung

BKK BV/1220/11.01

Der Entwurf eines Arzneimittelausgaben-Begrenzungsgesetzes (AABG) kann eine gewisse Konzeptionslosigkeit nicht leugnen.

Von Ulla Schmidt gedrängt, haben sich Kassenärztliche Bundesvereinigung und Spitzenverbände der Krankenkassen im Vorgriff auf das Arzneimittelbudget-Ablösungsgesetz im Juni 2001 auf eine Bundesempfehlung zur Steuerung der Arzneimittelversorgung verständigt. Als eines der Vertragsziele sollen der Anteil der Generika gesteigert und deren Verordnungswert gesenkt werden. Für den Fall, dass der Arzt die Aut-idem-Substitution zulässt, haben sich Deutscher Apothekerverband und Spitzenverbände der Krankenkassen im Rahmenvertrag nach § 129 SGB V auf sehr stringente Auswahlkriterien verständigt. Und dann wird mit dem AABG-Entwurf eine Aut-idem-Regelung vorgeschlagen, die unter anderem die bereits vertraglich vereinbarten Auswahlkriterien wieder erheblich aufweicht. Zudem werden über die Festbetrags-Anpassungsverordnung die Festbeträge insbesondere in der Stufe 1, also dem eigentlichen Generikamarkt, ohnehin schon dem unteren Preisdrittel in etwa angenähert.

Nach der Bundesempfehlung sollen die Vertragsärzte auch weniger oder preiswertere Analogpräparate verordnen. Über Innovationen haben die Empfehlungspartner eine Verständigung herbeigeführt. Was sollen also zum jetzigen Zeitpunkt Hinweise auf der Grundlage von Kosten-/Nutzen-Bewertungen zur wirtschaftlichen Verordnung therapeutisch vergleichbarer Arzneimittel, wenn sie keinerlei Bindungswirkung entfalten. Zumal die Hinweise ausgerechnet an die Preisvergleichsliste geknüpft sind, wo doch das Bundesministerium für Gesundheit seit Jahren weiß, dass der Bundesausschuss, solange eine Positivliste im Gespräch ist, keine Neuauflage der Preisvergleichsliste erarbeiten wird. À la longue werden Kosten-/Nutzen-Bewertungen unverzichtbar, und zwar nicht nur für Analogpräparate, sondern auch und insbesondere für Innovationen.

Folgt man der Definition von Professor Schwabe im Arzneiverordnungs-Report, die dort so genannten Spezialpräparate würden in der Regel für spezielle Therapieverfahren in klinischen Zentren und Spezialambulanzen eingesetzt und später in der ambulanten Nachsorge weiter verordnet, dürften für Spezialpräparate eigentlich keine Therapiealternativen in Betracht kommen. Von daher läuft der Gesetzesvorschlag im AABG ins Leere, dass Krankenhäuser bei der Entlassung zu Arzneimitteln mit therapeutisch vergleichbarer Wirkung mindestens einen preisgünstigeren Therapievorschlag machen sollen. Vergleichbares gilt für im Krankenhaus eingesetzte patentgeschützte Innovationen. Da nützt ein Therapievorschlag unter Verwendung der Wirkstoffbezeichnung gar nichts, weil die Arzneimittel erstens nicht durch Generika ersetzbar sind und weil zweitens ambulant tätige Vertragsärzte entweder eine Therapieumstellung nicht verantworten wollen oder den Aufwand einer Therapieumstellung scheuen.

Abbildung 7

Zur wirksamen Steuerung der Arzneimittelverordnung bedarf es eines ausgewogenen und abgestimmten Konzeptes verschiedenster Maßnahmen. Die Schlagworte klingen abgedroschen und sind altbekannt, aber nicht minder zutreffend. Es reicht nicht, Reformen in Gesetzen wohl feil zu formulieren, Reformen müssen auch objektiv umsetzbar sein und subjektiv von allen Beteiligten gelebt werden. Diejenigen, die durch die Lande ziehen und ihren Steuerungswillen zwar bekunden, aber zugleich darauf verweisen, dass ihnen eine Steuerung nicht möglich sei, weil die notwendigen Daten nicht zur Verfügung stünden, machen es sich zu einfach. Sie sind zumindest mit daran beteiligt, dass diese Daten erst gar nicht erhoben werden bzw. überhaupt erhoben werden können. Wer eigenes Handeln als per se qualitätsgesichert bezeichnet, für wen Information ausschließlich eine Bringschuld ist, für wen Edukation mit seinem Selbstverständnis nicht vereinbar ist und wer Dokumentation als Bürokratismus abtut, der muss sich die Frage nach seiner Aufgabenwahrnehmung in unserem Gesundheitswesen stellen lassen.

Abbildung 8

Europäische Entwicklung

- Federführung Arzneimittelpolitik bei DG Entreprise

  ⇨ Stärkung der Wettbewerbsposition

  ⇨ Schneller und ungehinderter Marktzutritt

BKK BV/1220/11.01

Um abschließend auf das Veranstaltungsthema „Konfliktfeld Arzneimittelversorgung" zurückzukommen, wird auch und gerade angesichts der europäischen Entwicklungen die Arzneimittelversorgung für die gesetzliche Krankenversicherung ein Konfliktfeld bleiben. In der europäischen Kommission beschäftigen sich zwar viele Generaldirektionen mit Arzneimitteln, die Federführung liegt aber bei DG Enterprise, was so ziemlich alles besagt.

Das im März 2001 von den Generaldirektionen Enterprise und Health and Consumer Protection einberufene High Level Committee on Innovation and the Provision of Medicines hat nicht mehr als die Qualität eines „Runden Tisches". Ohne die Arbeitsergebnisse der G-10-Gruppe abzuwarten, hat DG Enterprise bereits im Juli 2001 Vorschläge zu einer umfassenden Reform der europäischen Arzneimittelgesetzgebung vorgelegt. Einige Punkte davon sind besonders erwähnenswert:

- die Ausweitung des Arzneimittelbegriffes auf Behandlungsmethoden,
- die Ausweitung der zentralen Zulassung auf alle neuen Stoffe,
- die Straffung und Beschleunigung des Zulassungsverfahrens und
- die Zulassung des off label use und des compassionate use insbesondere in der Hämatologie, Onkologie und Pädiatrie.

Der EU-Kommission geht es also ausschließlich um die Stärkung der Wettbewerbsfähigkeit der europäischen Arzneimittelindustrie auf dem Weltmarkt und um einen schnellen Marktzutritt für neue Arzneimittel. Unter diesen Voraussetzungen bleiben Preiskontrollen unverzichtbar. Deutschland hat die Wahl: Erstattungshöchstgrenzen via Selbstverwaltung, Erstattungspreise via Staat oder Vertragspreise zwischen Herstellern und Krankenkassen.

Festbeträge und Rationalisierungsreserven

Ulrich Vorderwülbecke

Unter den zahlreichen Kostendämpfungsinstrumenten, die für den Arzneimittelbereich prägend sind, nimmt die Festbetragsregelung eine herausragende Stellung ein. Während Vorschriften wie Budgets, Positivliste und Negativliste – auch im internationalen Kontext – als herkömmlich und etwas abgegriffen gelten, stehen die Festbeträge in dem Ruf, eine geniale Idee zu sein. Unterstrichen wird diese Einschätzung dadurch, dass sie als deutsche Innovation und Exportschlager gefeiert werden. Dieses Bild ist freilich etwas grob und einseitig. Bei näherem Hinsehen blättert der Glanz. Dunkle Stellen werden sichtbar. Sie dürfen nicht ignoriert werden, wenn es darum geht, die Arzneimittelfestbeträge einer kritischen Würdigung zu unterziehen.

Dabei kann es hier natürlich nicht um eine umfassende Analyse gehen. Dies wäre ein Seminarthema und würde den Rahmen eines Referates bei weitem sprengen. An dieser Stelle kann nur versucht werden, Kontrapunkte zu setzen, um aus Rede und Gegenrede ein halbwegs differenziertes Bild entstehen zu lassen.

Eine gegensätzliche Einschätzung der Festbeträge ist überhaupt nicht verwunderlich, sondern aus den jeweiligen Positionen der Beteiligten bzw. Betroffenen – der Krankenkassen einerseits und der Arzneimittelhersteller andererseits – gut zu verstehen. In dem Festbetragsgeschehen ist den einen der aktive Part zugewiesen, den anderen die passive Rolle – die einen sind die Entscheidungsträger, die anderen die Handlungsobjekte. Bei dieser eindeutigen Rollenverteilung ist klar, wer die Festbetragsregelung positiv wertet und wer sie kritisiert.

Die Festbeträge wurden 1989 durch das Gesundheitsreform-Gesetz eingeführt. Seinerzeit wurden sie gefeiert als das Herzstück eines Jahrhundertgesetzes. Diese überschwänglichen Elogen sollten freilich zu besonderer Vorsicht mahnen. Man mag sich fragen, ob ein objektiv gutes Produkt derartige Anpreisungen nötig hat. Interessanterweise wurden die Lobgesänge schon angestimmt, bevor das Gesetz überhaupt richtig in Kraft getreten war. Als seine Wirkung nach drei Jahren bereits verpuffte, wurde süffisant die Frage gestellt, ob nunmehr ein Jahrhundert nur noch drei Jahre lang dauere.

Der Einführung der Festbeträge voran ging eine äußerst kontroverse politische Diskussion. Befürworter und Gegner prallten vehement aufeinander. Dass die Festbeträge letztlich eingeführt wurden, hing wesentlich mit den damals geltenden Rahmenbedingungen zusammen. Zum einen war die Sozialpolitik absolut dominierend; wirtschaftspolitische und forschungspolitische Aspekte spielten allenfalls eine untergeordnete Rolle. Zudem machte der Bundesarbeitsminister die Festbeträge zu seiner Sache. Er war der Spitzenkandidat seiner Partei bei der Landtagswahl in Nordrhein-Westfalen. Um ihm zu einem politischen Erfolg zu verhelfen, war seine Partei praktisch bedingungslos zur Unterstützung seiner Person und damit der Festbeträge vergattert. Eine abweichende Meinung, die die Festbeträge in Frage gestellt hätte, wurde nicht geduldet. So war eine objektive und ergebnisoffene Debatte über die Festbetragsregelung nicht möglich.

Zusätzlich müssen auch die damaligen ökonomischen Rahmenbedingungen ins Kalkül gezogen werden, die Ende der 80er Jahre deutlich anders waren als heute. Reglementierungen, die die Arzneimittelausgaben insgesamt limitieren, wie beispielsweise Budgets oder Richtgrößen, existierten nicht. Die ökonomische Sensibilität und das Kostenbewusstsein der Ärzte wuchs erst allmählich. Zwischen Originalpräparaten und Generika bestanden mitunter beträchtliche Preisunterschiede, die abgebaut – möglichst nivelliert – werden sollten. Unter diesen spezifischen Bedingungen wurden die Festbeträge implementiert.

Nach außen wurden die Festbeträge als Kombination aus Positivliste und Selbstbeteiligung dargestellt. Sie wurden politisch verkauft als Trennung von Preis und Erstattung. Der Festbetrag lege nur die Erstattungshöhe fest, während der Hersteller in der Preisgestaltung frei sei. Tatsächlich war dies aber die reine Theorie; die Praxis sah völlig anders aus. Zum einen sorgte der Gesetzgeber durch flankierende Maßnahmen dafür, dass möglichst keine Zuzahlungen der Versicherten anfielen. Erstens wurden festbetragsgeregelte Arzneimittel von der allgemeinen Zuzahlung freigestellt, so dass eine aufgrund der Preisgestaltung entstandene Zuzahlung sofort auffiel und in der Praxis nicht akzeptiert wurde. Zweitens wurde der Arzt verpflichtet, den Patienten geradezu prohibitiv über eine allfällige Zuzahlung gesondert zu informieren. Zum anderen listeten die Krankenkassen akribisch auf, bei welchen Präparaten „pharmabedingte" Zuzahlungen notwendig waren. So wurde entgegen den politischen Lippenbekenntnissen alles dafür getan, dass der Preis gerade nicht von der Erstattung entkoppelt werden konnte. Somit wurde der Festbetrag de facto zu einer Preisobergrenze gemacht, und die Festbetragsfestsetzung erwies sich als Preisvorgabe durch die gesetzliche Krankenversicherung.

Auch in einem zweiten wichtigen Punkt wurde die politische Debatte unsauber geführt. Bewusst wurde die Diskussion auf Festbeträge der Stufe 1 – also wirkstoffidentische Präparate – fokussiert. Festbeträge der Stufen 2 und 3 – also für wirkstoffähnliche oder wirkungsähnliche Präparate – sollten angeblich nur hilfsweise eingeführt werden, um Umgehungsstrategien der Arzneimittelhersteller zu verhindern. Durch die Stufe 2 sollten Molekülvariationen abgefangen werden und durch die Stufe 3 Kombinationspräparate. Diese beschwichtigenden Behauptungen seitens der Politik waren schon deshalb notwendig, weil namhafte Pharmakologen Festbetragsgruppen der Stufen 2 und 3 äußerst kritisch sahen. Diesen Bedenken trat jedoch das Bundesarbeitsministerium mit einem Gutachten entgegen, das Festbeträge der Stufen 2 und 3 grundsätzlich für machbar hielt – allerdings forderte, nur solche Wirkstoffe in Festbetragsgruppen zusammenzufassen, die untereinander austauschbar seien. Tatsächlich wurde aber in der Praxis das Postulat der Austauschbarkeit schnell fallen gelassen und durch das Kriterium der Auswählbarkeit ersetzt.

Auf diese Weise wurde gleich mehrerlei erreicht: Zum einen wurden die Vorgaben des pharmakologischen Kronzeugen sogleich unterlaufen und ignoriert. Zum anderen ging man rasch dazu über, die zuvor behauptete Rangigkeit der Festbetragsstufen – Stufe 1 als Grundnorm, Stufen 2 und 3 zur Absicherung vor Umgehungsstrategien – zu bestreiten und alle drei Stufen als gleichwertig darzustellen; ein dem widersprechendes Rechtsgutachten, das ein Stufenverhältnis herausgearbeitet hatte, ließ man nicht gelten.

Diese wenigen Hinweise mögen den schalen Beigeschmack erkennen lassen, der mit der gesetzlichen Einführung der Festbeträge verbunden war. Zu Kritik Anlass gibt freilich auch die konkrete gesetzliche Regelung in § 35 SGB V. Die Vorschrift sticht insgesamt durch sehr dehnbare, unpräzise Regelungen hervor. Insbesondere enthält Absatz 5 ausgesprochen vage und gegenläufige Vorgaben zur Festbetragshöhe:

„Die Festbeträge sind so festzusetzen, dass sie im Allgemeinen eine ausreichende, zweckmäßige und wirtschaftliche sowie in der Qualität gesicherte Versorgung gewährleisten. Sie haben Wirtschaftlichkeitsreserven auszuschöpfen, sollen einen wirksamen Preiswettbewerb auslösen und haben sich deshalb an möglichst preisgünstigen Versorgungsmöglichkeiten auszurichten; soweit wie möglich ist eine für die Therapie hinreichende Arzneimittelauswahl sicherzustellen."

Es ist nicht annähernd zu erkennen, in welcher Höhe und an welchem Maßstab orientiert die Festbeträge festgesetzt werden sollen. In der Vorschrift finden sich kaum einmal unbestimmte Rechtsbegriffe. Eher handelt es sich um politische Absichtserklärungen und Darstellungen gesetzgeberischer Motive.

Ähnlich vage ist das Gesetz im Hinblick auf die Festbetragsanpassung. Zwar wird ziemlich präzise vorgeschrieben, dass die Festbeträge mindestens einmal im Jahr zu überprüfen sind, doch dann wird den Krankenkassen wieder die bekannte breite Entscheidungsfreiheit gelassen, wenn das Gesetz lakonisch sagt: „Die Festbeträge sind in geeigneten Zeitabständen an eine veränderte Marktlage anzupassen."

Auf diese Weise ist die Festbetragsanpassung nahezu in das Belieben der GKV-Spitzenverbände gestellt. Ein fester – verlässlicher – Rhythmus der Festbetragsanpassungen wurde nicht gefunden. So hatte man bei den Arzneimittelherstellern beispielsweise den Eindruck, dass die Krankenkassen aus Verärgerung über die 7. SGB-V-Novelle quasi als Retourkutsche eine außerplanmäßige Festbetragsanpassung – sprich: Absenkung – durchführten.

Darüber hinaus ist im Gesetz der Rechtsschutz der Arzneimittelhersteller maximal reduziert worden. Absatz 7 lässt an Eindeutigkeit nicht zu wünschen übrig: „Klagen gegen die Festsetzung der Festbeträge haben keine aufschiebende Wirkung. Ein Vorverfahren findet nicht statt. Eine gesonderte Klage gegen die Gruppeneinteilung (...) oder gegen sonstige Bestandteile der Festsetzung der Festbeträge ist unzulässig." Zur Abrundung des Ganzen ist festgelegt worden, dass Klagen von Arzneimittelherstellern vor dem Sozialgericht zu erheben sind. Auch damit hoffte der Gesetzgeber, den Krankenkassen sicheres Terrain zu bieten und Festbeträge juristisch fast unangreifbar zu machen. Im Ergebnis zwang er die Pharma-Unternehmen allerdings dazu, ihr Recht vor den Zivilgerichten zu suchen. Die Zivilgerichte freilich waren sensibel für die kartellrechtlichen Dimensionen der Festbetragsfestsetzung („gemeinsam und einheitlich") und erkannten einen Konflikt mit dem deutschen und europäischen Kartellrecht, was den gegenwärtigen juristischen Schwebezustand ausgelöst hat. Ob sich der Gesetzgeber mit der Rechtswegzuweisung zum Sozialgericht also einen Gefallen getan hat, mag dahinstehen.

Auch die praktischen Erfahrungen der Arzneimittelhersteller mit der Umsetzung der Festbetragsregelung – sowohl der Festbetragsgruppenbildung durch den Bundesausschuss der Ärzte und Krankenkassen als auch der Festbetragsfestsetzung durch die GKV-Spitzenverbände – sind ernüchternd.

Die Bildung von Festbetragsgruppen ist ziemlich undurchschaubar. Teils werden recht große Festbetragsgruppen gebildet, teils eher kleine. Manchmal werden schnell freisetzende und langsam freisetzende Darreichungsformen in einer Gruppe zusammengefasst, manchmal in verschiedene Gruppen getrennt. Die Festlegung von Wirkäquivalenzfaktoren erscheint kaum vorhersehbar. Die gelegentlich geäußerte Vermutung, die Festbetragsgruppenbildung diene als Vorspann zu einer erwünschten Festbetragsfestsetzung, umschreibt das generelle Unwohlsein.

Ein erhebliches Problem besteht darin, dass im Laufe der Zeit inhomogene Festbetragsgruppen entstanden sind, wenn Substanzen patentfrei geworden und Generika aufgetreten sind. In solchen Fällen sind in einer Festbetragsgruppe unterschiedliche Marktsegmente, die unterschiedlichen Spielregeln unterliegen, zusammengefasst. Zum einen droht dadurch bei den patentgeschützten Wirkstoffen der Patentschutz durch den Generikawettbewerb bei der patentfrei gewordenen Substanz ausgehöhlt zu werden. Zum anderen wird die Regression, die die Preisverhältnisse verschiedener Wirkstärken und Packungsgrößen untereinander bestimmt, allein durch die schiere Anzahl der Generika dominiert und verzerrt.

Nicht minder in Frage zu stellen ist die Festsetzung der Festbeträge durch die GKV-Spitzenverbände. Sie haben wegen der äußerst offenen gesetzlichen Vorgaben einen enorm weiten Handlungsspielraum und können Festbeträge weitgehend nach eigenem Gusto festsetzen. Es kommt hinzu, dass sie auch das Festbetragsfestsetzungsverfahren als solches autonom verändert haben. Ursprünglich orientierte sich die Festbetragsanpassung an einem in der Geschäftsstelle Arzneimittelfestbeträge entwickelten Indikatoren-Katalog, später erfolgte sie nach dem so genannten iterativen Verfahren. Ob diese Umstellung mit einem personellen Wechsel in der Geschäftsstelle Arzneimittelfestbeträge zusammenhing, mag dahinstehen. Die Arzneimittelhersteller wurden von der Verfahrensänderung jedenfalls überrollt.

Von Gesetzes wegen haben die Pharma-Unternehmen das Recht, im Verfahren der Festbetragsgruppenbildung sowie der Festbetragsfestsetzung Stellung zu nehmen. Die Erfahrung hat jedoch gezeigt, dass die Stellungnahmen in den allermeisten Fällen ohne Effekt geblieben sind. Nur selten wichen etwa die schließlich festgesetzten Festbeträge von den Festbetragsvorschlägen ab. Der Vollständigkeit halber sei erwähnt, dass die Firmenstellungnahmen nicht beschieden wurden; wer wollte, konnte in Kleinarbeit durch mühseliges Aktenstudium zu rekonstruieren versuchen, wie eine Festbetragsfestsetzung zustande gekommen war. In

Anbetracht dieser mehr oder minder ohnmächtigen Situation ist es nachvollziehbar, warum Arzneimittelhersteller versuchen mussten, vor Gericht zu ziehen und dort ihr Recht zu suchen.

Die pharmazeutische Industrie hat die Festbetragsfestsetzung inzwischen seit über einem Jahrzehnt kritisch begleitet. Die Wertschätzung, die die Festbeträge bei den Krankenkassen und weiten Teilen der Politik genießen, kann von den Arzneimittelherstellern nicht geteilt werden. Wenn eine Stabilisierung der Arzneimittelpreise zu verzeichnen ist, so kann dieser Effekt inzwischen schwerlich auf die Festbeträge zurückgeführt werden. Tatsächlich ist vorrangig der starke Generikawettbewerb dafür verantwortlich, dass die Arzneimittelpreise kaum steigen. Zudem haben Kostendämpfungsinstrumente wie Budgets und Richtgrößen dazu beigetragen, dass Ärzte preisbewusst verordnen. Diese gegenüber 1989 neuen Rahmenbedingungen – in Zukunft ist auch an Ausgabenvolumina und Zielvereinbarungen zu denken – haben den Festbeträgen ihren Rang abgelaufen. Vor über 10 Jahren mögen die Festbeträge unter den damaligen Verhältnissen ihre Bedeutung gehabt haben. Inzwischen sind sie eher ein Relikt der Vergangenheit und obsolet geworden.

Überholt ist vor allem die Konstellation, dass die GKV-Spitzenverbände die Festbeträge „gemeinsam und einheitlich" festsetzen. Dieses Nachfragemonopol passt nicht mehr in die heutige Zeit, wo die Krankenkassen selbst zunehmend in Wettbewerb zueinander treten.

Die Festsetzung von Festbeträgen kann auch nicht als Selbstverwaltungsangelegenheit eingestuft werden. Wie das Bundesverfassungsgericht bereits vor fast drei Jahrzehnten dargelegt hat, darf durch die Verleihung von Satzungsautonomie gesellschaftlichen Gruppen die Regelung solcher Angelegenheiten, die sie selbst betreffen, eigenverantwortlich überlassen werden; eine Körperschaft darf eigene Angelegenheiten regeln. Dagegen müssen Regelungen, die den Kreis eigener Angelegenheiten überschreiten, vom Gesetzgeber selbst getroffen werden. Dieser verfassungsrechtlichen Leitlinie ist später das Bundessozialgericht gefolgt und hat die Festbetragsregelung, die es als verfassungswidrig ansieht, im Wege des konkreten Normenkontrollverfahrens dem Bundesverfassungsgericht zur Entscheidung vorgelegt.

In einem etwas anderen Zusammenhang haben sich vor einiger Zeit auch das Bundesjustizministerium und das Bundesinnenministerium mit dieser Thematik befasst. Das Bundesjustizministerium weist darauf hin, dass Selbstverwaltung zur Rechtsetzung durch autonome Satzung legitimiert, die aber auf den Innenbereich der Selbstverwaltungskörperschaft, nämlich auf die in dieser Körperschaft organisierte homogene

Gruppe, beschränkt bleiben muss. In die Rechte Außenstehender, die mit ihrer spezifischen Interessenlage in den Organen der Selbstverwaltung nicht repräsentiert sind, darf nicht eingegriffen werden. Auch das Bundesinnenministerium unterstreicht, dass Selbstverwaltungskörperschaften das Recht haben, im Rahmen der gesetzlichen Bestimmungen, die ihre Tätigkeiten im Einzelnen regeln, ihre eigenen Angelegenheiten nach Zweckmäßigkeitsgesichtspunkten selbst zu entscheiden und dabei auch eigenes (Satzungs-)Recht zu setzen. Wird dagegen der Kreis der Selbstverwaltungsangelegenheiten im engeren Sinne verlassen, gelten die allgemeinen Anforderungen an behördliche Handlungs- und Organisationsstrukturen.

Diese verfassungsrechtlichen Bedenken an der bisherigen Festbetragsregelung haben zu dem Festbetrags-Neuordnungsgesetz geführt, das das ursprüngliche Recht aussetzt. Letzteres ist zwischenzeitlich auf den verfassungsrechtlichen und europarechtlichen Prüfstand gestellt.

Diese Interimsphase sollte genutzt werden, um vorurteilsfrei perspektivisch über die Zukunft von Festbeträgen nachzudenken. Dabei ist zu trennen zwischen dem Prinzip des Festbetrags als solchem und der Festbetragsregelung in der konkreten Ausgestaltung von § 35 SGB V.

Die Regelung von 1989, die von dem Gedanken der Selbstverwaltung und dem gemeinsamen und einheitlichen Handeln der Krankenkassen geprägt ist, kann schwerlich zukunftsorientiert sein. Wenn die Idee des Festbetrages überhaupt fortbestehen soll, so muss sie wettbewerblich ausgestaltet werden. Wie das konkret erfolgen kann, ist anderenorts zu erörtern und zu entscheiden. Eine Überlegung aber mag es wert sein, letztlich dahin zu kommen, dass präparatespezifische Festbetragsvereinbarungen zwischen einzelnen Arzneimittelherstellern und Krankenkassen getroffen werden. Dies käme dem Gedanken des Wettbewerbs nahe – sowohl zwischen Pharma-Unternehmen als auch zwischen Krankenkassen.

Einsparpotentiale durch die Positivliste

Ulrich Schwabe

Die Positivliste und ihre Einsparpotentiale werden seit Jahren kontrovers diskutiert. Die Positionen Pro und Kontra sind klar definiert und stehen sich diametral gegenüber.

Die deutsche Ärzteschaft hat bereits im Mai 1999 beschlossen, die Positivliste zu unterstützen. Sie sieht in der Liste verordnungsfähiger Arzneimittel ein wirkungsvolles Mittel zur rationellen Arzneitherapie. Eine solche Liste garantiere allen Patienten eine Arzneitherapie, die an den Maßstäben für Notwendigkeit, Sicherheit und Kostenbewusstheit orientiert ist (Deutscher Ärztetag 1998). Die deutsche Ärzteschaft hat damit bereits vor dem Abschluss des Gesetzgebungsverfahrens eine klare Position für eine Positivliste bezogen.

Die Arzneimittelhersteller wollen sich mit Klagen gegen die Positivliste wehren (Bundesverband der Pharmazeutischen Industrie 2001). Sie verstoße gegen europäisches Recht, sei sozial ungerecht und fördere die Zwei-Klassen-Medizin. Sie trage weder zur Kostensenkung noch zur Qualitätssicherung bei, sondern sei ein „Frontalangriff auf die Arzneimittelvielfalt und die Therapiefreiheit der Ärzte". Diese konträren Positionen zeigen, wie schwierig es ist, das Projekt Positivliste mit den Beteiligten des Arzneimittelmarkts in die Praxis umzusetzen. Als Ausgangspunkt der Diskussion über mögliche Einsparungen sollen als erstes die gesetzlichen Grundlagen dargestellt werden.

Gesetzliche Grundlagen der Positivliste

Die gesetzlichen Regelungen für eine Liste verordnungsfähiger Arzneimittel (Positivliste) wurden im Rahmen der Gesundheitsreform 2000 im Dezember 1999 als § 33 a in das Sozialgesetzbuch V eingefügt und traten am 1. Januar 2000 in Kraft. Eine Vorschlagsliste für die Positivliste wird von dem Institut für die Arzneimittelverordnung in der gesetzlichen Krankenversicherung erarbeitet, das aus einer Sachverständigenkommission und einer Geschäftsstelle besteht. Das Institut wurde beim Bundesministerium für Gesundheit errichtet, der Geschäftsführer ist Referatsleiter des Ministeriums. Die neun Kommissionsmitglieder bestehen aus drei Ärzten, zwei Vertretern der Pharmakologie und klinischen Pharmakologie und einem Sachverständigen der medizinischen Statistik. Weitere Mitglieder der Kommission sind je ein Sachverständiger der Phytotherapie, der Homöopathie und der anthroposophischen Medizin.

Die Positivliste besteht aus einem Hauptteil, in dem Arzneimittel als Wirkstoffe und Wirkstoffkombinationen unter Berücksichtigung der Indikationen und Darreichungsformen aufgeführt werden. In einem Anhang werden die Arzneimittel der besonderen Therapierichtungen Phytotherapie, Homöopathie und Anthroposophie aufgelistet. Eine Aufnahme der Arzneimittel besonderer Therapierichtungen in den Hauptteil der Positivliste ist möglich, wenn sie die Urteilsstandards des Hauptteils erfüllen.

Eine Aufnahme von Arzneimitteln erfolgt, wenn sie zur zweckmäßigen, ausreichenden und notwendigen Behandlung von Krankheiten geeignet sind und einen mehr als geringfügigen therapeutischen Nutzen haben. Nicht aufgenommen werden Arzneimittel für geringfügige Gesundheitsstörungen, Arzneimittel mit nicht erforderlichen Bestandteilen und Arzneimittel mit einer Vielzahl von Wirkstoffen.

Die erstellte Vorschlagsliste ist mit mindestens sieben von neun Stimmen der Kommission des Instituts zu beschließen. In einem Anhörungsverfahren ist medizinischen Sachverständigen aus verschiedenen Bereichen Gelegenheit zur Stellungnahme zu geben.

Der Entwurf der Vorschlagsliste verordnungsfähiger Arzneimittel wurde am 29. Juni 2001 von der Kommission des Instituts für die Arzneimittelverordnung in der gesetzlichen Krankenversicherung einstimmig beschlossen und in der Fassung vom 12. Juli 2001 an die Anhörungsberechtigten versandt.

Stellungnahmen zum Vorschlagslistenentwurf

Die ersten Reaktionen der Arzneimittelhersteller auf den Entwurf der Vorschlagsliste sind moderater ausgefallen, als zunächst allgemein erwartet wurde. Lediglich der Bundesverband der Arzneimittel-Hersteller (BAH) befürchtet erhebliche Auswirkungen der Positivliste (Bundesverband der Arzneimittelhersteller 2001). Nach einer Bewertung durch das Institut für Medizinische Statistik (IMS) werden 19,3 % der derzeit noch verordnungsfähigen Arzneimittel aus der Erstattung durch die gesetzliche Krankenversicherung (GKV) ausgegrenzt. Das entspräche einem Umsatz von knapp 8 Mrd. DM. Weiterhin behauptet der BAH, dass insbesondere Phytopharmaka durch den Entwurf der Vorschlagsliste betroffen seien.

Nach Auffassung des BAH ermöglicht die Positivliste keine Einsparpotentiale, sondern bedeutet eine massive Kostenbelastung für die gesetzliche Krankenversicherung (GKV). Die Ausgrenzung eines Umsatzes von nicht verordnungsfähigen Arzneimitteln in Höhe von 8 Mrd. DM würde erhebliche Substitutionskosten durch positiv gelistete Arzneimittel des Vorschlagslistenentwurfs verursachen. Da der durchschnittliche Packungspreis der nicht gelisteten Arzneimittel nur bei 50 % des durchschnittlichen Preises der Listenarzneimittel liege, würden sich Substitutionskosten von 16 Mrd. DM und damit Mehrkosten von 8 Mrd. DM durch die Einführung der Positivliste ergeben. Die IMS-Health hält eine etwa 50%ige Substitution für wahrscheinlich und rechnet daher mit Kostensteigerungen von etwa 3,5 Mrd. DM (IMS-Health 2001). Die erklärten Gegner der Positivliste rechnen also mit Ausgabensteigerungen von 10 bis 20 % der bisherigen Arzneimittelausgaben im GKV-Bereich (Tabelle 1).

Tabelle 1: Einsparpotentiale durch Positivlisten

BAH	
Umsatz nicht verordnungsfähiger Arzneimittel	8,0 Mrd. DM
Substitutionskosten durch Positivlistenarzneimittel (Packungspreis nicht gelisteter Arzneimittel sei nur 50 %)	16,0 Mrd. DM
Mehrkosten	8,0 Mrd. DM
IMS-Health	
Kostensteigerungen durch die Positivliste	3,5 Mrd. DM
Fritz Kuhn (Bündnis 90/Die Grünen)	
Einsparungen durch die Positivliste	2–3 Mrd. DM
Arzneiverordnungs-Report 2001	
Umsatz umstrittener Arzneimittel im Jahr 2000	3,9 Mrd. DM
Substitutionskosten durch wirksame Arzneimittel	1,3 Mrd. DM
Einsparpotential	2,6 Mrd. DM

Auf der anderen Seite stehen die Befürworter der Positivliste, die nach wie vor nicht nur eine Qualitätsverbesserung der Arzneitherapie, sondern auch eine erhebliche Kosteneinsparung durch die Einführung der Positivliste erwarten. So befürwortet der Grünen-Politiker Fritz Kuhn eine schnelle Einführung der Positivliste, weil er Einsparungen von ca. 2 bis 3 Mrd. DM erwartet. Im neuen Arzneiverordnungs-Report 2001 haben wir berechnet, dass im Jahr 2000 ein Umsatz von 3,9 Mrd. DM auf die Arzneimittel mit umstrittener Wirksamkeit entfällt. Die Substitutionskosten durch wirksame Arzneimittel beziffern wir auf 1,3 Mrd. DM. Daraus ergibt sich ein Einsparpotential von 2,6 Mrd. DM (Schwabe 2001).

Aus verschiedenen Gründen können die im Arzneiverordnungs-Report berechneten Einsparpotentiale nicht mit den Einsparpotentialen durch die Positivliste gleichgesetzt werden. Dazu sind die gesetzlichen Vorgaben der Positivliste im Sozialgesetzbuch V deutlich anders als die Beurteilungskriterien für umstrittene Arzneimittel im Arzneiverordnungs-

Report. Eine genaue Berechnung der Einsparpotentiale durch die Positivliste würde daher voraussetzen, dass zunächst alle durch die Positivliste ausgeschlossenen Marktsegmente genau dargelegt und zusätzlich Substitutionsmöglichkeiten durch positiv beurteilte Arzneimittel geprüft würden. Da die Vorschlagsliste verordnungsfähiger Arzneimittel bisher nur als Entwurf vorliegt und das eingeleitete Anhörungsverfahren noch nicht abgeschlossen ist, ist es nicht möglich, genaue Einsparpotentiale der Positivliste darzustellen und in der Öffentlichkeit zu diskutieren.

Um dennoch die Einsparmöglichkeiten einer Positivliste darzustellen, soll der Versuch unternommen werden, europäische Positivlisten für eine solche Berechnung heranzuziehen. Dabei sollen die Positivlisten mehrerer europäischer Länder mit dem Verordnungsprofil umstrittener Arzneimittel im Arzneiverordnungs-Report verglichen werden und damit abgeschätzt werden, welche Einsparpotentiale durch die Einführung einer Positivliste in Deutschland realisierbar sein könnten.

Positivlisten in europäischen Ländern

In vielen europäischen Ländern wird die Erstattung von Arzneimitteln über Arzneimittellisten reguliert. In den hier untersuchten neun europäischen Ländern wurden im Jahr 1996 überwiegend Positivlisten für die Erstattung von Arzneimitteln eingesetzt, in denen jeweils alle verordnungsfähigen Arzneimittel aufgelistet sind (Tabelle 2). Positivlisten gibt es in Dänemark, Frankreich, Italien, den Niederlanden und Schweden. Das Heilmittelverzeichnis in Österreich hat praktisch den Charakter einer Positivliste. Negativlisten, in denen die nicht verordnungsfähigen Arzneimittel aufgelistet sind, gibt es in Deutschland, Großbritannien und der Schweiz.

Tabelle 2: Erstattung von Arzneimitteln in Europa*

Land	Arzneimittel Anzahl	Erstattungsfähig	Umsatz 1996 Mio. €	Umsatz € pro Kopf	Listen
Dänemark	4.030[a]	62 %	984	185,8	Positivliste
Deutschland	52.004[b]	ca. 81 %	24.912	307,4	Negativliste
Frankreich	7.700[c]	55 %	17.966	306,6	Positivliste
Großbritannien	14.021[c]	86 %	9.319	158,5	Negativliste
Italien	9.064[b]	ca. 48 %	12.146	211,2	Positivliste
Niederlande	5.500[a]	ca. 95 %	2.823	181,0	Positivliste

Land	Arzneimittel Anzahl	Erstattungs-fähig	Umsatz 1996 Mio. €	Umsatz € pro Kopf	Listen
Österreich	10.236[c]	ca. 51 %	2.140	264,2	Heilmittelverz.
Schweden	3.502[a]	90 %	1.793	203,7	Positivliste
Schweiz	7.764[d]	30 %	2.132	296,0	Negativliste

[a] Anzahl ohne unterschiedliche Dosierungen und Packungsgrößen, [b] Anzahl aller Fertigarzneimittel, [c] Anzahl ohne unterschiedliche Packungsgrößen, [d] Anzahl der Handelsnamen

* Rosian I. et al.: Arzneimittel, Steuerung der Märkte in neun europäischen Ländern. Österreichisches Bundesinstitut für Gesundheitswesen (ÖBIG), Wien 1998.

Die Ausgangssituation der einzelnen nationalen Arzneimittelmärkte ist bezüglich der Zahl der Arzneimittel, der Zahl der erstattungsfähigen Arzneimittel, und bezüglich des Arzneimittelumsatzes und des Arzneimittelumsatz pro Kopf der Bevölkerung sehr unterschiedlich (Rosian et al. 1998). So gibt es in Schweden mit 3.500 Arzneimitteln die geringste Zahl von Arzneimitteln, von denen mit 90 % jedoch ein hoher Prozentsatz erstattet wurde (Tabelle 2). Bei den Arzneimittelausgaben liegt Schweden mit einem Wert von 204 € pro Kopf im unteren Mittelfeld. Bei der Zahl der Arzneimittel ist zu berücksichtigen, dass die Zählweisen in den einzelnen Ländern unterschiedlich sind, da nicht überall alle Fertigarzneimittel mit allen unterschiedlichen Dosierungen und Packungsgrößen gezählt werden. Deutschland hatte mit 52.000 Fertigarzneimitteln die höchste Zahl der Arzneimittel, von denen 81 % erstattungsfähig waren. Der pro-Kopf-bezogene Arzneimittelumsatz lag mit 307 € an der Spitze. Insgesamt ist jedoch kein direkter Zusammenhang zwischen der Existenz von Positivlisten und der Höhe der Arzneimittelausgaben erkennbar. Großbritannien hat die niedrigsten Arzneimittelausgaben (158 € pro Kopf) und hat keine Positivliste. Frankreich verfügt über eine Positivliste und hatte zusammen mit Deutschland die höchsten Arzneimittelausgaben (307 € pro Kopf).

Von den hier dargestellten fünf Positivlisten stehen die Listen aus vier Ländern in einer ATC-codierten Form zur Verfügung, um die Arzneimittel des deutschen Arzneimittelmarkts wirkstoffbezogen bewerten zu können. Als Beispiel einer Arzneimittelbewertung in Positivlisten soll die Neubewertung des medizinischen Nutzens von 4.500 pharmazeutischen Spezialitäten des französischen Arzneimittelmarkts durch die französische Agentur für die Sicherheit der Gesundheitsprodukte aus dem Juni dieses Jahres herangezogen werden (http://www.agmed.sante.gouv.fr). Für die Bewertung des therapeutischen Nutzens wurden drei Ebenen definiert:

- medizinischer Nutzen bedeutsam oder wichtig,
- medizinischer Nutzen mäßig oder schwach,

• medizinischer Nutzen ungenügend.

Auf dieser Basis sind die Arzneimittel nach einzelnen Fachgebieten oder Indikationsgebieten bewertet worden. Bei Analgetika, nichtsteroidalen Antiphlogistika und Corticoiden hatten von 429 Arzneimitteln der größte Teil (84,4 %) einen bedeutsamen therapeutischen Nutzen und nur ein kleiner Teil (3 %) einen ungenügenden therapeutischen Nutzen. Im Bereich der Hals-Nasen-Ohrenheilkunde und Pneumologie wurde dagegen der therapeutische Nutzen von insgesamt 459 Arzneimitteln nur bei 15,3 % als bedeutsam, bei 28,3 % mäßig oder schwach und bei 56,4 % als ungenügend bewertet. Besonders auffällig war, dass bei den Arzneimitteln zur Behandlung von Bronchialsekretionsbeschwerden nicht nur Acetylcystein, sondern alle Expektorantien als ungenügend wirksam bewertet wurden.

Als erstes Beispiel für eine Arzneimittelbewertung nach europäischen Positivlisten werden die zehn meistverordneten Arzneimittel des deutschen Arzneimittelmarkts im Jahr 2000 herangezogen (Tabelle 3) (Schwabe und Paffrath 2001). Es handelt sich um das Schilddrüsenpräparat L-Thyroxin Henning®, das nichtopioide Analgetikum Paracetamol-ratiopharm®, das nichtsteroidale Antiphlogistikum Voltaren® mit dem Wirkstoff Diclofenac, das topische Antirheumatikum Voltaren-Emulgel® ebenfalls mit dem Wirkstoff Diclofenac, das Rhinologikum Olynth® (Wirkstoff Xylometazolin), das Mukolytikum ACC® (Wirkstoff Acetylcystein) und das Expektorans Mucosolvan® (Wirkstoff Ambroxol), das nichtsteroidale Antiphlogistikum Diclofenac-ratiopharm® (Wirkstoff Diclofenac), das Rhinologikum Nasentropfen-ratiopharm® (Wirkstoff Xylometazolin) und den Betarezeptorenblocker Beloc® (Wirkstoff Metoprolol).

Tabelle 3: Führende Arzneimittel nach Verordnungen 2000

Rang	Präparat	Verordnung in Tsd.	Änderung ggü. 1999	Positivlisten
1	L-Thyroxin Henning	5.989,2	+ 0,1 %	DK, F, I, NL
2	Paracetamol-ratiopharm	5.386,3	– 12,4 %	DK, F, NL
3	Voltaren	4.699,1	+ 3,9 %	DK, F, I, NL
4	Voltaren-Emulgel	4.420,1	– 17,4 %	F (+)
5	Olynth	4.129,3	– 6,8	DK, F (+)
6	ACC	4.000,8	– 25,7 %	DK, NL
7	Mucosolvan	3.799,3	– 13,2	
8	Diclofenac-ratiopharm	3.594,0	– 0,1 %	DK, F, I, NL
9	Nasengel/Spr./Tr.-ratiopharm	3.551,1	– 4,6 %	DK, F (+)
10	Beloc	3.450,9	– 6,8	DK, F, I, NL

Schwabe U., Paffrath D. (Hrsg.): Arzneiverordnungs-Report 2001. Springer-Verlag, Berlin Heidelberg, S. 881

Die Analyse des therapeutischen Nutzens anhand der Positivlisten aus vier europäischen Ländern (Dänemark, Frankreich, Italien, Niederlande) zeigt, dass von den zehn führenden deutschen Arzneimitteln nur vier Präparate (L-Thyroxin Henning®, Voltaren®, Diclofenac-ratiopharm®, Beloc®) auf den Positivlisten aller vier Länder vertreten sind. Das Expektorans Mucosolvan® wird in keiner der vier Positivlisten aufgeführt. Das externe Antirheumatikum Voltaren-Emulgel® wird nur in der französischen Positivliste in der Kategorie „schwacher therapeutischer Nutzen" erwähnt. Die beiden Rhinologika Olynth® und Nasentropfen-ratiopharm® werden in zwei Positivlisten aufgeführt, davon in der französischen Positivliste wieder mit der Bewertung eines schwachen therapeutischen Nutzens. Das Expektorans ACC® wird nur in Dänemark und den Niederlanden positiv bewertet. Das Analgetikum Paracetamol-ratiopharm ist nur auf der italienischen Positivliste nicht vertreten. Die zehn führenden deutschen Arzneimittel des Jahres 2000 werden in den vier verwendeten europäischen Positivlisten also nur zu 61 % positiv bewertet. Nach europäischen Maßstäben wären also 39 % der Verordnungen für diese führenden zehn Arzneimittel des deutschen Arzneimittelmarkts nicht erstattungsfähig.

Von diesen zehn führenden Präparaten gehören nach den Kriterien des Arzneiverordnungs-Reports drei Präparate zu den Arzneimitteln mit umstrittener therapeutischer Wirksamkeit, nämlich das topische Antirheumatikum Voltaren-Emulgel® und die beiden Expektorantien ACC® und Mucosolvan®. Der Vergleich der pharmakologisch-therapeutischen Bewertungen des Arzneiverordnungs-Reports mit den vier Positivlisten zeigt eine vollständige Übereinstimmung für das Expektorans Mucosolvan®, eine weitgehende Übereinstimmung für das topische Antirheumatikum Voltaren-Emulgel®, da dieses topische Antirheumatikum auch auf der französischen Positivliste nur einen schwachen therapeutischen Nutzen hat. Lediglich das Expektorans ACC® ist in der Hälfte der Positivlisten enthalten. Auf der anderen Seite werden die beiden Rhinologika Olynth® und Nasentropfen-ratiopharm® trotz einer eingeschränkten Bewertung auf den Positivlisten im Arzneiverordnungs-Report als unumstritten klassifiziert.

Arzneimittel mit umstrittener Wirksamkeit

Umstrittene Arzneimittel wurden erstmals in dem Bericht des Bundestagsausschusses für Jugend, Familie und Gesundheit im Jahr 1976 erwähnt, nachdem die Wirksamkeit umstrittener Arzneimittel schwer oder überhaupt nicht nachweisbar ist (Deutscher Bundestag 1976). Später hat die Transparenzkommission beim Bundesgesundheitsamt das Kriterium der Umstrittenheit therapeutischer Wirkungen in modifizierter Form bei der Bewertung der Wirksamkeit von Arzneimitteln angewendet. So wurde in der Transparenzliste „periphere arterielle Durchblutungsstörungen" festgestellt, dass das „Ausmaß der therapeutischen Wirksamkeit von Vasodilatatoren ungeachtet experimentell nachweisbarer Wirkungen nach wie vor umstritten ist und weiterer Klärung durch klinisch-wissenschaftliche Untersuchungen bedarf" (Transparenzkommission 1983).

Arzneimittel mit umstrittener Wirksamkeit sind in mehrere Gruppen klassifiziert worden (Schwabe 1998):

- Arzneimittel, für die in kontrollierten klinischen Studien kein reproduzierbarer Nachweis einer therapeutischen Wirksamkeit für ein bedeutsames Therapieziel in einem definierten Indikationsgebiet erbracht wurde, auch wenn statistisch signifikante Ergebnisse ohne ausreichende klinische Bedeutung vorliegen.

- Arzneimittel, bei denen unerwünschte Wirkungen vor allem bei länger dauernden Anwendung den therapeutischen Nutzen unvertretbar einschränken.

- Fixe Arzneimittelkombinationen mit arzneilich wirksamen Bestandteilen, für die kein ausreichender Beitrag zur Wirksamkeit oder Sicherheit in kontrollierten klinischen Prüfungen nachgewiesen wurde.

- Arzneimittel der besonderen Therapierichtungen, deren Wirksamkeit und Unbedenklichkeit in pharmakologisch-toxikologischen kontrollierten klinischen Prüfungen nicht nachgewiesen wurde, auch wenn Hinweise auf Wirkungen aus Übersichtsartikeln, Handbüchern, Lehrbüchern, Gutachten sowie Erfahrungswissen in Verbindung mit experimentellen Ergebnissen vorhanden sind.

- Homöopathische Arzneimittel, deren Verkehrsfähigkeit ausschließlich auf einer Registrierung beruht, ohne dass Angaben über Wirkungen und Anwendungsgebiete sowie Unterlagen über pharmakologisch-toxikologische und klinische Prüfungen vorgelegt wurden.

Im deutschen Arzneimittelmarkt entfällt der größte Teil der Verordnungen von umstrittenen Arzneimitteln auf die Arzneimittel der ersten Gruppe ohne reproduzierbaren Nachweis eines klinisch bedeutsamen Effekts. Die therapeutische Wirksamkeit ist auch bei Phytotherapeutika umstritten, die unter Bezug auf die Monographien der phytotherapeutischen Kommission E des vormaligen Bundesgesundheitsamts in großem Umfang zugelassen wurden.

In den vergangenen zehn Jahren sind die Verordnungen umstrittener Arzneimittel nach dem im Jahr 1992 erreichten Gipfel von 9,4 Mrd. DM auf 3,9 Mrd. DM im Jahr 2000 zurückgegangen (Abbildung 1) (Schwabe 2001). Damit wurden in den letzten acht Jahren insgesamt Einsparungen von 5,5 Mrd. DM in diesem Bereich erzielt, was einem Kostenrückgang um 58 % entspricht. Allein im Jahr 2000 sind die Verordnungen umstrittener Arzneimittel noch einmal um 787 Mio. DM zurückgegangen. Diese Einsparungen hat die deutsche Ärzteschaft ohne eine Unterstützung durch gesetzliche Maßnahmen, wie z. B. eine Positivliste, nur durch Aktionsprogramme und Pharmakotherapieberatung gegen erhebliche juristische Widerstände der pharmazeutischen Industrie durchgesetzt.

Abbildung 1: Verordnungen umstrittener Arzneimittel

Schwabe U., Paffrath D. (Hrsg.): Arzneiverordnungs-Report 2001. Springer-Verlag, Berlin Heidelberg (2001), Seite 757.

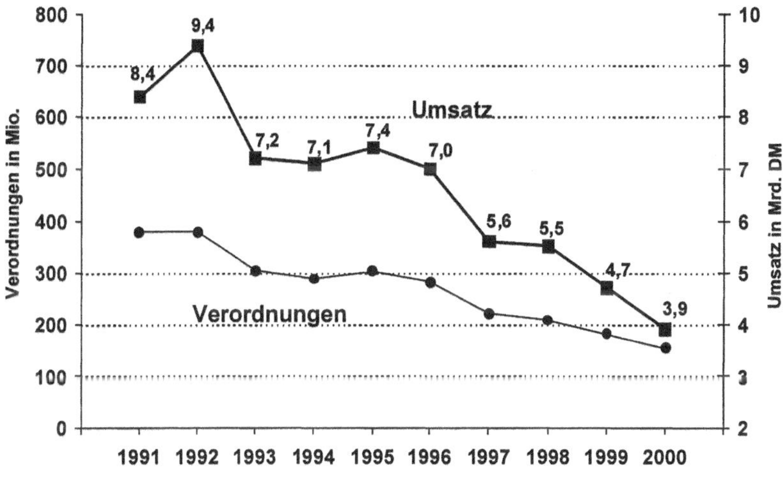

Die Hälfte der Ausgaben für umstrittene Arzneimittel entfällt auf sechs Indikationsgruppen, die im Jahr 2000 überproportional um 15 bis 35 % abgenommen haben (Abbildung 2) (Schwabe 2001). Dazu gehören Expektorantien (434 Mio. DM), Antidementiva (342 Mio. DM), Neuropathiepräparate (236 Mio. DM), durchblutungsfördernde Mittel (201 Mio. DM), Venenmittel (140 Mio. DM) und externe Antirheumatika (143 Mio. DM). Viele dieser Arzneimittel sind in den USA, Großbritannien und den skandinavischen Ländern nicht erhältlich oder nur als Nahrungsergänzungsmittel im Handel. Daher wurde schon vor vielen Jahren gefolgert, dass wir ohne Nachteil für unsere Patienten auf diese umstrittenen Arzneimittel verzichten können (Gysling und Kochen 1987). Diese Prognose ist durch die Verordnungsentwicklung seit 1992 eindrucksvoll bestätigt worden.

Abbildung 2: Umsatz umstrittener Arzneimittelgruppen

Schwabe U., Paffrath D. (Hrsg.): Arzneiverordnungs-Report 2001. Springer-Verlag, Berlin Heidelberg (2001), Seite 757

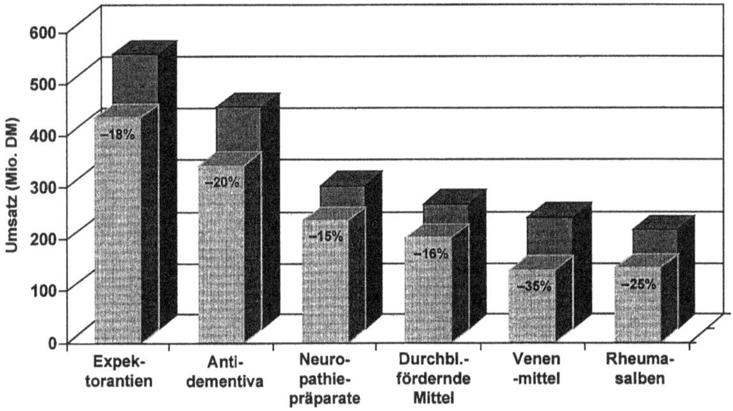

Die aktuellen Verordnungsabnahmen umstrittener Arzneimittel sind vor allem ein Erfolg der intensiven Informationstätigkeit der Kassenärztlichen Bundesvereinigung mit dem Aktionsprogramm 2000 (Kassenärztliche Bundesvereinigung 2000). Darin wird empfohlen, insbesondere bei umstrittenen Arzneimitteln zu prüfen, ob eine Arzneitherapie überhaupt notwendig ist oder ob dem Patienten nicht mit anderen Maßnahmen geholfen werden kann. Aufgrund gerichtlicher Entscheidungen ist es den Partnern der Selbstverwaltung jedoch untersagt, die betroffenen Arzneimittel im Einzelnen zu nennen und zu bewerten.

Um die pharmakologisch-therapeutische Bewertung transparenter zu gestalten, wurden in diesem Jahr umstrittene Arzneimittel nicht nur nach Arzneimittelgruppen, sondern auch nach Einzelpräparaten aufgelistet (Schwabe 2001). Insgesamt wurden die 100 umsatzstärksten Arzneimittel mit umstrittener Wirksamkeit dargestellt. Auf dieses Arzneimittelsegment entfällt mit einem Umsatzvolumen von 1.964 Mio. DM etwa die Hälfte des Gesamtvolumens der umstrittenen Arzneimittel.

Da die Ausgaben für umstrittene Arzneimittel nicht in vollem Umfang eingespart werden können, soll nach Möglichkeit eine Substitution durch wirksame Arzneimittel erfolgen. Nur in den Indikationsgebieten, in denen noch keine wirksame Arzneitherapie zur Verfügung steht, sollen andere, nichtmedikamentöse Therapieverfahren herangezogen werden. Für die 100 umsatzstärksten Arzneimittel mit umstrittener Wirksamkeit werden in 48 Fällen wirksame Arzneimittel und bei 52 Präparaten nichtmedikamentöse Therapieverfahren (Hydratation, Gehtraining, Kompression, Normalkost, Physiotherapie) zur Substitution vorgeschlagen. Die aufgeführten Substitutionsvorschläge ergeben einen Gesamtbetrag von ca. 1,3 Mrd. DM. Damit vermindern sich die Gesamtausgaben von 3,9 Mrd. DM für umstrittene Arzneimittel auf ein Einsparvolumen von 2,6 Mrd. DM (Schwabe 2001).

Einsparpotentiale umstrittener Arzneimittel unter Berücksichtigung europäischer Positivlisten

Um die Einsparmöglichkeiten einer Positivliste zu berechnen, wurde ein Vergleich der umstrittenen Arzneimittel des Arzneiverordnungs-Reports 2001 mit den Positivlisten aus vier europäischen Ländern (Dänemark, Frankreich, Italien, Niederlande) vorgenommen. Im Einzelnen wurde geprüft, welche der 100 umsatzstärksten umstrittenen Arzneimittel in den vier genannten Positivlisten vertreten sind. Von den 100 umsatzstärksten umstrittenen Arzneimitteln sind 19 Präparate auf der niederländischen Positivliste, 17 Präparate auf der dänischen Positivliste, acht schwach wirksame Präparate auf der französischen Positivliste und ein Präparat auf der italienischen Positivliste vertreten. Wenn ein umstrittenes Arzneimittel auf keiner der vier europäischen Positivlisten vertreten war, wurde das Umsatz- und das Substitutionsvolumen zu 100 % als Einsparpotential berechnet, wenn ein umstrittenes Arzneimittel auf einer Positivliste der vier europäischen Länder vertreten war, wurde das Umsatz- und Einsparvolumen jeweils um 25 % reduziert. Bei umstrittenen Arzneimitteln, die auf der französischen Positivliste als schwach wirksam bewertet worden waren, wurde das Einsparvolumen um 12,5 % reduziert. Das Umsatzvolumen der 100 umsatzstärksten umstrittenen Arzneimittel reduziert sich daher von 1.964 Mio. DM auf 1.722 Mio. DM und das Einsparpotential von 1.506 Mio. DM auf 1.292 Mio. DM. Nach einer Hochrechnung auf die Gesamtgruppe der umstrittenen Arzneimittel reduziert sich das ursprünglich berechnete Einsparpotential von 2.647 Mio. DM auf 2.241 Mio. DM (Tabelle 4). Diese Berechnung zeigt, dass das Einsparpotential der umstrittenen Arzneimittel unter Berücksichtigung der Klassifikation in vier europäischen Positivlisten um 15 % reduziert wird. Damit steht der überwiegende Teil der umstrittenen Arzneimittel in

Deutschland auch nach einer Positivlistenüberprüfung für mögliche Einsparungen zur Verfügung.

Tabelle 4: Einsparpotentiale 2000

Arzneimittelsektor	Umsatz Mio. DM	Substitution Mio. DM	Einsparpotential Mio. DM
Umstrittene Arzneimittel (nach AVR)			
100 umsatzstärkste Mittel	1.964	458	1.506
Gesamtgruppe	3.935	1.288	2.647
Nach Positivlistenanpassung (DK, F, I, NL)			
100 umsatzstärkste Mittel	1.722	430	1.292
Gesamtgruppe	3.452	1.211	2.241
Nach Positivlistenanpassung ohne Arzneimittel der besonderen Therapierichtungen			
100 umsatzstärkste Mittel	1.075	188	877
Gesamtgruppe	2.155	529	1.626

Die deutsche Liste verordnungsfähiger Arzneimittel hat im Vergleich zu den Positivlisten aus Dänemark, Frankreich, Italien und den Niederlanden eine Besonderheit, da Arzneimittel der besonderen Therapierichtungen, die nicht den Urteilsstandards des Hauptteils der Liste entsprechen, ohne Nachweis der therapeutischen Wirksamkeit durch pharmakologisch-toxikologische und klinische Prüfungen im Anhang der Liste aufgeführt werden. Um das Einsparpotential der deutschen Positivliste einigermaßen realistisch abschätzen zu können, wurde die Berechnung ohne die Arzneimittel der besonderen Therapierichtungen durchgeführt. Unter den 100 umsatzstärksten umstrittenen Arzneimitteln sind 36 Präparate der besonderen Therapierichtungen vertreten (Schwabe 2001). Dadurch reduziert sich das Einsparpotential um 32 % auf 1,6 Mrd. DM (Tabelle 4). Dieses Einsparpotential liegt um 1,0 Mrd. DM niedriger als das Einsparpotential für alle umstrittenen Arzneimittel des Arzneiverordnungs-Reports 2001. Der Unterschied beruht im Wesentlichen darauf, dass den Arzneimitteln der besonderen Therapierichtungen weiterhin Erleichterungen bei der Bewertung des therapeutischen Nutzens konzediert werden. Im Gegensatz zur Arzneimittelzulassung ist in der Liste verordnungsfähiger Arzneimittel (Positivliste) eine deutliche Differenzierung zwischen den ordnungsgemäß geprüften Arzneimitteln und den Arzneimitteln der besonderen Therapierichtungen vorgesehen. Arzneimittel der besonderen Therapierichtungen, die nicht den Beurteilungskriterien des Hauptteils der Liste entsprechen, werden im Anhang der Positivliste aufgeführt.

Schlussfolgerungen

Die zukünftigen Einsparpotentiale einer deutschen Positivliste werden auch von dem Zeitpunkt ihrer Einführung abhängen. Wie bereits dargestellt, ist die Verordnungsentwicklung umstrittener Arzneimittel seit 1992 rückläufig. Diese Entwicklung tritt noch deutlicher in Erscheinung, wenn sie im Zusammenhang mit dem steigenden Verordnungsvolumen des Gesamtmarktes betrachtet wird. So wird erkennbar, dass der prozentuale Umsatzanteil dieser Arzneimittelgruppe seit 1991 von 29,1 % auf 10,4 % abgenommen hat (Abbildung 3) (Schwabe 2001). Es ist zu erwarten, dass die Verordnungsentwicklung in den nächsten Jahren weiterhin rückläufig sein wird, sodass das hier berechnete Einsparpotential sich entsprechend reduzieren wird. Hohe Einsparerfolge werden mit der Positivliste nur dann zu erzielen sein, wenn sie bald eingeführt wird.

Abbildung 3: Verordnungsanteil umstrittener Arzneimittel

Schwabe U., Paffrath D. (Hrsg.): Arzneiverordnungs-Report 2001. Springer-Verlag, Berlin Heidelberg (2001), Seite 762.

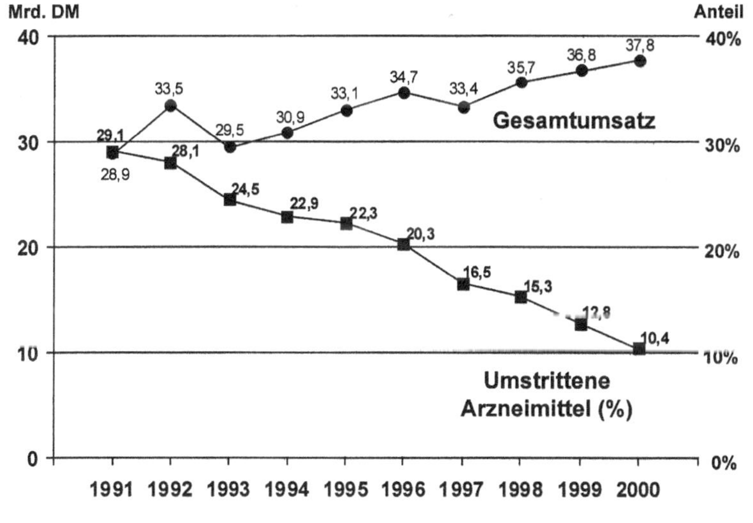

Literatur

Bundesverband der Arzneimittelhersteller (2001): Auswirkungen der Positivliste bestätigen Befürchtungen der Arzneimittel-Hersteller. Pressemitteilung Nr. 08/2001.

Bundesverband der Pharmazeutischen Industrie (2001): Klagewelle gegen Positivliste droht. BPI-Pressemitteilung vom 03.07.2001.

Deutscher Ärztetag (1999): Grundsätze einer patientengerechten Gesundheitsreform – Antworten und Forderungen der Ärzteschaft zur Strukturreform. Dtsch. Ärztebl. 96: C-1173–C-1191.

Deutscher Bundestag (1976): Bericht des Ausschusses für Jugend, Familie und Gesundheit zum Entwurf eines Gesetzes zur Neuordnung des Arzneimittelrechts. 7. Wahlperiode, Drucksache 7/5091 vom 28.04.76

Gysling E., Kochen M. (1987): Beschränkung als Prinzip rationaler Pharmakotherapie. Pharma-Kritik 9: 1–4.

IMS-Health (2001): Teure Positivliste? BMG sagt ernsthafte Prüfung zu. Ärzte Zeitung, 20.09.2001.

Kassenärztliche Bundesvereinigung (2000): Aktionsprogramm 2000. Rationale Arzneimitteltherapie unter Bedingungen der Rationierung, Köln.

Schwabe U. (1998): Bewertung von Arzneimitteln. In: Schwabe U., Paffrath D. (Hrsg.): Arzneiverordnungs-Report 1998. Springer-Verlag, Berlin, Heidelberg, S. 579–615.

Schwabe U. (2001): Einsparpotentiale. In: Schwabe U., Paffrath D. (Hrsg.): Arzneiverordnungs-Report 2001. Springer-Verlag, Berlin, Heidelberg, S. 729–769.

Schwabe U., Paffrath D. (2001): Arzneiverordnungs-Report 2001. Springer-Verlag, Berlin, Heidelberg, S. 881.

Transparenzkommission (1983): Transparenzliste für das Teilgebiet periphere arterielle Durchblutungsstörungen. Bundesanzeiger Nr. 169 vom 9.9.1983.

Einsparpotentiale durch die Positivliste

Bernd Wegener

Sehr geehrter Herr Vorsitzender, meine sehr verehrten Damen und Herren, zunächst einmal vielen Dank, dass ich heute Gelegenheit habe, doch aus BPI-Sicht hier einige Aspekte zur Positivliste darzulegen. Sie werden eine andere Darstellung von mir bekommen. Bevor wir zu dem eigentlichen Thema Einsparpotenziale durch die Positivliste nun nähere Gedanken anstellen, müssten wir uns über eine Situation im Klaren sein: was heißt hier Einsparpotenzial? Einsparpotenzial ist im Prinzip eine Endpunktbetrachtung, und diese Endpunktbetrachtung setzt sich in meinen Darlegungen zunächst aus vier Stufen einer aktuellen Bewertung zusammen.

Einmal haben wir hier ganz klar eine rechtliche Bewertung zu betrachten, wir haben eine gesundheitspolitische Bewertung, eine medizinische Stellungnahme und dann natürlich die ökonomische Bewertung. Aber der ökonomischen Bewertung müssen diese drei anderen Betrachtungsfälle vorausgehen, weil ja die Positivliste als solche noch gar nicht da ist. Und die Wahrscheinlichkeit, mit der sie eintreten kann, also im Sinne einer Endpunktbewertung der Einsparpotenziale, bedarf dieser Betrachtungsweisen in vier Stufen.

Rechtliches Gehör

Ich möchte beginnen mit der rechtlichen Bewertung: Verletzung des Grundsatzes auf rechtliches Gehör. Das Stellungnahmeverfahren zur Positivliste orientiert sich am § 33 des SGB 5, demnach wurde bestimmten Organisationen Gelegenheit gegeben, sich bis zum 14. September zum Entwurf der Vorschlagsliste zu äußern. Den in erster Linie rechtlich Betroffenen, nämlich den einzelnen pharmazeutischen Herstellern, wurde mit Ausnahme summarischer Stellungnahmen dieses Recht verweigert, insbesondere wurden angebotene, in der Regel nicht öffentliche Informationen zu Produkten zurückgewiesen. Zusammenfassend wurde erheblich in den eingerichteten, ausgeübten Gewerbebetrieb von pharmazeutischen Unternehmen hierdurch eingegriffen; ich bezeichne es als Warenkritik im weitesten Sinne, die ohne Anhörung der Betroffenen stattfindet. Denn bereits die Vorbereitung des Entwurfes einer Warenkritik kann erhebliche Nachteile für diejenigen Firmen mit sich bringen, deren Arzneimittel nicht positiv bewertet wurden. Der Anspruch auf rechtliches Gehör ergibt sich im übrigen aus der EU-Transparenzrichtlinie und aus dem deutschen Verwaltungsverfahrensgesetz.

Verletzung des Antragsrechts

Die Positivlistenkommission bzw. das AM-Institut haben regelmäßig mitgeteilt, dass sie Anträge pharmazeutischer Unternehmer auf Aufnahme von Wirkstoffen in den Entwurf der Vorschlagsliste nicht bearbeiten. Anträge könnten erst zur erstellten Positivliste gestellt werden und müssten dann an das BMG gerichtet werden. Dabei, meine Damen und Herren, wird jedoch verkannt, dass es sich bei der Erstellung der Vorschlagsliste nicht um ein rein behördeninternes Verfahren handelt. Vielmehr bestehen entsprechend der eindeutigen gesetzlichen Vorschriften Mitwirkungsrechte außerhalb des Behördenrahmens. Damit beschränkt sich die Tätigkeit des IHGKV nicht auf die bloße behördeninterne Zuarbeit. Vielmehr wird es bereits nach außen tätig. Es liegt somit bereits jetzt ein reguläres Verwaltungsverfahren vor, bei dem Anträge absehbar Betroffener gestellt werden können und von der Behörde fachlich zu bescheiden sind.

Fehlende Begründungen

Der Stellungnahmeentwurf zur Vorschlagsliste enthält eine minimale Begründung, indem bei den einzelnen Positionen auf sieben im vorangestellten Erläuterungstext erwähnte Kriterien Bezug genommen wird. Daraus ist jedoch nicht in jedem Fall der konkrete Ablehnungsgrund für den pharmazeutischen Unternehmer zu entnehmen. Auf dieser Basis ist eine Stellungnahme vielfach nicht möglich. Die pharmazeutischen Unternehmen sind hier also auf Vermutungen angewiesen. Das ist ein klarer Verstoß gegen die Gesetzeslage, insbesondere die Transparenzrichtlinie der EU.

Fehlerhafter Aufbau des Entwurfs

Soweit Teile des Entwurfs der Positivliste als Negativliste gestaltet sind, sehen sich die pharmazeutischen Unternehmen außerstande, zu ihren ungenannten Produkten eine Stellungnahme abgeben zu können. Diese Hersteller müssen davon ausgehen, dass im Umkehrschluss ihre jetzt nicht genannten Wirkstoffe in der Positivliste enthalten sein werden. Sollte dies nicht eingetreten sein, müsste eine Anhörung durch das Institut nachgeholt werden. Fazit dieses Punktes: Das Stellungnahmeverfahren gemäß § 33 a SGB 5 stellt hier eine Verletzung des Antragsrechts und des Anspruchs pharmazeutischer Unternehmer auf rechtliches Gehör dar. Dies beruht sowohl auf der unzureichenden gesetzlichen Regelung als auch auf der tatsächlichen Durchführung.

Gesundheitspolitische Bewertung

Ich möchte nach diesen Gesichtspunkten zu der rechtlichen Bewertung zum nächsten Punkt kommen, der gesundheitspolitischen Bewertung. Wir sind hier der festen Überzeugung, dass ein Ausschluss zugelassener Arzneimittel von der Erstattungsfähigkeit durch die gesetzliche Krankenversicherung, nur darum geht es ja bei der Erstellung dieser Positivliste, zu einer Verschlechterung der Qualität und zu Lücken in der notwendigen Patientenversorgung führen wird. Auf eine Vielzahl von Beispielen in der medizinischen Bewertung als umstritten geltender Arzneimittel möchte ich hier nicht eingehen; aber einige werde ich nachher noch nennen.

Wir sehen in dieser Liste eine unverantwortliche Einschränkung der notwendigen, aber auch der möglichen Qualität der Patientenversorgung und ich glaube, wir müssen hier zunächst einmal von einer Fiktion Abschied nehmen. Die Fiktion heißt, Medizin sei eine exakte Wissenschaft. Es ist zwar eine naturwissenschaftsnahe Disziplin, aber es ist keine exakte Wissenschaft. Arzneimittel ist Wirkstoff und Information für den Hersteller, Arzneimittel ist Wirkstoff und Kommunikation durch den Arzt gegenüber dem Patienten. Und das umreißt die wesentlichen Elemente, die den ganzen Komplex erfassen, der sich natürlich in einer solchen Liste nicht wiedergeben lässt. Neben Behandlungsdefiziten und zunehmender Substitution resultiert die 100%ige Zuzahlung ohne Härtefallregelung, das heißt, das, was ausgeschlossen ist von der Positivliste, unterliegt nicht den Härtefallregelungen der üblichen Betroffenengruppen innerhalb der GKV, sondern es ist eine 100%ige Zuzahlung. Von daher lehnen wir auch wegen dieser unsozialen Komponente die Gestaltung dieser Positivliste entsprechend ab.

Medizinische Bewertung

Ich komme damit zu weiteren Unterpunkten, nämlich der medizinischen Position. Für die grundsätzlichen medizinischen Kritikpunkte nur einige Beispiele: eine Vielzahl pflanzlicher Arzneimittel erfüllt die gleichen Qualitäts- und Wirksamkeitsstandards wie chemisch definierte Arzneimittel. Sie stellen in der jeweiligen Indikation eine gleichwertige Alternative in der Behandlung dar und erfüllen somit die Hauptforderung für die Aufnahme in den Hauptteil. Insoweit ist bereits die gesetzliche Hauptforderung für die Aufnahme hier nicht erfüllt worden und die gesetzliche Vorgabe einer Aufgliederung in Hauptteil und Anhang durchaus fragwürdig. Es wurden darüber hinaus bei der Erstellung der Liste nur publizierte Daten berücksichtigt, obwohl weiteres Material von den Firmen eingereicht bzw. angeboten wurde. Dies führt zu einseitigen Bewertungen.

Dabei wurden auch die im SGB 5 vorgesehene Hinzuziehung von Experten oder die Einbeziehung der Unterlagen beim Bundesamt offensichtlich nur unzureichend genutzt. Viele für die Praxis wichtigen Arzneimittel sind im Entwurf deshalb negativ bewertet. Besonders betroffene Gruppen sind dabei Antidementiva, Antihämorrhodalia, Antiseptika, Dermatika, Othologika, einige pädiatrische Arzneimittel, Radiopharmaka, Kombinationspräparate, zum Teil auch notwendige Vitamin- und Mineralstoffe. Arzneimittel für die Pädiatrie müssen in der Vorschlagsliste noch ergänzt werden, um Kinder hinreichend medizinisch behandeln zu können. Für eine zweckmäßige, ausreichende und notwendige Behandlung der Patienten ist es medizinisch fragwürdig, Arzneimittel, die nur unter bestimmten Bedingungen GKV-verordnungsfähig sind, nicht in die Vorschlagsliste aufzunehmen. Auf die im SGB 5 als Ausnahme gegebene Möglichkeit zu verweisen, in Einzelfällen mit Begründung außerhalb der Positivliste verordnen zu können, entspricht nicht den gesetzlichen Anforderungen. Alle positiv bewerteten Arzneimittel sind unter Angabe von etwaigen Einschränkungen zu listen.

Unklare Aufnahmekriterien

Ich will hier nicht zu weit in die Tiefe gehen. Es geht z. B. um Nikotinersatzprodukte. Wir haben auf der einen Seite Mittel zur Behandlung von Substanzabhängigkeiten, Opiatabhängigkeit und Alkoholismus sind gelistet, auf der anderen Seite andere nicht. Ich glaube, es ist völlig unstrittig, dass der Zusammenhang zwischen Rauchen und Krebs, Herz-Kreislauf-Erkrankungen, Atemwegserkrankungen, Fruchtschädigungen in diesem Bereich erwiesen ist. Fazit zu diesem Punkt: Eine wissenschaftliche Arbeitsweise hätte die angelegten Kriterien nachvollziehbar darlegen und begründen müssen. In Ermangelung dieser grundlegenden Voraussetzungen ist auch das Ergebnis, nämlich der Entwurf der Vorschlagsliste, wissenschaftlich zu hinterfragen.

Unklare Begründung für Ausschlüsse aus dem Entwurf der Vorschlagsliste

Der vorliegende Entwurf enthält eine Vielzahl von Wirkstoffen und Wirkstoffgruppen, die von der Verordnung ausgeschlossen werden unter Angabe einer Begründung. Eine, eventuell auch zwei aus sieben Begründungs-Alternativen, die sich jeweils auf einen einzigen Satz beschränken. Bei einzelnen Stoffen werden zum Teil zusätzlich kurze Hinweise für den Ausschluss gegeben.
Die wissenschaftliche Grundlage für diese Bewertung ist insoweit nicht nachvollziehbar. Beispiel: Synthetischer Speichel zur Behandlung von Mundtrockenheit unterschiedlicher Genese. Speichel, Tränenflüssigkeit

und andere Körperflüssigkeiten hat der Körper ja auch nicht umsonst erfunden, als solcher aber ist z. B. synthetischer Speichel im vorliegenden Entwurf negativ bewertet. Die angegebene pauschale Begründung für den Ausschluss aus der Verordnungsfähigkeit lautet D3 – keine ausreichende Qualität und Aussagekraft usw. Der therapeutische Nutzen und die Zweckmäßigkeit dieser Therapie wurde in klinischen Untersuchungen zweifelsfrei nachgewiesen. Synthetischer Speichel aber ist ein Kombinationspräparat, weil er ja der Zusammensetzung im Körper entspricht und als physiologischer Speichelersatz konzipiert ist. Auch andere Arzneimittel zum physiologischen Ersatz von Körperflüssigkeiten, z. B. Infusionslösungen, unterliegen einer ähnlichen Problematik. Fazit: Die für einen Ausschluss angegebenen, pauschalen Begründungen sind fachlich nicht aussagekräftig. Sie ermöglichen Stellungnahmen nur eingeschränkt und basierend auf Annahmen.

Geringfügiger therapeutischer Nutzen

Ich möchte hier nicht noch tiefer darauf eingehen. Ich möchte an das anschließen, was Herr Glaeske gestern kurz ausgeführt hat. Ich glaube, dass hier eine ganze Reihe von Bewertungen erst dann durchführbar sind, wenn wir in Deutschland auf ein normales Niveau einer Versorgungsforschung gekommen wären. Wir sind in einem rudimentären Stadium, und die Versorgungsforschung als solche bedarf sicherlich noch in den nächsten Jahren der massiven Priorisierung. In diesem Zusammenhang ein Beispiel für sogenannten geringfügigen Nutzen: Die verschiedenen Stoffe in der Gruppe der Fibrate sind unterschiedlich bewertet. Genfibrozil, das als „Lipobay“ sehr gut durch die Presse gegangen ist, wurde positiv bewertet, während andere Fibrate ohne klare Begründung nicht aufgenommen worden. Die jüngste Diskussion zu den Wechselwirkungen des Genfibrozils haben jedoch erneut die Notwendigkeit einer breiten Arzneimittelauswahl gezeigt. Zu berücksichtigen sind dabei insbesondere die Arzneimittelsicherheit, auch die hohe individuelle Variabilität in der Disposition der Patienten. Fazit: Arzt und Patient muss die Entscheidungsfreiheit darüber gelassen werden, was im Einzelfall therapeutisch für zweckmäßig erachtet wird. Was für einen Patienten eine zweckmäßige therapeutische Alternative darstellt, kann für einen anderen ein allergiebedingtes Risiko bis hin zum allergischen Schock bedeuten. Um hier abstrakte Standards einzufügen, fehlen die erforderlichen Informationen.

Belege für den Nachweis des therapeutischen Effekts

Hier möchte ich auch nicht weiter vertiefen. Arzneimittelvielfalt gibt die Grundlage für Prophylaxe sowie gestufte Therapie. Lassen Sie mich zum

Schluss noch einmal auf die Arzneimittel im Hauptteil und im Anhang eingehen. Ich will mit ein paar Beispielen beginnen.

Für einen definierten Spezialextrakt aus Ginkgo-Bilobablättern liegt für die Indikation „Verlängerung der schmerzfreien Gehstrecke bei peripheren arteriellen Verschlusskrankheiten bei Stadium 2 nach Fontaine“, also Claudicatio intermittens im Rahmen physikalisch-therapeutischer Maßnahmen, eine Vielzahl klinischer Studien vor, in jeder Weise randomisiert und State-of-the-art. Sie zeigen, dass mehr als ein geringfügiger therapeutischer Nutzen, gemessen am Ausmaß des erzielbaren therapeutischen Effekts, erreicht wird; dieser Spezialextrakt wurde indessen nicht aufgenommen. Für Myrthol liegen mehrere randomisierte, doppelblinde, placebo- und artivkontrollierte Multicenterstudien nach internationalem GCP-Standard vor, die nachdrücklich bestätigen, dass die Urteilsstandards für die Aufnahme von Myrthol in den Hauptteil erfüllt sind. Der vorgelegte Entwurf zeigt außerdem unterschiedliche Vorgehensweisen in der Art der Auflistung in Hauptteil und Anhängen. Im Hinblick auf Gleichbehandlung und Handhabbarkeit ist die Systematik im Aufbau der Positivliste insgesamt nicht übereinstimmend. Fazit: Eine Vielzahl pflanzlicher Arzneimittel erfüllt die gleichen Qualitäts- und Wirksamkeitskriterien wie chemisch definierte Arzneimittel. Sie stellen somit in der jeweiligen Indikation eine gleichwertige Alternative in der Behandlung dar und erfüllen daher die Anforderungen für die Aufnahme in den Hauptteil. Insgesamt ist bereits die gesetzliche Vorgabe einer Aufgliederung in Hauptteil und Anhang zu hinterfragen.

Ich denke, dass eine Reihe von weiteren Sachverhalten kritisch anzumerken ist, die im Einzelnen nicht näher behandelt werden, deshalb nur Stichworte zur medizinischen Position: Pauschale Negativbewertung fixer Kombinationen ist sachlich als solche nicht begründet. Dazu gibt es eine Reihe von Gründen mit sehr guten und klaren Beispielen. Fixe Kombinationen von Glukokortikoiden und antibiotischen Wirkstoffen werden nicht aufgenommen. Dies ist medizinisch zu hinterfragen, da entsprechende Kombinationspräparate beispielsweise eine wesentliche Erleichterung der Initialtherapie infizierter Ekzeme sowie entzündlicher und bakteriell infizierter Dermatosen bewirken. Es gibt eine ganze Reihe weiterer Beispiele dazu: Arzneimittel für Kinder, hier denken wir z. B. an Acetylcystein und andere Substanzen, die wesentlich bei Kindern geprüft sind und deren klinische Erkenntnisse nicht berücksichtigt wurden. Die Listung von Arzneimitteln, die unter bestimmten Voraussetzungen durchaus verordnungsfähig sind, möchte ich hier nicht weiter behandeln. Probleme der Gliederung nach ATC-Code und anderes würde Sie doch nicht so stark interessieren.

Ökonomische Wertung

Lassen Sie mich fortschreiten zur letzten Folie, nämlich der aktuellen Bewertung: die ökonomische Wertung der Positivliste. Basis ist die IMS-Studie zu Auswirkungen der Positivliste, auf die ich jetzt noch im Einzelnen eingehen werde. Möglicherweise sind einige Daten noch nicht publiziert oder zugänglich gewesen.

Nach den Vorgaben des Hauptteils des Entwurfes der Vorschlagsliste zur Positivliste werden nach dieser Analyse 19,3 % nach Wert und 31,3 % nach Menge der zu Lasten der GKV verordneten Arzneimittel von der Erstattung ausgeschlossen. Basis hierfür sind die Verordnungsdaten des Jahres 2000. Rund 754 Mio. Verordnungen mit einem Wert von 20,4 Mrd. DM zu Herstellerabgabepreisen gingen zu Lasten der GKV. Davon wären nach den Berechnungen rund 238 Mio. Verordnungen mit einem Volumen von ca. 4 Mrd. DM nicht mehr erstattungsfähig. Am stärksten betroffen sind erwartungsgemäß die Kombinationspräparate. Nach Verordnungsmenge sind im Marktsegment der Kombinationspräparate 61,7 % nicht mehr zu Lasten der GKV verordnungsfähig, nach Wert 45,6 %. Hingegen bleiben Monopräparate nach Menge zu 75,5 %, nach Wert sogar zu 86,4 % verordnungsfähig. Substanzen, die nicht auf der Positivliste aufgeführt sind, wurden bei dieser Analyse als nicht erstattungsfähig betrachtet.

Nicht verordnungsfähige Phytopharmaka

Nach Berechnung auf Basis des Anhangs Phytopharmaka der Positivliste wären rund 74 % dieser pflanzlichen Arzneimittel nach Menge und Wert weiter erstattungsfähig. In diesem Anhang sind die Monopräparate alphabetisch nach Pflanzen und die Kombinationspräparate alphabetisch nach Produktbezeichnungen mit Angabe der jeweiligen Hersteller aufgeführt. Da das Gros der pflanzlichen Arzneimittel rezeptfrei ist, spielt eine mögliche Substitution eine untergeordnete Rolle, da der Patient die Produkte auch über die Selbstmedikation beziehen kann und sie bei der späteren Betrachtung zur Substitution auch insoweit nicht gewertet wurden. Die Preise der Produkte auf der Positivliste liegen, das müssen wir eindeutig sehen, durchschnittlich höher. Die Gegenüberstellung der Durchschnittspreise der jeweiligen Substanzen auf der Positivliste im Vergleich mit den nicht verordnungsfähigen Substanzen zeigen deutliche Unterschiede. Auf den Gesamtmarkt bezogen ergibt sich für alle verordnungsfähigen Arzneien ein Durchschnittspreis von 32 DM, während die nicht verordnungsfähigen im Durchschnitt 17 DM kosten.

Ähnliche Verhältnisse ergaben sich für die Monopräparate allein. Die verordnungsfähigen Präparate liegen im Durchschnitt bei 31 DM, die nicht verordnungsfähigen bei 15 DM. Bei den Kombinationspräparaten liegt das Verhältnis bei 37 DM zu 19 DM.

Nun, welche Arzneimittelgruppen sind von den Verordnungsausschlüssen dann am stärksten betroffen? Bei einer Betrachtung nach den Verordnungsumsätzen ist der Bereich der Dermatologika am stärksten betroffen. Hier sind nur noch 53 % verordnungsfähig. Starke Verordnungseinschränkungen gibt es ebenfalls im Bereich der Präparate für Verdauungstrakt und Stoffwechsel, die insgesamt nur noch zu 65 % verordnungsfähig sein würden. In diesem Bereich fallen einige Untergruppen vollständig aus der Erstattung heraus, beispielsweise Antiadiposita, Digestiva oder Tonika. Bei den Vitaminen ist nur noch ein Drittel verordnungsfähig, wobei alle Kombinationen nicht mehr erstattet werden.
Ebenfalls stark betroffen ist der Bereich der Atemwegstherapeutika, in dem rund 26 % nicht mehr verordnet werden dürfen. Mit Ausnahme der Antiasthmatika sind Kombinationen durchweg nicht mehr erstattungsfähig. Wenig betroffen sind hingegen die Arzneimittel der Krebstherapie; Cytostatika und Immunmodulatoren sind zu 95 % weiter verordnungsfähig. Auch der Bereich der Herz-Kreislauf-Präparate bleibt insgesamt zu 90 % verordnungsfähig, obwohl drei Gruppen, nämlich die Vasotherapeutika, Vasoprotektoren und sonstigen Kreislaufmittel komplett aus der Erstattung fallen.

Substitution

Nach der Einführung einer Positivliste, meine Damen und Herren, ist zu erwarten, dass die Ärzte nicht mehr verordnungsfähige Produkte durch auf der Positivliste befindliche Produkte substituieren. Der Kosteneffekt der Negativliste bestand nur ein Dreivierteljahr, dann waren nach Menge die Dinge substituiert. Wenn Sie die Entwicklung der Antibiotika beispielsweise nach Ausschluss der Erstattungsfähigkeit von Halsschmerzmitteln betrachten, dann ist offenkundig, die Zeche der Negativliste hat am Ende die GKV bezahlt. Ebenso ist nach der Einführung der Positivliste zu erwarten, dass es zur Substitution kommt. Unterstellt man eine pauschale Substitution von 75 %, (das heißt ein Viertel an Verordnungen würde wegfallen), so ergäbe sich nach den vorliegenden Berechnungen noch eine Kostensteigerung von rund 900 Mio. Euro zu Herstellerabgabepreisen. Die Mehrbelastung der GKV läge auf Basis von Apothekenverkaufspreisen also bei rund 1,8 Mrd. Euro.

Fazit, meine Damen und Herren, die Positivliste wird von der pharmazeutischen Industrie mit großem Misstrauen begleitet. Bei weitergehen-

den Einspareffekten könnte z. B. als erstes der Anhang ebenfalls aus der Erstattung genommen werden. Wir sehen das hier in einer sehr klaren Weise und beobachten diese Trends; 83 % der Bevölkerung wünschen phytotherapeutische Therapie als First-Line-Therapie. Zu dem erheblichen Widerstand des Bundesverbandes der pharmazeutischen Industrie gegen das Vorhaben der Positivliste ist es also aus vielen Gründen gekommen. Auch aus qualitativen Gründen, wie ich anfangs ausgeführt habe, aber auch aus gesundheitsökonomischen und anderen Gründen muss das Inkrafttreten der Positivliste verhindert werden. Einspareffekte wurden selbst vom Ministerium, schon von der letzten Ministerin Frau Fischer, nicht mehr gesehen, sondern es geht nur noch um eine vermeintliche Verbesserung der Qualität des Arzneimittelangebots. Solange der Arzt in diesem Bereich entscheidet, was verordnet wird oder nicht, gilt mein Vertrauen der ärztlichen Dispositionsfähigkeit.
Vielen Dank für Ihre Aufmerksamkeit.

Innovationsfinanzierung durch strukturelle Änderungen der Arzneimittelausgaben

Christopher Hermann

Was sind Innovationen?

Wer sich dem Thema der Finanzierung von Arzneimittelinnovationen durch strukturelle Änderungen der Arzneimittelausgaben in Deutschland nähert, steht zunächst vor mindestens zwei nicht unbedeutenden Problemen. Das erste Problem: Je nach Betrachtungsweise und Intention kann und wird in der öffentlichen Diskussion unter Arzneimittelinnovationen sehr Unterschiedliches verstanden. Es lassen sich mindestens fünf Sichtweisen voneinander abgrenzen:

- Die Neueinführung einer Arzneimitteltherapie für eine bisher gar nicht behandelbare Erkrankung,
- die Einführung eines neuen Therapieprinzips, unter Umständen auch mit einem bereits bekannten Wirkstoff,
- die Einführung eines neuen Wirkstoffs, auch wenn es sich nur um geringfügige chemische Modifikationen ohne therapeutische Relevanz handelt,
- die Einführung eines Produktes mit einem bekannten Wirkstoff, jedoch unter einem neuen Handelsnamen oder
- jede Mehranwendung von bisher bereits genutzten Therapieprinzipien oder Wirkstoffen.

Das zweite Problem ist damit eng verwoben: Das Sozialgesetzbuch (SGB V-Krankenversicherungsrecht) verwendet zwar seit mehr als zehn Jahren die Begrifflichkeiten „neuartig" und „Innovation" im Zusammenhang mit Regelungen zur Wirtschaftlichkeit und zur Ausgabensteuerung im Arzneimittelbereich. Eine inhaltliche Definition der Begrifflichkeiten wird aber auch dort nicht vorgenommen.

So bestimmt § 35 Abs. 1 Satz 3, 2. Halbsatz, und Satz 4 SGB V: „Ausgenommen von diesen (Festbetrags-)Gruppen sind Arzneimittel mit patentgeschützten Wirkstoffen, deren Wirkungsweise neuartig ist und die eine therapeutische Verbesserung, auch wegen geringerer Nebenwirkungen, bedeuten. Als neuartig gilt ein Wirkstoff, solange derjenige

Wirkstoff, der als erster dieser Gruppe in den Verkehr gebracht worden ist, unter Patentschutz steht."

§ 84, Abs. 1 Satz 3 Nr. 4 SGB V in der bis Ende 2001 geltenden Fassung lautet: „Bei der Anpassung des Budgets (für Arznei-, Verband- und Heilmittel) sind (...) bestehende Wirtschaftlichkeitsreserven und Innovationen zu berücksichtigen."

Schließlich formuliert § 84 Abs. 2 Satz 1 Nr. 5 SGB V in der Fassung ab 01.01.2002: „Bei der Anpassung des Ausgabenvolumens (für Arznei- und Verbandmittel) sind insbesondere zu berücksichtigen (...) der wirtschaftliche und qualitätsgesicherte Einsatz innovativer Arzneimittel."

Zweifellos besteht zwischen § 35 und § 84 SGB V eine inhaltliche Nähe, die darauf hindeutet, dass der Gesetzgeber trotz fehlender Definition hier wie dort zumindest einen gleichen oder analogen Sinn intendiert. Eine solche Vermutung wird durch die Gesetzesmaterialien gestützt. § 84 Abs. 1 Satz 3, Nr. 4 SGB V in der bis Ende 2001 geltenden Fassung geht auf das zum 01.01.1993 in Kraft getretene Gesundheitsstrukturgesetz (GSG) zurück. In der Begründung wird zwar der Begriff Innovation als solcher auch nicht näher erläutert, er wird aber synonym mit dem Begriff „neuartige Arzneimittel" verwendet. Es heißt dort: „Bei der Anpassung des Budgets (...) sind die Auswirkungen neuartiger Arzneimittel auf die Ausgaben der Krankenversicherung zu berücksichtigen"[7]. § 35 Abs. 1 Satz 3 2. Halbsatz SGB V geht auf das zum 01.01.1989 in Kraft getretene Gesundheits-Reformgesetz (GRG) zurück und ist dort erst im Rahmen des parlamentarischen Verfahrens eingefügt worden. Danach sind Arzneimittel mit solchen patentgeschützten Wirkstoffen von der Festbetragsregelung ausgenommen, „deren Wirkung neuartig ist und die deshalb mit anderen Wirkstoffen nicht vergleichbar sind".[8] Erkennbar will der Gesetzgeber zwischen Innovationen und neuartigen Arzneimitteln nicht weiter differenzieren und entzieht sich letztlich überhaupt einer Begriffsbestimmung.

Andere Quellen aus weiteren einschlägigen Gesetzgebungsverfahren sind für die Thematik noch unergiebiger. § 84 SGB V sollte zwar durch das schließlich am Bundesrat gescheiterte GKV-Gesundheits-Reformgesetz 2000 vollständig neu gefasst werden. Zu Begrifflichkeit

---

[7] Gesetzentwurf der Fraktionen der CDU/CSU, SPD und FDP zum GSG, Bundestags-Drucksache 12/3608, Seite 86

[8] Bericht des Ausschusses für Arbeit und Sozialordnung zum GRG-Gesetzentwurf, Bundestags-Drucksache 11/3480, Seite 53

der Arzneimittelinnovation fehlt indessen in den Materialien jede inhaltliche Auseinandersetzung.[9]

Schließlich bringt auch die Begründung zum Entwurf des Arzneimittelbudget-Ablösungsgesetzes (ABAG) nur ein Drehen im Kreis. Zur Regelung des neuen § 84 Abs. 2 Satz 5 Nr. 5 SGB V heißt es im „Besonderen Teil der Begründung" lapidar: „Nr. 5 übernimmt den bisherigen Anpassungsparameter innovativer Arzneimittel und sichert damit den qualitativen Stellenwert in der vertragsärztlichen Versorgung".[10]

Solche Aussagen sind offensichtlich für die zielorientierte Eingrenzung der Thematik völlig unbefriedigend. Ein innovatives Arzneimittel im Sinne der gesetzlichen Krankenversicherung (GKV) als Solidargemeinschaft, die sich aus (Zwangs-)Beiträgen der Versicherten finanziert, muss mehr sein als ein neuartiger, mit anderen nicht vergleichbarer Wirkstoff. Es geht vielmehr um Qualität und Kosten-Nutzen-Analysen, mithin um die Beachtung von Effizienzkriterien. Die entscheidenden Fragen bei der Beurteilung von vermeintlichen oder tatsächlichen Arzneimittelinnovationen für die soziale Krankenversicherung lauten deshalb: Was nützt das neue Arzneimittel den Patienten und welche finanziellen Aufwendungen sind dafür angemessen?

Vor diesem Hintergrund führt die Systematisierung der Kölner Pharmakologen Fricke und Klaus weiter, die zur Beurteilung der therapeutischen Wertigkeit neu auf dem deutschen Markt eingeführter Arzneimittel folgendes Klassifikationsschema anwenden:

- Kategorie A: Innovative Struktur bzw. neuartiges Wirkprinzip mit therapeutischer Relevanz,

- Kategorie B: Verbesserung der pharmakologischen Qualitäten bereits bekannter Wirkprinzipien,

- Kategorie C: Analogpräparat mit keinem oder nur marginalen Unterschieden zu bereits eingeführten Präparaten und

---

9 Vgl. Gesetzentwurf der Fraktionen SPD und Bündnis 90/Die Grünen zur GKV-Gesundheitsreform 2000, Bundestags-Drucksache 14/1245, Begr. zu Art. 1 Nr. 42 (§ 84), Seite 72; Beschlussempfehlung und Bericht des Ausschusses für Gesundheit zum GKV-Gesundheitsreform 2000-Gesetzentwurf, Bundestags-Drucksache 14/1977, Seite 27 f., 163

10 Gesetzentwurf der Fraktionen SPD und Bündnis 90/Die Grünen zum ABAG, Bundestags-Drucksache 14/6309, Seite 18; vgl. zum Ganzen auch: Schröder/Selke, Der Arzneimittelmarkt in der Bundesrepublik Deutschland, in: Schwabe/Paffrath (Hg.), Arzneiverordnungsreport (AVR) 2000, 2001, Seite 744, 750

- Kategorie D: Eingeschränkter therapeutischer Wert bzw. nicht ausreichend gesichertes Therapieprinzip.[11]

Innovationen im GKV-Sinne beschränken sich danach grundsätzlich auf Arzneimittel der Kategorien A und B. Arzneimittelausgaben in der GKV zu steuern kann somit dann als erfolgreich gelten, wenn die Finanzierung dieser qualitäts- und effizienzbewerteten Arzneimittelinnovationen dauerhaft gesichert bleibt.

Innovationsfinanzierung I: Die Ist-Welt

Möglicherweise für manche der am Arzneimittelgeschehen in der GKV Beteiligten etwas provokativ lässt sich plakativ formulieren: Das ABAG ist parlamentarisch in trockenen Tüchern, die Arzneimittelausgaben steigen munter weiter. Tatsache ist jedenfalls, dass das ABAG vom Bundestag am 18.10.2001 in 2. und 3. Lesung verabschiedet wurde und auch der Bundesrat am 09.11.2001 dem Gesetz zugestimmt hat; es „tritt mit Wirkung zum 31. Dezember 2001 in Kraft" (Artikel 4 ABAG). Tatsache ist außerdem, dass nach den aktuellsten vorliegenden VSA-Monatszahlen im Vergleich zum Vorjahr im Oktober 2001 die Arzneimittelumsätze zu Lasten der gesetzlichen Krankenkassen in Baden-Württemberg um 14,3 % gestiegen sind.[12]

Mit der Verabschiedung des ABAG ist das Arzneimittelbudget nach seiner faktischen Aufhebung Anfang des Jahres durch die neue Bundesgesundheitsministerin ab 01.01.2002 auch formal vom Tisch. Die Bundesgesundheitsministerin hatte wenige Tage nach ihrem Amtsantritt Ende Januar 2001 vor der Presse „Grundsätze meines gesundheitspolitischen Handelns" skizziert und mitgeteilt, auf welche Basis sie ihre Politik zu stellen gedenke.[13] Sie hat dabei ihre markige Kursänderung unmissverständlich angekündigt: „Am allerwenigsten brauchen wir Instrumente, deren Wirksamkeit in der Praxis nicht unter Beweis gestellt werden können. So überlege ich bei aller Notwendigkeit der Stabilisierung der Aufwendungen für Arzneimittel, den Kollektivregress der Ärzte abzuschaffen und ihn durch ein System der originären Verantwortung der Kassenärztlichen Vereinigung und der einzelnen Ärzte zu ersetzen".[14]

---

11 Vgl. Fricke/Klaus, Neue Arzneimittel, 2000, Seite 12

12 GKV-Apothekenumsätze (netto = ohne Zuzahlung und Apothekenrabatt) der Verrechnungsstelle süddeutscher Apotheken (VSA); die kumulierten Nettoumsätze 1-10/2001 liegen bei 10,6 %

13 Bundesgesundheitsministerin Schmidt, Statement vom 31.01.2001, veröffentlicht von der BMG-Pressestelle, Seite 1

14 N7, Seite 4

Im Juni folgte der entsprechende Gesetzentwurf zum ABAG, der bereits im ersten Satz der allgemeinen Begründung zur inhaltlichen Unterfütterung des beabsichtigten eigenen Handelns mit einer bemerkenswerten Formulierung aufwartet: „Die bisherigen gesetzgeberischen Bemühungen zur Sicherung der wirtschaftlichen Verordnung von Arznei- und Heilmitteln im Wege der Budgetsteuerung waren wenig erfolgreich".[15] Diese Feststellung ist für die hier zu behandelnde Thematik von einiger Bedeutung. Allerdings geht es dem ABAG, entgegen der Formulierung, die bei wortgetreuer Auslegung das Arzneimittelbudget als solches gar nicht abschließend in Frage zu stellen scheint, sondern eher die Steuerungswerkzeuge, also das praktische Handling und die Organisation der Steuerung für untauglich erklärt, bekanntlich gerade doch um das Instrument Arzneimittelbudget an sich.

Woran kann aber die behauptete Erfolglosigkeit des Arzneimittelbudgets gemessen werden? Sinnvoll scheint hier zum einen ein quantitativer, zum anderen ein qualitativer Ansatzpunkt. Beim Blick auf die Quantitäten zeigt sich Folgendes: Die absolute Höhe der Arzneimittelausgaben in der GKV lag in den ersten Jahren nach Einführung des Instruments deutlich unter der jeweiligen Budgetobergrenze (1993 9 %, 1994 5,4 %), in zahlreichen KV-Bereichen sind die Arznei- und Heilmittelbudgets auch in den Folgejahren bis 1999 nicht überschritten worden. So unterschritten die vier Kassenärztlichen Vereinigungen (KVen) in Baden-Württemberg 1999 die Budgetgrenzen um landesweit 4,6 % (= rd. 220 Mio. DM). Im Jahr 2000 kam es zwar, bezogen auf das ganze Land, zu einer Überschreitung von 75 Mio. DM, was allerdings angesichts eines Gesamtvolumens der Arzneimittelausgaben von 4,8 Mrd. DM immer noch annähernd einer Punktlandung gleichkommt. Erhebliche Probleme mit einer Einhaltung der Budgets hatten insbesondere die KVen in den neuen Bundesländern und in den Stadtstaaten, wo bereits die Ausgangsbudgets zu eng aufgestellt waren; im Jahr 2000 kamen eine Reihe weiterer KVen hinzu. Man bewegt sich allerdings mit dem BMG auf dem Feld der Spekulation, wollte man gegebenenfalls die mangelnde Sicherung einer wirtschaftlichen Verordnung in einzelnen KV-Bereichen allein oder primär dem Budgetgedanken anlasten.

Beim Blick auf Qualitätsaspekte der Versorgung zeigt sich Folgendes: Die Ausgaben für sog. umstrittene Arzneimittel – Wirkstoffe oder Fertigarzneimittel, deren therapeutische Wirksamkeit nicht oder nicht in ausreichendem Maße durch kontrollierte klinische Studien nachgewiesen

[15] N4, Seite 11

ist[16] – sind zwischen 1992, dem letzten Jahr ohne Arzneimittelbudget, und 2000 von 9,4 Mrd. DM um annähernd 2/3 auf 3,9 Mrd. DM gesunken.[17] Der Anteil der Generika am generikafähigen Markt nahm im gleichen Zeitraum von 44,8 % auf 64 % deutlich zu.[18] Gleichzeitig erfolgte eine Verachtfachung der GKV-Ausgaben für innovative Arzneimittel im Sinne von Spezialpräparaten[19] auf 5,5 Mrd. DM.[20]

Für die Vergangenheit bis zum Jahr 2000 kann deshalb festgehalten werden (vgl. Abb. 1): In der Globalsicht sind sowohl unter Effizienzgesichtspunkten als auch unter qualitativen Aspekten die Ergebnisse der Sicherung einer wirtschaftlichen Verordnung von Arzneimitteln unter Budgetbedingungen entgegen der ABAG-Schelte nur in einer äußerst ambitionierten Interpretation als „wenig erfolgreich“ zu bezeichnen. Die Umsatzsteigerungen der Spezialpräparate in Höhe von 4,8 Mrd. DM zwischen 1992 und 2000 werden faktisch bereits durch den Rückgang der Ausgaben für umstrittene Arzneimittel von 5,5 Mrd. DM überkompensiert. Ob die Disziplinierung der Ausgabenentwicklung im Arzneimittelsektor ohne das Instrument der Budgetierung nachhaltiger gewesen wäre, darf bei Berücksichtigung der Fakten zumindest bezweifelt werden. Eine erste Teilantwort auf die thematische Fragestellung lautet deshalb: Während des letzten Jahrzehnts haben strukturelle Änderungen der Arzneimittelausgaben die Innovationsfinanzierung im hier definierten Sinne ermöglicht.

---

16 Definition nach Schwabe, Einsparpotentiale, in Schwabe/Paffrath (Hg.), AVR 2001, Seite 729, 754

17 Näher Schwabe (N10), Seite 756 und Abb. 50.3, Seite 755

18 Vgl. Schwabe (N10), Abb. 50.2, Seite 732

19 Nach Schwabe, Überblick über die Arzneiverordnungen im Jahr 1999, in: Schwabe/Paffrath (N4), Seite 1, 9, bilden in der Regel spezielle Therapieverfahren in klinischen Zentren Ausgangspunkt für die Einführung von Spezialpräparaten. Typische Spezialpräparate werden danach in der Transplantationsmedizin, in der Onkologie, bei AIDS-Patienten und in der Reproduktionsmedizin angewendet.

20 Näher Schwabe, Überblick über die Arzneiverordnungen im Jahr 2000, in: Schwabe/Paffrath (N10), Seite 1, 10 ff.

Abbildung 1

IF I: Die Ist-Welt

ABAG	∅ "Budgetierung wenig erfolgreich"		
	Fakten 1992 – 2000		
Quantitäten	∅ teils/teils		
Qualität	∅ umstrittene AM	↘	(9,4-3,9 Mrd. DM)
	Generika	↗	(45-64 %)
	Innovationen	↗	(0,7-5,5 Mrd. DM)

Innovationsfinanzierung ermöglicht

Innovationsfinanzierung II: Die neue Welt

Die Ausgabenentwicklung des GKV-Arzneimittelmarktes seit Januar 2001 legt die Vermutung nahe, dass die Botschaft der Bundesgesundheitsministerin zum Budgetverzicht den Griff zum Rezeptblock und zu teureren Arzneimitteln animiert hat. Im März stiegen die GKV-Arzneimittelausgaben um 9,5 % an, im ersten Halbjahr 2001 insgesamt um bundesweit 11 % im Vergleich zu Vorjahreswerten. Hochgerechnet auf das Gesamtjahr 2001 steht eine Steigerung der GKV-Arzneimittelausgaben um 4 Mrd. DM zu erwarten.

Damit eröffnet sich gesundheitspolitisch bezogen auf den GKV-Pharmamarkt folgendes Szenario:

1. Die Festbetragsregelung für Arzneimittel – die Erfolgsstory des ansonsten mit Recht weithin vergessenen GRG – erweist sich als Steuerungsinstrument insbesondere zur weiteren Erhöhung des Generikaanteils am generikafähigen Markt durch jahrelanges poli-

tisch konzeptionsloses Taktieren[21] bis hin zum Festbetrags-Anpassungsgesetz (FBAG) als nur noch „bedingt abwehrbereit".[22]

2. Die Positivliste verordnungsfähiger Arzneimittel als Steuerungsinstrument im Bereich umstrittene Arzneimittel darf seit der fristgerechten Vorlage der Vorschlagsliste durch die Kommission nach § 33 a SGB V zum 30.06.2001 als „Nach Diktat politisch verreist" gelten.[23]

3. Ob mit den Instrumenten des ABAG eine rationale Steuerung des GKV-Arzneimittelmarktes gelingen kann, darf bestenfalls als offen gelten, eher wohl bezweifelt werden. Jedenfalls zeigen die im Vorgriff auf seine Regelungen von 22 KVen mit den jeweiligen Krankenkassen auf Landesebene aufgrund der gemeinsamen Empfehlung von Kassenärztlicher Bundesvereinigung (KBV) und Spitzenverbänden der Krankenkassen vom 12.06.2001 geschlossenen Zielvereinbarungen zur Steuerung der Arznei- und Verbandmittelversorgung 2001 global bisher keine erkennbare Wirkung. Auch die Detailanalyse bringt keine Entwarnung. Die aktuellen Gesamt-GKV-Daten für Baden-Württemberg (2. Quartal 2001) belegen vielmehr einen alarmierenden Trend insbesondere hin zu hochpreisigen Me-too-Präparaten (Kategorie C des angeführten Klassifikationsschemas). Während die Verordnungen insgesamt um 6,4 % zulegten, stiegen sie im Me-too-Bereich um 17,7 % und bei umstrittenen Arzneimitteln mit 7,4 % ebenfalls überdurchschnittlich. Während die Kosten insgesamt um 14,7 % hochschnellten, explodierten sie bei Me-toos um 24,4 %.

Das ABAG setzt ab 2002 insgesamt auf die „Konkretisierung der Verantwortung der gemeinsamen Selbstverwaltung".[24] Im Wesentlichen werden Krankenkassenverbände einheitlich und gemeinsam sowie KVen verpflichtet, prospektiv eine Arzneimittelvereinbarung für das folgende Jahr abzuschließen, die ein Ausgabenvolumen, eine Vereinbarung über angestrebte Versorgungs- und Wirtschaftlichkeitsziele sowie Kriterien für Sofortmaßnahmen zur unterjährigen Einhaltung der vereinbarten Ausgabenvolumina umfassen soll. Überschreitet das tatsächliche Ausgaben-

---

21 Dazu Hermann, In der Sackgasse – oder „Der Weg ist das Ziel", Forum für Gesundheitspolitik 2000, Seite 104 ff.

22 Hermann, Placebo gefällig?, Forum für Gesundheitspolitik 2001, Seite 436, 439

23 Vgl. schriftliche Antwort der Parlamentarischen Staatssekretärin beim BMG auf die Frage des Abgeordneten Parr vom 23.05.2001, wonach nicht vor 2003 mit der Positivliste gerechnet werden könne; siehe auch arzneitelegramm 4/2001, Seite 37 f.

24 N4, Seite 12

volumen für Arznei- und Verbandmittel das vereinbarte Volumen„ist diese Überschreitung Gegenstand der Gesamtverträge". Dabei haben die Vertragsparteien die Ursachen der Überschreitung, insbesondere auch die Erfüllung der Zielvereinbarungen, zu berücksichtigen (§ 84 Abs. 1 und 3 SGB V – neu). Kriterien der Zielvereinbarungen werden wie 2001 insbesondere die Wirtschaftlichkeitspotentiale im Hinblick auf Generikaeinsatz, Analogpräparate und umstrittene Arzneimittel sein. Bundesweit kann damit ein (theoretisches) Einsparpotential von 8,1 Mrd. DM bezogen auf das Jahr 2000 erschlossen werden.[25]

Während das Ausgabenvolumen verpflichtend mit der jeweiligen KV kassenartenübergreifend festgelegt wird, sollen laut ABAG Konsequenzen einer eventuellen Überschreitung auf die Einzelkassenebene gezogen werden. Eine obligatorische Verpflichtung der Selbstverwaltung zum Handeln wird daraus aber gerade nicht erwachsen. Die zielgerichtete Steuerung wird auch dadurch grundsätzlich nicht erleichtert, dass der Innovationsbegriff weiterhin undefiniert bleibt. Die gemeinsame Selbstverwaltung zum Dompteur der Arzneimittelsteuerung auszurufen, ohne die verbindliche Vereinbarung von Sanktions- und/oder Anreizsystemen vorzugeben, stellt strukturell ungenügende Instrumente zur Verfügung. Unter gegebenen Wettbewerbsbedingungen kann es weder eine Krankenkasse geben, die mit Elan und Eifer eventuelle Überschreitungen der Arzneimittelausgaben über Honorarverhandlungen wieder einzuspielen sucht, noch unter gegebenen Abhängigkeiten den Vorstand einer KV, der freiwillig etwa harte Malusregelungen im Falle von Überschreitungen vereinbart. Im Zweifel wird von allen Beteiligten die Tauglichkeit der Zielvereinbarungen rückwirkend in Frage gestellt werden.

Strukturelle Änderungen der Arzneimittelausgaben, insbesondere im Hinblick auf die weitere Steigerung des Anteils der Generika am generikafähigen Markt, des Abbaus der Anteile der Me-too-Präparate – die gerade nicht als Innovation bewertet werden – oder der weiteren Senkung des Anteils der kontrovers diskutierten Arzneimittel werden, wie die Begründung ausführt, in die „Verantwortung der gemeinsamen Selbstverwaltung" gelegt. Im Klartext heißt dies aber: Strukturelle Änderungen im Arzneimittelmarkt werden vom allseits guten Willen der Beteiligten abhängig, die ihrerseits selbst institutionell überfordert sind. Die Politik zieht sich nach Festbeträgen und Positivliste auch hier aus der aktiven Steuerung und Strukturierung des Arzneimittelmarktes deutlich zurück.

Den ABAG-Regelungen droht damit das Schicksal seines offenkundigen Vorbilds aus den 70er-Jahren, dem sog. Arzneimittelhöchstbetrag (AHB).

---

25 Schwabe (N14), Seite 5; näher Schwabe (N10), Seite 730 ff.

Dieser war durch das Krankenversicherungs-Kostendämpfungsgesetz (KVKG) zum 01.07.1977 als § 368 f Abs. 6 RVO eingeführt worden. Mangels entsprechender Optionen zur Durchsetzung seiner Einhaltung[26] wurde er aber von der gemeinsamen Selbstverwaltung schnell ignoriert und verschwand schließlich durch das GRG 1989 wieder in der Asservatenkammer untauglicher Steuerungsinstrumente. Es fehlen die Anhaltspunkte, die eine optimistischere Prognose im Hinblick auf das ABAG-Instrumentarium erlauben würden. Die zweite Teilantwort auf die thematische Fragestellung lautet deshalb (vgl. Abb. 2): Wie sich die Sicherung der Innovationsfinanzierung von Arzneimitteln im hier definierten Sinne unter dem ABAG entwickeln wird, kann nur als offen charakterisiert werden.

Abbildung 2

[26] Vgl. Krauskopf/Schroeder-Printzen, Soziale Krankenversicherung, § 368 Anm. 6.1 ff., Seite 466

Innovationsfinanzierung III: Die mögliche Welt

Skepsis gegenüber den Steuerungspotentialen des ABAG braucht indessen nicht zwangsläufig zu düsteren Zukunftsszenarien zu führen. Dabei kann die Hoffnung freilich kaum bauen auf Regelungen des angesichts der Ausgabenexplosion vom BMG im Herbst 2001 hastig auf den parlamentarischen Weg gebrachten Arzneimittelausgaben-Begrenzungsgesetzes (AABG) oder auf die Erfolge eines vermeintlichen Verhandlungsgeschicks des Bundeskanzlers[27] wie beim Geschacher um einmalige Abgaben der forschenden Pharmaindustrie zur Verhinderung der zunächst vorgesehenen Gesetzesregelung eines auf 2 Jahre begrenzten Preisabschlags für Nicht-Festbetrags-Arzneimittel in Höhe von 4 % (Artikel 2 AABG a. F.).

Notwendig ist vielmehr ein Aufbrechen der strukturellen Defizite des Arzneimittelmarktes, beherrscht von sowohl Jahrzehnte alten starren Vertriebs- und Preisregulierungsmechanismen als auch von zunftartigen Strukturen bei der Leistungserbringung. Die viel diskutierte Frage des Mehrwertsteuersatzes auf Arzneimittel in Deutschland stellt sich dabei allenfalls zu einem sehr viel späteren Zeitpunkt, jedenfalls nicht zu Beginn eines solchen Prozesses. Werden die Vertriebs- und Versorgungswege einem durchgreifenden Modernisierungsschub unterworfen, setzt dies durch den Abbau von Ineffizienzen und Mitnahmeeffekten erhebliche finanzielle Entlastungspotentiale für die GKV frei. Derzeit verdoppeln sich die Arzneimittelpreise in Deutschland annähernd auf dem Weg vom Hersteller zum Endverbraucher.

Eine Modernisierung muss ansetzen bei (vgl. Abb. 3)

- der Revision der Arzneimittelpreisverordnung mit dem Ziel der Absenkung des Vertriebskostenanteils für die Apotheken und Großhändler von mittlerweile mehr als 10 Mrd. DM pro Jahr sowie einer Abschaffung des komplizierten Preisberechnungsgefüges. Ergebnis einer grundlegenden Reform könnte etwa ein einheitlicher Fix-Zuschlag als Honorar pro abgegebenem Arzneimittel sein, unabhängig von Einkaufspreis oder Packungsgröße,

- der Revision des Arzneimittelgesetzes (AMG) insbesondere mit dem Ziel einer Öffnung für den Versandhandel inklusive Internet,[28]

---

[27] „Der Kanzler hat gut verhandelt"; Schmidt-Zadel, Gesundheitspolitische Sprecherin der SPD-Bundestagsfraktion, Süddeutsche Zeitung, 10.11.2001, Seite 5

[28] Vgl. Sterzel/Wassemer, Arzneimitteldistribution in Deutschland – Versandapotheken als Reformoption?, Arbeit und Sozialpolitik 1-2/2001, Seite 14, 17 ff.

- der Revision des Apothekengesetzes (ApthG) insbesondere mit dem Ziel der Einbindung der Krankenhausapotheken in die ambulante Krankenhausbehandlung und der Abschaffung der 1994 eingeführten Apothekenpflicht für Impfstoffe.

Abbildung 3

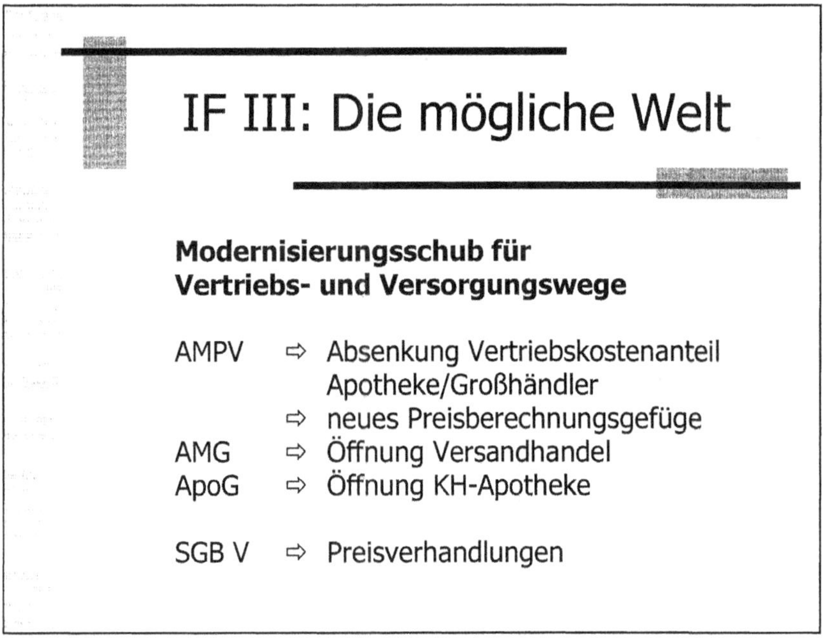

Eine mindestens ebenso zwingend notwendige Modernisierung muss sich direkt auf die Mechanismen der Finanzierung von Arzneimitteln im GKV-Markt richten. Es geht um die Ermöglichung von Preisverhandlungen zwischen Arzneimittelherstellern oder Lieferanten einerseits und Krankenkassen andererseits, wie dies im GKV-Ordnungsgefüge zwischen nachfragenden Krankenkassen und allen anderen Leistungsanbietern ansonsten selbstverständlich ist. Was etwa der Bereitstellung von Krankenfahrten oder orthopädischen Schuhen durch die Krankenversicherungen stets vorausgeht – Verhandlungen der Beteiligten zur Preisfestsetzung – bedarf auch in dem zentralen Sektor der Arzneimittelversorgung der Nachbildung.

Als erster Schritt bieten sich dabei – sobald kartellrechtliche Fragen gelöst sind – regionale Preisverhandlungen zwischen Krankenkassen und Pharmafirmen bei zuvor von unabhängiger Seite auf Qualität und Kosten-Nutzen-Effizienz bewerteten Arzneimittelinnovationen an. Dadurch würden die Krankenkassen selbst das Instrument erhalten, eine stringent an Kosten-Nutzen-Erwägungen orientierte Definition des Innovationsbegriffs mit zur Preisfindungsmaxime machen zu können.

Eine dritte Teilantwort im Hinblick auf die thematische Fragestellung lautet deshalb: Wird alsbald der skizzierte Modernisierungsschub in der tradiert zementierten Arzneimittelwelt eingeleitet, eröffnen sich genügend Spielräume zur Innovationsfinanzierung in den nächsten Jahren.

Innovationsfinanzierung durch strukturelle Änderungen der Arzneimittelausgaben

Jürgen Bausch

Bereits Anfang des Jahres 2000 war aufgrund von Untersuchungen der Marktentwicklung durch die Kassenärztliche Vereinigung Hessen erkennbar geworden, dass die Innovationen mit ihren hochpreisigen Produkten zu einem erheblichen Ausgabenanstieg im Arzneimittelbereich führen werden. Tatsächlich sind dann die Arzneimittelausgaben in einem merklichen Anstieg im 2. Halbjahr 2000 nach oben gegangen. Dieser Trend hat sich im Jahr 2001 verstärkt fortgesetzt und ist im Wesentlichen die Folge einer weltweiten Marktumstrukturierung, die 2001 Deutschland etwas später erfasst hat als die Ausgabenanstiege in den USA, Kanada, Australien, Neuseeland, Frankreich, Italien etc.

Es entspricht dem Kausalitätsbedürfnis mancher Politiker und Kassenfunktionäre, den Ausgabenanstieg 2001 einer gewissen Verordnungswillkür der Kassenärzte zuzuschreiben, weil durch den Wegfall des Kollektivregresses infolge des Arzneimittelbudget-Ablösungsgesetzes ein politisches Steuerungsinstrument aus der Hand gegeben worden sei, ohne zeitgleich ein anderes einzuführen. Die Wahrheit ist jedoch eine andere.

Bevor wir einen Blick auf die Möglichkeiten der Innovationsfinanzierung werfen, zunächst ein Blick auf den Innovationsmarkt des Jahres 2000.

Im neuen Arzneiverordnungs-Report 2001 ist erstmals ein Sonderkapitel von Fricke und Schwabe eingefügt worden, welches die neuen Wirkstoffe bewertet, die in diesem Jahr marktgängig geworden sind. 31 neue Wirkstoffe sind beschrieben, klassifiziert, mit Therapiekosten versehen und mit einer Empfehlung in der Anwendung – also zum therapeutischen Nutzen – verbunden worden.

Schaut man sich diese 31 Wirkstoffe genau durch und betrachtet die Empfehlungen der Autoren des Arzneiverordnungs-Reports, dann ergibt sich folgendes Bild:

Insgesamt wurden 31 Innovationen des Jahres 2000 aufgenommen. Ein uneingeschränktes „Ja" zur Anwendung in der ambulanten kassenärztlichen Versorgung wurde für 14 Substanzen gegeben. Ein eingeschränktes „Ja" gab es für 7 Substanzen, und ein glattes „Nein" wurde für 10 Innovationen ausgesprochen. Die positive Bewertung der 14 + 7 mit einem

„Ja" versehenen Substanzen lässt erkennen, dass vorwiegend die hochpreisig innovativen Substanzen eingestuft wurden. Dazu zählt u. a. das Verteporfin zur Behandlung bestimmter Formen der Macula-Degeneration mit Kosten von ca. 10.000 DM bei drei Behandlungen pro Patient. Des weiteren zwei neue Substanzen zur Behandlung des metastasierenden Mammakarzinoms: Einmal das Trastuzumab mit wöchentlichen Therapiekosten von 1.883 DM und das Exemestan als Aromatasehemmer mit Tagestherapiekosten von 14,71 DM. Positiv bewertet wurden die Tumornekrosefaktor-Inhibitoren vom Typ des Etanercept mit monatlichen Therapiekosten von 4.000 DM und das Peginterferon alfa-2b zur Behandlung der chronischen Hepatitis C mit Tagestherapiekosten von 52,75 DM. Ebenfalls positiv bewertet wurden das besonders hochpreisige, wenn auch selten erforderliche Natriumphenylbutyrat zur Behandlung angeborener Störungen des Harnstoffwechsels mit Tagestherapiekosten von 260 bis 350 DM und ein neues, hochwirksames Antibiotikum zur Behandlung schwerer Infektionen bei Vorliegen multiresistenter grampositiver Keime mit Tagestherapiekosten von 430 DM.

Die negative Bewertung bezieht sich vornehmlich auf Substanzen, die entweder nicht verordnungsfähig sind, weil sie durch die Arzneimittel-Richtlinien ausgeschlossen wurden (Raucherentwöhnungsmittel) oder auf Diagnostika, bei denen ein diagnostischer Zusatznutzen nicht zu erkennen war oder eine leitliniengerechte Anwendung in der Literatur nicht vorlag. Negativ bewertet wurde allerdings auch ein Cox 2-Inhibitor, der im Vergleich zu seinen Mitkonkurrenten wegen höherer Kosten und kürzerer Wirkdauer nicht empfohlen werden konnte (Celecoxib).

Alle Einzelheiten sind den folgenden Übersichtstabellen zu entnehmen:

Tabellarische Übersicht über die neuen Wirkstoffe des Jahres 2000 aus dem Arzneiverordnungs-Report 2001, S. 24 ff., von Fricke und Schwabe.

Name	**Indikation**	**Klassifikation***	**Therapiekosten**		**Empfehlung (nach AVR 2001)**
Amfebutamon Zyban®	Raucherentwöhnung	A/D	5,36	DM DDD	**nein** (mehrere Todesfälle)
Amprenavir Agenerase®	HIV-Infektion (Proteasehemmer)	C	57,75	DM DDD	**ja** (breiter wirksam)
Atosiban Tractocile®	Wehenhemmer (Oxytoninrezeptor-antagonist)	A	2.000,00	DM pro Patient für KH-Apotheke	**nein** (nicht wirksamer als Fenoterol, aber 40-mal teurer)

Name	Indikation	Klassifikation*	Therapiekosten		Empfehlung (nach AVR 2001)
Becaplermin Regranex®	chronische diabetische Ulcera (rekombinanter Wachstumsfaktor)	A/D	65,00	DM DDD	**ja** (eingeschränkt, da unverhältnismäßig teuer, 60.000,00 pro abgeheiltem Ulcus)
Brinzolamid Azopt®	Glaukom (Carbonehydrasehemmer)	C	1,75	DM DDD	**ja**
Celecobix Celebrex®	Rheuma/Arthrose (Cox II-Inhibitor)	C	3,09	DM DDD	**nein** (wegen höherer Kosten und kürzerer Wirkdauer)
Drospirenon Petibelle®, Yasmin®	hormonelle Kontrazeption (neuartiges Gestagen)	C	63,00	DM pro Quartal	**nein** (wegen höherer Kosten zu vergleichbaren Präparaten, die weniger als die Hälfte kosten)
Esomeprazol Nexium mups®	Reflux und Ulcera im oberen Magen-Darm-Trakt (Protonenpumpenhemmer)	C	3,63	DM DDD	**nein** (Pseudoinnovation, preiswertere Omeprazol-Generika vorhanden)
Etanercept Enbrel®	rheumatoide Arthritis (Tumornekrosefaktor-alpha-Inhibitor)	A	4.000,00	DM pro Monat	**ja** (mit diversen Einschränkungen)
Etonogestrel Implanon®	hormonelles Langzeitkontrazeptivum (Gestagen)	C	0,35	DM DDD	**ja**
Exemestan Aromasin®	Mammakarzinom (Aromatasehemmer)	C	14,71	DM DDD	**ja** (obwohl ein Analogpräparat wegen deutlicherem therapeutischen Nutzen gegenüber den Vorläufern)
Gadobutrol Gadovist®	MRT-Kontrastmittel	C	168,43	DM pro Untersuchung	**ja** (geringere Kosten)

* Die Klassifikation erfolgte nach dem Bewertungsschema von Fricke wie folgt:

A Innovative Struktur bzw. neuartiges Wirkprinzip mit therapeutischer Relevanz
B Verbesserung pharmakodynamischer oder pharmakokinetischer Eigenschaften bereits bekannter Prinzipien
C Analogpräparat mit keinen oder nur marginalen Unterschieden zu bereits eingeführten Präparaten
D Nicht ausreichend gesichertes Wirkprinzip oder unklarer therapeutischer Stellenwert

Name	Indikation	Klassifikation*	Therapiekosten	Empfehlung (nach AVR 2001)
Ganirelix Orgalutran®	Reproduktionsmedizin (Verhinderung des vorzeitigen Eisprungs)	C	139,00 DM DDD	**ja** (trotz höherer Kosten, wegen kürzerer Behandlungsdauer)
Insulinglargin Lantus®	Diabetes mellitus	B/C	3,81 DM DDD	**ja** (mit Einschränkung wegen höherer Kosten + 37 % und ungeklärter Langzeiteffekte)
Iosarcol Melitrast®	Röntgenkontrastmittel	C	108,23 DM pro Untersuchung	**nein** (keine Vorteile, preisgleich mit den Alternativen)
Lercanidipin Carmen®, Corifeo®	Hochdrucktherapie (Calciumantagonist No. 15)	C	1,63 DM DDD	**nein** (Analogpräparat ohne Vorteil)
Levetiracetam Keppra®	Epilepsie (fokal) (Wirkweise unbekannt)	A	18,64 DM DDD	**ja**
Levodropropizin Levopront®	Husten (nichtopioides Antitussivum)	C	6,75 7,00 DM DDD	**nein** (dreifach höhere Kosten als Codein)
Lomefloxacin Okacin®	bakterielle Konjunktivitis (Fluorchinolon topisch)	C	0,64 DM DDD	**ja**
Natriumphenylbutyrat Ammonaps®	angeborene Störungen des Harnstoffzyklus	A	260,00 DM DDD 350,00	**ja**
Oxcarbazepin Trileptal	Epilepsie (fokal und generalis.)	C	5,12 DM DDD	**ja** (aber nur als Ausweichpräparat zu Carbamazepin, da dieses ein Drittel billiger)
Peginterferon alfa-2b Pegintron®	Hepatitis C	B	52,75 DM DDD	**ja**
Pioglitazon Actos®	Diabetes II (Thiazolidindione)	A/D	5,65 DM DDD	**ja** (Spätfolgen unklar)
Quetiapin Seroquel®	Schizophrenie (atypisches Neuroleptikum)	C	16,52 DM DDD	**nein** (2- bis 3-fach teurer als Clozapin, Analogpräparat)

Name	Indikation	Klassifikation*	Therapiekosten	Empfehlung (nach AVR 2001)
Quinupristin/ Dalfopristin Synercid®	Schwere Infektionen (Reserveantibiotikum bei multiresistenten grampositiven Keimen)	A	430,00 DM DDD	**ja**
Risedronsäure Actonel®	Osteoporose Biphosphonat	C	3,62 DM DDD	**ja**
Rosiglitazon Avandia®	Diabetes II Thiazolidindione	A/D	4,24 DM DDD	**ja** (Spätfolgen unklar)
Sevelamer Renagel®	Dialysepatienten (Phosphatbinder)	A/D	10,00 21,00 DM DDD	**nein** (8-fach teurer als die Standardtherapie)
Trastuzumab Herceptin®	metastasierendes Mammakarzinom (monoklonaler Antikörper)	A/D	1.883,00 DM pro Woche	**ja**
Verteporfin Visudyne®	Makuladegeneration (kombinierte photodynamische Therapie)	A	10.000,00 DM bei 3 Behandlungen pro Patient	**ja**

* Die Klassifikation erfolgte nach dem Bewertungsschema von Fricke wie folgt:

A Innovative Struktur bzw. neuartiges Wirkprinzip mit therapeutischer Relevanz
B Verbesserung pharmakodynamischer oder pharmakokinetischer Eigenschaften bereits bekannter Prinzipien
C Analogpräparat mit keinen oder nur marginalen Unterschieden zu bereits eingeführten Präparaten
D Nicht ausreichend gesichertes Wirkprinzip oder unklarer therapeutischer Stellenwert.

Innovationen insgesamt:	31
Uneingeschränkt ja:	14
Eingeschränkt ja:	7
Nein:	10

Das Interessante an dieser neuen Ausarbeitung von Fricke und Schwabe ist, dass keine Korrelation hergestellt werden kann zwischen der Klassifikation eines Arzneimittels als Innovation und der therapeutischen Nutzanwendung. Es kann ein Arzneimittel durchaus nach A klassifiziert werden. Damit liegt ein zugelassenes Präparat auf dem deutschen Markt vor, welches eine innovative Struktur bzw. ein neuartiges Wirkprinzip mit therapeutischer Relevanz aufweist, aber dies bedeutet nicht gleichzeitig, dass dieses Präparat dann auch von den Experten automatisch zur therapeutischen Anwendung empfohlen wird. Typisch ist dies festzumachen am Beispiel des Raucherentwöhnungsmittels aus der Gruppe der atypischen Antidepressiva und bei einem neuen Medikament zur Wehenhemmung, welches als Oxytocinantagonist entwickelt wurde. Bei dem Raucherentwöhnungsmittel wird die therapeutische Anwendung nicht empfohlen, weil einige unklare Todesfälle im Zusammenhang mit der Einnahme dieses innovativen Präparats geschildert werden. (Ohnehin sind allerdings Raucherentwöhnungsmittel zu Lasten der GKV aufgrund der Arzneimittel-Richtlinien nicht verordnungsfähig.) Bei dem Oxytocinantagonisten zur Wehenhemmung gibt es zwar nicht ein gleiches pharmakotherapeutisches Therapieprinzip, aber eine analoge Wirkung durch Fenoterol, die zugleich den Vorteil hat, 40-mal billiger zu sein als die Innovation, weswegen ebenfalls keine therapeutische Empfehlung erfolgte.

Umgekehrt sind Analogpräparate, welche nach C klassifiziert wurden und somit nur keinen oder einen marginalen Unterschied zu der bereits eingeführten Originalinnovation hatten, sehr positiv bewertet worden (z. B. Brinzolamid zur Glaukombehandlung). Das Gleiche gilt für ein hormonelles Langzeitkontrazeptivum und diverse weitere Präparate, allen voran der neue Aromatasehemmer Exemestan zur Behandlung des metastasierenden Mammakarzinoms.

Dies bedeutet: Unabhängig von der Klassifikation nach Fricke ergibt sich hinsichtlich der Bewertung des therapeutischen Zusatznutzens ein neues Bild, weil neben der Innovation der Preis eines Medikaments und sein therapeutischer Nutzen mit berücksichtigt werden muss, wenn es um die Ausschöpfung von Wirtschaftlichkeitsreserven geht.

Damit sind wir automatisch bei der Me-too-Diskussion. Hier ergibt sich, lediglich dargestellt an zwei typischen Beispielen, die Problematik: Wer bewertet mit welcher Kompetenz unter wissenschaftlich unanfechtbaren Kriterien den therapeutischen und ökonomischen Zusatznutzen von Analogpräparaten?

Wie einfach eine schwierige Sache sein kann, zeigt sich in den Abbildungen 1 – 3, wo Amlodipin versus Nitrendipin und Glibenclamid versus Glimepirid verglichen werden und die Besonderheiten zur Darstellung kommen, die eine KV daran hindern müssen, als Körperschaft des öffentlichen Rechts den therapeutischen Zusatznutzen zu bewerten, weil sie sofort in wettbewerbsrechtliche Auseinandersetzungen verwickelt wird, die sie unweigerlich verlieren muss.

Abbildung 2

Kassenärztliche Vereinigung Hessen
Körperschaft des öffentlichen Rechts

Unterschiedliche Kinetik

Amlodipin:

- Langsamer Wirkungseintritt (maximale Plasmakonzentration nach 6 – 12 Stunden)
- Halbwertszeit 35 – 50 Stunden
- Positive Effekte bei Herzinsuffizienz nachgewiesen

Nitrendipin:

- Auch lang wirkend, aber bei weitem nicht wirkungsgleich
- Positives Ergebnis einer Langzeitstudie mit Verzögerung und Verhinderung der Hochdruckfolgen, aber fehlender Beleg für eine Positivwirkung auf die Herzinsuffizienz
- Typische Nebenwirkungen: Kopfschmerzen doppelt so häufig wie bei Amlodipin (Complianceprobleme vorhersehbar, Therapieziel dadurch schlechter erreichbar)

Abbildung 3

Kassenärztliche Vereinigung Hessen
Körperschaft des öffentlichen Rechts

Sulfonyl- Harnstoffanaloga, z.B.

- Glibenclamid versus Glimepirid
- Amaryl® DDD – DM 0,77
- Glibenclamid AL DDD – DM 0,18
- Preisvergleich nach DDD ist den KVen durch einstweilige Anordnung in Sachen „Aktionsprogramm 1999" gerichtlich untersagt.
- Therapeutische Äquivalenzdosis Glibenclamid/Glimepirid problematisch, fehlende Beleglage durch Langzeitstudien
- Unterschiedliche Kinetik mit dem Effekt einer „besseren Einstellung bei geringerer Hypoglykämiegefahr" (Deutsche Diabetesgesellschaft)
- Einmalgabe versus Mehrfachgabe, Complianceverbesserung

Daraus ergibt sich die Erkenntnis: Wenn die eindeutig vorhandenen Einspareffekte im Marktsegment der Analogpräparate erzielt werden sollen, brauchen die Ärzte eine wettbewerbsrechtlich nicht angreifbare, pharma-, KV- und kassenunabhängige produktbezogene Information über den therapeutischen Nutzen und die Äquivalenzdosierung. Die Selbstverwaltung kann dies unter Wettbewerbsaspekten rechtssicher nicht leisten.

Deswegen sei die Vorhersage erlaubt: Eine schnelle Realisierung der Einsparreserven im Analogpräparatemarkt ist nicht möglich, weil die inhaltlichen und institutionellen Voraussetzungen für eine verbindliche Bewertung fehlen. Dies gilt für innovative Substanzen genauso wie für klassische Analogpräparate. Eine allgemein akzeptierte Definition für Analogpräparate gibt es übrigens nicht.

Die Ärzte haben in den zurückliegenden Jahren in erheblichem Umfang zur Realisierung der vorhandenen Einsparreserven im Arzneimittelmarkt ihren Beitrag geleistet. Durch Zielvereinbarungen wird dieser Weg weiterhin intensiviert werden. Aber vieles deutet darauf hin, dass die Zitrone weitgehend ausgepresst ist, so dass auch bei normaler oder niedrigpreisiger Entwicklung der Strukturkomponente die Ausgabenanstiege durch Einsparungen nicht mehr kompensiert werden könnten. Entscheidend ist jedoch die extrem hochpreisige, innovative Marktumstrukturierung, verbunden mit deutlicher Verordnungsvertiefung in Indikationsbereichen, in denen den Ärzten Fehl- bzw. Unterversorgung vorgeworfen wurde (Diabetes, Hochdruck, obstruktive Lungenerkrankungen, Schmerztherapie etc.).

Rationierung durch Budgetierung

Wolfgang Brech

Es ist weniger die Aufhebung der Arznei- und Heilmittelbudgetierung als vielmehr die Dynamik der innovativen pharmakologischen Forschung und Erkenntnisse gepaart mit einer ebensolchen Dynamik der Marketingstrategien der Pharmaindustrie, welche für die Ära der Arzneimitteltherapie in Deutschland und in Europa, ja im Prinzip weltweit ein neues Buch aufgeschlagen haben. Und es sind die Kritiker eines Arzneimittelzeitalters von gestern, wenn ich das so sagen darf, die mit ihren Zahlen und Einsparberechnungen in Hinsicht auf Generika und Analogverordnungen je nach dem Lager, dem sie entstammen, ärztliches Verordnungsverhalten diffamieren oder eine ziemlich abgelutschte Zitrone weiter auszupressen versuchen. Der Versuch gar, die gewaltigen derzeitigen Zuwächse der Arzneimittelausgaben in Deutschland der Budgetablösung und damit der Bundesministerin in die Schuhe zu schieben, zeigt, dass der Entwicklungsprozess, in dem wir uns befinden, nicht verstanden wurde. Ich verneine damit keineswegs Einsparpotentiale bei Generika und Analogpräparaten, ich kritisiere jedoch die alleinige Fokussierung auf diesen Bereich in der Arzneimittelpolitik.

Der Arzneimittelbereich ist viel zu sensibel – vom Patienten und von der Volkswirtschaft aus gesehen –, viel zu umfassend und zu global, als dass man ihn mit groben Holzklötzen in ein Sparkorsett zwängen könnte. Hier nämlich, bei den Innovationen der Pharmaindustrie, spielt sich derzeit der augenfälligste Fortschritt der Medizin ab, den es nicht zu verdammen sondern zu realisieren gilt. Eine zukunftsorientierte Arzneimittelpolitik müsste sich damit auseinandersetzen, wie wir mit den zu erwartenden Neuerungen etwa in der immunologischen Tumortherapie umgehen werden, mit Innovationen wie Trastuzumab, oder wie wir solche Errungenschaften oder die Therapie von Aids oder Malaria in den Entwicklungsländern verwirklichen.

Betrachtet man die Arzneimittelausgaben der vergangenen Jahre seit 1998, so kann man eine stetige Aufwärtsbewegung beobachten mit einem exakt berechenbaren Regressionskoeffizienten und einer Steigerungsrate von jährlich ca. 8 %. Es ist verwunderlich, dass diese Zahl nicht noch höher ausgefallen und eigentlich nur der eben doch sparsamen Verordnungsweise der Ärzte zu verdanken ist. (Abb. 1)

Abbildung 1 Ausgaben der Gesetzlichen Krankenversicherung für verordnete Arzneimittel in Deutschland (1998 – 2001)

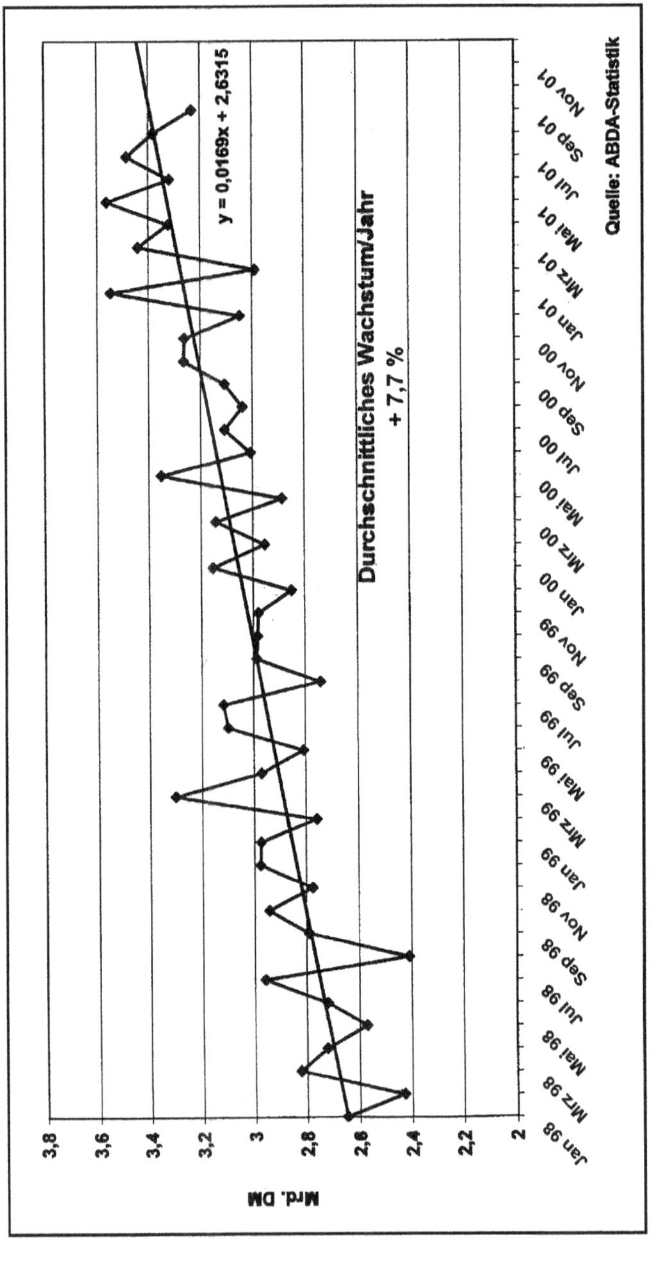

Sparsam oder rationierend? Ein Blick auf die Arzneimittelumsätze seit 1981 zeigt, dass der ständige Aufwärtstrend der Arzneimittelausgaben bereits von diesem Zeitpunkt an zu erkennen ist und nur eine Abweichung nach oben in den Jahren 1991 bis 1993 aufweist, was u. a. auch durch den Eintritt der neuen Bundesländer in diese Statistik ausgelöst wurde. Mit der Verordnung von strengen Arzneimittelbudgets durch Herrn Seehofer zeigt sich eine gewaltige Zäsur: Die Verordnungszahlen entwickelten sich rapide nach unten, ohne die Kurve der Arzneimittelkosten im geringsten zu tangieren. Die Ärzte haben ihre Verordnungen zurückgenommen. Haben sie dadurch rationiert? Zugleich ist der Wert je Verordnung erheblich angestiegen. Hierzu sind zwei Entwicklungen aufschlussreich: Der Abfall von Umsatz und Verordnungen umstrittener Arzneimittel und der entsprechende Anstieg bei den Spezialpräparaten, welche z. T. horrende Tagestherapiekosten verursacht haben. Bei der Analyse dieser Kurven drängt sich auch die Vermutung auf, dass gerade durch den betonten Rückgang der Verordnungszahlen seit 1995 der just zu diesem Zeitpunkt einsetzende hohe Anstieg der Kosten für Spezialpräparate verkraftet werden konnte, ohne den Kurvenverlauf der Gesamtausgaben der gesetzlichen Krankenversicherung für Arzneimittel in seinem steten Anstieg zu behindern. (Abb. 2)

Abbildung 2 Entwicklung von Verordnungen und Umsatz 1981 bis 2000 auf dem GKV-Fertigarzneimittelmarkt

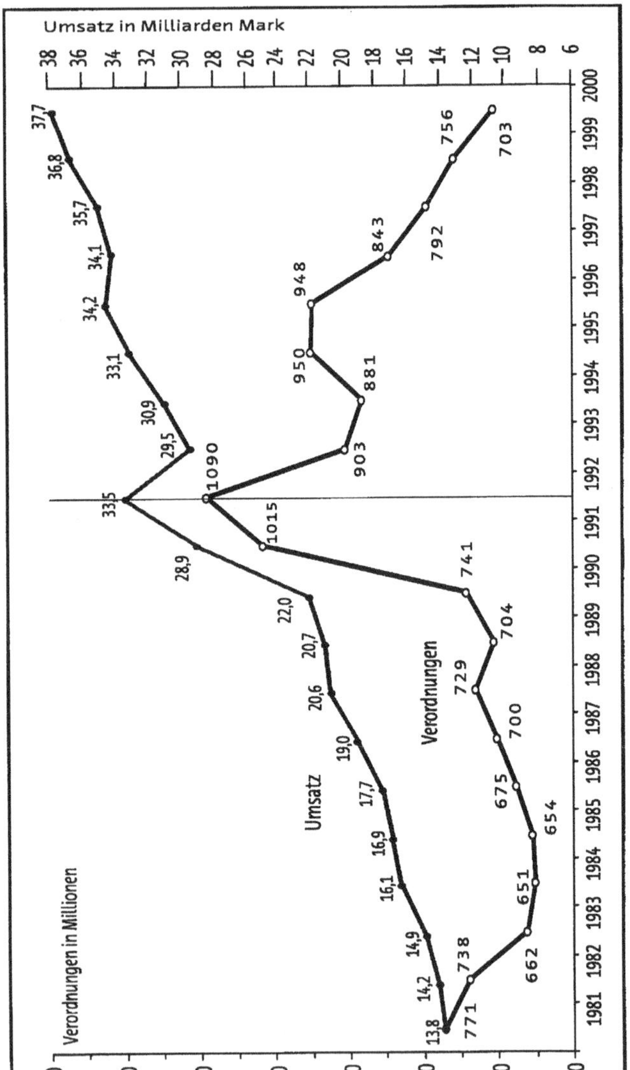

Sparsam oder rationierend? Ich glaube, so genau wird dies niemand beantworten können oder die Antwort wird je nach dem Ziel ausfallen, für das sie gegeben wird. Die Ausgabenkurve jedenfalls zeigt prima vista keinen Hinweis auf eine Rationierung in der Arzneimitteltherapie der vergangenen Jahre. Erst bei näherer Analyse der **Versorgungsdaten**, von **Versorgungsdefiziten** und **Bevölkerungsumfragen** wird eine solche sichtbar, wobei zwischen **Rationierung** und **Versagen einer gewünschten bzw. erhofften Verordnung** zu unterscheiden ist. Eine solche Unterscheidung ist allerdings im Prinzip bei der uns verfügbaren Datenlage, die keinen Diagnosebezug vorsieht, nicht möglich.

1. Die dargestellte Kurve der **umstrittenen Arzneimittel** (Abb. 3) zeigt, dass Verordnungen versagt wurden. So hat es auch der Versicherte empfunden. Zahlreiche Umfragen weisen darauf hin, ohne aber zu spezifizieren, welche Verordnungen versagt wurden. Diese Verhältnisse lassen sich auch gut am Beispiel der benignen Prostatahyperplasie demonstrieren: Die Verordnung pflanzlicher Prostatamittel geht zurück, schließlich sind sie ja auch als „umstritten klassifiziert"; mancher Patient mag dies als empörend empfunden haben. Dafür kam es aber zu einem gleichzeitig einsetzenden Anstieg der hochwirksamen aber teuren Alpha-1-Rezeptorblocker und gleichzeitig ging die Häufigkeit der Prostatektomie wegen benigner Prostatahyperplasie zurück. Dies ist eine rationale Pharmakotherapie, da auf der einen Seite dem Patienten geholfen, auf der anderen Seite Krankenhauskosten eingespart wurden.

Abbildung 3 Verordnung und Umsatz umstrittener Arzneimittel 1981 – 2000, ab 1991 mit den neuen Bundesländern

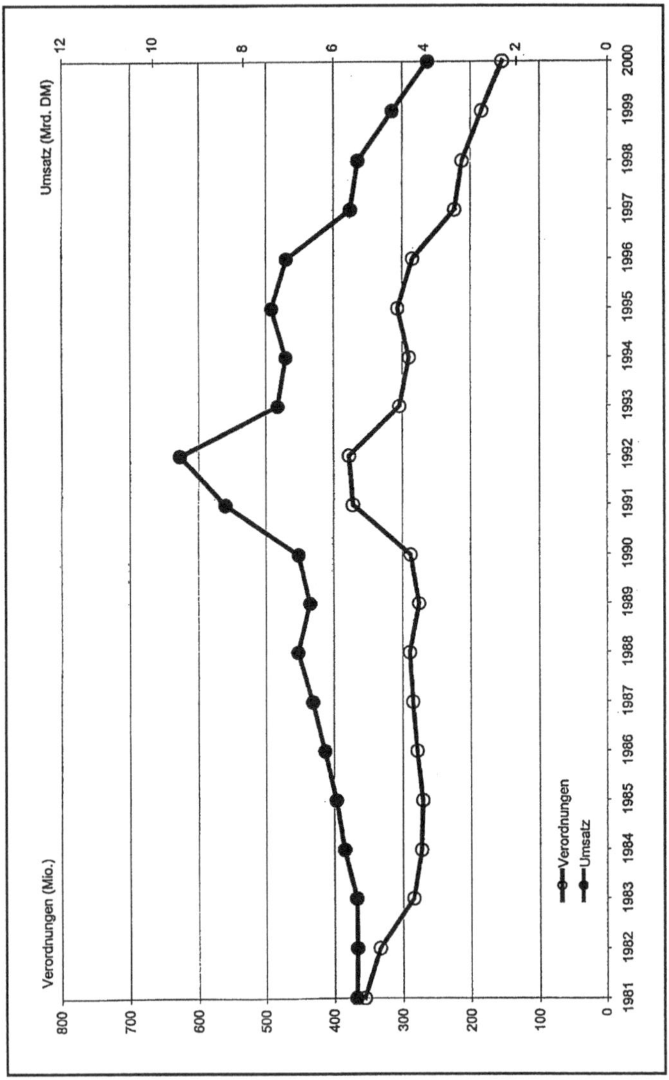

2. Die Analyse der Verordnungsdaten aus den Jahren 1999 bis 2001 weist auf **Umsatzzuwächse in allen wichtigen Indikationsgebieten** hin. Diese Zuwächse übersteigen bei weitem jene, die in Bezug auf den gesamten Arzneimittelmarkt zu verzeichnen sind. Neben den Verordnungen von Antihypertensiva, Antidiabetika und Cholesterinsenkern ist auf die Entwicklung der Schmerztherapie und den Einsatz atypischer Neuroleptika hinzuweisen. Es scheint hier auf den ersten Blick keine Rationierung vorzuliegen. Anders dürfte es sich bei den Alzheimerpräparaten verhalten. Diese vielfach geforderten, vielfach jedoch auch verweigerten Verordnungen auch von Cholinesterasehemmern werden vom Arzneiverordnungsreport als „umstritten" angesehen. Dies wird jedoch von den Krankenkassen ihren Versicherten so nicht mitgeteilt.

3. Wenn man dem die **Verordnungsrealitäten** in bestimmten Indikationen gegenüberstellt, so ändert sich das Bild grundlegend, wobei nicht zwischen Rationierung und Unterversorgung unterschieden werden kann. So werden nach einer im Lancet veröffentlichten Studie (Euraspire I und II) in Deutschland, wie übrigens auch in anderen europäischen Ländern und in den USA, nur 33 % der Hypertoniker adäquat behandelt, während eine medikamentöse Cholesterinsenkung bei ca. 2/3 der Patienten erfolgt. Es entspricht dem Erfahrungsalltag einer großen internistischen Schwerpunktpraxis, dass Blutdruck und Blutzuckereinstellung bei Diabetikern, radikale Cholesterinsenkung bei koronarer Herzkrankheit oder auch Diabetes, wie sie von Leitlinien gefordert werden, nicht erreicht werden. Die retrospektiven (tatsächlichen) Arzneimittelkosten eines Diabetikers liegen nach der Code 2-Studie bei ca. 1.496 DM im Jahr, bei prospektiver Berechnung (KV Südwürttemberg) bei über 2.300 DM. Die Differenz ist Ausdruck von Behandlungsdefizit, mangelnder Compliance oder budgetbedingter Rationierung.

   Es ist nicht möglich, zwischen diesen Alternativen zu entscheiden. Ein kürzlich im New England Journal of Medicine (345: 534, 2001) erschienener Leitartikel beschäftigt sich mit diesem Problem. Nach einer vorliegenden Arbeit waren nur 25 % der Hypertoniker in den USA ausreichend (RR 140/90 mmHg) behandelt. Es wird darauf hingewiesen, dass die Hälfte aller Patienten, die wegen eines erhöhten Blutdruckes medikamentös behandelt wurden, nach einem Jahr keine Antihypertonika mehr eingenommen hat. Ärztliches Versagen, Versorgungsdefizit, mangelnde Einsicht und Compliance des Patienten?

Immerhin werden nach einer Studie des Zentralinstituts für die Kassenärztliche Versorgung 73 % der Patienten mit der Diagnose Hypertonie auch antihypertensiv medikamentös behandelt, mit Arzneimittelkosten von 245 DM im Quartal gegenüber Arztkosten von 137 DM im Quartal. Dies kontrastiert mit der vom Sachverständigenrat zitierten Umfrage der Hochdruckliga bei 11.500 Allgemeinmedizinern und Internisten, nach der adäquate Leitlinienkenntnisse nur bei 18,8 % der Allgemeinmediziner und 25,6 % der Internisten gefunden wurden. Ganz absurd erscheint die von Herrn Prof. Lauterbach vertretene „Rule of Halves", die nicht, nur weil sie so schön klingt, auch wahr sein muss: 50 % der Hypertoniker würden diagnostiziert, davon 50 % behandelt und hiervon wiederum nur die Hälfte adäquat eingestellt.

Mangelnde Versorgung lässt sich auch bei zahlreichen anderen Indikationen konstatieren. Je nach Bundesstaat erhielten in den USA nur 51 % bis 86 % der Patienten 24 Stunden nach Herzinfarkt einen Betarezeptorenblocker (Am. Heart Ass.). Die Herzinsuffizienz wird nicht durchgehend und konsequent mit Betablockern und ACE-Hemmern behandelt. Die regelmäßige Inhalation eines Corticoids des Asthmapatienten lässt zu wünschen übrig. Die Schmerztherapie sei unvollständig trotz erheblicher Anstiege der Umsätze für Opioide, besonders in transdermaler Applikationsform. Die Aufzählung ließe sich fortsetzen. Rationierung wegen Regressandrohung oder mangelnde ärztliche Fortbildung und Sorgfalt? Patienten werden unter dem Vorwand eines erschöpften Arzneimittelbudgets (Richtgrößen) an Fachärzte oder das Krankenhaus überwiesen. Einzelne Beispiele sind bekannt, aber keine quantitativen Erkenntnisse solcher Vorgänge für die Versorgung in der Bundesrepublik. Die Zuwächse der Verordnungen von CSE-Hemmern sind so hoch, dass man Behauptungen des Sachverständigenrates und auch von Prof. Lauterbach kaum glauben kann, dass Postinfarktpatienten unterversorgt seien. Auf der anderen Seite muss natürlich auch betont werden, dass eine bessere therapeutische Versorgung einen höheren Arzneimittelverbrauch voraussetzt. Bei Kostenträgern und in der Politik hat man es sich jedoch angewöhnt, zweigleisig zu argumentieren: Unterversorgung **und** Überversorgung gleichzeitig. Was ist nun richtig? Harte Daten gibt es weder für das eine noch für das andere. Man kann aber nicht verlangen, den Blutdruck besser einzustellen, die Diabetiker intensiver zu versorgen, die Herzinsuffizienz nach den neuen wissenschaftlichen Erkenntnissen einzustellen etc., ohne mehr Ressourcen für die Arzneimitteltherapie zur Verfügung zu stellen.

4. In den vergangenen Jahren sind zahlreiche **innovative Behandlungsstrategien** entwickelt worden. Ich möchte davon nur die Behandlung der Hepatitis B und C, der Multiplen Sklerose, der chronischen rheumatoiden Arthritis, von HIV-Infektionen oder Tumorleiden und den Einsatz neuer immunsuppressiver Substanzen erwähnen. Die Jahrestherapiekosten liegen dabei vielfach oder fast schon stereotypisch zwischen 25.000 DM und 50.000 DM oder darüber. Angesichts einer nicht unbeträchtlichen jeweiligen Patientenzahl – ich habe entsprechende Daten wiederholt dargestellt – erscheint mir jedoch die jährliche Zunahme der Arzneimittelkosten um ca. 8 % eher als gering, wenn man bedenkt, dass sowohl Unterversorgungen aufgefüllt wie innovative Therapien realisiert werden mussten. Angesichts solcher Überlegungen ist die Annahme einer budgetbedingten Rationierung der Therapie naheliegend, was aber nicht beweisbar, geschweige denn quantifizierbar ist. Für einige Arzneimittelbereiche ist darüber hinaus eine deutlich höhere Verordnungszunahme im privatärztlichen Bereich als bei der gesetzlichen Krankenversicherung zu verzeichnen (Morbus Alzheimer, atypische Neuroleptika). Nach einer Aussage von Prof. Krüger, München, sind die TNF-Alphablocker bei 3 % bis 5 % der Patienten mit rheumatoider Arthritis indiziert. Tatsächlich eingesetzt werden sie jedoch nur bei 0,9 % der Patienten. Davon seien 65 % bis 70 % Privatpatienten, so dass nur 10 % der in Frage kommenden Kassenpatienten auch tatsächlich einen TNF-Alphablocker bekämen. Aber auch dies sind wohl unbewiesene Privatmeinungen eines Hochschulprofessors.

5. Eine weitere Form von Rationierung oder von **Rationierungszwang** droht aus **gesetzlichen Vorgaben**, aus Ergebnissen der **Rechtssprechung** und dem **Regressgebaren** von Krankenkassen. Ich beziehe mich bei dieser Aussage auf die jüngsten Vorkommnisse in Berlin bei Verordnungen von Medikamenten außerhalb der zugelassenen Indikation. Eine solche ist nach dem SGB V innerhalb der gesetzlichen Krankenversicherung grundsätzlich nicht möglich. Entsprechende Aussagen lassen sich aus den Arzneimittel-Richtlinien und unserer Rechtssprechung ableiten. Ich möchte den späteren Vorträgen über dieses Thema nicht vorgreifen. Die Art und Weise jedoch, wie derzeit hohe Regressforderungen von den Krankenkassen bei Ärzten mit onkologischen Schwerpunkten, bei der Behandlung von Aids und Multipler Sklerose erhoben werden, ist nichts anderes als Zwang zur Rationierung z. T. weltweit etablierter Therapien. Dies ist insbesondere dann evident, wenn vom Medizinischen Dienst der Krankenkassen quasi Positiv- oder Negativlisten für Therapieschemata aufgestellt werden, die nicht internationalem Standard entsprechen. Die Behinderung ärztlicher Therapiefreiheit – ich

beziehe mich dabei auf Spezialisten, die aufgrund ihrer Ausbildung und klinischen Erfahrung sehr wohl wissen, was sie tun –, die faktische Einzwängung ärztlicher Therapie zwischen Arztrecht, Sozialrecht, Haftungsrecht und Strafrecht ist im Grunde nichts anderes als verordnete Rationierung. Es ist vielen Ärzten hoch anzurechnen, dass sie dies nicht befolgen, etwa in der Kinderonkologie oder Kinderkardiologie. Unabhängig vom Zulassungsstatus muss der Arzt jedoch mit zivilrechtlichen Konsequenzen rechnen, wenn er einem Patienten eine Therapie vorenthält, die dem allgemein anerkannten Stand der medizinischen Erkenntnisse entspricht, mit einem Regress muss er neuerdings rechnen, wenn er dies tut, das eingesetzte Präparat jedoch noch nicht den Zulassungsstatus erreicht hat.

Wenn ich nach diesen Überlegungen die eingangs gestellte Frage nochmals aufgreife: „Rationierung durch Budgetierung?“, so ist eine eindeutige Antwort oder gar eine Quantifizierung nicht möglich. Die Tendenz zur Rationierung liegt aber nahe und der berstende Markt und der medizinische Fortschritt hätten diese Tendenz massiv erhöht, wenn Budgetierungen weiterhin Bestand hätten.

Rationierung durch Budgetierung

Franz Knieps[29]

Es gibt kaum ein Thema, dass kontroverser diskutiert wird als die Frage, ob durch Budgetierung der Arzneimittelausgaben zwangsläufig Rationierung mit nachteiligen Folgen für Versicherte und Patienten bewirkt wird. Es gibt aber auch kaum ein Thema, in dem Argumente so oft ausgetauscht worden sind, ohne dass sich die Apologeten beider Seiten aufeinander zubewegt hätten. Der folgende Beitrag plädiert für eine transsektorale und flexible Budgetierung, die eine Arzneimittelversorgung ohne ernste Gefahren durch Rationierung gewährleisten kann.

Wie man es dreht und wendet: An der Frage, wie knappe Ressourcen zur gesundheitlichen Versorgung aller Bürgerinnen und Bürger am wirkungsvollsten einzusetzen sind und welche Form der kollektiven und individuellen Ausgabensteuerung man wählt, kommt niemand vorbei. Das gilt selbst für diejenigen, deren Ruf nach „mehr Geld ins System" immer lauter wird. Denn auch sie werden bald erkennen, dass innerhalb eines überschaubaren Zeitraums nach einer Finanzspritze für das im internationalen Vergleich kaum als unterfinanziert geltende deutsche Gesundheitssystem die gleichen Fragen nur auf einem höheren Niveau gestellt werden. Insoweit hege ich durchaus eine gewisse Sympathie für das Bild, das der gegenwärtigen Bundesgesundheitsministerin Ulla Schmidt zugeschrieben wird, dass mit einigen Eimern sauberes Wasser ein im Übrigen verschmutzter See nicht geklärt werde.

Es ist in einem Gesundheitssystem, das nach übereinstimmender Auffassung der meisten Politiker, Wissenschaftler und Praktiker über (mehr als) ausreichende Finanzmittel verfügt, kaum eine Frage der Existenz oder Abschaffung von Ausgabenbegrenzungen, wie Über-, Unter- und Fehlversorgung zu Leibe gerückt werden kann. Dass in Deutschland diese Versorgungsrealitäten nebeneinander bestehen, wird nach Vorlage des Jahresgutachtens 2001 durch den Sachverständigenrat für die Konzertierte Aktion im Gesundheitswesen wohl kaum noch jemand bezweifeln. Umgekehrt ist nicht zu leugnen, dass es unter den Bedingungen sektoraler Budgets zu unsystematischen Rationierungen gekommen ist.

---

[29] Das Statement gibt die persönliche Auffassung des Verfassers wieder. Die Vortragsform wurde weitgehend beibehalten. Auf Anmerkungen wurde bewusst verzichtet. Ausgewählte Literaturhinweise am Schluss des Beitrages.

Ich sehe die Ursachen hierfür jedoch mehr in der kollektiven Hysterie der Ärzteschaft, die auf der Basis selektiver und vielfach auch gezielt falscher Informationen durch Kassenärztliche Vereinigungen und unseriöse pharmazeutische Unternehmen offenbar selbst glaubten, die einzelne Praxis sei budgetiert, und damit die Patienten entsprechend verunsicherten. Auch fehlt in der Regel bei der Feststellung von Unterversorgung in spezifischen Bereichen eine detaillierte Auseinandersetzung mit der Kehrseite der heutigen Arzneimittelversorgung in Deutschland, nämlich mit der Frage von Über- und Fehlversorgung. Es wird kaum verwundern, dass Repräsentanten der gesetzlichen Krankenversicherung den gebetsmühlenhaft vorgetragenen Behauptungen über eine budgetbedingte Unterversorgung, insbesondere mit innovativen Arzneimitteln, nur bedingt Glauben schenken. Sie verlassen sich eher auf die Autoren des Arzneiverordnungsreports, die im Jahr 2001 der Ärzteschaft einerseits ernsthaften Sparwillen bescheinigt haben, andererseits eine deutliche Qualitätssteigerung der Arzneimittelversorgung trotz der Ausgabengrenzen der Arzneimittelbudgets bei vielen großen Krankheiten konstatiert haben. Ohne den Druck, den dieser vielfach (erfolglos) beklagte Report und die Bemühungen verantwortungsbewusster Repräsentanten der Ärzteschaft in den vergangenen Jahren auf die Verordnungspraxis umstrittener Arzneimittel und die Potentialerschließung durch Generika erzeugt haben, würde eine reine Marketingorientierung die Debatte dominieren, in der Rationierung bei jeder politischen Steuerung als Schreckgespenst an die Wand gemalt würde.

Da der Verfasser nicht die Absicht hat und von Profession und beruflicher Position auch nicht kompetent wäre, die Diskussion im „Konfliktfeld Arzneimittelversorgung" aus ärztlicher oder pharmakologischer Sicht zu führen, muss sich dieser Beitrag auf die Frage konzentrieren, ob künftig auf eine Globalsteuerung der Ausgaben verzichtet werden kann und welche Bedingungen für eine Ausgabensteuerung gelten sollen. Es ist kein Geheimnis, dass der Verfasser zu den wenigen „Verblendeten" gehört, die die Einführung eines Globalbudgets nach wie vor für sinnvoll und praktikabel halten. Ein Globalbudget, das flexibel unterfüttert werden kann, ist sowohl in der Ausgestaltung als politische Orientierungsgröße für das Gesundheitswesen oder die gesetzliche Krankenversicherung – sei es auf Bundes- oder Regionalebene – als auch als Ausgabenobergrenze für die einzelne Krankenkasse geeignet. Die hektische Öffnung und Schließung von Schleusen bei der Steuerung der Arzneimittelversorgung unter wechselnden politischen Verantwortlichkeiten hat mehrfach bewiesen, dass ohne psychologisch wirkende Begrenzungen die Kosten für Arzneimittel bar jeder überzeugenden Begründung steigen, speziell weil marktliche Mechanismen im Gesundheitswesen nur unzureichend wirken können. Eine globale Ausgestaltung von Budgets hat den unbestreitbaren Vorteil, dass die sektoralen Strukturen des Gesundheitswesens nicht verfestigt werden, sondern ein Anreiz besteht, sektorübergreifend sparsames und rationales Verhalten zu belohnen. Die Diskussion über die vermeintlich unethischen Anreize von kombinierten Budgets soll hier nicht vertieft werden. Sie ist irrelevant, solange nicht die Ethik der Verschwendung mit diskutiert wird.

Hier soll nicht der Eindruck erweckt werden, dass die Einführung eines Budgets auf der Makroebene ausreichend wäre, um den einzelnen Arzt zu einer wirtschaftlichen Verordnungsweise und den Patienten zu einer wirtschaftlichen Inanspruchnahme zu veranlassen. Es ist völlig klar, dass ohne eine Feinsteuerung globale Ziele nicht zu erreichen sind. Das gilt auch für die Feinsteuerung von Budgets. Selbst bei Beibehaltung der sektoralen Budgets, die ausdrücklich als suboptimal zu bewerten sind, hätten Zielvereinbarungen und andere Steuerungsinstrumente, wie beispielsweise Beratung und Sanktionen auf der Mezzo- und Mikroebene, zum Einsatz kommen müssen. Die frühere Gesundheitsministerin Andrea Fischer verdient Zustimmung, wenn sie nur durch die Begrenzung der Gesundheitsausgaben in Form von Budgets einen hinreichenden Anreiz sah für eine konstruktive Auseinandersetzung um die Ausgestaltung von Steuerungsmechanismen, beispielsweise Festsetzungs- oder Vereinbarungsmöglichkeiten, Definition von Kriterien zur höheren Festschreibung, Berücksichtigung des medizinischen Fortschritts, Vermeidung unerwünschter „Nebenwirkungen“ oder Schaffung medizinischer oder ökonomischer Erfolgskriterien.

Juristen muss niemand „katholisch machen“, was die Durchsetzung von Sanktionen bei Budgetüberschreitung angeht. Die Zweifel an der Verfassungsmäßigkeit des Kollektivregresses in der früheren Ausgestaltung sind durchaus ernst zu nehmen. Viele Gründe sprechen aber auch dafür, dass eine Haftung der Kassenärztlichen Vereinigungen für die Steuerung ärztlich veranlasster Leistungen rechtlich zulässig und ökonomisch wie medizinisch zielführend ist. Wer den Sicherstellungsauftrag für die Ausgestaltung der Versorgung wie eine Monstranz vor sich herträgt, der muss sich auch für Über- und Fehlversorgung in die Pflicht nehmen lassen. Budgets erscheinen grundsätzlich geeignet, Kassenärztliche Vereinigungen auf Trab zu bringen, ihre Steuerungsaufgaben in der Arzneimittelversorgung effektiver wahrzunehmen. Bei aller Referenz an das gastgebende pharmazeutische Unternehmen der Bad Orber Gespräche können die Verquickungen zwischen Ärzteschaft und pharmazeutischer Industrie zur Förderung der gezielten Verordnung bestimmter Produkte nur als ärgerlich bezeichnet werden. Zuweilen sind ja auch die Grenzen des Strafrechts tangiert. Die Grundhaltung mancher Repräsentanten der Ärzteschaft, die einen Zusammenhang von Medizin und Ökonomie schlicht in Frage stellen, ist dagegen schon Teil des absurden Theaters im Gesundheitswesen. Generell dürfte wohl gelten: Wenn Kassenärztliche Vereinigungen nicht alsbald ein völlig anderes Rollenverständnis entwickeln, wird es diese bald nicht mehr geben – jedenfalls in der heutigen Form als Körperschaften des öffentlichen Rechts mit Zwangsmitgliedschaft. Engagement und Erfolg der neuen Instrumentarien in der Arzneimittelversorgung werden wesentlich mit darüber entscheiden, ob Kassenärztliche Vereinigungen in Zukunft noch eine wesentliche Rolle bei der Steuerung im Gesundheitswesen spielen werden.

Anstelle der übereilten Aufgabe der Arzneimittelbudgets wäre durchaus eine pragmatischere Form des Regresses denkbar gewesen. Eckpunkte einer Reform der Arzneimittelversorgung hätten aus Sicht der GKV unter anderem die konsequente abschreckende Regressierung bei extrem unwirtschaftlich verordnenden Vertragsärzten im Rahmen echter Wirtschaftlichkeitsprüfungen, die Begrenzung des individuellen Regresses bei Überschreitung des Arzneimittelbudgets und eine maßvolle Inpflichtnahme der Kassenärztlichen Vereinigung in Abhängigkeit von ihrer Wahrnehmung der Steuerungsfunktion sein können. Dann wäre die Diskussion um die Arzneimittelversorgung im Gefolge von AABG und ABAG völlig anders verlaufen. Dann hätte es weder „Freispiele" für forschende Arzneimittelhersteller noch „Ablasshandel" unter maßgeblicher Beteiligung der Industriegewerkschaft Bergbau, Chemie, Energie gegeben. Die Glaubwürdigkeit der Politik hätte sich zumindest nicht in dem Maße verschlechtert, wie sie es nach dem „Deal" im Kanzleramt getan hat. Es bleibt mehr als ein schaler Beigeschmack, dass sich im Konfliktfeld Arzneimittelversorgung Gesetze kaufen lassen.

Budgets verbinden – wie es Karl-Heinz Schönbach ausgedrückt hat – den Auftrag, in einem bestimmten Zeitraum definierte Aufgaben und Ziele zu erfüllen, mit der Verantwortung, den dafür zur Verfügung stehenden Finanzrahmen einzuhalten. Budgetsteuerung ist also eine in Marktwirtschaften übliche Gestaltungsaufgabe. Sie setzt Gestaltungskompetenz und Gestaltungswillen voraus. Daran mangelt es – trotz aller verbalen Bekundungen – den meisten Akteuren im Gesundheitswesen. Sie schieben die Verantwortung lieber der jeweils anderen Seite und am liebsten der Politik zu. Von daher ist es zumindest verständlich, dass die Politik den Ball wieder ins Gesundheitswesen zurückgespielt hat. Ob es sinnvoll war, diesen Pass in den Rücken der Krankenkassen zu schlagen, ohne hierfür mengenbewusstes Verhalten der Ärzteschaft und Preisbewusstsein in der Industrie konkret „einzukaufen", darf bezweifelt werden. Die psychologische Wirkung des Rückpasses war verheerend. Noch schlimmer sind allerdings Ratlosigkeit und Stillosigkeit, die den politischen Umgang mit anderen (feinsteuernden) Instrumenten in der Arzneimittelversorgung kennzeichnen. Budgets – ohne Zielvereinbarungen – können nur funktionieren, wenn sie von Arzneimittelrichtgrößen, Arzneimittelrichtlinien, Arzneimittelinformation und Arzneimittelberatung flankiert werden. Die bis nach der Wahl aufs Eis gelegte Positivliste spielt nicht nur eine psychologische Rolle. Rechtssicherheit für die Ausgestaltung der Versorgung durch Entscheidungen der gemeinsamen Selbstverwaltung ist ebenso zwingend wie Prinzipienfestigkeit gegenüber wirtschaftlichen Interessengruppen.

Neben der ökonomischen Seite sind für eine rationale Arzneimittelversorgung gleichgewichtig natürlich auch die medizinischen und pharmakologischen Aspekte zu berücksichtigen. Ohne eine Einbeziehung pharmaökonomischer Aspekte bei der Zulassung von Arzneimitteln und der Bewertung der Erstattungsfähigkeit in der GKV, ohne eine Reform der Zuzahlungen, ohne eine qualitativ wie quantitativ exponentiell verbesserte pharmakologische Ausbildung der Ärzte, ohne eine herstellerunabhängige Fortbildung, ohne ein auf Qualität und Wirtschaftlichkeit ausgerichtetes Informationssystem, ohne evidenzbasierte Leitlinien und Empfehlungen zur Arzneimitteltherapie einschließlich der Substitutionsmöglichkeiten, ohne eine kritische Qualitätskontrolle steigt die Gefahr unsystematischer Rationierung – unabhängig von Budgets. Diese Gefahr könnte durch forcierte Aktivitäten der gemeinsamen Selbstverwaltung deutlich gemindert werden. Die ersten Warnschüsse von exponierten Vertretern des Sachverständigenrats für die Konzertierte Aktion im Gesundheitswesen gegen die Aufgabenwahrnehmung durch die gemeinsame Selbstverwaltung sind unüberhörbar.

Das Spannungsverhältnis, welches die Beiträge in diesem Sammelband prägt, kann letztendlich nur über besseres Management auch bei der Steuerung der Arzneimittelversorgung gelöst werden. Von der politischen Ebene sind zumindest in einem Wahljahr nur Heilsbekundungen oder Untergangsszenarien zu erwarten. Was heute nicht wirksam durch die Selbstverwaltung gesteuert wird, droht ihr auf Dauer verlustig zu gehen. Wer das heutige Steuerungskonzept in der Arzneimittelversorgung sturmreif schießt, wird nicht etwa Marktmechanismen den Weg ebnen, sondern alsbald rigide staatliche Eingriffe ernten. Ob solche Maßnahmen dann striktere Vorgaben als verhandelbare Budgets darstellen und ob sie zu einem konsequenteren Abbau von Über-, Unter- und Fehlversorgung führen, das sei der Einschätzungsprärogative der Leserinnen und Leser überlassen.

Auswahl weiterführender Literatur:

AOK-Bundesverband (Hrsg.), Budgets: Die Balance stimmt, Gesundheit und Gesellschaft, Spezial 10/99

Braun, Rationierung und Vertrauensverlust im Gesundheitswesen – Folge eines fahrlässigen Umgangs mit budgetierten Mitteln, 2000

Glaeske/Jahnsen, GEK-Arzneimittel-Report, 2001

Klauber/Schröder/Selke (Hrsg.), Innovationen im Arzneimittelmarkt, 2000

Oldiges, Budgetierung – was sonst?, Sozialer Fortschritt 1995, 81 ff.

Reichelt, Steuerungswirkungen unter Selbstbeteiligung im Arzneimittelmarkt, 1994

Schönbach, Globale, sektorale und kombinierte Budgets in der gesetzlichen Krankenversicherung, Die BKK 1999, 63 ff.

Schwabe/Paffrath (Hrsg.), Arzneiverordnungsreport, 2001

Schwartz/Glennerster/Saltman (Edit.), Fixing Health Budgits: Experience from Europe and North-America, 1996

Themenkreis 2

Arzneimitteltherapie außerhalb der Regelversorgung

Christian Dierks

Vertragsärztliche Verordnung außerhalb der zugelassenen Indikation – Gibt es zulässige Grenzen des Off-Label-Use?

Das Problem

Zahlreiche Vertragsärzte in Berlin haben in den vergangenen Monaten ein oder mehrere Schreiben erhalten, die etwa folgenden Wortlaut hatten:

> *Sehr geehrter Herr Doktor,*
>
> *für den Patienten M. W. wurden im vierten Quartal 1999 die Arzneimittel I. und A. bei der Diagnose „T-Zelldefekt" unter gleichzeitiger antiretroviraler Indikation verordnet. Immunglobuline sind jedoch zur Therapie der HIV-Infektion beim Erwachsenen nicht zugelassen. Wir beantragen daher fristgerecht den Ersatz der verordneten Medikamente in Höhe des Betrages von DM 25.423,96.*
>
> *Mit freundlichen Grüßen*
> *Krankenkasse*

Anträge dieser Art werden oft als solche „auf Feststellung eines sonstigen Schadens" bezeichnet und formal auf Sondervorschriften in der Prüfvereinbarung der jeweiligen Kassenärztlichen Vereinigung gestützt. Mit dem Antrag wird der Prüfungsausschuss, die gemeinsame Prüfungseinrichtung der Ärzte und Krankenkassen, angerufen und soll über die medizinische Zweckmäßigkeit der Verordnung entscheiden. Nach jüngerer Rechtsprechung des BSG handelt es sich bei diesen Verfahren um Wirtschaftlichkeitsprüfverfahren im Sinne des § 106 Abs. 2 S. 1 Nr. 1 SGB V[30].

Inhaltlich werden die Anträge damit begründet, dass die Leistung in den inkriminierten Fällen nicht dem allgemein anerkannten Stand der medizinischen Erkenntnisse entspräche oder gegen Nr. 12 der Arzneimittel-

[30] BSG v. 14.03.2001 – B 6 KA 19/00 R

richtlinien verstoße, wonach Erprobungen von Arzneimitteln auf Kosten des Versicherungsträgers unzulässig sind. Viele Anträge erfassen Fälle, in denen das Arzneimittel außerhalb der zugelassenen Indikation oder außerhalb des zugelassenen Alters angewandt wurde. Einige beschäftigen sich auch mit Dosierungen oder Applikationsarten, die von der zugelassenen Fachinformation abweichen.

Die streitgegenständlichen Beträge liegen zwischen einigen hundert und mehreren tausend Mark und können in Einzelfällen auf mehrere Millionen DM kumulieren. Betroffen sind vor allem Onkologen, Neurologen und HIV-Schwerpunktpraxen. Allein in unserer Rechtsanwaltskanzlei werden mehr als 50 derartige Verfahren betreut. Die Tendenz ist sowohl hinsichtlich der Anzahl der Verfahren als auch der in Regress genommenen Beträge steigend.

Die Rechtsprechung bisher

Die Frage, welche Arzneimittel vom Anspruch des Versicherten in der gesetzlichen Krankenversicherung umfasst sind, ist freilich nicht trivial. Der Blick ins Gesetz informiert darüber, dass der Versicherte Anspruch auf die Versorgung mit Arzneimitteln hat, soweit diese geeignet sind, eine Krankheit zu erkennen, zu heilen, ihre Verschlimmerung zu verhüten oder Krankheitsbeschwerden zu lindern.[31] Die sozialrechtliche Definition des Arzneimittels erfasst daher Substanzen, deren bestimmungsgemäße Wirkung auf Heilung oder Besserung von Krankheitszuständen zielt.[32] Arzneimittel im Sinne des Arzneimittelrechts sind demgegenüber Stoffe und Zubereitungen aus Stoffen, die dazu bestimmt sind, durch Anwendungen am oder im menschlichen oder tierischen Körper Krankheiten, Leiden, Körperschäden oder krankhafte Beschwerden zu heilen, zu lindern, zu verhüten oder zu erkennen.[33] In den vergangenen 40 Jahren musste sich die Rechtsprechung mehr als einmal mit der Frage beschäftigen, welche Arzneimittel von diesem Anspruch umfasst sein können. Die wichtigsten seien hier kurz aufgezählt:

- In der „Sauerstoff“[34]-Entscheidung beanspruchte ein Versicherter die Verordnung von Sauerstoff zur Bekämpfung seines Asthmaleidens. Das Landessozialgericht hatte dem Anspruch stattgegeben, weil es Sauerstoff für ein „Heilmittel“ hielt. Das BSG stellte demgegenüber fest, dass es sich bei Sauerstoff um ein Arzneimittel han-

---

31 § 27 I S. 1, S. 2 NR. 3 SGB V
32 vgl. Dierks, Arzneitherapie und Recht, Stuttgart 1996, S. 36
33 vgl. § 2 Arzneimittelgesetz
34 BSG v. 16.07.1968 – 9 RV 1070/65

delt. Die Begriffsbestimmungen des AMG seien in der Krankenversicherung durchaus verwendbar, auch wenn Unterschiede bestehen.

- In der Entscheidung zur „glutenfreien Kost“[35] nahm ein Versicherter seine Krankenkasse auf Kostenerstattung für Toastbrote, Waffelbrote, Fertigmehl, Paniermehl und Patnareis in Höhe von 308,05 DM in Anspruch. Er litt an Sprue. Die Satzung der Kasse sah jedoch nur Arznei- und Heilmittel vor. Das BSG stellte zutreffender Weise fest, dass es sich bei den streitgegenständlichen Lebensmitteln weder um Arznei- noch um Heilmittel handelt und verwies den Kläger auf den „regelmäßigen Beschaffungsweg“.

- Ein Versicherter mit subakutem Gelenkrheumatismus beanspruchte die Erstattung der Beschaffungskosten von „Angorawäsche“[36]. Nachdem das Sozialgericht die Krankenkasse noch zur Erstattung der Kosten verurteilt hatte, wurde der Anspruch vom LSG abgewiesen und diese Entscheidung vom BSG bestätigt, das mit klarem richterlichen Blick feststellen konnte, dass es sich bei Angoraunterwäsche nicht um Arzneimittel, sondern „vielmehr um Bekleidungsstücke handele“.

- In der „Fachinger und Ballaststoffe“[37]-Entscheidung beanspruchte ein querschnittgelähmter Soldat mit Blasen- und Mastdarmlähmung die Erstattung der Beschaffungskosten für Fachinger und Weizenkleie, die ihm bis dahin gewährt worden war. Das LSG hatte zur Leistung verurteilt. Das BSG stellte demgegenüber fest, dass es sich um Lebensmittel handelt, weil sie überwiegend der Ernährung dienten und keine Arzneimittel seien.

- Aus anderen Gründen interessant ist die BSG-Entscheidung zur „Anti-Baby-Pille“.[38] Eine Patientin wurde wegen einer Hauterkrankung mit dem potenziell fruchtschädigenden Wirkstoff Tigason behandelt. In Frage stand die Begleitmedikation mit Kontrazeptiva zur Verhinderung einer Schwangerschaft mit nachfolgend geschädigtem Kind. Freilich war die Verordnung der Kontrazeptiva durch Nr. 22 der Arzneimittelrichtlinien ausgeschlossen. Das BSG entschied, dass der Bundesausschuss Ärzte und Krankenkassen nicht generell bestimmen darf, was ein gesetzliches Behandlungsziel sein soll und

---

[35] BSG v. 18.05.1978 – 3 RK 11/77
[36] BSG v. 12.12.1979 – 3 RK 44/78
[37] BSG v. 13.07.1988 – 9/9 a RV 11/87
[38] BSG v. 24.01.1990 – 3 RK 18/88

was nicht. Maßgeblich für die Verordnungsfähigkeit sei die Zweckbestimmung, die hier darin liegen kann, einen Schaden zu vermeiden. Das geschädigte Kind könnte aber für die „psycho-physische Befindlichkeit“ der Mutter ebenfalls ein Schaden sein, so dass das BSG den Anspruch auf Versorgung mit dem Arzneimittel bestätigt hat. Alternativen zu der Verordnung seien nicht erkennbar, zumal das BSG „keine rechtlichen Gründe für geschlechtliche Enthaltsamkeit“ gelten lassen wollte. Doch nur unter diesen Umständen können Kontrazeptiva als Arzneimittel im sozialrechtllichen Sinne angesehen werden, da ihnen im Regelfall die Zweckbestimmung des Heilens fehlt.[39]

- In der „Ney-Tumorin“-Entscheidung verklagte ein Krebspatient seine AOK auf Erstattung der Beschaffungskosten für Ney-Tumorin, das ihm auf Privatrezept verschrieben worden war. Das Sozialgericht gab dem Antrag statt. Das Landessozialgericht nur zur Hälfte, wurde aber seinerseits vom BSG aufgehoben, das die Erstattung für gesetzmäßig hielt. Die Verordnung eines Medikaments mit zweifelhafter Wirksamkeit war nach dieser Entscheidung zweckmäßig, wenn andere Behandlungsmöglichkeiten ausscheiden und die Möglichkeit eines Behandlungserfolges besteht.

- Streitgegenstand der „Goldnerz“[40]-Entscheidung war ein Erstattungsanspruch in Höhe von 318,00 DM für selbst gekaufte Goldnerz-Creme, der von einem Patienten mit Neurodermitis geltend gemacht wurde. Das BSG stellte fest, dass der in Nummer 21 c der Arzneimittelrichtlinien niedergelegte Ausschluss dieser Creme einer Erstattung nicht entgegengehalten werden kann, da dem Bundesausschuss Ärzte und Krankenkassen insoweit keine Kompetenz zukomme. Als problematisch erwies sich insbesondere, dass das damals noch bestehende Bundesgesundheitsamt dem Präparat die Zulassung, allerdings erst nach dem Kauf durch den Kläger, versagt hatte. Das BSG problematisierte das Spannungsverhältnis zwischen dem sozialrechtlichen Anspruch auf Versorgung mit einem Arzneimittel (damals noch § 182 Abs. 1 Nr. 1 b RVO) und dem Verbot des Inverkehrbringens eines nicht zugelassenen Arzneimittels. Grundsätzlich bestätigte es, dass die fehlende Zulassung eine Negativschranke für die Verordnung auch in der gesetzlichen Krankenversicherung darstellt. Allerdings scheitert eine Verordnung nicht stets an der fehlenden Zulassung, der insoweit nur eine gewisse „Präjudizialität“ zukommt. So ist das Zulassungsverfahren geeignet, den Min-

---

[39] BSG v. 31.08.2000 – B 3 KR 11/98 R = SozR 3 2500 § 35 Nr. 1
[40] BSG v. 08.06.1993 – 1 RK 21/91

deststandard der ärztlichen Kunst abzubilden. Die Anforderungen des AMG an die therapeutische Wirksamkeit entsprechen denen des therapeutischen Nutzens, wie er in Nummer 11 der Arzneimittelrichtlinien niedergelegt ist. Insoweit haben die Reichsversicherungsordnung und das AMG dieselbe Zielgruppe. Allerdings stand das BSG damals noch auf dem Standpunkt, dass auch ein nicht zugelassenes Arzneimittel verordnungsfähig ist, wenn es im Einzelfall erfolgreich zu einem anderen Zweck eingesetzt wird als seiner allgemeinen Bestimmung oder wenn es aufgrund der Prüfergebnisse die wissenschaftlich ernsthaft begründete Möglichkeit eines Therapieerfolges in sonst nicht mehr behandlungsfähigen Fällen darstellt.

- Eine weitere Variante der Problemlage ist in der „Edelfosin"[41]-Entscheidung nachzulesen. Ein Patient mit Non-Hodgkin-Lymphom verlangte Kostenerstattung für ein Fertigarzneimittel, dessen Zulassung „seit Jahren betrieben" wurde, aber letztlich scheiterte. Der Hersteller hatte Widerspruch und Klage gegen die Versagung der Zulassung erhoben. Der erste Senat distanzierte sich von seiner Theorie zur „Außenseitermethode" und stellte unmissverständlich fest, dass während der Phase einer klinischen Prüfung kein Erstattungsanspruch gegenüber der Krankenkasse besteht.

- Die „Remedacen"[42]-Entscheidung stellte erstmals die Kostentragungspflicht der Krankenkassen für die Substitutionstherapie bei heroinabhängigen Patienten in Frage. Das dazu verwendete Remedacen war zwar verkehrs- und verschreibungsfähig, jedoch in einer anderen Indikation zugelassen. Das BSG kam zu dem Ergebnis, dass die gesetzliche Negativliste nach § 34 der Verordnung nicht entgegenstehen kann, weil es sich um eine schwere Erkrankung handelt. Auch dass die Heilung erst in einem zweiten Schritt erreicht wird, steht einer Kostentragungspflicht der Krankenkasse nicht entgegen. Bezweifelt wurde allerdings die Zweckmäßigkeit, da das Medikament in der Indikation „Substitution Drogenabhängiger" nicht zugelassen war. So war offen, ob die Therapie mit dem Medikament dem allgemein anerkannten Stand der medizinischen Erkenntnis gemäß § 2 Abs. 1 S. 3 SGB V entspricht. Das BSG stellte fest, dass in solchen Fällen wissenschaftlich einwandfrei geführte Statistiken erforderlich sind, um die Wirksamkeit nachzuweisen.

---

41 BSG v. 08.03.1995 – 1 RK 8/94

42 BSG v. 05.07.1995 – 1 RK 6/95

- In der „Jomol"[43]-Entscheidung des Bundesverfassungsgerichts wurden Kosten von rund 100.000,00 DM von den Angehörigen eines verstorbenen Patienten geltend gemacht. Das Medikament war bei einem metastasierenden Nierenzellkarzinom eingesetzt worden. Die Krankenkasse hatte die Kostenübernahme abgelehnt, weil nicht zugelassene Ärzte mit einem Medikament behandelt hatten, dem Zulassung und Wirksamkeitsnachweis fehlten. Das Bundesverfassungsgericht führte aus, dass die Einhaltung der Schutzpflicht des Staates für das Recht auf Leben und körperliche Unversehrtheit innerhalb der Grenzen der Finanzierbarkeit geprüft werden kann. Das Wirtschaftlichkeitsgebot aus § 12 SGB V markiere diese Grenzen. Eine Verknüpfung zwischen dem SGB V und dem AMG sei unbedenklich, weil die Zulassung ein eindeutiges, zugängliches und zuverlässiges Kriterium darstellt.

- In der (zeitlich nachfolgenden!) „Jomol"[44]-Entscheidung des BSG ließ der erste Senat die Kostentragungspflicht der Krankenkasse daran scheitern, dass eine Krankenkasse nicht eine Straftat nach § 96 Nr. 5 AMG finanzieren darf, indem sie einem zulassungspflichtigen Medikament, für das eine Zulassung nie beantragt und nie erteilt wurde, die Finanzierung des Inverkehrbringens ermöglicht. Aus dieser Entscheidung stammt der Hinweis, dass die Therapie mit Rezepturarzneimitteln einer Begutachtung und Beurteilung des Bundesausschusses Ärzte und Krankenkassen nach § 135 SGB V bedarf.

- In der „S.K.A.T."[45]-Entscheidung beanspruchte ein 59-jähriger Patient mit erektiler Dysfunktion Kostenerstattung für selbst beschaffte Ampullen mit Prostavasin zur Schwellkörperautoinjektionstherapie in Höhe von 767,43 DM. Entgegen der Auffassung der Krankenkasse bestätigte das BSG, dass es sich bei der erektilen Dysfunktion um eine Krankheit handelt. Dem entsprechend wurde die Therapie auch für notwendig gehalten. Der Einschlägigkeit der gesetzlichen Negativliste, im Sinne einer Behandlung von Bagatellerkrankungen, stand das Gericht ablehnend gegenüber. Allerdings wurde im Rahmen der Wirtschaftlichkeit problematisiert, wie häufig eine solche Therapie erforderlich ist und wer für die Frequenzentscheidung verantwortlich sein könnte. Die nach Klageerhebung als Reaktion auf die Markteinführung von Viagra® vorgenommene Ergänzung der Arzneimittelrichtlinien, nach der kein Anspruch auf die Versorgung mit Medika-

---

43 BVerfG v. 05.03.97 – 1 BvR 1068/96 = MedR 1997, S. 318
44 BSG v. 23.07.1998 – B 1 KR 19/96 = SozR 3-2500, § 31 Nr. 5
45 BSG v. 30.09.1999 – B 8 KN 9/98 KR R = SozR 3-2500, § 27 Nr. 11

menten zur Behandlung der Impotenz bestehen soll, hielt das Gericht für unbeachtlich. Mangels Kompetenz des Bundesausschusses sei ein solcher Ausschluss irrelevant, egal „welche Rechtsnatur man auch immer den Arzneimittelrichtlinien beimisst". Problematisch war in diesem Fall jedoch die fehlende Zulassung im Anwendungsbereich. Der Einsatz sei daher arzneimittelrechtlich zwar unproblematisch, gleichwohl bestünden sozialrechtliche Bedenken. Das Gericht wies darauf hin, dass ein Arzneimittelhersteller eine Zulassung für eine problemlose Indikation erhalten könnte, um dann anschließend die Verwendung des Arzneimittels für jedweden Zweck zu propagieren. Im Ergebnis wurde dem Kläger die Erstattung der Arzneimittel gewährt, weil er noch Vertrauensschutz aus der „Remedacen"-Entscheidung genoss. Die Versorgung für die Zeit nach dem 30.07.1997 wurde jedoch versagt, weil ab diesem Zeitpunkt ein weiteres Medikament speziell für die erektile Dysfunktion zugelassen worden war. Der in diesem Verfahren zuständige achte Senat führte abschließend aus, dass bei schwerwiegenden, lebensbedrohlichen Erkrankungen ein Einsatz außerhalb des zugelassenen Anwendungsgebietes möglich sein könnte, wenn es an einer therapeutischen Alternative fehle.

- In der Entscheidung zur autolosen spezifischen Immuntherapie „ASI"[46] ging es um die Therapie eines Nierenzellkarzinoms durch Arzneimittel, die für den Patienten als Spezifikum, also nicht als Fertigarzneimittel, hergestellt werden. Das BSG beanstandete das fehlende Votum nach § 135 SGB V und hielt auch den Fall des Systemversagens nicht für einschlägig, da die Methode nicht anerkannt sei. In einem Obiger dictum merkte das BSG allerdings an, dass ein Anspruch „möglicherweise" bestehen könnte, wenn vor Abschluss der Erprobung günstige Zahlen vorliegen(!).

Zusätzlich zu dem vorstehend dargestellten bunten Strauß an Rechtsprechung im Schnittpunkt zwischen zugelassener Indikation und Verordnungsfähigkeit sind im Laufe der Jahre Gesetzesänderungen vorgenommen worden, die den Problemkreis betreffen. So wurden über die Jahre die Negativliste eingeführt, die Positivliste ein- und wieder aus- und dann wieder eingeführt, der Anspruch auf apothekenpflichtige Arzneimittel beschränkt. Die Arzneimittelrichtlinien wurden neu gefasst. Die letzte Neufassung der Arzneimittelrichtlinien wurde vom Bundesausschuss nach gerichtlicher Beanstandung eines entscheidenden Punktes freilich nicht mehr publiziert.

---

46 BSG v. 28.03.2000 – B 1 KR 11/98 = SozR 3-2500, § 135 Nr. 14

Juristische Würdigung

Vor dem Hintergrund der komplexer gewordenen Rechtslage und der feinen Ausdeutung in den Wechselbeziehungen zwischen Arzneimittel- und Sozialrecht, Sorgfaltspflicht und Wirtschaftlichkeitsgebot soll nachfolgend der Frage nachgegangen werden, ob und unter welchen Umständen ein Arzneimittel außerhalb der zugelassenen Indikation zu Lasten der gesetzlichen Krankenversicherung verordnet werden darf.

Zulassung und Indikation

Nach der „Remedacen"-Entscheidung ist die Verordnungsfähigkeit von Arzneimitteln außerhalb der zugelassenen Indikation eingeschränkt, nicht aber generell ausgeschlossen. Nicht allein auf die Verordnung eines Arzneimittels beschränkt, sondern allgemeiner auf die Anforderungen des § 2 Abs. 1 S. 3 SGB V an Behandlungsmethoden bezogen, führt das Gericht aus, „dass auch solche Behandlungsmethoden der Vorschrift entsprechen, die zwar noch nicht die Anerkennung des Bundesausschusses der Ärzte und Krankenkassen haben, für deren Anwendung aber der Nachweis der Wirksamkeit in einer statistisch relevanten Zahl von Fällen spricht und gegen die auch hinsichtlich der Qualität, z. B. damit verbundene Nebenwirkungen, im Hinblick auf die damit erreichbaren Behandlungserfolge keine durchgreifenden Bedenken bestehen".[47] Auch in der „SKAT"-Entscheidung hat das Bundessozialgericht die Auffassung vertreten, dass die Verordnungsfähigkeit von Arzneimitteln außerhalb der zugelassenen Indikation unter Einschränkungen möglich ist.[48] Aus der Rechtsprechung des Bundessozialgerichts kann also nicht gefolgert werden, dass Arzneimittelverordnungen zu Lasten der gesetzlichen Krankenversicherung grundsätzlich nur noch in der zugelassenen Indikation erfolgen dürfen.[49]

Eine solche restriktive Auffassung trüge auch den tatsächlichen Gegebenheiten und Erfordernissen des öffentlichen Gesundheitswesens nicht Rechnung:

- Zum einen korrespondiert die zugelassene Indikation nur dann mit dem Stand der wissenschaftlichen Erkenntnis, wenn der Hersteller die Indikation in das Zulassungsverfahren einführt und die zuständige Behörde rechtzeitig entsprechend entscheidet. Wenn man den

---

47 BSG v. 05.07.1995, NZS 1996, S. 169, 171 = SozR 3-2500, § 27 Nr. 5

48 s. Fn. 16 S. 51

49 s.a SG Aachen v. 01.06.1999 - S 13 KR 35/98, S. 10, und LSG Sachsen-Anhalt v. 05.06.2001, AZ L 4 B 4/01 KR ER, S. 11

Stand der medizinischen Erkenntnisse streng an die zugelassene Indikation knüpft, so würde im Ergebnis der pharmazeutische Unternehmer entscheidend über den Stand der medizinischen Erkenntnisse im Sinne von § 2 Abs. 1 Satz 3 SGB V bestimmen.

- Zum anderen ist die Anwendung zahlreicher Medikamente bei Kindern oder bei besonderen Risikogruppen von der Zulassung oftmals nicht umfasst. Für solche Anwendungen bildet sich unabhängig davon, ob die Behandlung innerhalb der zugelassenen Indikation erfolgt, in der medizinischen Profession ein Standard der Behandlung. Dieser Standard richtet sich nach der Bewährung von Therapiemethoden in der Praxis, der Akzeptanz in der ärztlichen Profession und wissenschaftlichen Erkenntnissen, die auch für eine Anwendung eines Arzneimittels in nicht zugelassener Indikation vorliegen können.[50] In der medikamentösen Therapie von Kindern werden z. B. 39 % aller verordneten Mittel außerhalb der Zulassung gebraucht.[51] Der Berufsverband der niedergelassenen Hämatologen und internistischen Onkologen in Deutschland (BNHO) geht davon aus, dass bis zu 60 % der Patienten in der Regelversorgung mit Medikamenten außerhalb der Zulassungsindikationen behandelt werden, und zwar deshalb, weil dies dem Stand des medizinischen Wissens und international anerkannten Standards entspricht.[52]

- Für die Behandlung seltener Erkrankungen kann sich schließlich die Fortentwicklung des Standards wegen der begrenzten Zahl der Patienten und auch der behandelnden Ärzte und des häufig herrschenden Forschungsrückstandes sehr schnell gestalten. Deshalb ist es nicht zwangsläufig so, dass der Stand der medizinischen Erkenntnis durch die von der Zulassung umfassten Indikationen abgebildet wird.

Folglich kann für den Patienten die Situation entstehen, dass er einen Anspruch auf die Verordnung eines bestimmten Medikaments außerhalb der zugelassenen Indikation hat, weil dies dem anerkannten Stand der medizinischen Erkenntnis entspricht. So gibt es z. B. Leitlinien von Fachgesellschaften, in denen auch bei häufigen Erkrankungen für die jeweilige Indikation nicht zugelassene Arzneimittel empfohlen werden.

---

50 zum medizinischen Standard Carstensen, DÄBl. 1989, S. B-1736; Hart, MedR 1998, S. 8 ff.

51 Arzneitelegramm 2/2000, S. 1, nach einem prospektiven Vergleich der Arzneitherapie auf Kinderstationen in fünf europäischen Ländern

52 Stellungnahme des BNHO, Mai 2001, zit. n. Kozianka/Millarg, PharmR 2001, S. 236, 238

Mit anderen Worten, die Zulassung in der betreffenden Indikation ist nur ein Indiz für die Zweckmäßigkeit und damit eine hinreichende, aber keine notwendige Voraussetzung. Entscheidendes Kriterium für die Verordnungsfähigkeit eines Arzneimittels ist damit nicht seine Zulassung, sondern der Nachweis seiner Wirksamkeit.

Dies stellt nicht nur die Auffassung des Bundessozialgerichts dar, sondern entspricht auch der Rechtsprechung der ordentlichen Gerichte. So hat das OLG Köln in seiner „Aciclovir"[53]-Entscheidung ebenfalls ausgeführt, dass ein Patient einen zivilrechtlichen Anspruch auf die Verordnung eines Medikaments auch außerhalb der zugelassenen Indikation haben kann, wenn in den Fachpublikationen bereits ausreichende Erkenntnisse für die Wirksamkeit in der neuen Indikation vorliegen. In diesem Haftungsfall stufte das Gericht die Nichtanwendung des Medikaments Aciclovir in einer Indikation, für die es keine Zulassung besaß, sogar als „grob fehlerhaft" ein.

Gleiches gilt für die Applikationsart: Das Landessozialgericht Sachsen-Anhalt verpflichtete eine Krankenkasse zur Kostentragung einer zulassungsfremden Applikationsart bei der Verwendung des Medikaments „Proleukin" und führte aus[54]:

„Dafür spricht, dass die Beschwerdegegnerin an einer lebensbedrohlichen Erkrankung leidet und die von der Zulassung abweichende Anwendung nach den vorliegenden medizinischen Unterlagen ebenso wirksam ist wie die intravenöse Applikation, dabei aber nebenwirkungsarm, also weniger gefährlich und verträglicher ist".

Bei der Bewertung der Wirksamkeitsnachweise ist allerdings zu berücksichtigen, ob es sich im Einzelfall um eine sehr seltene Erkrankung handelt. Auf diese könnten dann die im Urteil des Bundessozialgerichts zur Duchenne´schen Erkrankung angeführten Besonderheiten zutreffen.[55] Es würde demnach für einen Wirksamkeitsnachweis auch ausreichen, dass sich die Methode in der Praxis und in der medizinischen Fachdiskussion durchgesetzt hat.

Notwendige Empfehlung des Bundesausschusses?

Eine Verordnung außerhalb der zugelassenen Indikation kann auch nicht schon allein deshalb als unwirtschaftlich angesehen werden, weil der

---

53 OLG Köln v. 30.05.1990 – 27 U 169/89 = VersR 1991, S. 186
54 LSG Sachsen-Anhalt v. 05.06.2001 – L 4 B 4/01 KR ER, S. 11
55 Urteil v. 16.09.1997, SozR 3-2500, § 135 Nr. 4

Bundesausschuss der Ärzte und Krankenkassen hierzu noch keine positive Empfehlung abgegeben hat.[56] Die Vorschrift des § 135 Abs. 1 S. 1 SGB V, die das Erfordernis der Empfehlung durch den Bundesausschuss regelt, ist auf eine Verordnung außerhalb der zugelassenen Indikation nicht anwendbar.

Zunächst ist aus rechtssystematischen Gründen zweifelhaft, ob § 135 SGB V für die Konkretisierung des Leistungsanspruchs des Versicherten herangezogen werden kann, weil die Vorschrift nicht im Leistungsrecht des SGB V, sondern im Leistungserbringungsrecht (§§ 69 bis 140 h SGB V) steht. Wie jüngst in einer juristischen Habilitationsschrift erneut überzeugend dargelegt[57], erfüllt das Leistungserbringungsrecht gegenüber dem Leistungsrecht lediglich eine dienende Funktion. Nur weil Letzteres grundsätzlich als Sachleistungsrecht ausgestaltet ist, bedarf es überhaupt einer umfänglichen Regelung der Rechtsbeziehungen zwischen den Versicherungsträgern und den Leistungserbringern. § 135 Abs. 1 S. 1 SGB V kann daher einen Leistungsanspruch eines Patienten aus §§ 27, 31 i.V.m. § 2 Abs. 1 SGB V nicht beschränken.

Aber selbst wenn man den Anwendungsbereich der Vorschrift mit der Rechtsprechung des Bundessozialgerichts auf das Leistungsrecht erstreckt, ist die Norm auf Fertigarzneimittel nicht anwendbar. Für Arzneimittel bestehen mit den Regelungen zur Positivliste, zur Negativliste und den Arzneimittelrichtlinien spezielle Regelungen zur Verordnungsfähigkeit, die § 135 Abs. 1 S. 1 SGB V vorgehen:

- Dies folgt zunächst aus einer systematischen Auslegung: § 33 a Abs. 10 S. 4 SGB V bestimmt, dass Arzneimittel, bei denen die Voraussetzungen des § 19 AMG vorliegen und die der Zulassungspflicht nach § 21 Abs. 1 AMG entsprechen sowie nicht unter § 33 a Abs. 7 S. 5 SGB V fallen, nach ihrer Zulassung oder ihrer Genehmigung zunächst verordnungsfähig sind. Arzneimittel dieser Art unterliegen also nicht dem Verbot mit Erlaubnisvorbehalt nach § 135 Abs. 1 S. 1 SGB V.

- Weiterhin zeigt § 34 SGB V, der den Ausschluss unwirtschaftlicher Arzneimittel aus der Versorgung in der GKV regelt, dass eine Anwendung des § 135 Abs. 1 S. 3 SGB V vom Gesetzgeber für Fertigarzneimittel nicht gewollt ist.

---

56 so im Ergebnis auch das LSG Sachsen-Anhalt v. 05.06.2001 – AZ: L 4 B 4/01 KR ER, S. 8 ff.

57 Rolfs, Das Versicherungsprinzip im Sozialversicherungsrecht, München 2000, S. 410 ff.

- Ferner zeigt der Wortlaut des § 135 Abs. 1 S. 1 SGB V, dass die Norm nicht auf Fertigarzneimittel Anwendung findet. Die Norm behandelt Untersuchungs- und Behandlungsmethoden, also Dienstleistungen und keine Sachleistungen wie Arzneimittel und Heil- und Hilfsmittel.

- Dies wird durch die Existenz der Sonderregelung für die Sachleistungen „Heil- und Hilfsmittel" in §§ 138, 139 SGB V belegt.

- Dem entsprechend hat der Bundesausschuss in den BUB-Richtlinien eine Bewertung von Arzneimitteltherapien nicht eigenständig geregelt. Nach Nr. 2.1 BUB-Richtlinie sind als neue Untersuchungs- und Behandlungsmethoden nur solche Leistungen zu werten, die

  - noch nicht als abrechnungsfähige ärztliche Leistungen im einheitlichen Bewertungsmaßstab (EBM) enthalten sind oder die
  - als ärztliche Leistungen im EBM aufgeführt sind, deren Indikationen aber wesentliche Änderungen oder Erweiterungen erfahren.

Da im EBM nur vertragsärztliche Leistungen aufgeführt sind, nicht aber Arzneimittel bewertet werden, ist die Bewertung von Arzneimitteltherapien durch den Bundesausschuss nicht vorgesehen.

Etwas anderes mag gelten, wenn es sich nicht um Fertigarzneimittel handelt. Nur für solche Rezepturarzneimittel hat das Bundessozialgericht eine Anwendbarkeit des § 135 Abs. 1 S. 1 SGB V bejaht.[58] Hintergrund dieser Entscheidungen ist, dass diese Rezepturarzneimittel nicht nach § 21 AMG zulassungspflichtig sind. Die an die Zulassungspflicht anknüpfenden spezielleren Regelungen in §§ 33 a, 34 SGB V und den AMR greifen daher nicht.

Off-Label-Use und klinische Studien

In zahlreichen Fällen werden Anträge auf Feststellung eines sonstigen Schadens auch damit begründet, dass ein Medikament nicht nur außerhalb der zugelassenen Indikation eingesetzt wird, sondern dass mit diesem Medikament zugleich klinische Studien durchgeführt werden. In diesen Fällen wird dann eine Kostentragungspflicht des Herstellers für die

58 s. Fn. 15 u. 17

Zeit nach Ablauf der klinischen Studie bis zur Zulassung des Medikaments gefordert. Dem ist jedoch nicht zuzustimmen.

- Zwar ist anerkannt, dass Erprobungen von Arzneimitteln nicht auf Kosten des Versicherungsträgers zulässig sind (vgl. Nr. 12 AMR). Das Verbot der Finanzierung von Erprobungen ist damit begründet, dass es nicht Aufgabe der Krankenkassen ist, die medizinische Forschung zu finanzieren.[59] Die Bundesregierung hat im Rahmen einer kleinen Anfrage zu Nr. 12 AMR jedoch klargestellt, dass die Anwendung eines Arzneimittels in einer nicht zugelassenen Indikation nur dann eine Erprobung darstellt, wenn dies im Rahmen der Durchführung einer Studie erfolgt.[60]

  Nun ist aber nicht jede indikationsfremde Behandlung eines Patienten eine Erprobung. Erfolgt eine Behandlung am Einzelfall und nicht im Rahmen eines auf systematischen Erkenntnisgewinn angelegten Grundplans, liegt keine klinische Erprobung vor. Eine solche Verordnung dient dann allein der Therapie der Erkrankung und nicht der wissenschaftlichen Erkenntnis.

- Ferner ist der Hersteller eines Arzneimittels nicht verpflichtet, das Arzneimittel solange kostenlos zur Verfügung zu stellen, bis es auch in der neuen Indikation zugelassen ist. Das Bundesverfassungsgericht hat eine einstweilige Anordnung erlassen, nach der keine Verpflichtung zur kostenlosen Zur-Verfügung-Stellung von Studienpräparaten besteht.[61] Erst recht besteht dann keine Verpflichtung des Herstellers, Arzneimittel kostenlos zur Verfügung zu stellen, wenn die klinische Prüfung bereits abgeschlossen ist oder aber eine Behandlung außerhalb einer klinischen Prüfung allein zu Heilungszwecken erfolgt.

Verfassungsrechtliche Erwägungen

Auch aus verfassungsrechtlicher Sicht kann sich eine Therapie außerhalb der zugelassenen Indikation als wirtschaftlich im Sinne von § 2 Abs. 1 S. 1, 12 Abs. 1 SGB V erweisen. Der Ausschluss einer im konkreten Fall einzig Erfolg versprechenden Behandlungsmethode aus dem Leistungskatalog der Krankenkasse würde gegen den Anspruch des Patien-

---

59 vgl. BT-Drs. 11/2237, S. 157
60 BT-Drs. 13/9809, S. 25
61 BVerfG v. 15.09.1994 – 1 BvR 1651/94 –, NJW 1995, S. 771 f.; eine Entscheidung in der Hauptsache erfolgte wegen des nachträglichen Wegfalls der Zulässigkeitsvoraussetzungen nicht, BVerfG v. 14.03.2001 – 1 BvR 1651/94

ten aus der grundrechtlichen Schutzpflicht des Art. 2 Abs. 2 GG und gegen sein Selbstbestimmungsrecht bei der Therapiewahl aus Art. 2 Abs. 1 GG verstoßen.

Diese verfassungsrechtlichen Belange werden durch die Grundrechte der Versicherten und der betroffenen Arzneimittelhersteller aus Art. 12 Abs. 1 GG verstärkt. Zwar hat das Bundesverfassungsgericht anerkannt, dass das Selbstbestimmungsrecht des Patienten bei der Therapiewahl durch das sozialversicherungsrechtliche Wirtschaftlichkeitsgebot des § 12 Abs. 1 SGB V grundsätzlich in verfassungskonformer Weise kostenmäßig begrenzt wird,[62] doch zeigen die Ausführungen des Bundesverfassungsgerichts, dass zur Wahrung der verfassungsrechtlichen Anforderungen Ausnahmen möglich sein müssen. So verweigert das Bundesverfassungsgericht lediglich einen „Anspruch auf Bereithaltung spezieller Gesundheitsleistungen" und betont weiterhin, dass in dem von ihm zu entscheidenden Fall „kein existentieller Nachteil" drohe. Diese Einschränkungen des Bundesverfassungsgerichts belegen, dass die Reichweite des Leistungsanspruchs des Versicherten von einer Abwägung der kollidierenden Verfassungsrechtsgüter im Einzelfall abhängig ist. Damit genügt die Beschränkung der Leistungspflicht auf bereits anerkannte Untersuchungs- und Behandlungsmethoden sowie auf in der zugelassenen Indikation applizierte Arzneimittel im Regelfall den verfassungsrechtlichen Anforderungen. Ausnahmen müssen jedoch dann gelten, wenn diese Behandlungsweisen unter Berücksichtigung des verfassungsrechtlichen Interesses an einem wirtschaftlichen Leistungskatalog nicht hinreichend effektiv zur Durchsetzung der Grundrechte aus Art. 2 Abs. 1, Abs. 2, 12 Abs. 1 GG sind.

Eine solche Abweichung von der Beschränkung auf anerkannte Untersuchungs- und Behandlungsmethoden und auf die Anwendung von Arzneimitteln nur in der zugelassenen Indikation muss aus verfassungsrechtlichen Gründen dann greifen, wenn

- sich die neue Methode auf der Grundlage wissenschaftlicher Nachweise als wirksam erwiesen hat,
- die Methode der Behandlung einer gravierenden Erkrankung dient,
- eine therapeutische Alternative nicht vorhanden ist.

Jedenfalls wenn eine Behandlungsmethode diese Voraussetzungen erfüllt, überwiegen die für ihren Einsatz streitenden Verfassungsrechtsgüter das Interesse an einer Beschränkung des Leistungskatalogs aus Wirtschaftlichkeitserwägungen. Das verfassungsrechtliche Interesse an

---

62 s. Fn. 14

einer Beschränkung des Leistungskatalogs auf in der jeweiligen Indikation zugelassene Arzneimittel, das sich auf die finanzielle Leistungsfähigkeit der GKV gründet, ist minder gewichtig. Selbst wenn man die gesundheitlichen Belange des Patienten gegen die finanzielle Belastung des Sozialversicherungssystems abwägen will, ergibt sich in diesem Fall ein deutliches Überwiegen der Belange des Patienten.

Die hier angeführten Kriterien für eine Ausnahme von einem abschließenden Leistungskatalog werden auch durch die jüngere Rechtsprechung des Bundessozialgerichts bestätigt. Zu der „SKAT"-Entscheidung heißt es hierzu:

„Zu diskutieren bliebe allerdings, ob nicht Ausnahmen von dem prinzipiellen Verbot der indikationsfremden Verordnung im Recht der gesetzlichen KV zuzulassen sind: In gravierenden Fällen, etwa zur Behandlung ernsthafter, lebensbedrohender Erkrankungen (z. B. Krebserkrankungen im Kindesalter, hierzu Schuh, „Onkel Doktors Dilemma, in: „Die Zeit" 22/99, S. 41 f.) muss auch bei ambulanter Behandlung (im stationären Bereich stellt sich das Problem nicht in dieser Form) der indikationsfremde Einsatz von Arzneimitteln zu Lasten der gesetzlichen KV gewährleistet sein, wenn eine Alternative nicht zur Verfügung steht"[63].

Auch wenn der Senat in dieser Frage nicht abschließend zu entscheiden hatte, ergibt sich doch, dass die Verordnung auch in einer nicht zugelassenen Indikation zu Lasten der GKV möglich ist. Insbesondere hat das Bundessozialgericht in dieser Entscheidung zwei zusätzliche Kriterien in die Diskussion eingeführt, die auch in der oben dargelegten verfassungsrechtlichen Einzelfallbeurteilung erwähnt wurden: zum einen das Kriterium der ernsthaften Erkrankung, zum anderen das der fehlenden Alternative.

Will man zur Bestimmung des Leistungsumfangs der gesetzlichen Krankenversicherung nicht auf – notwendig einen hohen Abstraktionsgrad aufweisendes – Verfassungsrecht zurückgreifen, so ergibt sich die vorgetragene Argumentation auch aus dem Gesichtspunkt des Notstandes.[64] Auch der Notstandsgedanke fordert nämlich für gravierende Fälle eine Bestimmung der Leistungspflicht der gesetzlichen Krankenversicherung nach einer Güterabwägung im Einzelfall. Diese Güterabwägung kann in Einzelfällen dazu führen, dass eine Leistungspflicht auch dann besteht, wenn das angewendete Medikament in der konkreten Indikation noch nicht zugelassen ist.

---

[63] BSG v. 30.09.1999, SozR 3-2500, § 27 Nr. 11, S. 55 f.
[64] s.a. Deutsch, Medizinrecht, 4. Auflage (1999), S. 509, Rn. 747

Schließlich sei darauf hingewiesen, dass in der Literatur den hier dargelegten Kriterien vergleichbare Anforderungen an durch die gesetzliche Krankenversicherung zu finanzierende sog. individuelle Heilversuche gestellt werden. Auch dort wird eine Leistungspflicht der Krankenkassen angenommen[65], wenn

- anerkannte Methoden oder Mittel fehlen oder nicht einsetzbar sind,
- eine hoch akute, schwerwiegende Erkrankung vorliegt,
- in einem definierten Verfahren mit nicht generell untauglichen Mitteln behandelt wird.

Ausblick

Wie wird die rechtliche Entwicklung weitergehen? Am 08.08.2000 entschied das Landessozialgericht Nordrhein-Westfalen, dass ein zugelassenes, immunglobulinhaltiges Fertigarzneimittel in der Indikation Multiple Sklerose nicht verordnet werden kann, da es für diese Indikation keine arzneimittelrechtliche Zulassung besitzt.[66] In dem nun anhängigen Revisionsverfahren wird das BSG im Laufe des Jahres 2002 zu entscheiden haben. Soweit ersichtlich, wird es dieses Verfahren nutzen, um einige grundsätzliche Aspekte zur Verordnung außerhalb der zugelassenen Indikation zu entwickeln.

Im Vorfeld dieser Entscheidung werden wir uns im Rahmen der „Bad Orber Gespräche" mit den Fragen beschäftigen, die sich um diesen sogenannten „Off-label-use" ranken. Aspekte des Arzneimittelrechts, des Patientenanspruchs und des Regresses gegenüber den Vertragsärzten werden dabei zu diskutieren sein. Die Diskussion wird spannend. Und eins scheint bereits jetzt klar: Auch nach der zu erwartenden Entscheidung des BSG werden die Innovationen in der Medizin einerseits und die sinkenden Einnahmen der Krankenversicherung andererseits das Spannungsfeld der Arzneimittelversorgung weiter beleben.

---

65 vgl. Noftz, in: Hauck/Noftz, SGB V, § 2 Rdnr. 66 m. z. N.
66 L 5 KR 80/99

Rechtliche Grundlagen – GKV, PKV, AMG

Robert Francke

Gesetzliche Krankenversicherung

Grundlagen

Das BSG vertritt seit 1993 die Auffassung, dass im Recht der gesetzlichen Krankenversicherung der Leistungsanspruch des Versicherten auf der parlamentsgesetzlichen Ebene lediglich als subjektiv öffentliches Rahmenrecht bestehe. Es entwickle sich zu einem konkreten Leistungsanspruch erst, wenn nach Maßgabe des Leistungserbringungsrechts des SGB V weitere Entscheidungen erfolgt seien[67]: Die individuellen Behandlungsentscheidungen der ärztlichen Leistungserbringer[68] und die untergesetzlichen Konkretisierungen durch Richtlinien und Normverträge des Leistungserbringungsrechts[69], die als Außenrechtsnormen (sui generis) qualifiziert werden.[70] Diese Auffassung des BSG hat neben mancher Kritik[71] Zustimmung erfahren[72] und gibt heute die für die Praxis maßgebliche dogmatische Orientierung zum SGB V ab. Über die in dieser Rechtsprechung vorausgesetzten Normsetzungsbefugnisse der gemeinsamen Selbstverwaltung herrscht wissenschaftlicher und rechtspolitischer Streit. Es sind beim Bundesverfassungsgericht seit 1995[73] und 1999[74] Verfahren anhängig, die möglicherweise Klärung bringen. Die Politik setzt darauf. Es ist auch ein Verfahren bei dem Gerichtshof der Europäischen Gemeinschaften seit 2001 zur wettbewerbsrechtlichen

67 Leitentscheidung ist BSGE 73, 271, 277 ff.

68 BSGE 73, 271, 279 ff; BSG SozR 3-2500 § 30 Nr. 8 S. 32 f.

69 BSGE 78, 70, 76 ff.; 81, 54, 61; 81, 73, 78.

70 BSGE 78, 70, 75; 81, 73, 80.

71 U. Di Fabio, Verlust der Steuerungskraft klassischer Rechtsquellen, NZS 1998, 449 ff. V. Neumann, Der Anspruch auf Krankenbehandlung – ein Rahmenrecht?, SGb 1998, 609 ff.; R. Francke, Richtlinien, Normsetzungsverträge und neue Behandlungsmethoden im Rechtskonkretisierungskonzept des Bundessozialgerichts, SGb 1999, S. 5 ff.

72 G. Schwerdtfeger, Die Leistungsansprüche der Versicherten im Rechtskonkretisierungskonzept des SGB V, NZS 1998, 49 ff., 97 ff.; K. Engelmann, Untergesetzliche Normsetzung in Recht der gesetzlichen Krankenversicherung durch Verträge und Richtlinien, NZS 2000, 1 ff., 76 ff.; P. Axer, Normsetzung der Exekutive in der Sozialversicherung – Ein Beitrag zu den Voraussetzungen und Grenzen untergesetzlicher Normsetzung im Staat des Grundgesetzes, 2000.

73 BSG NZS 1995, 502.

74 Eine Verfassungsbeschwerde zu einer Entscheidung des 1. Senats v. 16. September 1997.

Frage der Festbeträge anhängig[75], von dem jedenfalls Aussagen zur europarechtlichen Problematik des Sachleistungssystems erwartet werden dürfen.

Die Rahmenrechtskonzeption des BSG weist den beteiligten Organen – den Krankenkassen, den Leistungserbringern und ihren Verbänden, den Organen der gemeinsamen Selbstverwaltung, den Sozialgerichten – spezifische Funktionen bei der Konkretisierung des Leistungsanspruchs der Versicherten zu. Zentrale Bedeutung erlangen in diesem Konzept die normierenden Instrumente und Beteiligten: Das sind die Bundesausschüsse der Ärzte und Krankenkassen[76], die Vertragsparteien der gemeinsamen Selbstverwaltung und die neuen Entscheidungsgremien nach §§ 137, 137c und 137e SGB V. Die Entscheidungsbefugnisse der Krankenkassen werden beschränkt und die der Sozialgerichte zurückgenommen: Die Krankenkassen sind durch die Kompetenzzuweisungen an Ärzte und normsetzende Instanzen rechtlich gebunden und daran gehindert, eigene fachliche Entscheidungen über nicht nach § 135 Abs. 1 Satz 1 zugelassene Behandlungsmethoden zu treffen.[77] Die Beurteilung medizinischer Fragen ist grundsätzlich nicht Aufgabe der Gerichte, sondern der eben genannten zur Normsetzung befugten Organe. Nur im Falle eines Mangels des gesetzlichen Leistungssystems, das heißt im Falle des Systemversagens, das namentlich bei der Nicht-Aufnahme neuer Behandlungsmethoden in die vertragsärztliche Versorgung[78], aber auch bei rechtswidriger Versagung zu bewilligender Leistungen[79] für die Versicherten relevant wird, kann es – ausnahmsweise – zur Beurteilung medizinischer Fragen durch die Gerichte kommen. Der Maßstab, nach dem die Gerichte in diesen Fällen entscheiden, ist grundsätzlich der volle Wirksamkeitsnachweis nach dem Standard des Doppel-Blind-Versuchs[80]; bei methodisch und theoretisch begründeten Problemen des Wirksamkeitsnachweises jedoch gilt der Maßstab der Verbreitung einer Untersuchungs- und Behandlungsmethode in Wissenschaft und Praxis.[81]

Der Zugang neuer Methoden zur Versorgung stellt die Schnittstelle zwischen Regelversorgung und außerhalb der Regelversorgung liegenden Behandlungen dar. Diese Schnittstelle hat durch die Rechtsprechung des 1. Senats des BSG eine besondere (richter)rechtliche Ausgestaltung

---

75 BGH B. v. 03.07.2001 KZR 31/99, VersR 2001, 1361.

76 Zu den Kompetenzen des Bewertungsausschusses in Abgrenzung zu denen der Bundesausschüsse: BSGE 79, 239

77 BSGE 86, 54, 61.

78 BSGE 81, 54, 65; 86, 54, 61.

79 BSGE SozR 3-2500 § 18 Nr. 6.

80 BSGE 76, 194, 199.

81 BSGE 81, 54, 66 f.

erfahren. Die Aufnahme neuer Behandlungsmethoden in die vertragsärztliche Versorgung unterliegt nach § 135 Abs. 1 Satz 1 SGB V einem präventiven Verbot mit Erlaubnisvorbehalt.[82] Erst wenn die Bundesausschüsse der Ärzte und Krankenkassen nach § 92 Abs. 1 Satz 2 Nr. 5 SGB V durch Richtlinien eine Empfehlung über die Aufnahme einer neuen Untersuchungs- und Behandlungsmethode abgegeben haben, darf sie in der vertragsärztlichen Versorgung erbracht werden. Es sei primär die Aufgabe der Bundesausschüsse über neue Untersuchungs- und Behandlungsmethoden nach Maßgabe der medizinischen Kriterien des § 135 Abs. 1 Satz 1 SGB V zu entscheiden.[83] Das Gesetz übertrage die medizinisch-fachliche Beurteilung dem Bundesausschuss. Die Aufnahme neuer Untersuchungs- und Behandlungsmethoden in die Krankenhaus-Versorgung hat besondere Aufmerksamkeit in der gerichtlichen Praxis bisher nicht gefunden. Der Grund liegt im Leistungserbringungs- und Finanzierungsrecht. Das wird sich in der Zukunft ändern, wenn der durch das GKV-Gesundheitsreformgesetz 2000 nach § 137c SGB V vorgesehene Ausschuss Krankenhaus Entscheidungen über die Bewertung von Untersuchungs- und Behandlungsmethoden im Krankenhaus trifft. Alle in der stationären Versorgung eingesetzten Untersuchungs- und Behandlungsmethoden dürfen erbracht werden, solange sie nicht nach § 137c Absatz 1 Satz 2 SGB V ausgeschlossen sind.

Die Arzneimittelregelversorgung nach dem SGB V

a) Negativliste, Positivliste, Arzneimittel-Richtlinien

Die Arzneimittelversorgung erfolgt im Rahmen des beschriebenen gesetzlichen Systems. Die Verordnung von Arzneimitteln hat in der vertragsärztlichen Versorgung zusätzliche, sehr differenzierte Regelungen erfahren. Negativliste, Positivliste und Arzneimittel-Richtlinien begründen Beschränkungen der Arzneimittel-Regelversorgung. Die Verordnungsermächtigungen nach § 34 Abs. 2 und 3 SGB V begrenzen die Regelungskompetenz des Bundesausschusses nach § 92 Abs. 1 Satz 2 Nr. 6.[84] § 92 Abs. 1 Satz 2 Nr. 6 SGB V (Arzneimittel-Richtlinien) ermächtigt (nur) zum Erlass von Vorschriften zur Sicherung einer ausreichenden, zweckmäßigen und wirtschaftlichen Arzneimittelversorgung, die Regelung gibt dem Bundesausschuss nicht die Befugnis, selbst Inhalt und Grenzen des Arzneimittelbegriffs[85] oder des Krankheitsbegriffs[86] festzu-

---

82 BSGE 81, 54, 59; 81, 73, 76.
83 BSGE 81, 54, 69.
84 BSGE 85, 132, 140.
85 BSGE 72, 252, 255; 81, 240, 242.
86 BSGE 85, 36, 45 f.

legen. Regelungen über Leistungsausschlüsse durch die Arzneimittel-Richtlinien sind insoweit unzulässig. Ausschlüsse wegen Unwirtschaftlichkeit bleiben grundsätzlich möglich. Dagegen räumt die Ermächtigung nach § 92 Abs. 1 Satz 2 Nr. 5 i.V.m. § 135 Abs. 1 SGB V, soweit sie auf Arzneimittel anwendbar ist, dem Bundesausschuss bei dem Erlass von Richtlinien über neue Untersuchungs- und Behandlungsmethoden einen weiter gefassten Gestaltungs- und Beurteilungsspielraum ein.[87] Über das Verhältnis der Rechtsverordnung nach § 33a Abs. 1 SGB V (Positivliste) zu Zulassungsentscheidungen über neue Untersuchungs- und Behandlungsmethoden nach § 135 Abs. 1 Satz 1 SGB V wurde bisher gerichtlich nicht entschieden. Man wird aber aus textlichen, systematischen und funktionalen Gründen den Vorrang einer Rechtsverordnung nach § 33a Abs. 1 SGB V anzunehmen haben.

b) Zulassung neuer Behandlungsmethoden in der vertragsärztlichen Versorgung nach § 135 Abs. 1 Satz 1 SGB V auch für Arzneimittel?

Umstritten ist, ob § 135 Abs. 1 Satz 1 SGB V auf Arzneimittel anzuwenden ist. Das BSG hat in der Jomol-Entscheidung den Anwendungsbereich der Norm auf Arzneimittel erstreckt:

„Die Jomol-Therapie ist eine neue Behandlungsmethode iS der genannten Bestimmung. Eine medizinische Vorgehensweise erlangt jedenfalls dann die Qualität einer Behandlungsmethode, wenn ihr ein eigenes theoretisch-wissenschaftliches Konzept zugrunde liegt, das sie von anderen Therapieverfahren unterscheidet und das ihre systematische Anwendung in der Behandlung bestimmter Krankheiten rechtfertigen soll. ... (Es) handelt es sich nach der Darstellung des Herstellers ... um ein neuartiges theoretisch fundiertes Verfahren zur Krebsbehandlung, das auf einem eigenen Wirkprinzip beruht und bei einer großen Zahl von Patienten angewandt wird.“[88]

Dagegen sind in namentlich von G. Schwerdtfeger Einwände vorgetragen worden, die sich auf wortlautbezogene und systematische vertragsarztrechtliche Überlegungen stützen. Ein Arzneimittel dürfe nicht, wie es das BSG tut, als eine ärztliche Behandlungsmethode nach § 135 Abs. 1 Satz 1 SGB V verstanden werden. Es sei zwischen der vertragsärztlichen Leistung (§ 135 Abs. 1 Satz 2 SGB V), der ärztlichen abrechungsfähigen Leistung (§ 87 Abs. 2 SGB V), die schon im System sich befinde – einerseits – und dem Entsprechenden, das im Versorgungssystem

---

[87] BSGE 85, 36, 45.
[88] BSGE 82, 233, 237.

noch nicht Anerkennung gefunden habe – andererseits – zu unterscheiden. Die Einwände stützen sich schließlich auch auf die Funktion des Arzneimittels in der ärztlichen Behandlung und die Besonderheiten, die durch das Zulassungsverfahren nach dem AMG entstehen.[89]

In der ASI-Entscheidung v. 28.3.2000 hat der 1. Senat des BSG dazu Stellung genommen und die Kritik zurückgewiesen: Das Gesetz verwende die Begriffe (vertrags-)ärztliche Versorgung bzw. (vertrags-)ärztliche Leistung teilweise in einem engen, auf die eigenen Leistungen des Arztes bezogenen, teilweise aber auch in einem weiteren, die gesamte ärztliche Behandlung einschließlich der veranlassten Leistungen umfassenden Sinn. Es liege nahe, den Begriff der „vertragsärztlichen Leistung" im jetzigen § 135 Abs. 1 Satz 2 SGB V in demselben umfassenden Sinne zu verstehen wie denjenigen der „Behandlungsmethode" in Satz 1 derselben Vorschrift.[90] § 135 Abs. 1 Satz 1 SGB V stehe einem Verständnis entgegen, das die Qualitätskontrolle bei neuen Behandlungsmethoden auf Teilbereiche der Therapie beschränken will.

c) Negative Vorgreiflichkeit der Arzneimittelzulassung: Ausschluss nicht zugelassener Fertigarzneimittel

Das BSG hatte in früheren Entscheidungen die Verordnungsfähigkeit zulassungspflichtiger, aber nicht zugelassener Fertigarzneimittel für Fälle verneint, in denen die Zulassung ausdrücklich versagt worden war.[91] In der Jomol-Entscheidung v. 23.7.1998 hat das Gericht diese negative Vorgreiflichkeit der Arzneimittelzulassung auch auf die Fälle erstreckt, in denen eine Entscheidung noch aussteht, sei es weil der Hersteller die Zulassung nicht beantragt hat, sei es weil das Zulassungsverfahren noch nicht abgeschlossen wurde. Die Begründung wird aus einem materiellen und einem formellen Argument entwickelt. Es sei sachgerecht, die Verordnungsfähigkeit eines Arzneimittels in der gesetzlichen Krankenversicherung dann zu verneinen, wenn ein ausreichender Wirksamkeitsnachweis in dem dafür nach dem AMG vorgesehenen Verfahren nicht erbracht worden ist. Dieses gesetzlich bestimmte Verfahren sei für den Nachweis von Qualität, Wirksamkeit und Unbedenklichkeit geeignet.[92] Dabei geht das Gericht davon aus, dass die Prüfung in der Arzneimittelzulassung sowohl der Gefahrenabwehr, also von Gesundheitsgefahren für Patienten und Verbraucher, wie der Qualitätssicherung, also der Ge-

---

[89] G. Schwerdtfeger, Keine Kassenzulassung für innovative Arzneimitteltherapien nach § 135 I 1 SGB V, SGb 2000, 154 ff.
[90] BSGE 86, 54, 58 f.
[91] BSGE 72, 252; BSG SozR 3-2500 § 31 Nr. 3.
[92] BSGE 82, 233, 236.

währleistung ausreichender pharmazeutischer Qualität und therapeutischer Wirksamkeit, diene.[93] Das formelle Begründungselement[94] bezieht sich auf das Verkehrsverbot für zulassungspflichtige, nicht zugelassene Fertigarzneimittel. Ein Arzt, der es trotzdem verordne und abgebe, handele rechtswidrig. Ein von der Rechtsordnung verbotenes Verhalten könne eine Leistungspflicht der gesetzlichen Krankenversicherung nicht begründen.[95]

d) Positive Vorgreiflichkeit der Arzneimittelzulassung: Keine Anwendung des § 135 Abs. 1 Satz 1 SGB V auf zugelassene Arzneimittel?

Die Frage, ob das präventive Verbot mit Erlaubnisvorbehalt auch auf zugelassene Arzneimittel anzuwenden sei, hat das BSG bisher nicht ausdrücklich entschieden. Das Gericht hat allerdings in einem obiter dictum zu der Frage Stellung genommen und seine Auffassung für zukünftige Entscheidungen angedeutet: In der ASI-Entscheidung v. 28.3.2000 hat der 1. Senat ausgeführt:

„Daraus mag zu entnehmen sein, dass der Gesetzgeber in der arzneimittelrechtlichen Zulassung eines neuen Medikaments eine ausreichende Gewähr für dessen Wirksamkeit und Zweckmäßigkeit gesehen und darauf verzichtet hat, für den Einsatz in der gesetzlichen KV eine nochmalige Qualitätsprüfung anhand der Maßstäbe des § 135 Abs. 1 SGB V zu fordern."[96]

In der Literatur wird die Auffassung vertreten, dass die Zulassung eines Arzneimittels nach dem AMG auch zur Verordnungsfähigkeit des Arzneimittels in der gesetzlichen Krankenversicherung führe. Der Kern der Begründung liegt in einem verfassungsrechtlichen Argument: Die Zulassung nach dem AMG beschränkt die grundrechtlichen Freiheiten, namentlich die Berufsausübungsfreiheit des Pharmazeutischen Unternehmers. Eine zweite Prüfung, die de lege lata andere Kriterien nicht an-

---

93 BSGE 82, 233, 236; 85, 36, 52.

94 BSGE 82, 233, 236 f. Das Gericht hat in verschiedenen Entscheidungen Rechtmäßigkeit des Beschaffungsweges als Leistungsvoraussetzung nach dem SGB V betont: „Keinesfalls kann die Vorschrift (des § 13 Abs. 3 SGB V, RF) von den Voraussetzungen dispensieren, die auf Grund von allgemeinen gesundheitsrechtlichen Vorschriften auch außerhalb der gesetzlichen KV für die Kostenübernahme bei Krankenbehandlungen gelten": BSGE 80, 181; BSGE 86, 66, 70 f.; BSG SozR 3-2500 § 13 Nr. 7; BSG U. v. 09. Oktober 2001, B 1 KR 15/00 R u. 1 KR 1/01 R – Geburtshaus (Pressemitteilung des BSG).

95 BSGE 72, 252, 257; E 82, 233, 236.

96 BSGE 86, 54, 59 f.

wende und oder de constitutione lata andere Kriterien nicht anwenden dürfe, erweise sich als unverhältnismäßige (weitere) und damit verfassungswidrige Freiheitsbeschränkung.[97] Dagegen ließe sich einwenden, dass es sich um unterschiedliche Märkte mit vor allem unterschiedlichen Zugangskriterien handelt. Die Zulassungsvoraussetzungen nach dem AMG und die Zugangskriterien nach § 135 Abs. 1 Satz 1 SGB V stimmen eben nicht überein. Die sozialstaatliche Versorgung erfordert und anerkennt bereits de lege lata engere Kriterien als die nach dem AMG für den Marktzugang geltenden.

Es ist daran zu erinnern, dass das obiter dictum des Gerichts einen eingeschränkten Anwendungsbereich hat. Arzneitherapien sind nicht grundsätzlich von einer Prüfung nach § 135 Abs. 1 SGB V ausgenommen, sondern sie sind es (allenfalls) dann, wenn eine Behandlungsmethode sich in der Anwendung eines für die betreffende Indikation zugelassenen neuartigen Arzneimittels erschöpft.[98]

e) Off label use: Einsatz eines Arzneimittels außerhalb der zugelassenen Indikation

Im Zentrum der derzeitigen arzneimittelrechtlichen Diskussion steht die Frage, ob Arzneimittel außerhalb der zugelassenen Indikation zu Lasten der gesetzlichen Krankenversicherung verordnet werden dürfen.

Entscheidungen des BSG zur Verwendung außerhalb der zugelassenen Indikation

In der Remedacen-Entscheidung aus dem Jahre 1995 hatte der 1. Senat des BSG noch ausgeführt, dass

„es rechtlich keine Rolle (spielt), dass Remedacen für die Anwendung bei akutem oder chronischem Reizhusten zugelassen worden ist und nicht als Substitutionsmittel bei Drogenabhängigkeit“.[99]

Dagegen hat der 8. Senat des BSG in einem die Krankenversicherung durch die Bundesknappschaft betreffenden Urteil, der SKAT-Entscheidung vom 30.09.1999, bestimmt, dass der indikationsfremde Einsatz eines Arzneimittels grundsätzlich nicht zulässig sein könne. Die im Zulassungsverfahren zu dokumentierende Arzneimittelprüfung beziehe sich

---

[97] G. Schwerdtfeger, Die Bindungswirkung der Arzneimittelzulassung, 1983; A. Philipp, Arzneimittellisten und Grundrechte, 1995, 142 ff.
[98] BSGE 86, 54, 60.
[99] BSGE 76, 194, 196.

auf die therapeutische Wirksamkeit und Unbedenklichkeit des Präparats in der zugelassenen Indikation. Wenn die Arzneimittelprüfung als Voraussetzung für die sozialrechtliche Versorgung verlangt werde, weil bestimmte Parameter geprüft wurden, dann müsse die versorgungsrechtliche Wirkung der Zulassungsentscheidung auf die geprüfte Verwendung, das heißt auf die zugelassene Indikation, beschränkt werden, denn nur insoweit liege eine Prüfung vor.[100] Hinzu komme, dass bei Anerkennung des indikationsfremden Einsatzes das Recht der Arzneimittelzulassung umgangen werden könne, indem die Zulassung für eine „problemlose", bereits hinreichend erforschte und dokumentierte Indikation beantragt wird und danach die Indikationsausweitung in der ärztlichen Praxis erfolgt.[101] Der Senat hat zwar auf schwierige Fälle der Abgrenzung hingewiesen, jedoch erkennen lassen, dass er grundsätzlich den Einsatz außerhalb der Indikation unter die Anforderungen des § 135 Abs. 1 Satz 1 SGB V gestellt wissen will.[102] Der für das Leistungsrecht vor allem zuständige 1. Senat hat sich zu der Frage noch nicht geäußert und seine Auffassung in der Remedacen-Entscheidung insoweit noch nicht korrigieren können. Der Senat hat eine Entscheidung für das Jahr 2002 in Aussicht gestellt.[103]

Keine Relevanz einer positiven Vorgreiflichkeit

Die Verordnungsfähigkeit eines Arzneimittels außerhalb der durch die Zulassung bestimmten Indikation ergibt sich nach dem Regelungskonzept des BSG nicht bereits aus einer positiven Vorgreiflichkeit der Zulassung, die das Gericht in der ASI-Entscheidung angedeutet hat.[104] Diese Rechtswirkung kann sich allein, so hat es das Gericht in der Jomol-[105], der SKAT-[106] und der ASI-Entscheidung[107] herausgearbeitet, auf die nach dem AMG geprüfte Verwendung des Arzneimittels beziehen. An

---

100 BSGE 85, 36, 50 f.
101 BSGE 85, 36, 53.
102 BSGE 85, 36, 55.
103 Mitteilung des BSG auf der Internetseite (Anhängige Rechtsfragen): B 1 KR 37/00 R: Hat eine Krankenkasse die Therapie eines an Multiple Sklerose erkrankten Versicherten mittels Immunglobulinen (hier: Sandoglobulin) im Rahmen der Krankenbehandlung zu übernehmen, obwohl die Methode vom Bundesausschuss der Ärzte und Krankenkassen nicht anerkannt ist und obwohl für die beim Versicherten bestehende Erkrankung (Indikation) keine arzneimittelrechtliche Zulassung vorliegt? (Vorinstanz: LSG Essen, L 5 KR 80/99).
104 BSGE 86, 54, 59.
105 BSGE 82, 233, 236.
106 BSGE 85, 36, 52.
107 BSGE 86, 54, 60.

einer arzneimittelrechtlichen Qualitäts-, Wirksamkeits- und Unbedenklichkeitsprüfung aber fehlt es beim off label use gerade.
Arzneimittelrechtliche und berufsrechtliche Bewertung

Nach dem Arzneimittelzulassungsrecht ist das Inverkehrbringen nicht zugelassener Arzneimittel verboten. Es ist ebenso verboten, Arzneimittel außerhalb der zugelassenen Indikation zu bewerben. Dagegen ist es dem Arzt arzneimittelrechtlich nicht untersagt, ein zugelassenes Arzneimittel außerhalb der zugelassenen Indikation einzusetzen. Dies folgt daraus, dass der Arzt außer im Recht der klinischen Prüfung nicht Adressat des AMG ist. Das Verkehrsverbot entfaltet für ihn eine rechtliche unmittelbare Wirkung nicht, solange er ein Arzneimittel nicht in den Verkehr bringt. Daher wird es überwiegend als berufs- und haftungsrechtlich zulässig angesehen, dass der Arzt ein zugelassenes Arzneimittel außerhalb der zugelassenen Indikation in der Behandlung einsetzt.[108]

Fallgruppen

- Geringe Abweichungen: Darreichungsform, Dosierung

  Eine erste Fallgruppe betrifft geringfügige Abweichungen von der arzneimittelrechtlichen Zulassung. So hatte das LSG Sachsen-Anhalt zu entscheiden, ob die Verwendung in einer anderen als der zugelassenen Darreichungsform eine sozialrechtlich unzulässige Abweichung von der Zulassung darstelle. Das Gericht hat die Frage verneint. Es hat seine im Verfahren des vorläufigen Rechtsschutzes ergangene Entscheidung damit begründet, dass eine lebensbedrohliche Krankheit (Krebs) bestehe und ausreichende andere therapeutische Mittel nicht vorlagen. Das LSG hat die Versorgungserfordernisse der arzneimittelrechtlichen Regelung und Prüfung vorangestellt.[109] Dieses Ergebnis erscheint hier vertretbar, weil eine arzneimittelrechtliche Prüfung in Bezug auf die zu behandelnde Krankheit stattgefunden hat.

- Als haftungsrechtlicher Standard bereits etabliert

  Eine zweite, für eine systematisch zutreffende Antwort bedeutsame, in der Praxis jedoch selten auftretende Fallgruppe betrifft die Sach-

[108] OLG Köln vom 30. 5. 1990 – 27 U 169/89 –, VersR 1991, 186, 188 f – Aciclovir – mit Anm Deutsch S. 189; s.a. BGH NJW 1996, 1593, 1597; E. Deutsch, Medizinrecht, 4. Auflage, 1999, Rdn. 728; D. Hart, Arzneimittel- und haftungsrechtliche Aspekte neuer Krebstherapien, MedR 1997, 51, 52.
[109] LSG Sachsen-Anhalt, PharmR 2001, 300.

verhalte, in denen ein Arzneimittel in einer Indikation, für die es nicht zugelassen und damit auch nicht geprüft war, sich gleichwohl zum haftungsrechtlichen Standard entwickelt hat. Dies ist der Sachverhalt des durch das OLG Köln entschiedenen, viel diskutierten haftungsrechtlichen Falles Aciclovir.[110] Das Arzneimittel war zugelassen, jedoch nicht in der Indikation. Dieser Sachverhalt spielt bei einigen Behandlungsproblemen der Kinderheilkunde, namentlich onkologischen eine gewisse Rolle. Die Arzneimittel sind für die Verwendung bei erwachsenen Patienten geprüft, sie werden aber darüber hinaus mangels besserer Alternativen als Mittel der Wahl auch für kindliche Patienten anerkannt.

Legt man das Gewicht auf die systematische Prüfung der ärztlichen Verwendung eines Arzneimittels, die in einem sachgerechten Verfahren erfolgt und mit einer förmlichen Zulassungsentscheidung abschließt, dann kann für die versorgungsrechtliche Anerkennung auf die arzneimittelrechtliche Prüfung[111] nicht verzichtet werden. Fehlt es an ihr, so müsste gemäß den Prämissen des BSG[112] zumindest eine Prüfung nach § 135 Abs. 1 Satz 1 SGB V erfolgen. Das bei dieser Lösung mögliche Auseinanderfallen von haftungsrechtlichem und sozialrechtlichem Standard müsste durch zeitnahe Entscheidungen der Bundesausschüsse bearbeitet werden und für Zwischenzeiträume nicht ausreichend zeitnaher Entscheidung der Ausschüsse wäre Systemversagen anzunehmen, mit der Folge, dass Ansprüche der Versicherten aufgrund einer Klage durch die Rechtsprechung zu befriedigen wären.

Wenn man dagegen darin, dass es der überwiegenden professionellen Überzeugung entspricht, das Arzneimittel off label einzusetzen, eine „ausreichende Prüfung" dieser Methode sehen könnte, dann ließe sich auf ein förmliches Verfahren verzichten. Das ist allerdings mit Rücksicht auf die Evidenzdefizite bei einer großen Zahl von Behandlungsmethoden, die auch die Anerkennung der Profession gefunden haben, sehr fraglich. Schließlich ist noch auf die Versicherungspflicht der Versicherten hinzuweisen. Diese schöpft das für die Krankenvorsorge verfügbare Familieneinkommen im We-

---

110 Dabei sollte freilich nicht übersehen werden, dass zwar nicht im Zeitpunkt der ärztlichen Verwendung, wohl aber im Zeitpunkt der gerichtlichen Entscheidung die Erweiterung der Indikation arzneimittelrechtlich erfolgt war.

111 Und – so wird man wohl auch hinzufügen müssen – die vertragsarztrechtliche Prüfung nach § 135 Abs. 1 Satz 1 SGB V.

112 BSGE 81, 54; BSGE 81, 73.

sentlichen ab.[113] Mit der Beitragsleistung sind das Versprechen und die berechtigte Erwartung verbunden, dass für alle wesentlichen Erkrankungen Leistungen gewährt werden, die dem medizinischen Standard entsprechen, also dem, wofür ein Arzt auch berufsrechtlich einzustehen hat. Ausnahmen gelten für explizite Rationierungen. Die aber müssen unter Beachtung der Erfordernisse des Parlamentsvorbehalts angeordnet werden, so dass dadurch Transparenz (für die Profession und die Versicherten) und Vorhersehbarkeit (für die Versicherten) herbeigeführt wird.

- Nicht als haftungsrechtlicher Standard etabliert, aber (noch) keine Alternativen

Die dritte Fallgruppe ist von besonderer Relevanz und betrifft Sachverhalte, in denen ein sich medizinischer und demzufolge auch haftungsrechtlich maßgeblicher Standard noch nicht gebildet hat.[114] Die Verwendung zugelassener, nicht zugelassener oder in der Indikation nicht zugelassener Arzneimittel ist daher als Heilversuchsbehandlung zu qualifizieren. Nach der neueren Rechtsprechung des BSG fällt der Heilversuch grundsätzlich nicht in die Leistungspflicht der gesetzlichen Krankenversicherung.[115] Das gilt sowohl für den indivi-

---

113 R. Francke/D. Hart, Bürgerbeteiligung im Gesundheitswesen, 2001, 112 ff. m.w.N.

114 Zum Recht des Heilversuchs: D. Hart, Heilversuch, Entwicklung therapeutischer Strategien, klinische Prüfung und Humanexperiment, MedR 1994, 94.

115 Die ältere Rechtsprechung des BSG, die noch zur RVO ergangen war, war weniger restriktiv: Dort hatte es Anerkennung gefunden, dass unter bestimmten Voraussetzungen auch nicht allgemein anerkannte, also nicht-schulmedizinische oder Außenseitermethoden von den Krankenkassen zu tragen waren (BSGE 63, 102 (105) – KUF-Reihen; 64, 255 (257) – Thymus-Therapie; 65, 56 (57) Brusterhaltende Therapie in Privatklinik (diese Entscheidung erging zum Bundesversorgungsgesetz); 70, 24 (26) – Ney-Tumorin; BSG SozR 3-2500 § 13 Nr. 2 S. 5 „Herdtherapie"; BSG SozR 3-2200 § 182 Nr. 13 S. 59 „Krallendorntee". Aus der umfangreichen Literatur zu dieser Rechtsprechung: B. Schulin, Die Leistungspflicht der gesetzlichen Krankenkassen bei Anwendung von Außenseitermethoden, SGb 1984, 45 ff.; B. Schulin/W. Enderlein, Die Leistungspflicht der gesetzlichen Krankenkassen bei Anwendung von Außenseitermethoden, Zeitschrift für Sozialreform 1990, 502 ff.; M. Estelman/W. Eicher, Die Leistungspflicht der gesetzlichen Krankenkassen vor dem Hintergrund der Pluralität ärztlicher Therapien, SGb 1991, 247 ff.; Enderlein, Der Begriff „allgemein anerkannter Stand der medizinischen Erkenntnisse" im SGB V, VSSR, 1993, 123. Weitere Nachweise bei A. Schmidt-Rögnitz, Die Gewährung von alternativen sowie neuen Behandlungs- und Heilmethoden durch die gesetzliche Krankenversicherung, 1996, 98 ff. sowie M. Péntek, Die Leistungspflicht der Gesetzlichen Krankenversicherung bei der Anwendung von Außenseitermethoden in der Medizin, 1996, 31 ff.). Danach waren nach den Regeln der ärztlichen Kunst, wenn anerkannte Behand-

duellen wie für den systematischen Heilversuch[116] und folgt daraus, dass Behandlungen des Heilversuchs nicht dem Standard nach § 2 Abs. 1 Satz 3 SGB V, dem allgemein anerkannten Stand der medizinischen Erkenntnisse, entsprechen, und dass es nicht Aufgabe der gesetzlichen Krankenversicherung ist, die medizinische Forschung zu finanzieren. Dies gilt auch dann, wenn neue Methoden im Einzelfall zu einer Heilung der Krankheit oder Linderung der Krankheitsbeschwerden führten.[117] Für die Krankenhausversorgung wird dieser Grundsatz indes durch § 137c Abs. 1 Satz 2 2. HS SGB V eingeschränkt, für die vertragsärztliche Versorgung dagegen gilt er ohne Einschränkungen.

Nach § 137c Abs. 1 Satz 2. 2. HS SGB V bleibt die Durchführung klinischer Studien unberührt.[118] Die Ausschlusswirkung bezieht sich also nicht auf Behandlungen, die in diesem Rahmen erfolgen.[119] Die für die vertragsärztliche Versorgung geltenden Arzneimittel-Richtlinien des Bundesausschusses der Ärzte und Krankenkassen in der Fassung vom 31. August 1993[120] sahen eine besondere Re-

---

lungsmöglichkeiten fehlten oder im Einzelfall ungeeignet waren, auch solche Behandlungsmaßnahmen in Erwägung zu ziehen, deren Wirksamkeit (noch) nicht gesichert war, aber nach dem Stand der medizinischen Wissenschaft für möglich gehalten werden musste. Dieser Grundsatz wurde durch Kriterien ergänzt, die auf den Schweregrad und die Genese einer Krankheit abheben oder darauf verweisen, dass zumindest ein zeitlich begrenzter Therapieversuch unternommen werden müsse. Auch der positive Nachweis eines Behandlungserfolges im Einzelfalle wurde für ausreichend erachtet. Die Krankenkassen waren auch bei einer noch nicht anerkannten Behandlungsmethode leistungspflichtig, wenn sie sich im konkreten Einzelfalle als wirksam erwiesen hatte. Diese Rspr. hat das BSG mit der Remedacen-Entscheidung (BSGE 76, 194) aufgegeben.

116 Zu Begriff und Voraussetzungen: D. Hart, Heilversuch, Entwicklung therapeutischer Strategien, klinische Prüfung und Humanexperiment, MedR 1994, 94 ff.

117 BSGE 76, 194, 198; Gesetzentwurf zum Gesundheits-Reformgesetz BT-Drs. 11/2237 S. 157.

118 Zu den Auslegungsproblemen dieser Norm: R. Francke, in: G. Wannagat (Hrsg.), Sozialgesetzbuch. Kommentar, § 137c SGB V Rdn. 17 (Februar 2000).

119 Der Wortlaut des Gesetzes („klinische Studien") und der Gesetzesbegründung („multizentrischer Studien") gibt keine Hinweise darauf, dass spezifisch definierte systematische Heilversuche gemeint seien. Es wird jedoch nicht auf „Klinische Studien" nach § 40 ff. AMG begrifflich Bezug genommen, so dass die Annahme vertretbar erscheint, grundsätzlich alle Formen systematischen Erprobungshandelns, auch die klinische Prüfung nach dem AMG, als von der Regelung erfasst anzusehen. Zu verlangen ist allein, dass es sich um eine berufsrechtlich zulässige, systematische Heilversuchsbehandlung handelt.

120 Veröffentlicht im Bundesanzeiger Nr. 246 vom 31. Dezember 1993 zuletzt geändert am 3. August 1998 (veröffentlicht im Bundesanzeiger Nr. 182 vom 29. September 1998) geltend ab 30.09.1998.

gelung über Heilversuche nicht vor. Die Arzneimittel-Richtlinien des Bundesausschusses der Ärzte und Krankenkassen in der Neufassung, deren Inkrafttreten für den 1.4.1999 vorgesehen war, das jedoch durch gerichtlichen Rechtsschutz bisher verhindert wurde, sahen die Zulässigkeit des individuellen Heilversuchs nach Genehmigung der Krankenkasse vor. Ob eine solche Regelung zulässig ist, erscheint sowohl in materieller Hinsicht wegen der Leistungspflicht beim Heilversuch als auch in formeller Hinsicht wegen der Genehmigungsvoraussetzung durch die Krankenkasse fraglich, muss hier jedoch nicht vertieft werden. Die Regelung des § 137c Abs. 1 Satz 2 2. HS SGB V kann wohl nicht auf die vertragsärztliche Versorgung erstreckt werden. Zwar werden klinische Studien nicht nur stationär durchgeführt. Sie werden häufig, bei manchen Indikationen (Onkologie, Therapieoptimierung) gar typischerweise zunächst in einer stationären Behandlung begonnen, sodann jedoch im ambulanten Bereich fortgeführt. Das kann zur unerwünschten Folge haben, dass Patienten, die in klinische Studien aufgenommen sind und ambulant weiterbehandelt werden könnten, nicht in die ambulante Behandlung entlassen, sondern stationär fortgeführt werden. Eine ausreichende Begründung für die Erstreckung der Regelung des § 137c Abs. 1 Satz 2, 2. HS SGB V auf die vertragsärztliche Versorgung liegt darin indes nicht.

Die Entscheidung des BSG vom 19. März 2002 – Sandoglobulin

Das BSG hat durch U. v. 19. März 2002 – Sandoglobulin[121] seine Rechtsprechung weiterentwickelt. Die Entscheidung betrifft die vertragsärztliche, nicht die Krankenhausversorgung. Das Gericht hat zunächst festgestellt, dass § 135 Abs. 1 SGB V auf Arzneimittel keine Anwendung finde[122] und sodann betont, dass ein Fertigarzneimittel, das zum Verkehr zugelassen ist, zu Lasten der gesetzlichen Krankenversicherung grundsätzlich nur in dem Anwendungsgebiet verordnet werden darf, auf das die Zulassung sich erstreckt.[123] Von diesem Grundsatz hat das Gericht Ausnahmen zugelassen, allerdings unter relativ engen Voraussetzungen. Solange gesetzliche (arzneimittelrechtliche) Regelungen fehlten, die eine Zulassung für weitere Anwendungsgebiete erleichtern und gegebe-

---

121 BSG, Urteil v. 19. März 2002 – B 1 KR 37/00 R – Sandoglobulin. Das Urteil und seine Gründe lagen bei Verfassen dieses Nachtrags nur in der Form der Pressemitteilung des BSG vor. Es handelt sich um das in Fußnote 37 genannte Verfahren des BSG.

122 In diesem Sinne bereits BSGE 86, 54 – ASI.

123 Bisher war dies nur für Rezepturarzneimittel in bezug auf die Indikation ausdrücklich entschieden worden: BSGE 82, 233 – Jomol.

nenfalls einen kontrollierten Off-Label-Gebrauch ermöglichen, könne die Leistungspflicht der Krankenkasse für eine Arzneitherapie außerhalb der zugelassenen Anwendungsgebiete dann nicht verneint werden, wenn

1. es sich um eine schwerwiegende (lebensbedrohliche oder die Lebensqualität auf Dauer nachhaltig beeinträchtigende) Erkrankung handelt, bei der

2. keine andere Therapie verfügbar ist und

3. auf Grund der Datenlage die begründete Aussicht besteht, dass mit dem betreffenden Präparat ein Behandlungserfolg (kurativ oder palliativ) zu erzielen ist.

Das Letztere bedeutet nach Auffassung des BSG, dass Forschungsergebnisse vorliegen müssen, die erwarten lassen, dass das Arzneimittel für die betreffende Indikation zugelassen werden kann. Davon kann ausgegangen werden, wenn entweder die Erweiterung der Zulassung bereits beantragt ist und die Ergebnisse einer kontrollierten klinischen Prüfung der Phase III (gegenüber Standard oder Placebo) veröffentlicht sind und eine klinisch relevante Wirksamkeit respektive einen klinisch relevanten Nutzen bei vertretbaren Risiken belegen oder außerhalb eines Zulassungsverfahrens gewonnene Erkenntnisse veröffentlicht sind, die über Qualität und Wirksamkeit des Arzneimittels in dem neuen Anwendungsgebiet zuverlässige, wissenschaftlich nachprüfbare Aussagen zulassen und auf Grund deren in den einschlägigen Fachkreisen Konsens über einen voraussichtlichen Nutzen in dem vorgenannten Sinne besteht.

Mit der Anerkennung der Leistungspflicht der GKV unter den genannten Kriterien löst das Gericht einen Konflikt, den es in folgendem sieht: Einerseits sei das Arzneimittel außerhalb der zugelassenen Indikation grundsätzlich in der GKV nicht verordnungsfähig. Dies folge daraus, dass dem Präparat außerhalb der durch die Zulassung festgelegten Anwendungsgebiete die Verkehrsfähigkeit fehle, es dürfe also für andere Indikationen nicht in den Handel gebracht oder verkauft werden. Damit sei verbunden, dass weder die Wirksamkeit noch Risiken des Arzneimittels für das neue Anwendungsgebiet in dem nach dem AMG vorgeschriebenen Zulassungsverfahren geprüft worden sind. Andererseits sieht das Gericht im medizinischen Alltag "offenkundig" ein dringendes Bedürfnis nach einem zulassungsüberschreitenden Einsatz von Arzneimitteln. Da dieses Problem derzeit nicht durch das AMG gelöst werde und da der Bundesausschuss der Ärzte und Krankenkassen für die Prüfung nicht zuständig sei und nicht sein könne, müsse das Verbot der indikationsfremden Verwendung in der gesetzlichen Krankenversicherung in dem beschriebenen Rahmen gelockert werden.

Die Entscheidung, soweit sie bisher durch die Presseerklärung bekannt geworden ist, knüpft nicht an den ärztlichen Standard an, der für das Haftungsrecht wie für das Sozialleistungsrecht maßgeblich ist.[124] Standardgemäß ist ein ärztliches Handeln, das nach medizinisch-wissenschaftlicher Erkenntnis und/oder ärztlicher Erfahrung innerhalb der Profession akzeptiert ist. Der Maßstab des Gerichts verlangt dagegen, dass Erkenntnisse vorliegen, auf Grund deren in den einschlägigen Fachkreisen Konsens über einen klinisch relevanten Nutzen bei vertretbaren Risiken voraussichtlich (!) besteht. Damit anerkennt das BSG die Leistungspflicht der gesetzlichen Krankenversicherung für Untersuchungs- und Behandlungsmethoden, die dem durch § 2 Abs. 1 Satz 3 und § 12 Abs. 1 (Zweckmäßigkeit) SGB V geregelten Standard (noch) nicht entsprechen. Damit steht die Entscheidung im Kontext der früheren Rechtsprechung zur Leistungspflicht der GKV für Außenseitermethoden.[125] Die Kriterien allerdings, die nach der Sandoglobulin-Entscheidung vom 19. März 2002 maßgeblich sind, sind engere, als die für die frühere Außenseiterrechtsprechung geltenden. Dies gilt namentlich für das dritte Kriterium. Gleichwohl ist es ein Kennzeichen der neuesten Rechtsprechung des BSG, dass offenbar Behandlungsmethoden, die nicht dem ärztlichen, das heißt professionellen, Standard entsprechen, von der Leistungspflicht der GKV umfasst sein können. Das Urteil vom 19. März 2002 bestimmt dies nur für Arzneimittel. Zu fragen wird sein, ob dieser Gedanke auf Untersuchungs- und Behandlungsmethoden, auch auf solche i.S. des § 135 Abs. 1 SGB V zu übertragen ist.

Die Tatsache, dass das Gericht darauf verzichtet hat, an den ärztlichen Standard anzuknüpfen, halte ich für einen Mangel. Der ärztliche Standard ist Ausgangspunkt für die Bestimmung des Maßes der Leistungspflicht der GKV.[126] Es wäre aus systematischen Gründen notwendig gewesen, hierauf bezug zu nehmen. Denn der ärztliche Standard und die nach dem Arzneimittelgesetz zugelassene Indikation können sich durchaus auseinander entwickeln. Dies ist aus der Aciclovir-Entscheidung des OLG Köln hinreichend bekannt.[127] Der Standard ist eben nicht mit der zugelassenen Indikation eines Arzneimittels gleichzusetzen. Eine Fallgruppe, die in der Diskussion stets eine herausgehobene Rolle gespielt hat, betrifft die Kinderheilkunde, namentlich die Kinderonkologie. Dort

---

124 R. Francke/D. Hart, Charta der Patientenrechte, 2000, S. 22 m.w.N.
125 Vgl. oben Fußnote 49.
126 Weitere Kriterien, namentlich die Wirtschaftlichkeit, kommen hinzu.
127 OLG Köln PharmaR 1991, 18 ff. = VersR 1991, 186 ff. – Aciclovir.

werden typischerweise für Erwachsene zugelassene Arzneimittel auch für Kinder verwendet, also außerhalb der zugelassenen Indikation eingesetzt. Ehe eine Leistungspflicht jenseits des ärztlichen Standards anerkannt wird, ist zu fragen, ob der arzneimittelrechtliche Einsatz außerhalb der zugelassenen Indikation dem ärztlichen, das heißt hier dem kinderheilkundlichen, Standard entspricht. Eine andere Fallgruppe, die in der Diskussion ebenfalls eine herausgehobene Rolle gespielt hat, betrifft systematische Heilversuchsbehandlungen in der Erwachsenenonkologie (Therapieoptimierungsstudien). Für diese ist nach der Sandoglobulin-Entscheidung die Leistungspflicht in der vertragsärztlichen Versorgung begründet, wenn in den einschlägigen Fachkreisen Konsens über einen klinisch relevanten Nutzen bei vertretbaren Risiken voraussichtlich besteht. Damit findet ein Wandel der bisher anerkannten Auffassung statt.

Nach meinen Erkenntnissen ist es sehr fraglich, ob neben den Fällen, in denen sich der ärztliche Standard und das Arzneimittelrecht auseinander entwickelt haben, begründete Fälle verbleiben, in denen für nicht standardgemäße Behandlungen die Leistungspflicht der GKV begründet werden sollte. Es ist zweifelhaft, ob insoweit ein sachlich und gesundheitspolitisch gut begründeter Bedarf besteht. Im übrigen ist an das Ergebnis der älteren Rechtsprechung des BSG zur Leistungspflicht bei Außenseitermethoden zu erinnern. Es bestand darin, dass hinreichend präzise Kriterien der Beschreibung von nicht standardgemäßen Behandlungen, für die die GKV gleichwohl leistungspflichtig sein sollte, kaum gefunden werden konnten. Auch deswegen hatte der Gesetzgeber durch das Gesundheitsreformgesetz 1989 die vielfach zitierte Formulierung zur Leistungspflicht bei nicht allgemein anerkannten Behandlungsmethoden in die Begründung des Gesetzes aufgenommen.[128] Dieser Entscheidung des Gesetzgebers war das BSG durch die Remedacen-Entscheidung v. 5. Juli 1995 gefolgt.[129]

Die Entscheidung des BSG vom 19. März 2002 wirft Schwierigkeiten des Vollzugs auf. Für die Krankenkassen und für die Versicherten besteht Präzisierungsbedarf hinsichtlich aller drei Kriterien. Das BSG gibt zwar Präzisierungshinweise, die durchaus auf der Linie der neueren Recht-

---

[128] Begr. zu § 2 Abs. 1 SGB V: "Neue Verfahren, die nicht ausreichend erprobt sind, oder Außenseitermethoden (paramedizinische Verfahren), die zwar bekannt sind, sich aber nicht bewährt haben, lösen keine Leistungspflicht der Krankenkasse aus. Es ist nicht Aufgabe der Krankenkassen, die medizinische Forschung zu finanzieren. Dies gilt auch dann, wenn neue Methoden im Einzelfall zu einer Heilung der Krankheit oder Linderung der Krankheitsbeschwerden führten.", BT-Drs. 11/2237 S. 157.

[129] BSGE 76, 194 - Remedacen; BSGE 81, 54 - Immunbiologische Therapie.

sprechung zum SGB V liegen.[130] Es bleiben indes Fragen offen. Für die Sozialleistungsträger besteht damit die Aufgabe zu bestimmen, wie Anträge auf Bewilligung entsprechender Leistungen zu entscheiden sind. Für die Versicherten bleibt das Risiko, dass eine von ihnen gewählte Behandlung, die in der Versorgung zunächst versagt wird, im Wege des Kostenerstattungsanspruchs nach § 13 Abs. 3 SGB V finanziert werden wird. Alle diese Fragen ließen sich leichter – und besser – beantworten, wenn an den ärztlichen Standard angeknüpft wird.

Mit seiner Entscheidung hat das BSG den Vorstellungen eine Absage erteilt, der Bundesausschuss Ärzte und Krankenkassen könne als die das Arzneimittelrecht ergänzende Instanz tätig werden. Vielmehr setzt das BSG auf eine arzneimittelrechtliche Lösung des Problems. Derzeit wird eine Lösung erwogen, die – in das Arzneimittelgesetz integriert – eine Expertenkommission bei dem BfArM vorsieht. Solange eine solche Novelle zum AMG nicht ergangen ist, könnte eine praeter legem errichtete Kommission eine beratende Entscheidung treffen und dadurch Vollzugssicherheit schaffen.

Private Krankenversicherung

Nach den MB/KK 94 wird die medizinisch notwendige Heilbehandlung geleistet (§ 1 Abs. 2 MB/KK 1994). Der Versicherer leistet nach § 4 Abs. 6 MB/KK 1994

„für Untersuchungs- und Behandlungsmethoden und Arzneimittel, die von der Schulmedizin überwiegend anerkannt sind. Er leistet darüber hinaus für Methoden und Arzneimittel, die sich in der Praxis als ebenso erfolgversprechend bewährt haben oder die angewandt werden, weil keine schulmedizinischen Methoden zur Verfügung stehen. Dabei kann der Versicherer seine Leistungen auf den Betrag herabsetzen, der bei der Anwendung schulmedizinischer Methoden oder Arzneimittel angefallen wäre.“

Der Leistungsumfang der privaten Krankenversicherung ist insoweit umfänglicher als der in der gesetzlichen Krankenversicherung. Die Wende der Rechtsprechung des Bundessozialgerichts zu nicht allgemein anerkannten Methoden, die mit der Remedacen-Entscheidung eingeleitet wurde[131], wurde in der privaten Krankenversicherung (bisher) nicht nachvollzogen.[132] Die Rechtsprechung des Bundesgerichtshofs[133] stimmt

---

[130] BSGE 76, 194 - Remedacen; BSGE 81, 54 - Immunbiologische Therapie.
[131] BSGE 76, 194.
[132] Zur Rechtsentwicklung in der Sozialgerichtsbarkeit s. o. Fußnote 49.

mit der älteren Rechtsprechung des Bundessozialgerichts überein, der Bundesgerichtshof hatte sie durch seine Entscheidung v. 23. Juni 1993 nachvollzogen.[134] Der Bundesgerichtshof hatte in seiner Entscheidung v. 10. Juli 1996 ausgeführt[135]:

„Der durchschnittliche Versicherungsnehmer wird diese Regelung vielmehr dahin zu verstehen, dass gerade bei einer unheilbaren Krankheit auch eine solche Heilbehandlung noch als notwendige Heilbehandlung anzusehen ist, der zwar Versuchscharakter anhaften mag, die aber jedenfalls – medizinisch begründbar – Aussicht auf Heilung oder Linderung verspricht."

Die instanzgerichtliche Rechtsprechung zu § 4 Abs. 6 MB/KK 1994 folgt der Rechtsprechung des BGH. Nach einer Entscheidung des OLG Frankfurts v. 12. November 1997 ist eine medizinisch notwendige Heilbehandlung von der Krankenversicherung jedenfalls dann zu übernehmen, wenn es nach objektiven medizinischen Befunden und Erkenntnissen vertretbar war, sie als notwendig anzusehen, wobei auch solche medizinischen Erkenntnisse berücksichtigt werden können, die sich im Bereich der sogenannten alternativen Medizin ergeben haben, wenn eine Methode angewandt wurde, die geeignet ist, die Krankheit zu heilen oder zu mildern. Gibt es noch keine Behandlungsmethode, bei der nach medizinischen Erkenntnissen davon ausgegangen werden kann, dass sie zur Herbeiführung des Behandlungszieles geeignet ist, kommt jeder gleichwohl durchgeführten Behandlung Versuchscharakter zu. Danach ist die Behandlung eines Versicherungsnehmers, der an einem nach der Schulmedizin austherapierten, lebensbedrohlichen Nierenzellkarzinom leidet, mit autologen Tumorzellvakzinen, durch die das Immunsystem des Erkrankten dahingehend stimuliert werden soll, Tumorzellen zu erkennen und zu zerstören, als medizinisch notwendige Heilbehandlung anzuerkennen.[136]

Eine Entscheidung des KG v. 25. August 1998 liegt auf derselben Linie, sie macht jedoch auch Differenzierungen deutlich: Bei einer unheilbaren Krankheit ist auch eine solche Heilbehandlung noch als eine notwendige anzusehen, der zwar Versuchscharakter anhaften mag, die aber jedenfalls (medizinisch begründbar) Aussicht auf Heilung, Verhinderung der Verschlimmerung oder Linderung verspricht. Bei schweren, lebensbedrohenden oder lebenszerstörenden Erkrankungen ist nicht zu fordern,

---

[133] BGHZ 123, 83 (85); 133, 208.
[134] BGHZ 123, 83.
[135] BGHZ 133, 208, 214 f.
[136] OLG Frankfurt U. v. 12. November 1997 - U 315/95, OLGR 1998, 74.

dass der Behandlungserfolg näher liegt als sein Ausbleiben; vielmehr reicht es aus, wenn die Behandlung mit nicht nur ganz geringer Erfolgsaussicht die Erreichung des Behandlungsziels als möglich erscheinen lässt. Danach sind bei einer Brustkrebspatientin die Kosten für eine Eigenblutinjektion und für Medikamente zu ersetzen, die gegebenenfalls im Sinne eines Placeboeffekts zur Linderung des Krebserkrankungsbewusstseins der Patientin beitragen. Kosten für nicht unmittelbar damit im Zusammenhang stehende Behandlungen sind nicht erstattungsfähig.[137]

[137] KG 6 U 7063/97, NVersZ 1999, 424.

Die Rolle des MDK und der GKV bei (noch) nicht zugelassenen Indikationen

Peter Schwoerer

Gesetzliche Grundlagen/Richtlinien

Arzneimittelrecht

Mit der Marktzulassung eines Fertigarzneimittels durch die zuständige Behörde (BfArM, EMEA) wird im Sinne des Verbraucherschutzes die Qualität, Unbedenklichkeit und Wirksamkeit in der beanspruchten Indikation, Darreichungsform, Dosierung und Dauer der Behandlung bestätigt.

Bei nicht zulassungspflichtigen Arzneimitteln (sog. Rezeptur-Arzneimittel) geht das Gesetz davon aus, dass die Beschränkung der Herstellungserlaubnis auf bestimmte Personengruppen und die Beschreibung technischer Anforderungen im Herstellungsprozess die Qualitätsziele Qualität, Unbedenklichkeit und Wirksamkeit gleichermaßen sicherstellen.

Eine „amtliche" Definition der Begriffe off-label-use, off-licence-use, compassionate-use gibt es nicht. In Europa und USA gibt es jedoch einen Konsensus, der die Begriffe wie folgt erklärt

- Off-label-use ist die Anwendung eines zugelassenen Fertigarzneimittels außerhalb der zugelassenen Indikation und/oder Dosierungsempfehlung und/odor Anwendungsdauer.

- Off-licence-use ist die Anwendung eines zugelassenen Fertigarzneimittels innerhalb der zugelassenen Indikation und Dosierungsempfehlung und Anwendungsdauer, aber in einer anderen als der zugelassenen Darreichungsform.

- Compassionate-use ist die Anwendung von Arzneimitteln vor der Zulassung und außerhalb von klinischen Studien.

Die Entscheidung über Art und Umfang der beantragten Arzneimittelzulassung entscheidet der pharmazeutische Unternehmer aus ökonomischen Interessen. Die Zulassungsbehörden entscheiden nur im Rahmen eines solchen Antrags.

Sozialrecht

SGB V

Der Leistungsanspruch der Versicherten in der GKV deckt sich nicht mit Arzneimittelrecht:

- Er ist einerseits umfänglicher, da er dem allgemein anerkannten Stand der medizinischen Erkenntnisse zu entsprechen und den medizinischen Fortschritt zu berücksichtigen hat.

- Er ist andererseits geringer wegen der Leistungsausschlüsse der §§ 31 und 34 SGB V und da der behandelnde Arzt das Wirtschaftlichkeitsgebot zu beachten hat.

  Die Arzneimittel-Richtlinien nach § 92 SGB V, die das Wirtschaftlichkeitsgebot zu konkretisieren haben, sprechen in diesem Zusammenhang von unzulässiger „Erprobung", ein Begriff, den weder das Arzneimittelrecht, das Strafrecht noch das ärztliche Berufsrecht kennen und der somit ebenfalls nicht eindeutig ist. Auch das SGB V kennt diesen Begriff nicht und spricht an anderer Stelle von „neuen Methoden" (§ 135 SGB V) oder davon, dass „Forschung zur Entwicklung und Prüfung von Arzneimitteln ... nicht Gegenstand von Modellvorhaben sein dürfen" (§ 63 SGB V).

Weitere, nicht definierte Termini, die im Zusammenhang mit der Anwendung von Arzneimitteln außerhalb der Zulassung gebraucht werden, sind z. B. Therapieversuch, Heilversuch oder Therapieoptimierung.

BSG-Rechtsprechung

Die zahlreichen BSG-Urteile zum Erstattungsanspruch auf Arzneimittel außerhalb der Zulassung und bezogen auf unterschiedlichste Fallkonstellationen lassen einen Rahmen erkennen:

- Erstattungspflicht besteht bei zulassungspflichtigen Fertigarzneimitteln, die verkehrsfähig sind (unabhängig von der Zulassungsspezifikation im Einzelnen),

  - wenn der Einsatz im Rahmen des üblichen medizinischen Standards erfolgt (z. B. Literaturbelege, Zulassung in anderen Ländern) und
  - bei Gefahr im Verzug, wenn die Erfolgsaussicht der Intervention wissenschaftlich schlüssig begründet werden kann

- Erstattungspflicht bei zulassungspflichtigen Fertigarzneimitteln besteht nicht,

  - wenn eine Zulassungsbehörde die Zulassung versagt hat
  - wenn eine Zulassung noch nie erteilt wurde
  - wenn der Bundesausschuss der Ärzte und Krankenkassen im Rahmen der BUB-Richtlinien eine negative Bewertung getroffen hat

- Die Erstattungspflicht nicht zulassungspflichtiger Rezepturarzneimittel aus Fertigarzneimitteln wird analog gehandhabt.

Disziplinar-, Haftungs- und Strafrecht

Das Berufsrecht verpflichtet den Arzt, unabhängig von Erstattungsansprüchen, den Patienten mit geeigneten Untersuchungs- und Behandlungsmethoden zu versorgen und sich dabei der gebotenen medizinischen Maßnahmen nach den Regeln der ärztlichen Kunst zu bedienen. So hat das OLG Köln Haftungsansprüche gegenüber Klinikärzten bejaht, die ein an Enzephalitis erkranktes Kind nicht mit dem seinerzeit ausschließlich für Herpes zugelassenen Wirkstoff Aciclovir behandelt hatten, obwohl Hinweise aus der Literatur dies empfahlen.

Der Arzt unterliegt allerdings im Falle der Anwendung von Arzneimitteln außerhalb von Zulassungen einer erhöhten Aufklärungs- und Dokumentationspflicht. Das Haftungsrisiko bei Behandlungen außerhalb der Zulassung oder dem naheliegenden Fehlgebrauch ist nicht durch die Gefährdungshaftung des pharmazeutischen Unternehmers gedeckt – ein Risiko, das offensichtlich zahlreichen Ärzten, die Arzneimitteltherapien außerhalb von Zulassungen anwenden, nicht bekannt ist.

Analyse und Maßnahmen des MDK

Veröffentlichungen, die besagen, dass in bestimmten Indikationen zu einem hohen Prozentsatz off-label therapiert würde, sind hinsichtlich der angelegten Kriterien kritisch zu hinterfragen. Als „off-label" wird dort alles bezeichnet, das sich außerhalb des Rahmens der Zulassung bewegt, d. h. zum einem, bei Fertigarzneimitteln bezogen auf Indikation, Wirkstärke, Darreichungsform und Dosisempfehlungen, und zum anderen alle Rezepturarzneimittel.

Auf diesem puristischen Ansatz basieren die Untersuchungen von Gleiter et al. und Seyberth et al., die die Arzneimittelanwendung bei Kindern untersucht haben und zu dem Ergebnis kamen, dass ambulant ca. 14 % und stationär ca. 70 % der Verordnungen „off-label“ waren.

Damit wird einerseits ein hohes Maß an wissenschaftlichem Forschungsbedarf kreiert, andererseits findet aber, in der Regel aus Kostengründen und mangels Sponsoren, keine systematisierte Anwendungsforschung statt. Die Notwendigkeit einer Marktbeobachtung und nachgehenden Nutzenbewertung wurde auch im Zusammenhang mit Wirtschaftlichkeitsprüfungen evident, die der MDK Baden-Württemberg im Auftrag von Krankenkassen vorbereitet.

Zurzeit findet man die paradoxe Situation vor, dass zum Beispiel in der Tumorbehandlung der „off-label-Goldstandard“ ebenso zu Hause ist wie Experimentalmedizin der Phase II. Im Sinne des Patientenschutzes besonders beängstigend ist, dass selbst in Fällen, in denen Beobachtungsstudien der Phase II keinen Nutzen gezeigt haben, diese Behandlungen fortgeführt werden. Dies gefährdet potenziell nicht nur den Patienten, sondern schmälert ungerechtfertigt auch die knappen finanziellen Ressourcen der Solidargemeinschaft. In einem speziellen Fall wurde gemeinsam mit der Deutschen Krebsgesellschaft und mit den Ärzten in Berlin, die dieses Medikament off-label anwendeten, ein konstruktiver Diskurs geführt, der zu dem Ergebnis führte, dass das Arzneimittel nunmehr zu Lasten der GKV nur noch in solchen Fällen angewendet wird, für die Studien eine Evidenz bestätigt haben.

Es kann nicht Aufgabe des MDK sein, durch Abarbeiten von Formalismen eine sinnvolle off-label-Versorgung von Patienten zu behindern. Vielmehr ist die Strategie,

- Therapien im Nachgang kritisch zu hinterfragen,
- Vereinbarungen zu treffen, die nicht evidenzbasierten Methoden zu Lasten der GKV zu verhindern,
- und durch Controlling und ggf. Sanktionen die Einhaltung dieser Vereinbarung durchzusetzen.

Zukunftsperspektiven

Die Rechtskreise von Arzneimittel, Berufs-, Haftungs- und Leistungsrecht bilden keine gemeinsame Schnittmenge, so dass der behandelnde Arzt sich unterschiedlichsten Anforderungen gegenüber sieht, die nicht bzw. nur schwer zur Deckung zu bringen sind.

Der Arzt beruft sich zu Recht auf seine Therapiefreiheit (nicht im Sinne von -beliebigkeit), erwartet aber auch klare Aussagen zur Leistungspflicht eines Kostenträgers, um sein ökonomisches Risiko abschätzen zu können.

Der pharmazeutische Unternehmer kann nicht aus seiner Pflicht entlassen werden, sich finanziell an der Qualitätssicherung nach der Marktzulassung beteiligen, wenn für ihn ein ökonomischer Vorteil ersichtlich ist. Dies kann sich nicht auf die Unterstützung wissenschaftlichen Ehrgeizes Einzelner beschränken und die Hoffnung, dass die Veröffentlichungen einer ausreichenden Anzahl von Aufsätzen unterschiedlichster Qualität als Zulassungsersatz und zur Abwehr von Haftung dienen.

Die GKV sollte im Interesse ihrer Patienten mehr Marktstudien fördern, um eine Nutzentransparenz herzustellen – auch finanziell, wie es im Clearing House Onkologie zwar vorgesehen, aber wegen methodischer Mängel nur zögerlich angenommen wurde.

Bei der Entscheidungsfindung, ob eine Arzneimittelanwendung in der GKV verordnungs-/erstattungsfähig ist, sollte der bisherige Grundsatz gewahrt werden, dass primär die Wirksamkeit und Unbedenklichkeit in der fraglichen Indikation belegt oder zumindest medizinisch schlüssig begründet werden kann, und sich erst dann die Frage der Wirtschaftlichkeit im Vergleich therapeutischer Optionen anschließt.

1. Diesem Grundsatz folgend müsste in einem Sachverständigengremium (ggf. angesiedelt beim und veröffentlicht durch das BfArM) ein Register internationaler Zulassungen geführt und eine Dokumentation international anerkannter Behandlungsleitlinien der Fachgesellschaften dahingehend untersucht werden, ob dort Arzneimittel zur Anwendung in nicht zugelassenen Indikationen vorgeschlagen werden.

2. Im Nachgang sollte die Initiative des Bundesausschusses der Ärzte und Krankenkassen wieder aufgegriffen werden, der in den neuen, am 31.01.1999 verabschiedeten, aber wegen Klageandrohung nicht veröffentlichten Arzneimittel-Richtlinien die Verordnungsfähigkeit von Arzneimitteln außerhalb zugelassener Indikationen unter Vorbehalt gestellt hatte.

   Hier könnten die Voraussetzungen definiert werden, nach denen die unter 1 genannten Arzneimittel in der GKV verordnet werden können. Denkbar ist z. B. die Bindung an bestimmte Facharztgruppen im Rahmen von DMPs, die Dokumentationspflicht nach den Empfehlungen des BfArM zur Durchführung von Anwendungsbeobachtungen und die Veröffentlichungspflicht der Ergebnisse.

Mögliche Regressforderungen

Alexander P. F. Ehlers

Einführung

Nach vorläufigen Rechnungsergebnissen des Bundesgesundheitsministeriums ist das Defizit in der gesetzlichen Krankenversicherung (GKV) im ersten Quartal 2001 im Vergleich zum gleichen Vorjahreszeitraum um knapp 500 Millionen DM gestiegen und summierte sich auf rund 2,2 Milliarden DM. Dabei sind mit 9,7 % die GKV-Ausgaben für Arzneimittel je Mitglied – bezogen auf das gesamte Bundesgebiet – besonders kräftig gewachsen.[138] Im Zuge der steigenden Kosten suchen die Krankenkassen deshalb gerade in der Arzneimittelversorgung immer neuere Möglichkeiten, um ihre Ausgaben zu begrenzen. Unter den verschiedenen Instrumenten findet sich neben dem bereits abgeschafften Arzneimittelbudget, den geltenden Arzneimittel-Richtlinien des Bundesausschusses der Ärzte und Krankenkassen und der bevorstehenden Einführung der so genannten Aut-idem-Regelung eine neue Möglichkeit der Kostendämpfung: die Krankenkassen lehnen die Kostenübernahme von verordneten Arzneimittel außerhalb der Zulassung ab, da diese nicht zu ihrem Leistungsumfang gehören.

Die Folge davon ist ein hohes Maß an Verunsicherung bei den verordnenden Ärzten. Verordnen sie Arzneimittel außerhalb ihrer Zulassung, droht ihnen gemäß § 48 BMV-Ä in Verbindung mit § 106 Sozialgesetzbuch V ein Verfahren auf Feststellung eines Sonstigen Schadens, falls die Krankenkassen ein solches beantragen. Wird dem Antrag der Kassen vom zuständigen Prüfungs- oder Beschwerdeausschuss stattgegeben, muss der verordnende Arzt die Kosten des Arzneimittels an die Kassen aus eigener Tasche zurückzahlen.

Verzichten sie dagegen auf die Verordnung von Arzneimittel außerhalb der zugelassenen Indikation, dann drohen den Ärzten haftungsrechtliche, strafrechtliche und disziplinarrechtliche Konsequenzen.

In diesem Zusammenhang stellt sich somit die Frage, inwieweit die Krankenkassen tatsächlich berechtigt sind, die Erstattung von verordneten Arzneimittel außerhalb ihrer Indikation abzulehnen.

---

[138] Ärzte-Zeitung, 11.06.2001

Begriff und Bedeutung indikationsüberschreitender Anwendung von Arzneimittel

Unter indikationsüberschreitender Anwendung eines Arzneimittels versteht man den Einsatz von Arzneimitteln, der an die zugelassene Indikation anknüpft, jedoch von der bestehenden Indikation nicht mehr gedeckt ist. Mit anderen Worten: es besteht zwar gemäß §§ 21 ff. Arzneimittelgesetz eine Zulassung für das Medikament, aber nicht für die tatsächlich bestehende Indikation.

Bedeutung erlangt der indikationsüberschreitende Einsatz vor allem in der Neurologie und in der Onkologie, dabei speziell in der Kinderheilkunde.[139] Allein in der Kinderheilkunde sind etwa nur 20 % der auf dem Markt befindlichen Arzneimittel hinreichend mit Kindern und Jugendlichen geprüft und für die pädiatrische Indikation zugelassen. Die Hauptanwendung in der Pädiatrie erfolgt somit indikationsfremd. Im Bereich der Onkologie beläuft sich die Größenordnung der indikationsfremden Anwendung von Arzneimitteln auf 80 %.[140]

Im Gebiet der Neurologie ist die indikationsfremde Anwendung teilweise schon medizinischer Standard geworden. So werden bei Multipler Sklerose Patienten Immunglobuline verordnet, wenn die Behandlung mit Beta-Interferon nicht mehr ausreichend ist.[141]

Haftungsrechtliche Verpflichtung des Arztes

Der Patient schließt mit dem behandelnden Arzt einen Behandlungsvertrag in Form eines Dienstvertrages gemäß § 611 BGB. Aus diesem Vertrag resultiert der Anspruch des Patienten auf ärztliche Behandlung nach den Regeln der ärztlichen Heilkunst. Dabei obliegt dem Arzt im Rahmen seiner Therapiefreiheit die Entscheidung, welches Medikament er für welche Indikation für geeignet hält und für die Behandlung einsetzen möchte. Maßgeblich für seine Entscheidung ist der allgemein anerkannte Stand der medizinischen Erkenntnisse.

Definiert wird dieser medizinische Standard durch medizinisch-wissenschaftlich erprobte Erkenntnisse. Das heißt, dass die Behandlung auf der Basis „belegbarer" Kenntnisse, also aufgrund von gesichertem Wissen erfolgt, wie zum Beispiel durch Studien, langjährige Praxiserfahrungen

---

139 Quelle: KV-Blatt 08/2001

140 Jörg Hohmann, „Verordnungsfähigkeit/Therapien mit nichtzugelassenen Medikamenten" in MedizinRecht.de

141 ebenda

aus dem Ausland bezüglich der verwendeten Arzneimittel oder qualitätssichernde Leitlinien. Speziell bei der Verwendung von Arzneimitteln wird dem medizinischen Standard grundsätzlich dann entsprochen, wenn für das Arzneimittel eine Zulassung besteht oder im Rahmen des Zulassungsverfahrens die Phase-III-Studie bereits abgeschlossen ist. In diesem Stadium kann man von belegbaren Kenntnissen im oben genannten Sinne ausgehen.

Ist nun im Einzelfall nach Ansicht des Arztes der Anspruch des Patienten nur mit einem Arzneimittel außerhalb der zugelassenen Indikation möglich, dann weicht er jedoch noch nicht zwingend vom medizinischen Standard ab. Dies hat seine Ursache in dem streng formalen Zulassungsverfahren. Die Arzneimittelzulassung wird nicht generell, sondern jeweils für bestimmte Anwendungsgebiete erteilt. Dies findet seinen Grund darin, dass Gegenstand der Prüfung bei der Zulassung unter anderem ist, ob das Arzneimittel in den im Zulassungsantrag angegebenen Anwendungsgebieten (§ 22 Abs. 1 Nr. 6 AMG) angemessen wirksam ist (§ 24 Abs. 1 Satz 2 Nr. 3 AMG); darüber hinaus erfolgt keine Prüfung. Die zuständige Bundesoberbehörde (Bundesinstitut für Arzneimittel und Medizinprodukte: § 77 Abs. 1 AMG) ist in ihrer Entscheidung insoweit vom Antrag abhängig; sie kann kein anderes oder zusätzliches Indikationsgebiet zulassen als beantragt wurde. Bei einer Erweiterung des Anwendungsgebiets ist eine neue Zulassung zu beantragen (§ 29 Abs. 3 Satz 1 Nr. 3 AMG).[142] Aus diesem Grund ist in den meisten Fällen der medizinische Fortschritt schneller als das formale Zulassungsverfahren für die einzelnen Arzneimittel.

Insbesondere in Umbruchphasen, wenn also eine althergebrachte Therapie von einer neueren abgelöst wird, erfordert die Arzthaftungsrechtsprechung die Behandlung mit derjenigen Methode, mit der eine Komplikationsminimierung erreicht werden kann. Neue Erkenntnisse, zum Beispiel neue Indikationen für zugelassene Produkte, sind dann von dem Arzt zu verwerten. So entschied das OLG Köln in seiner „Aciclovir®-Entscheidung" vom 30.05.1990, dass „das Arzneimittelgesetz [...] die therapeutische Freiheit des Arztes nicht in der Weise [beschränke], dass es den Einsatz eines Medikaments, das gegen bestimmte Erkrankungen zugelassen ist, gegen eine andere Erkrankung verbietet".[143]

---

142 Ehlers, „Onkologische medikamentöse Therapie unter der Prämisse nichtindikationszugelassener Medikamente im Spannungsfeld zwischen Ressourcen, Vorgaben und Hilfeleistung", PharmR 2001, 215

143 OLG Köln, Urteil vom 30.05.1990 (Az.: 27 U 169/89)

Folgen bei Nichtbeachtung des medizinischen Standards

Verzichtet der Arzt trotz Vorliegen der medizinischen Notwendigkeit auf die indikationsfremde Verwendung von Arzneimitteln, führt dies zu schwerwiegenden Konsequenzen. In zivilrechtlicher Hinsicht handelt er zumindest fahrlässig im Sinne von § 276 BGB. Zum einen verletzt er seine Vertragspflichten aus dem Behandlungsvertrag und macht sich schadensersatzpflichtig im Wege der positiven Vertragsverletzung. Zum anderen setzt er sich dem Vorwurf einer unerlaubten Handlung aus, so dass Schadensersatz und Schmerzensgeld wegen Körperverletzung gemäß §§ 823, 847 BGB gegen ihn geltend gemacht werden können. Ebenso droht ihm ein Strafverfahren wegen Unterlassener Hilfeleistung gemäß § 323c StGB und Körperverletzung oder Tötung durch Unterlassen gemäß §§ 223, 13 StGB bzw. § 212, 13 StGB.

Sozialrechtliche Erstattungsfähigkeit

Von dieser Verpflichtung des Arztes zur indikationsfremden Anwendung ist jedoch die sozialrechtliche Frage zu trennen, ob die Anwendung verordnungs- und damit erstattungsfähig ist.

Gemäß § 27 Abs. 1 Satz 1 SGB V hat der Patient einen Anspruch auf Krankenbehandlung, wenn sie notwendig ist, um eine Krankheit zu erkennen, zu heilen, ihre Verschlimmerung zu verhüten oder Krankheitsbeschwerden zu lindern. Daneben besteht gemäß § 31 Abs. 1 SGB V der Anspruch auf Versorgung mit apothekenpflichtigen Arzneimitteln, soweit sie in der vertragsärztlichen Versorgung verordnungsfähig sind.

Eingerahmt werden diese Ansprüche vom Wirtschaftlichkeitsgebot des § 12 Abs. 1 SGB V. Danach muss die Behandlung ausreichend, zweckmäßig und wirtschaftlich sein und darf das Maß des Notwendigen nicht überschreiten. Es wird damit die Frage aufgeworfen, inwieweit ein Arzneimittel ohne Zulassung für die vorzunehmende Anwendung auch tatsächlich dafür aus medizinischer Hinsicht geeignet ist.

Bei der Lektüre dieser einschlägigen Vorschriften des fünften Sozialgesetzbuches ergibt sich auf die Frage der Erstattungsfähigkeit keine eindeutige Antwort.

Ebenfalls ins Leere geht die Arzneimittelrichtlinien des Bundesausschusses gemäß § 92 Abs. 1 Nr. 1 und Nr. 6 SGB V. Zwar heißt es in der neuen Fassung der Nr. 4.1 der Arzneimittelrichtlinien vom 08.01.1999, dass die Verordnung von zugelassenen Arzneimitteln in nicht zugelassenen Indikationen unzulässig sei. Diese Neuregelung ist jedoch noch nicht in

Kraft, da diese Richtlinien durch einen Beschluss des Landgerichts Hamburg vom 30.03.1999[144] gestoppt worden sind.

Zur Klärung der Frage muss vielmehr auf die höchstrichterliche der Rechtsprechungen zurückgegriffen werden.

Rechtsprechung des BSG

Die Frage der Erstattungsfähigkeit von Arzneimitteln beschäftigt die Rechtsprechung des BSG schon seit längerem. Gerade die Rechtsprechung zur ASI-Behandlung oder zur SKAT-Methode werden immer wieder angeführt, um die Erstattungsfähigkeit von nicht zugelassenen Arzneimitteln zu versagen bzw. den zulassungsüberschreitenden Einsatz zu unterbinden.

Goldnerz- und Jomol-Entscheidung

Der 1. Senat entschied in seinen Urteilen vom 08.06.1993[145], vom 08.03.1995[146] und vom 23.07.1998[147], dass **zulassungspflichtige Arzneimittel ohne Zulassung** nicht zu Lasten der gesetzlichen Krankenversicherung verordnet werden dürfen. Die bereits oben dargelegte Verpflichtung des § 27 Abs. 1 Satz 2 SGB V unterliege nämlich der Einschränkung des § 2 Abs. 4 und § 12 Abs. 1 SGB V. Danach könne ein Arzneimittel nicht mehr dem Wirtschaftlichkeitsgebot genügen, wenn es zwar nach dem Arzneimittelgesetz zulassungsbedürftig sei, jedoch die Zulassung nicht erteilt wurde.

> **Mittlerweile darf man von einer gefestigten Rechtsprechung ausgehen, die besagt, dass die Zulassung eines Arzneimittel grundsätzlich eine Mindestvoraussetzung für seine Verordnungsfähigkeit in der gesetzlichen Krankenversicherung ist.**

Remedacen-Urteil

Der gleiche Senat ließ jedoch in seinem „Remedacen-Urteil“ vom 05.07.1995[148] durchblicken, dass eine Verordnungsfähigkeit zu Lasten der Krankenkasse dann bestünde, wenn das Arzneimittel nur außerhalb

---

[144] LG Hamburg – Beschluss vom 30.03.1999 (Az.: 315 O 143/99)
[145] BSGE 71, 252 – Goldnerz-Aufbaucreme
[146] SozR 3-2500 § 31 Nr. 3 – Edelfosin
[147] BSGE 82, 233 – Jomol
[148] BSG – Urteil vom 05.07.1995 (Az.: 1 RK 6/95)

seiner zugelassenen Indikation angewandt wurde. Ausdrücklich wurde dies aber nicht festgestellt.

SKAT-Urteil

Dem widersetzte sich auf den ersten Blick der 8. Senat des BSG in seinem „SKAT-Urteil" vom 30.09.1999[149], in dem er über die sogenannte Schwellkörper-Autoinjektionstherapie (SKAT) befinden musste. Auch in diesem wurde argumentiert, dass diese Verordnungsweise den Einschränkungen des Wirtschaftlichkeitsgebotes aus § 2 Abs. 4 und § 12 Abs. 1 SGB V unterläge. Sie umfasse nur solche Leistungen, die für die Behandlung zweckmäßig und wirtschaftlich sind und deren Qualität und Wirksamkeit dem allgemein anerkannten Stand der medizinischen Wissenschaft entsprechen. Dies gälte jedoch nicht für die Erstattung von zugelassenen Arzneimittel, welche außerhalb dieser Zulassung angewandt werden. Hier fehle es gerade an der Zweckmäßigkeit und Wirtschaftlichkeit. Dabei führt das BSG aus, dass für die nicht in der Zulassung enthaltenen Indikationen die Wirksamkeit des Präparats nicht nachgewiesen sei. Gleichermaßen sei nicht ausgeschlossen, dass das Arzneimittel bei seinem Gebrauch außerhalb des zugelassenen Anwendungsbereichs schädliche Wirkungen habe, die über ein nach den Erkenntnissen der medizinischen Wissenschaft vertretbares Maß hinausgehen. Hierbei ist beachtlich, dass je nach Indikation das Patientengut (hinsichtlich Alter, Geschlecht, Konstitution, Begleiterkrankungen) völlig verschieden sein kann, so dass eine Nebenwirkung, die bei einer Indikation hingenommen wird, weil sie nur relativ wenige Patienten betreffen kann, zur Ablehnung einer anderen Indikation führt, da bei dieser sehr viele betroffen sind.

Keine abschließende Entscheidung

Bei diesen Ausführungen des 8. Senats muss insgesamt jedoch beachtet werden, dass er in seinem Urteil die Frage, ob das verwendete Arzneimittel im Rahmen der Schwellkörper-Autoinjektionstherapie erstattungsfähig sei, positiv beschied. Der Kläger in diesem Verfahren hatte nämlich ein berechtigtes Vertrauen, dass ihm das verordnete Arzneimittel auch außerhalb seiner Zulassung erstattet werden muss. Eine definitive Entscheidung, ob grundsätzlich Arzneimittel außerhalb ihrer Zulassung erstattungsfähig sind oder nicht, musste der 8. Senat demnach hier gar nicht treffen.

---

[149] BSG – Urteil vom 30.09.1999 (Az.: B 8 KN 9/98 KR R)

Ausnahme

In seinen Ausführungen lässt der 8. Senat am Schluss dann doch noch eine Hintertür für die indikationsfremde Verordnung offen: in gravierenden Fällen, wie etwa zur Behandlung ernsthafter, lebensbedrohender Erkrankungen, müsse auch bei ambulanter Behandlung der indikationsfremde Einsatz von Arzneimitteln zu Lasten der gesetzlichen Krankenversicherung gewährleistet sein, wenn eine Alternative nicht zur Verfügung stehe.

Erwin Deutsch griff diesen Aspekt bereits einige Jahre früher unter dem Gesichtspunkt des Notstandes auf. Die indikationsfremde Verordnung würde damit aus Gründen des Notstandes durchbrochen werden. Das Mitgefühl mit dem Schwerkranken und die Notwendigkeit, alles zu seiner Rettung zu übernehmen, überwindet die gesetzliche Zulassungspflicht.[150]

Mittlerweile hat das Landessozialgericht Sachsen-Anhalt diese Ausnahme-Rechtsprechung des 8. Senats in seiner Entscheidung vom 05.06.2001[151] umgesetzt. Darin wurde die Krankenkasse verpflichtet, die zulassungsfremde Verwendung des Medikaments „Proleukin“ bei einer Nierenzellkarzinom-Patientin zu erstatten, da eine lebensbedrohliche Erkrankung vorlag und andere zugelassene Medikamente nebenwirkungsreicher waren.

Höchstrichterliche Rechtsprechung zu der Ausnahmekonstellation ist jedoch bisher noch nicht vorhanden.

Klärung durch das ASI Urteil?

Zuletzt soll noch kurz auf die Relevanz des so genannten ASI-Urteils des BSG vom 28.03.2000[152] in diesem Zusammenhang eingegangen werden, da auch dieses Urteil oft als Argument gegen die Erstattungsfähigkeit herangezogen wird.

Der 1. Senat stellte darin klar, dass eine Kostenübernahme der Krankenkassen dann scheitert, wenn eine Behandlungsmethode nicht zu den von der gesetzlichen Krankenversicherung geschuldeten Leistungen gehört. Handelt es sich dabei um eine neue Behandlungsmethode, dann darf sie nach § 135 Abs. 1 SGB V nur dann zu Lasten der Krankenkas-

---

150 Deutsch, Medizinrecht, 4. Auflage 1999, S. 509
151 LSG – Beschluss vom 05.06.2001 (Az.: L 4B 4/01 KR ER)
152 BSG – Urteil vom 28.03.2000 (Az.: B 1 KR 11/98 R)

sen angewandt werden, wenn der Bundesausschuss der Ärzte und Krankenkassen sie in den so genannten NUB-Richtlinien (**N**eue **U**ntersuchungs- und **B**ehandlungsmethoden) als wirksam und therapeutisch zweckmäßig anerkannt hat.

Inwieweit diese Entscheidung jedoch auf den zulassungsüberschreitenden Einsatz von Arzneimitteln Anwendung findet, ist zweifelhaft. Zum einen handelte es sich bei der in Frage stehenden Aktiv-Spezifischen-Immuntherapie um so genannte Nicht-Fertigarzneimittel. Der Senat behandelte deshalb die Frage, ob eine Behandlungsmethode erstattungsfähig sei. Gegenstand seiner Entscheidung war also nicht die Erstattung eines Fertigarzneimittels. Zum anderen lag für die Behandlungsmethode überhaupt keine Zulassung vor, so dass die rechtliche Bedeutung auf die zulassungsüberschreitende Anwendung ebenfalls nicht geklärt werden musste.

Zusammenfassung

Somit kann man folgende Punkte festhalten:

- Ein indikationsfremder Einsatz von Medikamenten darf nicht zu Lasten der GKV durchgeführt werden.

- Daran ändert auch nichts die haftungsrechtliche Verpflichtung des Arztes zur indikationsfremden Anwendung, wenn eine medizinische Indikation besteht.

- Eine Ausnahme kommt jedoch in lebensbedrohlichen Notfällen in Betracht, wenn in einem Notfall keine Alternative zur Verfügung steht.

Fazit

Dieses wohl eindeutige Ergebnis verstößt nicht gegen den Grundsatz der Therapiefreiheit. Auch diese – als Ausfluss der allgemeinen Handlungsfreiheit des Patienten oder der Berufsfreiheit des Arztes – steht unter dem Vorbehalt des Leistungsrechts. Dabei ist das Interesse des Beitragszahlers am sinnvollen, im Rahmen des Arzneimittelgesetz abgesicherten Einsatz der Mittel höher zu bewerten als das Interesse des Erkrankten an medizinischen Versuchen, d. h. an der Verwendung letztlich – nach unserem Rechtssystem – ungesicherter Präparate.

Mit einer Ablehnung der indikationsfremden Verordnung eines Arzneimittels zu Lasten der gesetzlichen Krankenversicherung wäre schließlich keine eigenständige Entscheidung zu Lasten des medizinischen Fortschritts getroffen; in welchen Bahnen sich dieser durchsetzen kann, regelt gerade das Arzneimittelgesetz. Aufgabe der gesetzlichen Krankenversicherung ist es nach der BSG-Rechtsprechung jedenfalls nicht, Erprobungen von medizinischen Produkten oder Dienstleistungen zu finanzieren. Die Grundsätze der §§ 12 Abs. 1 und 27 Abs. 1 SGB V verbieten es, die Erprobung neuer Methoden oder die medizinische Forschung zu den Versicherungsleistungen der gesetzlichen Krankenversicherung zu rechnen. Dieser Gesichtspunkt rechtfertigt es auch, die indikationsfremde Verwendung von Arzneimitteln außerhalb der gesetzlichen Krankenversicherung zuzulassen, nicht aber zu Lasten der Krankenkassen.

Themenkreis 3

Liberalisierung der Arzneimitteldistribution

Helmut Laschet

Die Arzneimitteldistribution, ihre Organisation, ihre wettbewerblichen Rahmenbedingungen und ihre Kosten sind ein Thema, das viele Jahre in der Gesundheitspolitik nur eine untergeordnete Rolle gespielt hat. Die Systematik des Vertriebs von Arzneimitteln über Großhandel und Offizinapotheken unter den Bedingungen des einheitlichen Apothekenabgabepreises mit staatlich garantierten Handelsspannen und des Verbots von Fremd- und Mehrbesitz galt nahezu als Dogma. Bestenfalls Modifikationen an der Vergütung von Apotheken waren diskussionsfähig. Ausdruck mangelnden Veränderungswillens – vielleicht sogar ein europapolitischer Affront – ist das in das Arzneimittelgesetz ausdrücklich aufgenommene Versandhandelsverbot als einer der letzten gesundheitspolitischen Akte der konservativ-liberalen Bundesregierung.

Nun kommt Bewegung in den Markt durch neue Fakten. Ein Teil dieser Fakten wird durch diejenigen gesetzt, deren offizielle Berufsvertretung gewiss zu den Bewahrern des historisch gewachsenen Systems von Offizinapotheken im Einzelbesitz und unter den Bedingungen administrierter Handelsspannen gehört: den Apothekern selbst. Tatsächlich ist der akademische Beruf des Pharmazeuten, der in seiner Ausbildung die Herstellung von Arzneimitteln gelernt hat, über viele Jahrzehnte durch die Entwicklung der industriellen Arzneimittelproduktion zum pharmazeutischen Einzelhändler degeneriert, dem das Odium des Schubladenziehers mit Hochschulabschluss anhaftet. Dieses Manko können Apotheker unter den Bedingungen des Apothekengesetzes und der Arzneimittelpreisverordnung auch nicht durch ökonomische Kreativität kompensieren.

Die offenkundige Unzufriedenheit mit dem vom Gesetzgeber eng gefassten Berufsbild und vor allem mit den faktischen Berufsausübungsmöglichkeiten hat unter vielen Apothekern zur Herausbildung einer Grauzone geführt, die das gegenwärtige System paternalistischer Überregulierung schleichend ad absurdum führen und aushöhlen. Immerhin hat der Gesetzgeber den Offizinapothekern die Möglichkeit gegeben, in der Notdienstversorgung pharmazeutischen Sachverstand dadurch einzusetzen, ausnahmsweise wirkstoffgleiche Arzneimittel zu substituieren. Es liegen keine Erkenntnisse darüber vor, dass ein solcher Austausch zu unerwünschten oder gar gefährlichen Wirkungen geführt hätte.

Die Erfahrungen in der Notfallversorgung – in diesem Fall sind die Interessen von Patient, Arzt und Apotheker an einer unverzüglichen Versorgung gleichgerichtet – wollten die Pharmazeuten auf die Gesamtversorgung übertragen wissen. Das mag fraglos auch mit dem Anspruch an das Berufsbild zu tun haben. Zu bestreiten ist allerdings nicht, dass die Option auf Arzneimittelsubstitution einen handfesten ökonomischen Hintergrund hat. Ursächlich dafür ist der hochentwickelte deutsche Generikamarkt mit einem Sortimentsumfang, der die Lagerhaltungsmöglichkeiten des einzelnen Apothekers weit übersteigt. Dieser Mangel wird zwar unter Versorgungsgesichtspunkten durch engmaschige Lieferfrequenzen des Großhandels kompensiert; er ist aber auch ein Indiz für ökonomische Ineffizienzen, die unter den gegebenen Rahmenbedingungen und bei sich entwickelnden Grauzonen zu Windfall-Profits führen:

Nicht ganz zu Unrecht beanspruchen Apotheker die Kompetenz, die Austauschbarkeit von Arzneimitteln beurteilen zu können; immerhin hat das Zentrallaboratorium der deutscher Apotheker im Gefolge der Festbetragsregelung das Problem der Bioäquivalenz hinreichend untersucht. Eine Relevanz hat es wohl nur in Ausnahmefällen. Mit Recht dürfen Apotheker auch von sich behaupten, im Vergleich zu Ärzten eine bessere Übersicht über die aktuelle Preissituation am Markt zu haben. Prinzipiell ist es mit entsprechend aufgerüsteter Praxis-EDV auch Ärzten möglich, ihre Verordnung am Preis orientiert zu optimieren – gleichwohl wird von dieser Option in den ärztlichen Praxen in der Breite noch kein Gebrauch gemacht.

Bei strikter Beachtung der rechtlichen Rahmenbedingungen, vor allem der Arzneimittelpreisverordnung, konfligiert das gesamtwirtschaftliche Ziel einer kostengünstigen Arzneimittelversorgung mit erwerbswirtschaftlichen Zielen des Apothekers. An der Abgabe eines preiswerten Arzneimittels kann der Apotheker schon deshalb nicht interessiert sein, weil dies seinen Rohertrag schmälert. Faktisch wird aber in der realen Versorgung nicht der Buchstabe des Gesetzes vollzogen, sondern aus der apothekerlichen „Not", nicht generische Vollsortimente vorhalten zu können, eine betriebswirtschaftliche Tugend gemacht: in der, wie man wohl durchweg unterstellen muss, guten Gewissens dem Kunden gegebenen Empfehlung, das gerade nicht vorhandene Arzneimittel durch ein gleichwertiges anderes mit gleichem Inhalt abzugeben, wird nicht nur das Kundeninteresse an einer sofortigen Befriedigung seiner Bedürfnisse berücksichtigt, sondern auch der Weg zur aktiven Sortimentspolitik eröffnet, die ihrerseits der Rohertragssteigerung dient. So wird das (bisher) außerhalb der Notdienstversorgung existierende Aut-idem-Verbot durch die Einverständniserklärung des Patienten/Kunden ausgehebelt. Das wiederum definiert die Aufgabenverteilung von Arzt und Apotheker im

Generikamarkt neu: Wer entscheidet denn in Wirklichkeit, welcher Hersteller mit welchem Produkt welchen Umsatz macht? Es liegt auf der Hand, dass in einem Markt austauschbarer Produkte der Konditionenwettbewerb zum entscheidenden Aktionsparameter der Hersteller werden muss. Dieser Handlungsparameter ist der Naturalrabatt, der dem Apotheker gegeben wird. Denn unter den Bedingungen des einheitlichen Abgabepreises und eines gesetzlich fixierten Kassenrabatts ist der Apotheker nicht verpflichtet – im Unterschied zu anderen Märkten im Gesundheitswesen – Einkaufsrabatte an die Krankenkassen weiterzuleiten. Berechnungen aus der Marktforschung zeigen, dass das Volumen der Naturalrabatte inzwischen 300 bis 400 Millionen Euro erreicht; dies deckt sich mit Angaben von hohen Apothekerfunktionären, die dem Naturalrabatt inzwischen einen erheblichen Anteil am Apothekereinkommen zumessen.

Damit zeigt sich, dass staatlich vorgegebene Handelsspannen und das Konzept des einheitlichen Apothekenabgabepreises weitgehend ihre Funktion zur Sicherstellung einer gleichmäßigen Versorgung mit Arzneimitteln verloren haben. Die Gewährung von Naturalrabatten durch die Hersteller offenbart Rationalisierungspotentiale, die offenkundig durch das System der Festbeträge nicht erschlossen werden können. Und das Volumen der Naturalrabatte erreicht eine Dimension, die unter Kostendämpfungsgesichtspunkten für Krankenkassen eine durchaus relevante Größe darstellen kann.

Insofern ist die Position der offiziellen Apothekerschaft an einer grundsätzlichen Legalisierung der Substitution verständlich, erscheint aber gleichwohl kurzsichtig. Denn der gewachsene Einfluss von Apothekern auf Arzneimittelsortimente und Konditionen wird mit Sicherheit das Interesse der Krankenkassen wecken, die soeben von Apothekern realisierten Verteilungsgewinne auf sich umzulenken. Auch dies dürfte ein Anhaltspunkt dafür sein, dass ein einheitlicher Arzneimittelpreis mit einheitlich vom Verordnungsgeber administrierter Handelsspanne nicht mehr auf ewig Bestand haben kann.

Die im Rahmen der parlamentarischen Beratungen der Aut-idem-Regelung gefunden Modifikationen – sie erlauben dem Apotheker nur dann die generische Substitution, wenn Vertragsärzte Arzneien aus den beiden oberen Preisdritteln verordnen – war gewiss nicht im Interesse der Apotheker. Der Fokus ist jetzt verstärkt auf die Hersteller und ihre Preispolitik gerichtet, die aller Wahrscheinlichkeit nach bemüht sind, ihre Preise im unteren Drittel des jeweils relevanten Marktsegments zu setzen. Mit diesem Schachzug der Politik läuft es für die weitgehend identischen Produkte am Generikamarkt auf einen Einheits-Niedrigpreis hinaus – wahrscheinlich verbunden mit einem starken Konzentrationsprozess auf Herstellerebene.

Gleichwohl bleibt die Frage der Distributionskosten auf der Tagesordnung. Einstweilen hat sich der Runde Tisch im Gesundheitswesen auf ein konventionelles Instrument verständigt: eine erneute Novellierung der Arzneimittelpreisverordnung. Politik, Kassen, Apotheker und forschende Industrie haben insofern einen Konsens erreicht, dass die Spanne bei innovativen hochpreisigen Produkten zurückgefahren und die Spanne bei niedrigpreisigen Produkten – betroffen wären die Selbstmedikation und Generika – hochgefahren wird. Am Ende ist dies eine versteckte Subventionierung der Krankenkassen zu Lasten der Selbstmedikation und derjenigen Arzneimittel, die ganz überwiegend über Zuzahlungen privat finanziert werden. An der grundlegenden Frage der Preisbildung für die Arzneimittel ändert dies jedoch nichts.

Eine der wesentlichen Aufgaben der Gesundheitspolitik in der nächsten Legislaturperiode könnte jedoch sein, eine neue Markt- und Wettbewerbsordnung zu finden. Die Notwendigkeit ergibt sich aus den Unzulänglichkeiten und dem Scheitern vieler Instrumente in den vergangenen zehn Jahren:

Offenkundig ist, dass die einheitliche Festsetzung von Festbeträgen für Arzneimittel durch die Krankenkassen gescheitert ist. Der Verordnungsgeber hat zugleich zu erkennen gegeben, dass er selbst nicht geneigt ist, die Aufgabe, Arzneimittelpreise zu administrieren, mehr als einmal zu übernehmen. Alle Versuche, die Selbstverwaltungslösung durch Modifikationen im SGB V zu retten, sind unter wettbewerbsrechtlichen Gesichtspunkten am Widerstand des Bundesjustizministeriums gescheitert. Als ordnungspolitisch saubere Lösung blieben demnach nur dezentrale Verträge zwischen einzelnen Herstellern und einzelnen Krankenkassen übrig. Damit wäre aber auch der einheitliche Arzneimittelabgabepreis perdu, und ebenso die einheitliche (zumindest absolute) Handelsspanne, wenn sie als prozentualer Anteil definiert ist.

Angesichts wachsender Bedeutung von Innovationen für die Ausgabenentwicklung am Arzneimittelmarkt deutet ebenfalls vieles darauf hin, dass es auf längere Sicht nicht bei der gegenwärtig in Deutschland noch praktizierten „autonomen“ Preissetzung durch den Hersteller bleiben wird. Denkbar sind auch hier Lösungen über dezentrale Verhandlungen, in die pharmakoökonomische Aspekte sachgerechter und flexibler einfließen könnten als dies in einer zentral organisierten vierten Hürde gemeinsam und einheitlich bestimmt werden würde. Auch dabei wird man sich Vorstellungen über die Funktion und Leistung des Arzneimittelhandels machen müssen. Die gegenwärtige Honorierungssystematik für die Distribution entbehrt nämlich jeder Logik: Bei sinkender Verordnungsmenge profitiert der Handel ohne jede zusätzliche Leistung (genau genommen: mit abnehmender Leistung) von jeder Steigerung des Verordnungswerts, der allein aus der zusätzlichen Wertschöpfung innovativer Hersteller resultiert.

Unzulänglichkeiten und logische Brüche in der gegenwärtigen Distributionssystematik machen es also notwendig, über eine alternative Marktordnung mit der Option neuer Preisbildungssysteme auf der Einzelhandelsebene nachzudenken. Ein erster, sehr vorsichtiger Reformschritt könnte dabei sein, die Preisbindung der zweiten Hand wenigsten für den Selbstmedikationsmarkt aufzugeben, womit freilich auch die Informations- und Werberechte für Apotheker liberalisiert werden müssten.

Eine Neuordnung der Rahmenbedingungen für den Arzneimittelhandel scheint aber auch unter europarechtlichen Gesichtspunkten notwendig. Das Bestreben der niederländischen DocMorris-Versandapotheke, sich auf dem deutschen Markt zu etablieren, ist nach einigen juristischen Vorspielen vor den nationalen Gerichten nun beim Europäischen Gerichtshof angelangt. Es mag zwar gewagt sein, in Rechtsfragen eine Prognose zu stellen – bei der eindeutigen Vorrangstellung des freien Warenverkehrs als Rechtsprinzip spricht allerdings vieles dafür, dass der Europäische Gerichtshof zumindest den EU-Ausländern nicht das Recht absprechen wird, Arzneimittel in ein Land zu versenden, das selbst den Versandhandel nicht kennt. Dies würde dem Prinzip folgen: Ausländerdiskriminierung ist verboten – was ein Staat seinen eigenen Bürgern auferlegt, bleibt seine Sache und muss er mit den Betroffenen abmachen. Da es in der deutschen Apothekerschaft wahrscheinlich nicht nur Systembewahrer gibt, sondern wohl auch unternehmerische Talente, ist zu erwarten, dass ein nationales Versandhandelsverbot, das nur die Inländer diskriminiert, auf die Dauer nicht zu halten sein wird.

Die Arzneimittelversorgung ist gegenwärtig von einem grundlegenden Umstrukturierungs- und Modernisierungsprozess bestimmt und verursacht – mit einem Ausgabenzuwachs von fast zehn Prozent im Jahr 2001 – bei den Krankenkassen einen Kostendruck, der an anderer Stelle nicht aufgefangen werden kann und der insofern auch nicht beitragssatzneutral ist. Diese Dynamik wird, wenn man unterstellt, dass die Berechnungen des Verbandes Forschender Arzneimittelhersteller über Rückstand in der Versorgung mit innovativen Arzneimitteln zutreffen, auch in Zukunft fortdauern. Schon daraus ergibt sich zwingend die Notwendigkeit, alle Winkel der Arzneimittelversorgung auf Ineffizienzen auszuleuchten.

Die folgenden Beiträge werden – aus unterschiedlichen Perspektiven: der der Kostenträger, der Perspektive der Apotheker, der Versandhändler aus Holland und der Schweiz, schließlich auch der Rechts- und Wirtschaftswissenschaften – die Optionen von Versandhandel und E-Commerce beleuchten. Wir werden sehen, was schon ökonomische Realität ist, wo rechtliche Hindernisse für Organisationsinnovationen existieren, welche Hoffnungen sich mit neuen Organisationsformen auf der Handelsebene verbinden – aber auch, ob die Besorgnis der konventionellen Apotheker, ihre Existenzgrundlage zu verlieren, eine Berechtigung hat.

Beiträge von E-Commerce und Internethandel

Gerhard Schulte

Herr Laschet, sehr geehrte Damen und Herren, das Thema „Liberalisierung der Arzneimitteldistributions-Beiträge von E-Commerce und Internethandel" könnte dazu verleiten, einen genialen Zukunftsentwurf darzustellen nach dem Motto: Der Patient hat dem Arzt noch nicht „Grüß Gott" gesagt und schon ist sein Arzneimittel zu Hause. Ich glaube, es ist sinnvoller, wenn wir einen Blick werfen auf die deutsche Realität im Spätherbst 2001. Die Ausgangssituation ist dadurch geprägt, dass es dem deutschen Gesetzgeber vor einiger Zeit gefallen hat, von der Möglichkeit einer europarechtskonformen Inländerdiskriminierung Gebrauch zu machen, indem er den deutschen Apotheken den Versandhandel verbietet. Dieser Schachzug ist deswegen kongenial, weil die Diskriminierten, die deutschen Apotheker, nämlich glauben, sie sollten geschützt werden. Tatsächlich wollte die Bundesregierung aber möglicherweise einen Beitrag zur Förderung der deutsch-niederländischen Freundschaft leisten. Ob ihr das gelungen ist, möchte ich untersuchen.

Zunächst einige Feststellungen und Thesen:

- Arzneimittelversand aus europäischen Apotheken ist unproblematisch.
- Arzneimittelversand findet in Deutschland schon lange statt, es gibt einen offensichtlichen Bedarf und die GKV folgt hier den Versichertenwünschen.
- Der Begriff „Internethandel" verwirrt, es handelt sich um Vorbestellungen.
- Das elektronische Rezept ist der eigentliche Schlüssel für Veränderungen.
- Das SGB V steht Versandhandel aus europäischen Apotheken nicht im Wege, das Sachleistungsprinzip kann beibehalten werden.
- Der zusätzliche Preiswettbewerb ist nützlich für die Wirtschaftlichkeit. Wenn die deutsche Preisbildung den freien Warenverkehr behindert, stehen Änderungen wie z. B. Verhandlungspreise, Dienstleistungspreise u. a. an.

Zunächst einmal, was ist an der Versandapotheke anders? Es handelt sich um eine Apotheke, so wie wir sie kennen. Sie hat eine Betriebsgenehmigung. Sie unterliegt der Überwachung. In ihr arbeitet pharmazeutisches Personal. Dieses berät Patienten und gibt Arzneimittel aus. Zusätzlich werden allerdings Arzneimittel auf Rezept versandt. Bei der elektronischen Vorbestellung wird bereits die Lieferfähigkeit geprüft sowie der Beratungsbedarf, was für Krankenkassen und Patienten von außerordentlicher Wichtigkeit ist. Dabei werden Wechselwirkungen geprüft, ebenso Kontraindikationen. Es findet außerdem eine Qualitätssicherung statt, bevor die Versendung auf den Weg geht. Fragen der Arzneimittelsicherheit sind, wie Erfahrungen gezeigt haben, kein ernsthaftes Problem.

Der Vorgang des Arzneimittelversandes ist relativ einfach. Der Kunde bestellt ein Arzneimittel per Telefon, per Brief, per Fax, über E-Mail oder Internet. Es ist beim augenblicklichen Stand darauf hinzuweisen, dass die modernen Kommunikationsmittel eine Rolle spielen können, aber nicht die entscheidende Rolle. Aber sie werden an Bedeutung gewinnen. Bei verschreibungspflichtigen Arzneimitteln muss nach wie vor der Kunde das Rezept per Post an die Versandapotheke schicken. Erst wenn das Originalrezept vorliegt, wird es bedient und durch ein Logistikzentrum geliefert. Privatrezepte werden privat abgerechnet. Krankenkassenrezepte können über Rechenzentren abgerechnet werden. So weit sind wir allerdings im Augenblick noch nicht ganz. Es ist mir wichtig, darauf hinzuweisen, dass es den Krankenkassen, die sich in den letzten Jahren bemüht haben, diese Form der Distribution zu ermöglichen, gerade darum geht, den Versand verschreibungspflichtiger und erstattungsfähiger Arzneimittel in Bewegung zu bringen. Deswegen lenkt ein Teil der Diskussion, etwa zu Drogen oder Potenzmitteln, vom Kern der Fragestellung ab, was auch beabsichtigt ist. Und deswegen ist es wichtig, darauf hinzuweisen, dass es beim Versandhandel um den Versand europäischer Arzneimittel handelt.

Die Versandapotheken legen ihren europäischen Kunden in der jeweiligen Landessprache abgefasste Beipackzettel bei. Bei Unklarheiten, Wechselwirkungen oder Kontraindikationen wird der Kunde oder ggf. auch der Arzt kontaktiert. Hier gibt es keine entscheidenden Unterschiede zur Apotheke, die wir kennen. Informiert wird durch pharmazeutisches Fachpersonal entweder telefonisch oder im Internetdialog. Bis zur Klärung wird das Arzneimittel nicht geliefert.

Nicht nur aus den Niederlanden oder der Schweiz oder aus anderen europäischen Ländern werden übrigens Arzneimittel täglich versendet, sondern auch in Deutschland haben wir einen faktischen Arzneimittelversand. Es gibt die Hauslieferung nach § 17 Abs. 2 der Apothekenbetriebsordnung.

Nach einer Untersuchung von INIFES versenden

- 12 % der Apotheken mehr als 30-mal pro Woche,
- 29 % der Apotheken 10- bis 30-mal pro Woche,
- 25 % der Apotheken bis zu 10-mal pro Woche,
- 26 % der Apotheken bis zu 5-mal pro Woche.

Und auch in Deutschland können sich die Kunden via Internet über Arzneimittel informieren und diese zur Abholung vorbestellen. Es gibt hier inzwischen vielfältige Angebote, sogar von offizieller Apothekerseite: www.aponet.de macht es möglich, www.apotheken.de auch. Sie können ja nachher oder zu Hause einen Blick ins Internet werden und sich selbst davon überzeugen, in einem welchen Zwiespalt sich die Apothekerschaft im Augenblick befindet.

Die Arzneimittelzulassung wird ohnehin in den nächsten Jahren weiter europäisiert. Es ist im Übrigen so, dass sich die Einstellung zum Versandhandel zweifelsohne verändert hat. Für 51 % der Ärzte ist eine Kooperation nach der INIFES-Studie denkbar, für 39 % der Verbraucher ebenfalls. Bei den Verbrauchern wird als Voraussetzung genannt: einheitliche Qualität, kurze Lieferfristen, qualifizierte Beratung, 24-Stunden-Telefonhotline. Und für bestimmte Zielgruppen ist der Versandhandel eine besonders verbraucherfreundliche Alternative, nämlich für chronisch Kranke, für immobile oder ältere Patienten, aber auch für solche, die eine anonyme kompetente Beratung wünschen und dies nicht unbedingt in der traditionellen Apotheke bei der Möglichkeit des Mithörens unbekannter Zeitgenossen, die sich zufällig gerade in der Apotheke aufhalten.

Für die Krankenkassen wie auch für andere Unternehmen stellt sich die Frage nach den Kundenwünschen. Wenn Doc Morris heute darauf hinweist, dass zwischenzeitlich 50.000 Kunden betreut werden, dann ist das unter diesen erschwerten Bedingungen, unter denen gearbeitet werden muss, eine Größenordnung, die von den Krankenkassen nicht außer Acht gelassen werden wird. Und wir werden dies auch im Sinne der Verbraucherfreundlichkeit weiter verfolgen. Der BKK Landesverband Bayern wird deshalb Anfang 2002 einen Vertrag mit Versandapotheken abschließen, der Modalitäten, Qualität und Preise des Arzneiversandes regelt. Hierbei geht es auch darum, klarzustellen, dass es unabhängig von der europarechtlichen Frage des Versandverbotes in Deutschland einen sozialrechtskonformen Weg gibt.

Der Begriff Internetapotheke führt allerdings im Augenblick noch in die Irre. Europäische Versandapotheken nutzen das Internet nach den Regeln des Ursprungslandes auf der Grundlage der E-Commerce-Richtlinie der Europäischen Union. Der Konflikt um Internetapotheken betrifft zunächst einmal den Versandhandel als Instrument im Arzneimittelverkehr. Das Internet, der E-Commerce ist nicht die entscheidende Frage. Das wird sich grundsätzlich erst dann ergeben, wenn wir die Möglichkeit eines elektronischen Rezeptes nutzen können. Das elektronische Rezept würde die Schnelligkeit des Warenverkehrs beeinflussen, sollte auch für besseren Service sorgen und für eine schnellere und transparentere Abrechnung.

Versandapotheke und elektronisches Rezept sind auch wegen der Frage des Datenträgers miteinander verbunden. Die Gesetzlichen Krankenversicherungen fordern einen zentralen Server u. a. deshalb, weil dieser Ansatz den möglichen Versandhandel wesentlich erleichtert. Über den Server wird geprüft, ob das Arzneimittel erstattungsfähig ist und wie sich die Zuzahlungsbedingungen auf der Grundlage des SGB V darstellen. Es können ggf. auch Kontraindikationen auf schnellem Wege abgeklärt werden. Wenn dagegen eine Chipkarte als Datenträger gewählt wird, ist dies für den Versandhandel untauglich. Der Versicherte müsste anstelle des Rezeptes in Papierform die Chipkarte zur Versandapotheke schicken, was natürlich unsinnig ist. Dieser Zusammenhang erklärt möglicherweise auch die eigenartigen Diskussionen zwischen den Krankenkassen und der Apothekerschaft. Beide wollen das elektronische Rezept, es kommt jedoch nicht zustande.

Die unterschiedliche Interessenlage produziert weiteren Internetnebel. Krankenkassen reden nicht über Lifestyledrogen, dubiose Wunder- oder Naturmittel. Diese sind nicht Gegenstand der Krankenversorgung, gleichwohl aber in hervorragendem Maße geeignet, den Versandhandel zu diskreditieren. Einige Gesundheitsminister dieser Republik entblöden sich nicht, mit diesen dummen Argumenten öffentlich zu argumentieren. Wir wenden uns gegen unseriöse und gefährliche Angebote im World Wide Web. Hier sind internationale Kontrollen und Maßnahmen der Qualitätssicherung überfällig. Am besten ist dies zunächst auf der Ebene der Europäischen Union zu realisieren. Es gibt schon vernünftige Rechtsgrundlagen für Versandhandel und E-Commerce, die ausbaufähig sind. Die Betriebskrankenkassen werden im Übrigen nur Verträge mit Versandapotheken schließen, deren Prozeduren des Arzneimittelversandes eine Zertifizierung (ISO 9000) durchlaufen haben.

Ich habe schon darauf hingewiesen, dass das SGB V dem Versandhandel nicht im Wege steht. Gleichwohl behauptet dies das Bundesversicherungsamt in einem Rundschreiben, dass an alle seiner Aufsicht unterstehenden Krankenkassen vor einigen Monaten versandt wurde. Das Bundesversicherungsamt ist der Auffassung, dass das Kostenerstattungsprinzip nur für den kleinen Teil freiwillig Versicherter in der GKV anzuwenden ist und schon deshalb alle Pflichtversicherten aus dem üblichen Verfahren der Kostenerstattung im Versandhandel herausfallen. Diese Auffassung ist unter europarechtlichen Aspekten schlicht falsch. Das Bundesministerium für Gesundheit scheint dies auch inzwischen akzeptiert zu haben. Mir ist allerdings bis heute nicht bekannt, ob sich das Bundesversicherungsamt nach außen erkennbar dieser Rechtsauffassung angeschlossen hat. Es gibt im Übrigen auch keine SGB-V-Vorschrift, die den Krankenkassen einen Vertrag mit einer Apotheke aus dem EU-Ausland verbietet. Eine niederländische Apotheke kann zweifelsfrei dem Rahmenvertrag nach § 129 Abs. 3 SGB V beitreten und zu gleichen Bedingungen wie deutsche Apotheken an der Arzneimittelversorgung teilnehmen. Insoweit unterscheidet sich die Arzneimittelversorgung von der ambulanten ärztlichen Versorgung, wo die Vertragspartnerschaft der GKV auf Kassenärztliche Vereinigungen und ihre Mitglieder beschränkt ist. Da es im Übrigen auch keine Bedarfsplanung für Apotheken gibt im Unterschied zur Krankenhausversorgung, sind auch keine Kriterien bekannt, die eine Gefährdung nationaler Sicherungssysteme erkennen lassen, wenn zusätzlich zu deutschen Anbietern europäische Wettbewerber auf den Markt treten.

Unabhängig von dieser Rechtslage beabsichtigen die Betriebskrankenkassen, das Sachleistungsprinzip für den Versandhandel auf vertraglicher Grundlage beizubehalten. Kostenerstattung ist nicht Voraussetzung für Versandhandel, Vorkasse nicht nötig und erwünscht. Die Muster-16-Vordrucke werden nach unseren Vorstellungen von den Versandapotheken mit den deutschen Rechenzentren abgerechnet. Hierdurch wird sichergestellt, dass für Arzneimittelrichtgrößen beispielsweise der Arztbezug auch dann hergestellt werden kann, wenn eine europäische Apotheke liefert. Es werden also mögliche GKV-interne Steuerungsinstrumente durch den Bezug von Arzneimitteln aus dem europäischen Ausland nicht gefährdet.

Der Widerstand der Apotheken gegen Arzneiversand speist sich aus einer durchaus verständlichen Quelle: Es werden Umsatz und Gewinnverluste gefürchtet. Die Sorgen kann ich nachvollziehen. Ich betone auch, dass die Arzneimitteldistribution in Deutschland zuverlässig, schnell, flächendeckend und überwiegend auch patientenorientiert ist. Versorgungspolitische Gründe sind deshalb nur am Rande ein Argument für den Arzneimittelversand. Es geht um die Wirtschaftlichkeit der Versorgung und es geht darum, die deutsche Arzneimittelpreisbindung ins

Wanken zu bringen. Diese Preisbindung hatte vor Jahrzehnten einmal verständliche sozialpolitische Gründe, die heute nicht mehr nachvollziehbar sind. Die deutschen Apotheker werden deshalb möglicherweise Opfer einer Regelung, die heute nur noch sie, aber nicht mehr den Verbraucher, den Patienten, schützt.

Der Widerstand gegen die Fortentwicklung der Arzneimittelversorgung hat in Deutschland Tradition. Die Apotheker waren, jedenfalls was ihre maßgeblichen Verbände angeht, schon immer gegen Negativliste, Positivliste, einen zu hohen Anteil an Generika, gegen Fixaufschläge und Festbeträge. Das hat die Krankenversicherungen noch nie gehindert, den bescheidenen Preiswettbewerb zu nutzen für die Erschließung von Wirtschaftlichkeitsreserven. Die Preisbildung des deutschen Arzneimittelrechtes steht auf dem europäischen Prüfstand. Mit nationalen Vorschriften können die Auswirkungen der Integration in Europa nicht mehr weiter behindert werden, und der Glaube an die Überlebensfähigkeit alter Regeln, der Wunsch nach dem Schutz vor Wettbewerb und Zukunftsängste sind schlechte Ratgeber. Auch die Arzneimittelversorgung wird sich verändern müssen.

Ich darf schließen mit einem Dank an den Veranstalter für den gestrigen Opernabend. Wir haben die großartige Musik von Mozart gehört und am Rande auch etwas gelernt über Arzneimittelfehlversorgung und die Auswirkungen auf den Opernbetrieb. Leider hat der Abendregisseur die Arzneimittel nicht benannt, mit denen die vorherige Fehlversorgung offensichtlich korrigiert werden konnte. Die Oper bietet auch ansonsten gute Ratschläge für vielfältige Situationen; deswegen möchte ich es nicht bei dem Gorbatschow-Wort „Wer zu spät kommt, den bestraft das Leben“ bewenden lassen, sondern den deutschen Apothekern eine Lebensweisheit von Johann Strauß aus „Die Fledermaus“ nahe bringen: „Glücklich ist, wer vergisst, was nicht mehr zu ändern ist.“

Beiträge von E-Commerce und Internethandel

Peter Ditzel

Seit mehreren Jahren klagen die Krankenkassen darüber, dass nicht nur die Ausgaben für Arzneimittel zu hoch seien, sondern auch die Arzneimitteldistribution selbst zu teuer sei. Daher werden immer wieder Forderungen laut, das Apothekenwesen in Deutschland zu ändern. Mit der Aufhebung des Fremd- und Mehrbesitzverbotes bei Apotheken und vor allem mit der Einführung eines Versandhandels glauben die Kassen, Wirtschaftlichkeitsreserven im Bereich der Arzneimitteldistribution erschließen zu können. Nach Ansicht der Apotheker ist die heutige Arzneimittelversorgung jedoch preisgünstig und vor allem sicher. Versand- und Internethandel mit Arzneimitteln können flächendeckend nicht preisgünstiger und auch nicht sicherer versorgen. Der nachfolgende Beitrag erläutert Gründe und bringt Argumente.

Betrachtet man die Ausgaben der gesetzlichen Krankenversicherung für Arzneimittel insgesamt, werden die Größenordnungen deutlich, um die es hier geht. Im Jahr 2000 betrugen die Ausgaben für Arzneimittel 37,75 Mrd. DM. Dieser Ausgabenposten teilt sich auf in:

- Wertschöpfung der pharmazeutischen Industrie 21,8 Mrd. DM (57,7 %),
- Mehrwertsteuer 5,2 Mrd. DM (13,8 %),
- Wertschöpfung des pharmazeutischen Großhandels 3,2 Mrd. (8,5 %),
- Wertschöpfung der Apotheken aus pharmazeutischer Dienstleistung 7,55 Mrd. DM (20 %).

Rechnet man die Wertschöpfung von Großhandel und Apotheken zusammen, geht es bei diesem Thema demnach um rund 10,8 Mrd. DM von insgesamt 37,75 Mrd. DM, also nicht einmal einem Drittel. Lässt sich ein Teil davon einsparen? Und zu welchem Preis?

Versandhandel im Ausland

In den USA mit seinen Flächenstaaten ist der Versandhandel mit Arzneimitteln bereits seit einigen Jahren etabliert, hält allerdings nur einen kleinen Anteil an der Gesamtversorgung. Da das Apothekennetz bei weitem nicht so dicht wie in Deutschland ist, übernehmen Versandhändler die Versorgung mit Arzneimitteln in Gebieten, in denen der Weg zur nächsten Apotheke sehr weit ist.

In der Schweiz ist seit wenigen Jahren Mediservice als Versandhändler tätig, bisher noch ohne großen Marktanteil.

AMG führt Versandhandelsverbot ein

Mit dem Thema Versandhandel der Arzneimittel wurden die deutschen Apotheker 1997 in verstärktem Maß konfrontiert. Ein britischer Arzneiversandhändler, Express Medical Services (EMS), bot ein kleines Spektrum an bestimmten Arzneimitteln in Deutschland an, z. B. die Pille, Krebs- und AIDS-Therapeutika oder Nikotinpflaster und Antimykotika. Geschickte Öffentlichkeitsarbeit verhalf zu Publicity in den Medien. Aber schon bald musste EMS Fehler beim Versand und mangelnde Zuverlässigkeit zugeben.

Um mehr Rechtssicherheit in Sachen Versandhandel zu schaffen und den Willen des Gesetzgebers deutlich zu machen, wurde 1998 mit der 8. Novelle zum Arzneimittelgesetz ein Versandhandelsverbot für Arzneimittel in Deutschland eingeführt. Dieses Verbot brachte zwar mehr Klarheit innerhalb Deutschlands, aber der Versandhandel von Arzneimitteln vom Ausland nach Deutschland war damit nicht geregelt.

Die 0800DocMorris-Story

Diese Rechtsunsicherheit nützte die im Jahr 1999 in den Niederlanden etablierte Internetapotheke 0800DocMorris aus. Sie begann, über das Internet Ihre Dienste anzupreisen, unterstützt von gewaltiger Berichterstattung in den deutschen Medien, wodurch diese Internetapotheke erstaunliche Popularität erhielt. Der niederländische Versender beschränkte sich zunächst auf hochpreisige Arzneimittel, die für den Vertrieb rentabel waren. Krankenkassen witterten sofort Einsparpotenziale bei den Arzneimittelausgaben. Manche Krankenkassen forderten ihre Versicherten bereits dazu auf, Arzneimittel von 0800DocMorris zu bestellen,und sicherten Kostenübernahme zu. Das Bundesversicherungsgsamt rief diese Aktionen allerdings zurück und forderte alle bundesunmittelbaren Krankenkassen auf, künftig in keinem Fall Kosten für im Ausland über das Internet bezogene Arzneimittel zu erstatten. Dies gilt auch für Arzneimittel, die nach einer Verordnung durch einen deutschen Arzt bei einem Bezug in einer deutschen Apotheke grundsätzlich erstattungsfähig gewesen wären.

Apothekerverbände, Pharmagroßhändler und Pharmaindustrie überzogen DocMorris mit mehreren einstweiligen Verfügungen und Prozessen. Die Rechtsstreitigkeiten sind noch nicht zu Ende. Das Landgericht Frankfurt/M. hat Fragen zur Vorlage an den Europäischen Gerichtshof formuliert, mit denen geklärt werden soll, ob das deutsche Versandverbot für apothekenpflichtige Arzneimittel mit europäischem Recht vereinbar ist.

E-Commerce-Richtlinie

Die europäische E-Commerce-Richtlinie, die der Bundestag in zweiter und dritter Lesung bereits beschlossen hat, wird von den Befürwortern von Internetapotheken gern als Legitimation für den Arzneimittelversand herangezogen. Doch die E-Commerce-Richtlinie deckt den Versand nicht in jedem Fall. Zwar gilt für den E-Commerce grundsätzlich das Herkunftslandprinzip, das heißt, der Versender unterliegt den rechtlichen Bestimmungen des Landes, von wo aus er agiert. Aber: nationale Versandhandelsverbote für apothekenpflichtige Arzneimittel wie beispielsweise in Deutschland wurden vom Geltungsbereich der Richtlinie ausdrücklich ausgenommen. Dass sich an die Versandverbote nur inländische, nicht aber ausländische Versender halten müssen, wäre widersinnig und auch rechtlich nicht begründbar. Außerdem wirft der Versand in der EU eine Fülle ungeklärter Rechtsfragen auf. Welche Bestimmungen gelten zum Beispiel zur Rezeptpflicht, zum Beipackzettel, zum Verkehr mit Betäubungsmitteln? Gelten im Empfängerland für den Kunden und Patienten bei Bezug sogar gleicher Arzneimittel zweierlei Arzneimittelrecht und unterschiedliche Verbraucherschutzbestimmungen, abhängig davon, ob er das Arzneimittel von einem Arzneiversender aus dem Ausland oder von seiner Apotheke im Inland erhalten hat? Solche Unterschiede können politisch kaum gewollt sein.

Die Ansicht von Rechtswissenschaftlern

Zum Versandhandelsverbot mit Arzneimitteln gibt es unterschiedliche rechtswissenschaftliche Meinungen und Ausführungen. Ein ausführliches Rechtsgutachten des Frankfurter Rechtsprofessors Hilko Meyer, das im Auftrag des Bundesverbands des Pharmazeutischen Großhandels angefertigt wurde, kommt zu der Feststellung, dass das Versandhandelsverbot in Deutschland europafest ist. Nach seiner Auffassung verstößt 0800DocMorris in vielfältiger Weise gegen geltendes Recht. Meyer kommt unter anderem zu dem Schluss, dass das Versandhandelsverbot in § 43 AMG nicht nur für deutsche Apotheken, sondern für jeden, der in Deutschland apothekenpflichtige Arzneimittel in Verkehr bringt oder damit Handel treibt, gilt.

Keine einheitliche Meinungsbildung in der Politik

Wie steht die Politik zum Thema Versandhandel? Hier sind zum Teil unterschiedliche Stimmen aus Berlin bzw. aus den Bundesländern zu hören. In Bayern beispielsweise spricht sich der Bayerische Gesundheits- und Verbraucherschutzminister Eberhard Sinner deutlich gegen den Internetversandhandel mit apothekenpflichtigen Arzneimitteln aus: Der Versandhandel mit beratungsbedürftigen Arzneimitteln via Internet berge derzeit unkalkulierbare Risiken. Internethandel mit Arzneimitteln sicherer machen zu können, ist nach Auffassung von Sinner angesichts der unzureichenden Überwachungsmöglichkeiten eine Illusion. Außerdem: durch den Versandhandel von Arzneimitteln sei das flächendeckende Netz dienstbereiter Apotheken in Gefahr. Wenn hochpreisige Arzneimittel per Versandhandel verschickt würden und den Apotheken lediglich die wenig lukrative Versorgung mit billigen Präparaten und die Notfallversorgung übrig bleibe, sei der hohe Standard einer schnellen Arzneimittelversorgung mit kurzen Wegen in Gefahr, so Sinner.

Baden-Württembergs Sozialminister Friedhelm Repnik hat die Krankenkassen für ihren Vorstoß zur Einführung des Versandhandels von Arzneimitteln kritisiert. Er warnte davor, das Arzneimittelgesetz zu lockern. Neben der Medikamentensicherheit sieht Repnik vor allem die fachkundige Beratung von Patienten durch Apotheken gefährdet. Er sorge sich auch um das flächendeckende Apothekennetz im Lande.

Bundesgesundheitsministerin Ulla Schmidt konnte sich dagegen rasch für den Internethandel mit Arzneimitteln erwärmen, sie lehnte ihn zumindest nicht kategorisch ab. Es müsse darum gehen, so Schmidt, ihn sicher und unter Beteiligung der Apotheken zu gestalten. Dies bedeute auch, dass Versandapotheken hohe Sicherheitsstandards erfüllen müssten. Durch aktive Einbeziehung der Apotheken will sie verhindern, dass es Rosinenpickerei – also eine Beschränkung des Versands auf hochpreisige rentable Arzneimittel – durch ausländische Anbieter gibt. Für die deutschen Apotheken dürfe nicht nur die Abgabe niedrigpreisiger Präparate übrig bleiben.

Auf Bundessebene versuchte ein Workshop Ende 2000, veranstaltet von der Bundesvereinigung Deutscher Apothekerverbände (ABDA) und dem Bundesgesundheitsministerium, zu klären, ob E-Commerce mit Arzneimitteln kommen sollte. Die Meinung der Ministerin, seinerzeit noch Andrea Fischer: Sollte E-Commerce mit Arzneimitteln kommen, müssten die hohen Sicherheitsstandards des bisherigen Vertriebs auch im weltweiten Netz genutzt werden. Aufgabe der Politik sei es, für diese notwendigen Sicherheitsstandards zu sorgen. Die Pharmazeuten sollten überlegen, ob sie nicht ihre ablehnende Haltung ablegen und auf die Wünsche der Patienten nach dieser Vertriebsart eingehen sollten.

Reinhard Büscher von der Europäischen Kommission räumte auf diesem Workshop ein, dass Internethandel Rosinenpickerei ist. Zwar stehe man E-Pharmacis aufgeschlossen gegenüber, sie müssen allerdings belegen, dass sie Risiken managen könnten. Seine Einschätzung zum Internethandel mit Arzneimitteln: Bei netzfreundlichen Rahmenbedingungen könnte dieser Handel einen Umfang von etwa 5 Prozent ausmachen, bei restriktiven Vorgaben 1 Prozent des europäischen Marktes erreichen.

Interessant waren auch die von der Arbeitsgemeinschaft der Verbraucherverbände in Bonn vorgelegten umfangreichen Qualitätskriterien für Onlinegeschäfte mit Arzneimitteln. An diese Kriterien sollten sich seriöse Versandapotheken orientieren. Solche Qualitätsstandards seien wegen der gesundheitlichen und finanziellen Risiken bei online bestellten Arzneimitteln notwendig. Der Gesetzgeber müsse zudem durch geeignete Regelungen die Überwachung der Internetapotheken sicherstellen. Hier eine Auswahl von Kriterien der Arbeitsgemeinschaft der Verbraucherverbände:

- Produktsicherheit vertrauenswürdiger Versandapotheken muss gewährleistet sein. Gefordert wird unter anderem: Sitz im EU-Mitgliedstaat, Überwachung durch Behörden, die selben Standards bei Räumen, Mitarbeitern und deren fachlicher Qualifikation wie bei „normalen" Apotheken, Originalbeipackzettel auch in der Sprache des Zielmarktes, Nachweis eingehaltener Lagerbedingungen;

- Vertriebsaspekte: Kein Versand nicht zugelassener Präparate, Rezeptpflichtiges nur bei Vorlage des Originalrezepts, bei apothekenpflichtigen Arzneimitteln muss der Verbraucher einen Fragebogen ausfüllen, kurze Lieferfrist auch nicht selbst bevorrateter Arzneimittel, Zustellung auch von Einzelrezepturen, Lieferung nur an den Besteller oder Beauftragten persönlich und gegen Unterschrift, Beilegen eines Erfassungsbogens, in dem nach vermuteten Nebenwirkungen gefragt wird;

- Werbung: Verzicht auf Endverbraucherwerbung, möglichst auch bei OTC-Präparaten;

- Beratung: Bei rezeptpflichtigen Präparaten Sichtung des Rezepts durch eine PTA und einen Apotheker, bei Unklarheiten und Interaktionen Kontaktierung des Arztes oder des Patienten, Erreichbarkeit eines Apothekers per Telefon oder über das Internet 24 Stunden täglich, an sieben Tagen in der Woche, in der Sprache des Ziellandes;

- Dokumentationspflichten: Fälschungssichere und anonymisierte Dokumentation der Beratungstelefonate oder E-Mails, personenbezogene Speicherung nur bei ausdrücklicher Zustimmung des Bestellers, Beachtung von Datenschutzstandards.

Ärzte: Keine Gefährdung der flächendeckenden Versorgung

Wie stehen die Ärzte zur Versandapotheke? Hier sind kaum Äußerungen wahrnehmbar. Der Arzneimittelexperte der Kassenärztlichen Vereinigung Hessens, Dr. Jürgen Bausch, machte deutlich, dass Mediziner dem E-Commerce mit Arzneimitteln dann aufgeschlossen gegenüber stünden, wenn sich durch Einsparungen bei den Medikamentenkosten der Druck auf die Arzneibudgets verringere, so seine Aussage Ende 2000. Bausch wies allerdings auch darauf hin, dass mögliche negative Folgen für die jetzige Apothekenstruktur ins Kalkül zu ziehen seien. Die Apotheken dürften wirtschaftlich nicht dadurch gefährdet werden, dass sich eine Versandapotheke nur auf lukrative Präparate konzentriere. Denn auch saußerhalb der Städte müsse es in Zukunft Landapotheken zur Arzneimittelversorgung der Bevölkerung geben.

Der pharmazeutische Großhandel: Nein zum Versandhandel

Die Position des pharmazeutischen Großhandels zum Internetversandhandel deckt sich weitgehend mit der Position der Apotheker, nämlich: Ja zur Arzneimittelinformation und -bestellung über das Internet, aber ein klares Nein zum Versandhandel mit Arzneimitteln. Unter betriebswirtschaftlichen Gesichtspunkten kann sich der Versandhandel nur auf hochpreisige Produkte konzentrieren. Das führt jedoch auf Großhandels- und Apothekenseite zwangsläufig zu einem Ungleichgewicht in den bestehenden Strukturen der sicheren Versorgung. Arzneimittel mit einem negativen Deckungsbeitrag könnten dann von Großhandel und Apotheke nicht mehr geführt werden. Die Konsequenz sind Einschnitte in eine zeitnahe, flächendeckende Versorgung, vor allem im therapeutisch erforderlichen niedrigpreisigen Sortiment, mit entsprechenden Effekten auf das Festbetragssystem und die Generikadistribution. Bei einer Entscheidung für oder gegen den Versandhandel muss sich die Gesundheitspolitik daher über die Konsequenzen im Klaren sein: Wenn man auf die Zulassung von Versandapotheken und Teilsortimenter setzt, so die Aussage des Pharmagroßhandels, muss man die Vorratspflicht und den Kontrahierungszwang der Apotheken aufheben.

Als Bilanz pro oder kontra eines Versandhandels lässt sich demnach aus Sicht des Großhandels aufführen:

Wenn Versandhandel in Deutschland kommt, können Apotheken Artikel mit negativem Deckungsbeitrag nicht mehr führen, es ist mit Einschnitten in eine zeitnahe flächendeckende Versorgung zu rechnen.

Der Versandhandel selbst wird sich auf höherpreisige Arzneimittel konzentrieren und auf einen gezielten Einkauf der Umatzrenner, wodurch es ihm möglich ist, den Krankenkassen besondere Nachlässe einzuräumen. Dem Versandhandel selbst entstehen zusätzliche Distributionskosten, die mit einkalkuliert sein müssen.

Will der Patient überhaupt Arzneimittel per Versand?

Für den Patienten bedeutet der Versandhandel objektiv gesehen nicht unbedingt einen bequemeren Weg in der Gesamtversorgung, denn er muss sein Rezept, das er vom Arzt erhält, der Versandapotheke irgendwie übermitteln. Und er muss, wenn die Arzneimittellieferung von der Versandapotheke kommt, zu Hause sein, um sie in Empfang zu nehmen. Alles andere, z. B. die Abgabe des Päckchens beim Nachbarn, entspricht nicht der geforderten Arzneimittelsicherheit.

Was hält der Kunde, der Patient, der Versicherte generell vom Arzneiversandhandel? Wie das Ergebnis einer repräsentativen Umfrage der Nürnberger GfK-Marktforschung ausweist, die im Auftrag der Apothekenumschau des Wort und Bild Verlages durchgeführt wurde, hält die Bevölkerung nichts vom Arzneiversandhandel. Auf die Frage, ob man es sich vorstellen könne, Arzneimittel über das Internet zu kaufen, antworteten mit „ja, das könnte ich mir vorstellen" 12,1 Prozent der Befragten, für 86,4 Prozent aller Befragten kommt dagegen ein Bezug von Arzneimitteln über das Internet auf keinen Fall in Frage. Die fehlende Beratung durch den Apotheker bzw. die Apothekerin vor Ort wird als häufigster Grund für die ablehnende Haltung genannt.

Auch Personen, die das Internet häufig nutzen, stehen dem Versandhandel mit Arzneimitteln äußerst zurückhaltend gegenüber. Auf die Frage „Haben Sie schon einmal Arzneimittel über das Internet gekauft?" antworteten 88,7 Prozent derjenigen, die einen Internetzugang besitzen: „Habe ich bisher nicht gekauft, will ich auch nicht kaufen."

Auf besonders große Skepsis stößt die neue Art der Medikamentenversorgung bei Menschen über 50 Jahren. 93 Prozent haben nicht vor, jemals Arzneimittel per Mausklick zu bestellen, und damit sprechen sich in der Mehrheit gerade diejenigen gegen den Internet-Medikamentenversand aus, die besonders häufig Arzneimittel anwenden müssen. Ganz offensichtlich wollen sie auf keinen Fall auf die individuelle Beratung in der Apotheke verzichten.

Die Angst, dass beim Arzneikauf ohne kompetente Beratung etwas schief gehen könnte, ist groß. So stimmten 57,6 Prozent der Befragten der Aussage zu, dass Arzneimittel besondere Waren sind, die grundsätzlich nicht über das Internet vertrieben werden sollten. 46,7 Prozent vermissten die Beratung. Ein Drittel der Befragten findet den Einkauf über das Internet zwar bequem, wäre bei Arzneimitteln aber trotzdem zurückhaltend.

Insgesamt zeigt die Umfrage, dass die deutsche Bevölkerung einerseits die Möglichkeiten des Internets durchaus zu schätzen weiß, dass aber andererseits erhebliche Bedenken gegen eine unkritische Nutzung bestehen, die sich im konkreten Fall in einer klaren Ablehnung des Versandhandels von Arzneimitteln niederschlagen.

Jährliche Umfragen belegen außerdem, dass sich der Kunde in der Apotheke bestens aufgehoben fühlt. Die Analysen zur Kundenzufriedenheit befördern die deutsche Apotheke jeweils auf einen der ersten Plätze. Warum soll der Kunde auf den Paketdienst warten, warum den Ärger akzeptieren, den er mit falsch gepackten Arzneimittelsendungen, mit ausländischen Beipackzetteln hat, wenn er Fullservice bei seiner Apotheke bekommt?

Die INIFES-Studie und die Krankenkassen

In die Versandhandelsdiskussion platzte im September 2001 die INIFES-Analyse, eine Analyse des Internationalen Instituts für empirische Sozialökonomie, dessen wissenschaftlicher Direktor das SPD-Bundestagsmitglied und ehemaliges Mitglied des Sachverständigenrates für die Konzertierte Aktion im Gesundheitswesen, Prof. Dr. Martin Pfaff, ist. Die Analyse prüfte u. a., ob das Versandhandelsverbot nur zur Wahrung des Besitzstandes der Apotheker gesetzlich verankert bleiben soll oder tatsächlich andere Gründe dahinter stehen. Als Ergebnis der Analyse stellte INIFES das mögliche Modell einer Versandapotheke vor.

Die INIFES-Versandapotheke ist auf einen Versand in Deutschland beschränkt und muss die gleichen gesetzlichen Anforderungen erfüllen wie eine öffentliche Apotheke. Das heißt insbesondere, dass ein hoher Qualitätsstandard vorausgesetzt wird, der die Modellapotheke klar von unseriösen Internetanbietern unterscheidet. Ansonsten liegt der Unterschied zu Präsenzapotheken lediglich in den veränderten Kommunikationsstrukturen und der Arzneimittelabgabe per Versand. Bei der INIFES-Studie soll auch nicht das Internet vordergründiges Medium sein, die Bestellungen sollen vielmehr telefonisch erfolgen. Darüber hinaus soll ein Datentransfer zwischen Arzt und Versandapotheke stattfinden. Hier wird das Online-Rezept direkt an die Apotheke weitergeleitet, wenn der Patient sein Einverständnis gibt. Die Versandapotheke überprüft die Verordnung und wendet sich bei Rückfragen an den Arzt. Im Anschluss daran werden die Medikamente entsprechend der Verschreibung zusammengestellt und an den Patienten verschickt. Die Verrechnung erfolgt mit den Krankenkassen.

Das Projektteam stellte heraus, dass die Versandapotheken in jedem Fall komplementär zu den Präsenzapotheken hinzutreten sollen. Sie sollen also lediglich einen Zusatz und keinen Ersatz im bestehenden Apothekensystem sein. Auf Präsenzapotheken, so auch die INIFES-Studie, könne im Hinblick auf die akute Medikamentenversorgung keinesfalls verzichtet werden. INIFES verspricht sich von der Einführung einer derartigen Versandapotheke vor allem einen Abbau von Ineffizienzen im System sowie eine Qualitätsverbesserung. Die begleitenden Kostenersparnisse seien eher nachrangig.

Aktuelle Richtung der Krankenkassen: der geregelte Versand in Deutschland

Die neue Richtung der Krankenkassen heißt jetzt: Es wird nicht dem Versand von Arzneimitteln aus dem Ausland das Wort geredet, sie setzen sich vielmehr für einen geregelten Arzneimittelversand in Deutschland ein. Nach Auffassung der Betriebskrankenkassen reicht eine begrenzte Zahl zugelassener Versandapotheken aus, um vor allem chronisch Kranken und/oder immobilen Patienten, aber auch den Berufstätigen bundesweit eine Versorgung per Versand zu bieten. Man sieht darin die Möglichkeit, die Vertriebskosten für Arzneimittel zu reduzieren, indem die beim gezielten Einkauf realisierten Rabatte an die Kassen weitergegeben werden können.

Im Zuge der Diskussionen um das Sparpaket schlugen die Krankenkassen vor, dass bestimmte Apotheken zu Versandapotheken mutieren können. Voraussetzung ist die Lieferung aller Arzneimittel und die Erfüllung der gleichen Anforderungen, wie sie an eine „normale“ Apotheke gestellt werden. Dies bedeutet auch, dass eine umfassende pharmazeutische Betreuung durch Fachpersonal rund um die Uhr gewährleistet sein muss. Die von den Kassen als Versandapotheken akzeptierten Apotheken müssten dann einen Liefervertrag mit dem Kassen schließen und den Krankenkassen einen höheren Rabatt einräumen, was möglich sei durch einen nachfrageorientierten Einkauf und durch Direktbezug von Arzneimitteln beim Hersteller.

Der Einstieg in die Systemveränderung

Betrachtet man das Modell der Krankenkassen, bei dem wenige ausgewählte Apotheken als Versandapotheken zugelassen würden, aus Sicht der Apotheker, ergibt sich Folgendes: Eine bundesweit operierende Versandapotheke hat nichts mehr mit einer größeren Offizinapotheke gemeinsam. Eine solche Versandapotheke wäre dann in Anbetracht der erforderlichen Logistik schon eher mit einem kleinen pharmazeutischem Großhändler vergleichbar.

Selbst wenn man voraussetzt, dass eine solche Apotheke aufgrund eines geschickten Einkaufs und eines stärkeren Direktbezugs mehr Rabatte von den Herstellern eingeräumt bekommt – die sie dann allerdings an die Kassen weitergeben müsste –, müsste die Apotheke Umsätze bewegen, die in zwei- oder dreistelliger Millionenhöhe liegen, um rentabel zu sein, um den Verpackungsaufwand und den Versand zu erledigen, um Fachpersonal rund um die Uhr für die Beratung und Kontrolle der Lieferungen bereit zu halten und die sonstigen Anforderungen einer Apotheke zu erfüllen. Ein solches Unternehmen könnte angesichts des Finanzbedarfs nicht mehr wie eine normale Apotheke geführt werden, sondern müsste wohl für die Rechtsform einer GmbH oder gar einer Kapitalgesellschaft oder Aktiengesellschaft geöffnet werden. Das bedeutet letztendlich, die gesamte Struktur unserer Apothekenlandschaft würde zerschlagen: Andere Rechtsformen, die Fremdkapital zulassen, bedeuten den Fall des Fremd- und Mehrbesitzverbots und die Möglichkeit zur Kettenbildung. Und wäre der Versand in Deutschland zugelassen, drängten auch ausländische Versender (nicht nur aus der EU) auf den Markt - mit allen Unsicherheiten. Die Arzneimittelsicherheit wäre massiv in Gefahr. Und alles für Einsparungen bei der Arzneidistribution, die die Kassen auf 500 Mio. bis max. 1 Mrd. DM prognostizieren.

Hinzu kommt, dass der Verbraucher, der Patient, relativ oft bei den Versandapotheken bestellen müsste. Dies tut er, wie die Umfragen zeigten, nicht gerne, nicht freiwillig und selten. Die Kassen müssten dem Patienten wiederum Anreize bieten, bei Versandapotheken zu bestellen – es sei denn, auch noch das Recht auf freie Apothekenwahl würde aufgehoben werden.

Internet – für die Apotheker ein Informationsmedium

Die Apotheker begrüßen das Internet als Medium der Information und Kommunikation. Sie sehen darin die Chance, die Funktion als Arzneimittelinformant und als Arzneimittelberater weiter auszubauen. Vor diesem Hintergrund bieten die Apotheker Gesundheitsportale an, die dem Verbraucher und Patienten umfangreiche Informationen zum Arzneimittel, zu Erkrankungen, aber auch zu Apotheken seiner Wahl zur Verfügung stellen. Der Verbraucher kann sich zum Beispiel über die Internetportale, die von Apothekerseite mittlerweile installiert sind, über das Leistungsspektrum der einzelnen Apotheken informieren. Systemkonform ist in diesen Gesundheitsportalen der Apotheker für den Apothekenkunden eine Möglichkeit eingebaut, Arzneimittel in einer Apotheke seiner Wahl vorzubestellen, um sie dann persönlich in der Apotheke abzuholen. Dies hat den Vorteil, dass in der Apotheke eine persönliche Beratung zum Arzneimittel stattfinden kann.

Abgelehnt wird von den Apothekern dagegen ein internetgestützter Versandhandel mit Arzneimitteln. Hingewiesen wird darauf, dass das 1998 eingerichtete Versandhandelsverbot bei Arzneimitteln voll und ganz mit der EU-Gesetzgebung im Einklang steht. Das Verbot existiert, wenn auch mit kleinen Variationen, in 12 von 15 EU-Staaten. Aus Gründen des Verbraucherschutzes sieht der Gesetzgeber in der Abgabe von Arzneimitteln und der Beratungsmöglichkeit vor Ort eine Einheit, ebenso wie im übrigen Netz von gesetzlichen Regelungen zur Gewährleistung der Arzneimittelsicherheit. Nach Auffassung der Apotheker ist die Preiswürdigkeit des internetbasierten Versandhandels ein Trugschluss, da Internethändler nahezu ausschließlich nur hochpreisige Produkte kostengünstiger anbieten in Form einer Rosinenpickerei. Wären Internethändler wie öffentliche Apotheken verpflichtet zur flächendeckenden Lieferung aller Arzneimittel im Markt sowie zu den gesetzlich vorgeschriebenen Dienstleistungen der Apotheken, wären sie nicht konkurrenzfähig. Somit ist die Arzneimittelversorgung über die öffentliche Apotheke im Vergleich zum Versandhandel sicherer, schneller und kostengünstiger.

Arzneimittelsicherheit in Gefahr

Zahlreiche Testkäufe bestätigten, dass bei vielen der heute agierenden Internetapotheken die Arzneimittelsicherheit in höchstem Maß gefährdet ist. So werden Arzneimittel, insbesondere Lifestyle-Arzneimittel, ohne Rezept zum Verkauf angeboten, die gelieferte Ware entspricht oft nicht den gesetzlichen Anforderungen, Fälschungen werden per Internethandel vertrieben, gefälschte Beipackzettel versprechen Indikationen, für die diese Arzneimittel nicht zugelassen sind.

Eine E-Pharmastudie im Auftrag des österreichischen Bundesministeriums für soziale Sicherheit brachte zu Tage, dass von 27 Testbestellungen nur 18 überhaupt bedient wurden. Von den 18 Belieferungen wurden vier falsch durchgeführt: geliefert wurden beispielsweise ein falsches Produkt, ein falscher Wirkstoff oder eine falsche Menge. Trotz versprochener Sofortbelieferung betrug die Lieferzeit teilweise mehrere Wochen, im längsten Fall fast zehn Wochen. Die Zustellung der Testbestellungen erfolgte teilweise in äußerst bedenklichen Verpackungen. Zusätzlich zu diesen Ärgernissen fielen relativ hohe Versandkosten an. Die österreichische Untersuchung kommt zu dem Schluss, dass die Internetbestellungen teurer, qualitativ minderwertiger und teilweise sogar gefährlicher waren als der Bezug aus einer nationalen Apotheke.

Fazit

Ein Versandhandel ohne Zerstörung des bisherigen Arzneiversorgungssystems ist nicht machbar. „Ein bisschen Versand" gibt es nicht.

Einsparungen von 500 Millionen bis 1 Mrd. DM rechtfertigen keine Zerstörung des bisherigen Systems.

Der Patient ist mit der heutigen Arzneiversorgung voll und ganz zufrieden. Ein flächendeckendes Netz von Apotheken und Großhandlungen sorgt für Arzneimittelsicherheit, Schnelligkeit, eine perfekte Logistik, persönliche Beratungsmöglichkeiten, individuelle Rezepturen und nicht zuletzt persönliche und menschliche Zuwendung.

Die Apotheke ist auch soziale Drehscheibe und durch nichts zu ersetzen.

E-Commerce mit Arzneimitteln im europäischen Binnenmarkt

Christian Koenig[153]

Gewährleistung der Warenverkehrsfreiheit sowie eines hohen Gesundheits- und Verbraucherschutzniveaus

Seit etwas mehr als einem Jahr ist der grenzüberschreitende Internet-Handel mit Arzneimitteln auf der Endkundenebene in Deutschland ein viel diskutiertes Thema. Gegen ein niederländisches Pionier-Unternehmen, die Apotheke 0800DocMorris N.V., auf deren Website auch deutsche Kunden apothekenpflichtige Arzneimittel bestellen können, hat es bereits mehrere einstweilige Verfügungen durch deutsche Gerichte gegeben. Nun ist seit August 2001 ein Vorabentscheidungsverfahren beim Europäischen Gerichtshof anhängig.

Die entscheidende Frage besteht darin, ob ein nationales Versandverbot für apothekenpflichtige Arzneimittel (wie es § 43 AMG vorsieht) mit Europäischem Gemeinschaftsrecht vereinbar ist. Da ein solches Versandverbot den freien grenzüberschreitenden Warenverkehr mit Arzneimitteln auf der Endkundenebene beschränkt, steht es nur dann mit dem Grundsatz der Warenverkehrsfreiheit (Art. 28 EG) in Einklang, wenn es aus Gründen des Gesundheitsschutzes gerechtfertigt ist. Dies ist jedoch nicht der Fall, denn Apotheken können ihre Beratungs- und Kontrollfunktion bei der Arzneimittelabgabe auch gewährleisten, wenn sich Apotheker und Patient nicht von Angesicht zu Angesicht gegenüber stehen.

Die deutschen Verbotsentscheidungen

Die gerichtlichen Verbotsentscheidungen des Kammergerichtes Berlin vom 29.5.2001 (Az.: 25 U 10150/00) sowie des Oberlandesgerichtes Frankfurt vom 31.5.2001 (Az.: 6 U 240/00) behindern seriöse europäische Internet-Apotheken (mit apothekenrechtlicher Zulassung in ihrem Niederlassungsstaat) in der Ausübung ihrer Warenverkehrsfreiheit (Art. 28 EG). Die Untersagung des grenzüberschreitenden Arzneimittelversands hat darüber hinaus erhebliche Auswirkungen auf den E-Commerce, der durch die fehlende Möglichkeit der Auslieferung faktisch behindert wird. Auch wenn die E-Commerce-Richtlinie nicht auf den Ver-

---

[153] Christian Koenig ist Direktor am Zentrum für Europäische Integrationsforschung der Rheinischen Friedrich-Wilhelms-Universität Bonn.

sand bzw. die Auslieferung von Arzneimitteln anwendbar ist[154], so wird doch durch das Versandverbot ein bedeutender Wachstumsmarkt von der internetgestützten Geschäftsvermittlung ausgeschlossen.

Diese gemeinschaftsrechtswidrige Lage erfordert eine schnelle Änderung der gesetzlichen Rahmenbedingungen für den grenzüberschreitenden E-Commerce mit Arzneimitteln. Denn durch gerichtliche Verfahren sind in nächster Zeit keine klarstellenden Entscheidungen zu erwarten. Zwar hat das Landgericht Frankfurt im Hauptsacheverfahren mit Beschluss vom 10.8.2001 (Az.: 3/11 O 64/01) eine Vorlage zum Europäischen Gerichtshof beantragt. Eine klarstellende Entscheidung durch den Gerichtshof käme jedoch für die Pioniere des Internet-Arzneimittelhandels zu spät. Deshalb ist es entscheidend, dass die Europäische Kommission unverzüglich auf die Aufhebung gemeinschaftsrechtswidriger Versandhandelsverbote in den Mitgliedstaaten hinwirkt.

Die gemeinschaftsrechtswidrigen Entscheidungen stellen sich im Einzelnen wie folgt dar:

Das Urteil des Kammergerichtes Berlin trägt folgenden Tenor:

I. Auf die Berufung des Antragstellers wird das Urteil der Kammer für Handelssachen 103 des Landgerichts Berlin vom 7.11.2000 abgeändert:

Dem Antragsgegner wird im Wege einstweiliger Verfügung bei Meidung eines vom Gericht für jeden Fall der zukünftigen Zuwiderhandlung festzusetzenden Ordnungsgeldes bis zu 500.000,00 DM, ersatzweise Ordnungshaft, oder einer Ordnungshaft bis zu sechs Monaten, untersagt, im geschäftlichen Verkehr apothekenpflichtige Arzneimittel

a) für den Endverbraucher in der Bundesrepublik Deutschland im Wege des Versandes in den Verkehr zu bringen,
b) den Bezug im Wege des Versandhandels durch den letzten Verbraucher in der Bundesrepublik Deutschland zu bewerben.

---

154 Richtlinie 2000/31/EG, ABl. EG 2000 Nr. L 178, S. 1 ff. Diese Richtlinie ist nach deren Art. 2 lit. h ii) nur auf elektronisch erbrachte Dienstleistungen und nicht auf das Auslieferungsgeschäft als solches anwendbar.

II. Der Antragsgegner hat die Kosten beider Rechtszüge zu tragen.

Die Entscheidung ist vom Gericht im Wesentlichen wie folgt begründet worden:

Die Erlaubnisnorm für den grenzüberschreitenden Arzneimittel-Einzelbezug (§ 73 Abs. 2 Nr. 6a AMG[155]), der aufgrund der Rechtsprechung des Europäischen Gerichtshofs (EuGH[156]) in das Arzneimittelgesetz (AMG) eingefügt wurde, wird vom Kammergericht Berlin entgegen dem Wortlaut einschränkend ausgelegt. Das Gericht führte aus, dass der organisierte Versand zu einem massenhaften Bezug führe und daher von der Einzelbezugsmöglichkeit nicht erfasst sei. Aus diesem Grund sei das Versandhandelsverbot nach § 43 Abs. 1 AMG[157] anzuwenden. Dieses Verbot stelle zwar eine den freien grenzüberschreitenden Warenverkehr (Art. 28 EG) beschränkende Maßnahme gleicher Wirkung dar, sei aber gemäß Art. 30 EG zum Schutze der Gesundheit und des Lebens von Menschen gerechtfertigt. Das Kammergericht erklärte, sowohl das Vier-Augen-Gespräch zwischen Apotheker und Kunden als auch die Vollsortimentsapotheke seien in der Bundesrepublik Deutschland sicherzustellen.

Der Tenor des Urteils des Oberlandesgerichtes Frankfurt lautet:

---

155 § 73 AMG lautet:
„(1) Arzneimittel, die der Pflicht zur Zulassung oder zur Registrierung unterliegen, dürfen in den Geltungsbereich dieses Gesetzes (...) nur verbracht werden, wenn sie zum Verkehr im Geltungsbereich dieses Gesetzes zugelassen oder registriert oder von der Zulassung oder Registrierung freigestellt sind (...)
(2) Absatz 1 Satz 1 gilt nicht für Arzneimittel, die
Nr. 6 a: im Herkunftsland in Verkehr gebracht werden dürfen und ohne gewerbs- oder berufsmäßige Vermittlung in einer dem üblichen persönlichen Bedarf entsprechenden Menge aus einem Mitgliedstaat der EG oder einem anderen Vertragsstaat des Abkommens über den Europäischen Wirtschaftsraum bezogen werden."

156 Vgl. die Urteile EuGH, Slg. 1989, 617 – Schumacher; EuGH, Slg. 1992, I-2575 – Kommission/Deutschland.

157 § 43 Abs. 1 AMG lautet: „Arzneimittel im Sinne des § 2 Abs. 1 oder Abs. 2 Nr. 1, die nicht durch die Vorschriften des § 44 oder der nach § 45 Abs. 1 erlassenen Rechtsverordnung für den Verkehr außerhalb der Apotheken freigegeben sind, dürfen außer in den Fällen des § 47 berufs- oder gewerbsmäßig für den Endverbrauch nur in Apotheken und nicht im Wege des Versandes in den Verkehr gebracht werden. Außerhalb der Apotheken darf außer in den Fällen des Absatzes 4 und des § 47 Abs. 1 mit den nach Satz 1 den Apotheken vorbehaltenen Arzneimitteln kein Handel getrieben werden."

Die Berufung der Antragsgegner zu 2) und 3) gegen das am 09.11.2000 verkündete Urteil der 3. Zivilkammer des Landgerichts Frankfurt am Main wird mit der Maßgabe zurückgewiesen, dass der Unterlassungstenor des angefochtenen Urteils – soweit er die Antragsgegner zu 2) und 3) betrifft – unter Aufrechterhaltung der Ordnungsmittelandrohung zur Klarstellung wie folgt neu gefasst wird:

Den Antragsgegnern zu 2) und 3) bleibt es untersagt,

a) apothekenpflichtige Arzneimittel über das Internet mittels eines aufgrund deutscher Sprache, einer deutschen Servicenummer und/oder auf deutsche Abnehmer ausgerichteten Werbe- und Erläuterungstexte auf deutsche Endverbraucher ausgerichteten Internetangebots in der Bundesrepublik Deutschland feilzubieten;

b) apothekenpflichtige Arzneimittel in der Bundesrepublik Deutschland im Wege des Versandhandels in den Verkehr zu bringen, insbesondere im Wege des Versandhandels an Endverbraucher in der Bundesrepublik Deutschland abzugeben, solange diese Arzneimittel gemäß Buchstabe a) feilgeboten werden.

Die Antragsgegner zu 2) und 3) haben die Kosten des Berufungsverfahrens zu tragen.
Das Urteil ist rechtskräftig.

Das Oberlandesgericht stützt sich im Wesentlichen auf folgende rechtliche Erwägung:

Das Werbeverbot für Arzneimittel nach dem Heilmittelwerbegesetz gestatte über preislistengleiche Minimalangaben hinaus keine weiteren Erklärungen werblicher Natur, insbesondere keinen Hinweis auf die Versandmöglichkeit. Die damit verbundene Beschränkung der Warenverkehrsfreiheit sei zum Schutze der Gesundheit und des Lebens von Menschen gemäß Art. 30 EG gerechtfertigt. Mittels einer solchen Werbung im Internet unter Benutzung der deutschen Sprache und einer deutschen Vanity-Nummer in der Bundesrepublik Deutschland Arzneimittel in den Verkehr zu bringen, verstieße gegen § 1 des Gesetzes über den unlauteren Wettbewerb (UWG)[158], weil der unrechtmäßige Vorteil der Werbung ausgenutzt werde. Trotz eines ausdrücklichen Hinweises hat das Oberlandesgericht Frankfurt das Herkunftslandprinzip der E-Commerce-Richtlinie[159] nicht angewandt und damit verkannt.

Die gemeinschaftsrechtlichen Vorgaben in Bezug auf den grenzüberschreitenden Arzneimittelversand durch zugelassene Apotheken

Die Auslegung der einschlägigen Vorschriften des Arzneimittelgesetzes durch das Kammergericht Berlin und das Oberlandesgericht Frankfurt verstößt gegen den Grundsatz des freien Warenverkehrs (Art. 28 EG). Der Zugang zum deutschen Endkundenmarkt wird für EG-ausländische (Internet-)Apotheken durch das Verbot des Versands von apothekenpflichtigen Arzneimitteln (§ 43 Abs. 1 AMG) behindert, ohne dass dies aus Gründen des Gesundheitsschutzes gerechtfertigt ist. Gleiches gilt für die Untersagung, via Internet werbliche Informationen über in Deutschland zulassungspflichtige Arzneimittel abzugeben.

„Eine restriktive Vertriebsregelung – wie das generelle Versandverbot des § 43 Abs. 1 AMG – beschränkt den freien Warenverkehr im Europäischen Binnenmarkt gemäß Art. 28 EG, da sie den unmittelbaren Zugang von Arzneimitteln aus EG-ausländischen Apotheken zum Markt des Einfuhrstaates verhindert.[160]*“*

---

[158] § 1 UWG lautet: „Wer im geschäftlichen Verkehre zu Zwecken des Wettbewerbes Handlungen vornimmt, die gegen die guten Sitten verstoßen, kann auf Unterlassung und Schadenersatz in Anspruch genommen werden.“

[159] Siehe Art. 3 der Richtlinie 2000/31/EG, ABl. EG 2000 Nr L 178, S. 1 ff.

[160] Wird durch eine Vertriebsregelung der Zugang zum Markt des Einfuhrstaates als solcher verhindert oder im Vergleich zu inländischen Waren erschwert, so stellt dies eine nach Art. 28 EG tatbestandsmäßige Beschränkung des freien Warenverkehrs dar, selbst wenn es sich um die Regelung einer Verkaufsmodalität handelt, die nicht produktbezogen ist. Dies hat der EuGH im Fall TK-Heimdienst (EuZW 2000, 309, 310 f. Rn. 27 u. 29) ausdrücklich dargelegt. Ähnlich wie im Fall TK-Heimdienst kann aufgrund des in § 43 Abs. 1 AMG festgeschriebenen Versandverbotes für Arzneimittel der deutsche Endkundenmarkt unmittelbar nur bei Übernahme einer deutschen Apotheke erreicht werden (§ 2 Abs. 2 Apothekengesetz). Aufgrund der Schwierigkeit, eine zur Übernahme freie Apotheke zu finden und angesichts der damit einhergehenden Erschwernisse und Kosten, ist die Marktzugangshürde für den Arzneimittelvertrieb an deutsche Endkunden durch EG-ausländische Apotheken noch höher als in dem vom EuGH entschiedenen Fall. Vgl. dazu ausführlich Koenig, Zum Internet-Auftritt einer niederländischen Online-Apotheke, Frankfurt/Main 2000, S. 31 ff. sowie Koenig/Engelmann, ZUM 2001, 19, 22.

Die praktische Wirksamkeit des Art. 28 EG setzt voraus, dass sowohl der Versand von im Herkunftsstaat zugelassenen Arzneimitteln als auch der Versand von in Deutschland zugelassenen Arzneimitteln aus EG-ausländischen Apotheken an deutsche Kunden als grenzüberschreitende Warentransaktionen geschützt sind. Dem steht die von deutschen Gerichten vorgenommene Anwendung des Versandhandelsverbotes auf den grenzüberschreitenden Arzneimittelversand nach individueller Bestellung im Internet entgegen. Diese Rechtsprechung führt dazu, dass der zwischenstaatliche E-Commerce mit Arzneimitteln nicht verwirklicht werden kann.[161] Den deutschen Verbrauchern wird dadurch die Möglichkeit verwehrt, auf bequeme Weise Arzneimittel aus EG-ausländischen Apotheken zu beziehen. Dies wäre nur mit dem EG-Vertrag vereinbar, wenn das Versandverbot für apothekenpflichtige Arzneimittel nach Art. 30 EG zum Schutz der öffentlichen Gesundheit gerechtfertigt wäre.

„Ein generelles Versandverbot für Arzneimittel ist nicht aus Gründen des öffentlichen Gesundheitsschutzes gerechtfertigt (Art. 30 EG).[162]“

- Der Schutz der Patienten durch die fachkundige Beratung eines Apothekers wird auch dann ohne Abstriche gewährleistet, wenn ein Arzneimittel bei einer Online-Apotheke im EG-Ausland bestellt und von dieser über den Versandweg an ihre Kunden abgegeben wird. Auch Online-Apotheken unterliegen den apothekenrechtlichen Zulassungsbestimmungen ihres Niederlassungsstaates und werden durch approbierte Apotheker geführt.

- Die schriftlich-postalische, via E-Mail digital vermittelte oder telefonische Beratung erfolgt ebenso qualifiziert wie eine Beratung von Angesicht zu Angesicht.

- Anforderungen an den Schutz der Arzneimittel auf dem Transportweg können gesetzlich festgeschrieben und behördlich kontrolliert werden, so dass sie der persönlichen Arzneimittelübergabe in Apothekenbetriebsräumen in nichts nachstehen.

---

161 Für im Herkunftsland zugelassene Arzneimittel haben die Gerichte gemeinschaftsrechtswidrig die Anwendung der Einzelbezugsmöglichkeit des § 73 Abs. 2 Nr. 6a AMG auf die Fälle des grenzüberschreitenden E-Commerce abgelehnt.
Für die Fälle des grenzüberschreitenden Versands, die nicht unter diese Einzelbezugsmöglichkeit fallen, haben die Gerichte den Anwendungsvorrang des Gemeinschaftsrechts außer acht gelassen.

162 Dies folgt auch aus der Rechtsprechung des Europäischen Gerichtshofes, siehe die Urteile EuGH, Slg. 1989, 617 – Schumacher; EuGH, Slg. 1992, I-2575 – Kommission/Deutschland.

- Der unkontrollierten Selbstmedikation sowie dem Arzneimittelmissbrauch infolge von Mehrfachbestellungen kann durch eine datenschutzrechtskonforme Registrierung der Besteller via Internet noch effektiver entgegengewirkt werden als in Präsenzapotheken.

- Seriöse Internet-Apotheken liefern Arzneimittel nur gegen Vorlage eines Original-Rezeptes aus. Die nationalen Regelungen zur Verschreibungspflicht werden daher in keinem Fall unterlaufen.

- Etwaige Missverständnisse, die aus unterschiedlichen Sprachgewohnheiten resultieren können und sich auf notwendige Arzneimittelinformationen (z. B. die Dosierungs- und Darreichungsform, chemische Zusammensetzung, Indikationen oder Nebenwirkungen) beziehen, werden durch die Beilage einer in deutscher Sprache verfassten Produktbeschreibung sowie durch eine entsprechende Etikettierung von vornherein ausgeschlossen. Dies gilt erst recht für den Fall, dass in Deutschland zugelassene und bei deutschen Großhändlern erworbene Arzneimittel durch EG-ausländische Apotheken vertrieben werden. Diese Variante des grenzüberschreitenden E-Commerce mit im Einfuhrstaat zugelassenen Mitteln ist heute der Regelfall.

Bei einem digital vermittelten Versand von Arzneimitteln kann der Apotheker seine Beratungs- und Kontrollfunktion folglich ebenso gut erfüllen wie bei der Übergabe des Arzneimittels in der Präsenzapotheke. Die Anforderungen des Art. 30 EG können durch Internet-Apotheken in vollem Umfang gewährleistet werden.

Wie durch das Landgericht Berlin bestätigt, ist ein Versandverbot nicht zur Gewährleistung des Gesundheitsschutzes erforderlich und verstößt damit als unverhältnismäßige, nicht nach Art. 30 EG gerechtfertigte Maßnahme gegen den Grundsatz der Warenverkehrsfreiheit.[163]

Nationale Vorschriften des Arzneimittelrechts sind also stets dahingehend auszulegen und anzuwenden, dass der grenzüberschreitende internetgestützte Arzneimittelbezug effektiv ermöglicht wird.[164] Innerstaatli-

163 Landgericht Berlin, Urteil vom 30.10.2001, Az.: 103 O 109/01.

164 Für den Bezug von im Herkunftsstaat zugelassenen Mitteln ist eine gemeinschaftsrechtskonforme Auslegung des § 73 Abs. 2 Nr. 6a AMG vorzunehmen, die den grenzüberschreitenden Internet-Handel ermöglicht. Auf den Bezug von im Einfuhrstaat zugelassenen Mitteln ist das nationale Versandverbot aufgrund des Anwendungsvorrangs des Gemeinschaftsrechts unanwendbar.

che Versandverbote für apothekenpflichtige Arzneimittel dürfen nicht auf den Fall des grenzüberschreitenden E-Commerce angewandt werden.

Einfluss der Fernabsatzrichtlinie

Eine Gemeinschaftsrechtskonformität nationaler Versandhandelsverbote für Arzneimittel wird auch nicht durch die Fernabsatzrichtlinie[165] hergestellt.

Art. 14 dieser Richtlinie sieht zwar vor, dass die Mitgliedstaaten zur Sicherstellung eines höheren Verbraucherschutzniveaus den Vertrieb im Fernabsatz für bestimmte Waren, insbesondere für Arzneimittel, unter Beachtung des EG-Vertrages in ihrem Hoheitsgebiet verbieten können. Aus normhierarchischen Gründen darf daraus jedoch nicht gefolgert werden, dass ein nationales Versandhandelsverbot für Arzneimittel als gemeinschaftsrechtskonform anerkannt wird. Ein grenzüberschreitend wirkendes innerstaatliches Versandverbot kann gerade nicht durch eine im Rang unter dem Primärrecht stehende (EG-sekundärrechtliche) Richtlinienvorschrift als mit dem EG-Primärrecht vereinbar eingestuft werden.[166] Da die Fernabsatzrichtlinie nicht die vom Europäischen Gerichtshof in ständiger Rechtsprechung herausgearbeiteten Verhältnismäßigkeitsmaßstäbe zur Beschränkung der Warenverkehrsfreiheit nach Art. 30 EG zu modifizieren vermag, muss Art. 14 der Richtlinie als Verweisungsvorschrift auf diese primärrechtlichen Maßstäbe verstanden werden. Aus der Fernabsatzrichtlinie folgt daher nicht, dass ein Ausschluss des Arzneimittelversandhandels als gemeinschaftsrechtskonform anzuerkennen ist. Vielmehr hängt die Gemeinschaftsrechtskonformität nationaler Versandverbote von deren Vereinbarkeit mit Art. 28 ff. EG ab. Da derartige, den freien Warenverkehr beschränkende Verbote nicht zum Schutz der Gesundheit gerechtfertigt sind, dürfen sie auf den grenzüberschreitenden Arzneimittelversand aus anderen EG-Mitgliedstaaten nicht angewandt werden.

Heilmittelwerberechtliche Fragen

Der gemeinschaftsrechtlich zulässige grenzüberschreitende Internet-Arzneimittelhandel darf auch nicht durch heilmittelwerberechtliche Vor-

---

[165] Richtlinie 97/7/EG über den Verbraucherschutz bei Vertragsabschlüssen im Fernabsatz, ABl. EG 1997 Nr. L 144, S. 19 ff.

[166] Dem trägt die Fernabsatzrichtlinie Rechnung, indem in Art. 14 sowie in Erwägungsgrund Nr. 24 ausdrücklich darauf hingewiesen wird, dass nationale Verbote des Vertriebs im Fernabsatz unter Einhaltung des Gemeinschaftsrechts gehandhabt werden müssen.

gaben praktisch unmöglich gemacht werden. Zur Gewährleistung der Freiheit des Warenverkehrs muss die Präsentation digitaler Bestellformulare, welche conditio sine qua non für den Geschäftsabschluss im Internet sind, vom Werbebegriff der Richtlinie 92/28/EWG[167] ausgenommen werden.

„Mitgliedstaatliche Verbote, die die Werbung für Humanarzneimittel betreffen, beziehen sich zum Teil ausdrücklich auf Erzeugnisse aus anderen Mitgliedstaaten (so etwa das deutsche Verbot der Werbung für die Einzeleinfuhr von Arzneimitteln, § 8 Abs. 2 Alt. 2 HWG). Sie vereiteln faktisch den grenzüberschreitenden E-Commerce mit Arzneimitteln und beschränken den freien Warenverkehr."

Bezogen auf den Fall des Internet-Arzneimittelhandels gebietet Art. 28 EG daher eine enge Auslegung des zugrundeliegenden Werbebegriffs gemäß Art. 1 Abs. 3 der Richtlinie 92/28/EWG. Der Werbebegriff ist EG-primärrechtskonform dahingehend zu reduzieren, dass er nicht schon Online-Bestellformulare mit notwendigen Informationen für die Transaktion Internet-Arzneimittelhandel erfasst.[168]

„Eine weite Auslegung des Werbebegriffs ist nicht gemäß Art. 30 EG aus Gründen des Schutzes der öffentlichen Gesundheit gerechtfertigt. Auf die im Online-Bestellformular enthaltene Präparat-Wirkstoff-Preis-Relation kann bei einer Arzneimittelbestellung im Internet nicht verzichtet werden."

- Im Gegensatz zu ausführlichen Dosierungsangaben regt die tabellarische Ausweisung von Präparat, Wirkstoff, Abgabemenge und Preis nicht zur unkontrollierten Selbstmedikation bzw. zum Arzneimittelmissbrauch an.

- Eine weite Auslegung des Werbebegriffs ist aufgrund der vorgeschalteten ärztlichen Kontrolle auch dann nicht für einen effektiven Gesundheitsschutz erforderlich, wenn verschreibungspflichtige Arzneimittel tangiert sind.

„Die weite Auslegung des Werbebegriffs ist nicht mit den Vorgaben der E-Commerce-Richtlinie vereinbar.[169] Die Online-Präsentation eines in einem anderen EG-Mitgliedstaat niedergelassenen Unternehmens stellt

---

[167] Richtlinie 92/28/EWG, ABl. EG 1992 Nr. L 113, S. 13 ff.

[168] Dies wurde durch das Urteil des Landgerichts Berlin vom 30.10.2001 (Az.: 103 O 109/01) bestätigt; ausführlich hierzu Koenig/Müller, WRP 2000, 1366, 1369 ff.

[169] Richtlinie 2000/31/EG, ABl. EG 2000 Nr. L 178, S. 1 ff.

einen Dienst der Informationsgesellschaft dar, der ausdrücklich in den koordinierten Bereich der E-Commerce-Richtlinie fällt. Dieser unterliegt dem sog. Herkunftslandprinzip. Für die Online-Werbung gilt daher grundsätzlich nicht das Recht des Abrufstaates, sondern das Recht desjenigen Mitgliedstaates, in dem die Online-Apotheke ihren Sitz hat."

Sofern im Internet – etwa über ein digitales Bestellformular – der Hinweis auf den grenzüberschreitenden Bezug von Arzneimitteln erfolgt, stellt dies eine dem Herkunftslandprinzip unterfallende Dienstleistung der Informationsgesellschaft dar. Die Betreiber von Online-Apotheken haben daher grundsätzlich nur die Vorschriften über die Heilmittelwerbung ihres Niederlassungsstaates zu beachten.[170] Dies hat das Oberlandesgericht Frankfurt in seiner Entscheidung vom 31.5.2001 verkannt, indem es entgegen dem Herkunftslandprinzip das deutsche Verbot der Werbung für den Arzneimittelversand auf die Homepage einer niederländischen Apotheke angewandt hat, obwohl weder die Richtlinie 92/28/EWG noch niederländisches Recht ein entsprechendes Verbot enthalten.

„Innerstaatliche Verbote der Heilmittelwerbung, die in Umsetzung EG-rechtlicher Vorgaben erlassen wurden, aber geeignet sind, den Internet-Handel mit Arzneimitteln faktisch zu unterbinden, können nicht zum Schutz der öffentlichen Gesundheit als sog. Rechtsstand der Gemeinschaft (Art. 1 Abs. 3 der E-Commerce-Richtlinie)[171] anerkannt werden."

Zwar ließe sich ein innerstaatliches Verbot der Werbung für den grenzüberschreitenden Arzneimittelbezug auf Art. 1 Abs. 3 der E-Commerce-Richtlinie stützen, wenn es in Umsetzung gemeinschaftlicher Rechtsakte erfolgt ist und als Schutzniveau für die öffentliche Gesundheit der Gemeinschaftsbürger nicht berührt werden soll. Sobald aber mit dem Verbot eine Dienstleistung der Informationsgesellschaft gänzlich unterbunden wird, greift Art. 1 Abs. 3 der E-Commerce-Richtlinie nicht ein. Da durch ein Verbot der Präsentation digitaler Bestellformulare die Transaktion Internet-Handel vollends konterkariert würde, gelten die Vorschriften der E-Commerce-Richtlinie uneingeschränkt auch für die Online-

[170] Vgl. dazu Leupold/Bräutigam/Pfeiffer, WRP 2000, 575, 583, die dem Anwendungsbereich des Herkunftslandsprinzips bereits einen Ausnahmecharakter zuschreiben.

[171] Art. 1 Abs. 3 der E-Commerce-Richtlinie lautet: „Diese Richtlinie ergänzt das auf die Dienste der Informationsgesellschaft anwendbare Gemeinschaftsrecht und lässt dabei das Schutzniveau insbesondere für die öffentliche Gesundheit und den Verbraucherschutz, wie es sich aus Gemeinschaftsrechtsakten und einzelstaatlichen Rechtsvorschriften zu deren Umsetzung ergibt, unberührt, soweit die Freiheit, Dienste der Informationsgesellschaft anzubieten, dadurch nicht eingeschränkt wird."

Präsentation von Bestellformularen. Diese darf im Abrufstaat nicht mehr reguliert werden, wenn sie nach dem Recht des Herkunftsstaates zulässig ist.

„Dem steht auch nicht die Entscheidung des EuGH in Sachen Ortscheit/Eurim Pharm[172] *entgegen."*

Zwar hob der EuGH 1994 in dieser Entscheidung hervor, dass ein Verbot der Werbung für den Bezug von im Herkunftsland – nicht aber im Einfuhrstaat – zugelassenen Arzneimitteln verhindern soll, dass das grundsätzliche Erfordernis einer nationalen Zulassung systematisch umgangen wird. Dies erfolgte aber mit der Maßgabe, dass Art. 36 EWG-Vertrag auf dem Gebiet der Herstellung und des Inverkehrbringens von Arzneispezialitäten nur so lange anwendbar ist, wie die Harmonisierung der nationalen Regelungen in diesem Bereich noch nicht vollständig erreicht ist. Da bereits eine „Teilharmonisierung" über die Verordnung 2309/93/EWG erreicht wurde, werden die mitgliedstaatlichen Regulierungsmöglichkeiten zumindest um den Grad der Teilharmonisierung, wie er nach der Urteilsverkündung in der Sache Ortscheit/Eurim Pharm mit Tätigkeitsaufnahme der europäischen Zulassungsagentur EMEA feststand, vermindert.[173] Die Mitgliedstaaten sind daher in ihrem Regulierungsspielraum eingeschränkt.[174] Umfassende Werbeverbote zum Schutz des nationalen Zulassungs- und Vertriebssystems sind nicht mehr gerechtfertigt.

Politische Entwicklung

Dass den mit einem unkontrollierten E-Commerce mit Arzneimitteln verbundenen Risiken für die Verbraucher durch nationale Verbotsverfügungen[175] nicht effektiv begegnet werden kann, entspricht auch der Auffassung der deutschen Bundesregierung. Ein effektiverer Gesundheitsschutz kann nur durch eine schnell zu verwirklichende inhaltliche Regu-

---

172 EuGH, Slg. 1994, I-5243, 5265, Rn. 19 – Ortscheit/Eurim Pharm.

173 Dementsprechend hat Generalanwalt Jacobs in seinen Schlussanträgen zur Entscheidung Kommission/Deutschland ausgeführt: „Wenn die Harmonisierung nach und nach erfolgt, kann jeder Schritt in diesem Prozess das Ausmaß verringern, in dem ein Rückgriff auf Art. 36 [jetzt Art. 30 EG] gerechtfertigt ist. Meiner Ansicht nach ist genau dies in bezug auf den Arzneimittelhandel geschehen." Vgl. Generalanwalt Jacobs, Schlussanträge zu EuGH, Slg. 1992, I-2575, 2598 Rn. 18 – Kommission/Deutschland.

174 So auch EuGH, Slg. 1989, 617, 638 f. Rn. 15 – Schumacher; EuGH Slg. 1992, I-2575, 2605 Rn. 10 – Kommission/Deutschland; EuGH, Slg. 1994, I-5243, 5263 Rn. 14 – Ortscheit/Eurim Pharm.

175 Wie die des Kammergerichtes Berlin und des Oberlandesgerichtes Frankfurt.

lierung der Anforderungen an einen sicheren Online-Handel mit Arzneimitteln erreicht werden.

So hat die Bundesgesundheitsministerin Ulla Schmidt bereits am 10. Mai 2001 in ihrer Rede anlässlich des DAV Wirtschaftsforums in Berlin[176] angekündigt, den E-Commerce mit apothekenpflichtigen Arzneimitteln in Deutschland zu ermöglichen und sicher zu gestalten. Angesichts der ohnehin stattfindenden Praxis seien die gegenwärtigen Verbote nicht effektiv. Die Ministerin hob wiederholt hervor, dass sich die Entwicklung hin zu einer Öffnung auch des deutschen Endkundenmarktes für grenzüberschreitend im Internethandel vertriebene Arzneimittel nicht durch eine Beibehaltung der derzeit geltenden Fassung des deutschen Arzneimittel- sowie Heilmittelwerbegesetzes aufhalten ließe. Gesundheits- und Verbraucherschutzaspekten könnte im internetgestützten Arzneimittelvertrieb teilweise noch effektiver Rechnung getragen werden als bei der herkömmlichen Abgabe in Apothekenbetriebsräumen. Zudem bestehe auch unter deutschen Apothekern der Wunsch, ihren Kunden den Online-Handel mit apothekenpflichtigen Arzneimitteln sowie die digitale Informationsübermittlung als Service anzubieten. Die gesetzlichen Krankenkassen stünden einer solchen Regulierung ebenso positiv gegenüber.

„Auf Regierungsebene wird in Deutschland angestrebt, das deutsche Arzneimittel- sowie das Heilmittelwerbegesetz zur Ermöglichung des E-Commerce mit Arzneimitteln zu ändern."

Wie Bundesgesundheitsministerin Schmidt in ihrer Rede angeregt hat, sollte durch festgeschriebene Kriterien betreffend den Betrieb von Internet-Apotheken, die Arzneimittelzustellung sowie die Ausgestaltung der Web-Sites ein effektiver Schutz der öffentlichen Gesundheit erreicht werden. Damit ein sehr hohes Gesundheits- und Verbraucherschutzniveau effektiv gewährleistet wird, müssten auf europäischer Ebene Leitlinien zur Einrichtung eines Qualitätssicherungssystems entwickelt werden. Zudem wolle man Vorkehrungen dafür treffen, dass die flächendeckende Versorgung mit Arzneimitteln auch weiterhin in vollem Umfang gewährleistet ist. Diesen Anliegen zum Schutz der öffentlichen Gesundheit beim Internet-Handel mit Arzneimitteln und damit zur Erfüllung der Anforderungen des Art. 30 EG hat sich auch der Europäische Verband der Versandapotheken (European Association of Mail Service Pharmacies, EAMSP) ausdrücklich verpflichtet.

---

176 http://www.bmgesundheit.de/presse/reden01/1005.htm.

„Trotz dieser auf eine kooperative Entwicklung eines Regulierungsrahmens ausgerichteten Politik ist in dieser Legislaturperiode mit keinen Novellierungsvorstößen mehr zu rechnen."

Auch durch gerichtliche Verfahren sind keine schnellen klarstellenden Entscheidungen zu erwarten. Selbst wenn eine Vorlage zum EuGH erfolgen würde, wäre das nachfolgende Vorabentscheidungsverfahren zu langwierig, um hinsichtlich der aufgeworfenen Probleme rechtzeitig Abhilfe zu schaffen.

Sowohl für die Verbraucher als auch für die europäischen Internet-Apotheken wäre es daher von sehr großer Bedeutung, wenn die Kommission – angesichts der ohnehin stattfindenden Praxis – zur Verwirklichung des freien Warenverkehrs und gleichzeitiger Sicherstellung eines effektiven Gesundheitsschutzes auf die Mitgliedstaaten einwirken würde, schnellstmöglich verlässliche rechtliche Rahmenbedingungen für den Internet-Arzneimittelhandel zu entwickeln.

Erforderlich ist vor allem auch die Festschreibung europäischer Qualitätsstandards, insbesondere die Schaffung eines Qualitätssicherungssystems mit den Schwerpunkten Zertifizierung und Logistik. Die konsensuale Entwicklung eines Rechtsrahmens, der durch eine Änderung des geltenden Arzneimittel- und Heilmittelwerberechtes schnellstmöglich umzusetzen ist, könnte sich an bereits erprobten Modellen, wie sie in der Schweiz, den USA und sogar innerhalb der EG in Großbritannien und den Niederlanden erfolgreich eingerichtet wurden, orientieren.

Erfahrungen mit Versandapotheken in den Niederlanden und der Schweiz

Thomas Kerckhoff

Zur aktuellen Diskussion

Alle bisherigen Bemühungen des Gesetzgebers, die steigenden Ausgaben im Arzneimittelbereich zu bremsen, führten in der Vergangenheit nicht zu den gewünschten Ergebnissen. Bestenfalls konnte eine Verlangsamung des Kostenanstiegs erreicht werden. Auch in Zukunft sind steigende Aufwendungen durch die demographische Entwicklung und die Einführung neuer innovativer Arzneimittel zu erwarten.

In den ersten elf Monaten des Jahres 2001 sind die Arzneimittelausgaben der Gesetzlichen Krankenkassen um 9,6 Prozent auf 19,205 Milliarden Euro gestiegen. Damit scheinen sich die Erwartungen zu bestätigen, dass die Arzneiausgaben 2001 bei 21 Milliarden Euro liegen werden.[177]

Vor diesem Hintergrund fordern Fachleute, den Vertriebsweg der Arzneimittel vom Hersteller über den Großhandel bis hin zur Apotheke effizienter zu gestalten. „Insbesondere für chronisch Kranke und pflegebedürftige Personen sollte es die Möglichkeit geben, Versandapotheken in Anspruch nehmen zu können. Die Zulassung der Versandapotheken sollte unter Berücksichtigung von Lieferbereitschaft und Service erfolgen."

In Deutschland dürfen apothekenpflichtige Arzneimittel für den Endverbraucher berufs- und gewerbsmäßig nur in Apotheken und nicht auf dem Wege des Versandhandels in den Verkehr gebracht werden.[178] Erfahrungen in anderen Ländern haben jedoch gezeigt, dass eine Liberalisierung des Arzneimittelversandhandels wesentliche Servicevorteile für die Patienten sowie ernst zu nehmende Einsparungen mit sich bringen.

Eine Ausweitung des Pharmaversandes auf verschreibungspflichtige Medikamente ist daher ein interessanter Ansatzpunkt zur Erschließung von Wirtschaftlichkeitsreserven im Gesundheitswesen. Durch den Wegfall des Apothekenzuschlages sowie die Möglichkeit, erhebliche Rabatte beim direkten Bezug vom Pharmahersteller zu realisieren, erscheinen in Einzelfällen Preisvergünstigung pro Medikament bis zu 30 Prozent mög-

---

177 Ärzte Zeitung , 08.01.2002
178 § 43 Arzneimittelgesetz

lich. In der 2001 von dem Internationalen Institut für Empirische Sozialökonomie (www.INIFES.de) publizierte Studie „Analyse potenzieller Auswirkungen einer Ausweitung des Pharmaversandes in Deutschland“[179] wird das Einsparungspotential für die Gesetzliche Krankenversicherung durch die Einführung des Arzneimittelversandhandels mit bis zu 750 Millionen Euro angegeben.

Langjährige internationale Erfahrungen aus den USA und der Schweiz zeigen, dass die Arzneimitteldistribution an den Endverbraucher mit einem Höchstmaß an Arzneimittelsicherheit durchgeführt und die Belange des Verbraucherschutzes umfassend gewährt werden können.

Die rasante Entwicklung und Verbreitung der Internettechnologie und die hiermit gekoppelten Möglichkeiten des E-Commerce gestatten – auch in Deutschland – den nahezu grenzenlosen Bezug von Produkten und Dienstleistungen. Verschiedene Studien[180] belegen, dass der Handel mit Arzneimitteln von dieser Entwicklung nicht ausgenommen bleiben wird. Zur Gewährleistung der Arzneimittelsicherheit im elektronischen Handel sind in den USA beispielhafte Qualitätsstandards eingeführt worden.[181]

Während sich die gesundheitspolitische Diskussion der Fachkreise im Jahre 2000 noch primär mit den Möglichkeiten des E-Commerce in Bezug auf die Arzneimitteldistribution an den Endverbraucher (BtoC) konzentrierte, gewann in 2001 der traditionelle Arzneimittelversandhandel zunehmendes öffentliches Interesse. Teilweise lässt sich dieser Effekt auf die nachlassende Interneteuphorie zurückführen.

Bevor am Beispiel der MediService AG das Schweizer Modell der Direkt Service Apotheke in seiner Vorbildfunktion für Deutschland erläutert wird, erscheint es geboten, öffentliche Apotheken, E-Pharmacies und Direkt Service Apotheken begrifflich voneinander abzugrenzen.

---

179 http://www.inifes.de/Doku/folien-pharmav.pdf

180 Impact of the Electronic Commerce on the European Health Care Sector by Ashurst Morris Crisp; London 1998
E-Pharma Arzneimittelvertrieb im Internet ; ÖBIG Österreichisches Institut für Gesundheitswesen, Wien August 2000

181 Verification site of the National Association of Boards of Pharmacy. (ViPPS)

Öffentliche Apotheken stehen in Deutschland unter der verantwortlichen Leistung eines approbierten Apothekers. Diese stellen die Arzneimittelversorgung der Bevölkerung sicher. Die Arzneimittelabgabe hat – so schreibt es der Gesetzgeber vor – zwingend in den Apothekenbetriebsräumen stattzufinden. Nur im berechtigten Ausnahmefall ist die Zustellung mittels Boten erlaubt. Öffentliche Apotheken werden auch als „Präsenzapotheken“ bezeichnet.
Unter E-Parmacies lassen sich solche, meist virtuelle Versandapotheken verstehen, deren Kundenakquisition und Auftragsannahme in erster Linie im Internet stattfindet. Einige Anbieter bedienen sich virtueller Arzneimittelkataloge zur Produktauswahl.
Im Gegensatz hierzu handelt es sich bei einer Direkt Service Apotheke wie z. B. bei der MediService AG um eine öffentliche Apotheke mit Sondervertriebsweg (Versandhandel). Eine Online-Bestellung von Arzneimitteln ist quasi ausgeschlossen. Die Arzneimittellieferung erfolgt ausschließlich nach der Vorlage einer gültigen ärztlichen Verordnung.

Erfahrungen in der Schweiz

Steigenden Arzneimittelausgaben und die demographische Entwicklung zwangen den Schweizer Gesetzgeber Mitte der neunziger Jahre zur Identifikation und Erschließung von Wirtschaftlichkeitsreserven in der Arzneimittelversorgung. Nachdem der Arzneimittelversandhandel von den politischen Meinungsbildnern und Entscheidungsträgern als vielversprechender Lösungsansatz erkannt worden war, wurde über verschiedene Gerichtsentscheidungen der Weg für eine Neuformulierung des Artikel 27 Heilmittelgesetz vorbereitet.

Unter anderem wurde gerichtlich festgestellt, dass

- die kontinuierliche ärztliche Behandlung die Arzneimittelsicherheit und pharmazeutische Beratung der Patienten umfassend – auch ohne die Unterstützung eines Apothekers – garantiert
- der direkte, unmittelbare Kontakt mit einem Apotheker im Rahmen der Abgabe von Arzneimitteln nicht zwingend notwendig ist
- den Patienten die Wahlfreiheit des Bezugweges zu gewährleisten ist.

Der neue Artikel 27 des Schweizer Heilmittelgesetzes lautet heute:

„Der Versandhandel mit verschreibungspflichtigen Arzneimitteln ist untersagt. Der Bundesrat gestattet den Versandhandel mit verschreibungspflichtigen Arzneimitteln, wenn

a) für das betreffende Arzneimittel eine ärztliche Verordnung vorliegt,
b) keine Sicherheitsanforderungen entgegenstehen,
c) die sachgemäße Beratung sichergestellt ist,
d) die ausreichende ärztliche Überwachung der Wirkung sichergestellt ist.“

Damit hatte der Gesetzgeber den Arzneimittelversandhandel unter Beachtung von höchsten Sicherheitsstandards zugelassen und zugleich den Preiswettbewerb zwischen den Apotheken gefördert. Im Gegensatz zur deutschen Arzneimittelpreisverordnung (AMPreisV) lässt das Schweizer Preisfindungssystem für Arzneimittel individuell ausgehandelte Preisnachlässe zwischen den Vertragspartnern (Apotheken – Krankenkassen) zu. Man ging davon aus, dass das bestehende Versorgungssystem der stationären, öffentlichen Apotheken durch die Zulassung des Arzneimittelversandhandels nur marginal tangiert würde.

Parallel zu dieser kontrollierten Liberalisierung des Arzneimittelversandhandels wurde 1997 die MediService AG, in Solothurn als Joint Venture zwischen der Helsana Krankenversicherungs-AG und der ControlMed AG gegründet. Erklärtes Ziel dieser ersten Schweizer Direkt Service Apotheke war und ist es, durch den Versandhandel von Arzneimitteln Distributionskosten einzusparen. Hierbei ist die Gewährleistung des umfassenden Verbraucherschutzes und der Arzneimittelsicherheit auf allen Ebenen der Distributionskette oberstes Ziel.

Welche Auswirkungen hatte die Zulassung von Direkt Service Apotheken auf den Schweizer Markt?

Entgegen der weit verbreiteten Meinung, die Liberalisierung des Arzneimittelversandhandels führe insbesondere im ländlichen Raum zum flächendeckenden Apothekensterben, ist die Zahl der öffentlichen Apotheken in der Schweiz konstant geblieben. Die Zulassung von Direkt Service Apotheken löste aber eine intensive Diskussion über Qualität, Leistungsfähigkeit und Vergütung der Arzneimittelversorgung durch öffentliche Apotheken aus. In dessen Folge kam es zu mehreren Gesetzesänderungen. Vorläufiger Endpunkt war die Einführung des neuen Abgeltungsmodells für die Abgabe von kassenpflichtigen Medikamenten am 1. Januar 2001. Es sieht vor, dass die Beratungsleistung der Apothekerinnen und selbst dispensierenden Ärzte vom Herstellungs- und Vertriebsanteil der Medikamentenkosten getrennt und neu nach Tarifen vergütet wird. Damit wird der Mechanismus durchbrochen, der die Abgabe von besonders vielen oder besonders teuren Medikamenten in Form einer prozentualen Marge belohnt.

In der Schweiz stand das Abgabemonopol der Apotheker für Arzneimittel zur keiner Zeit im Brennpunkt der gesundheitspolitischen Diskussion.

MediService AG

Die MediService AG (www.mediService.ch) beschäftigt heute in Zuchwil (Solothurn) über 70 Personen. Davon sind acht Apothekerinnen und Apotheker und 21 Pharma-Assistentinnen. Das pharmazeutische Personal stellt die sachgerechte Arzneimittelversorgung und pharmazeutische Beratung der Kunden sicher.

Die Kommunikation und pharmazeutische Beratung ist per Telefon, Fax, Online sowie vor Ort in der Präsenzapotheke möglich. Die kostenlose telefonische Beratung wird rund um die Uhr an 365 Tagen im Jahr angeboten.

Als vollsortierte Apotheke vertreibt MediService alle in der Schweiz verkehrsfähigen Arzneimittel. Eine Arzneimittellieferung erfolgt ausschließlich nach der Vorlage einer gültigen ärztlichen Verordnung. Jede Verordnung wird unabhängig vom Warenwert beliefert. Der Versand ist in jedem Falle für die Patienten kostenfrei. Auf Wunsch erfolgt eine Eilzustellung. Kühlpflichtige Arzneimittel werden in Spezialbehältern zugestellt. Der grenzüberschreitende Arzneimittelversand in das europäische Ausland wird nicht angeboten.

Als öffentliche Apotheke nimmt MediService an der Notfallversorgung – inklusive Notdienst an Sonn- und Feiertagen – der örtlichen Bevölkerung teil.

MediService ist gemäß ISO 9002 zertifiziert und führt regelmäßig qualitätssichernde Audits durch. Am 1. Januar 2000 veröffentlichte MediService die eigenen Qualitätsstandards für den Sondervertriebsweg. (QS-DSA[182])

MediService ist es gelungen, mit 18 Schweizer Krankenversicherungen „Kooperationsvereinbarungen" abzuschließen, die geeignet sind, sowohl

---

[182] QS-DSA: Qualitätsstandard für Direkt Service Apotheken

den Krankenkassen als auch den Versicherten erhebliche finanzielle Vorteile zu gewährleisten. Das durchschnittliche Einsparungspotential – im Bereich der Arzneimittelkosten – betrug 1999 für die Krankenkassen zwischen zehn und 15 Prozent.

Kundenstruktur

MediService betreut in der gesamten Schweiz über 35.000 zufriedene Kunden mit ca. 300.000 Medikamentenlieferungen jährlich. Unter einem Prozent aller Kunden besuchen MediService vor Ort in Zuchwil und werden in der Präsenzapotheke mit Arzneimitteln versorgt.

MediService konzentriert sich auf die Versorgung von Patienten mit planbarem Arzneimittelbedarf. Das Durchschnittsalter der Kunden beträgt 56 Jahre. Die Kundenloyalität ist hoch. Die Inanspruchnahme der Leistungen ist nicht typischerweise an städtische oder ländliche Regionen gebunden. In regelmäßigen Abständen werden von einem externen Institut Befragungen zu Kundenzufriedenheit und Akzeptanz der angebotenen Services durchgeführt.

Wie funktioniert der Ablauf in einer Direkt Service Apotheke?

Freie Wahl:
Nach Erhalt des Rezeptes durch den behandelnden Arzt entscheiden die Patientin und der Patient selbst, ob sie die Medikamente nach Hause zugestellt haben möchten oder eine konventionelle Apotheke in Anspruch nehmen wollen. MediService bietet die portofreie Heimlieferung aller in der Schweiz verkehrsfähigen Medikamente an.

Bestellung:
Die Patientinnen und Patienten erhalten von MediService Informationsunterlagen und ein frankiertes Couvert für ihre Rezepte. Sie schicken das Rezept zusammen mit einem Gesundheitsfragebogen an MediService. Der Fragebogen wird freiwillig ausgefüllt.

Beratung:
Patientin und Patient erhalten rund um die Uhr kostenlose telefonische Auskunft und Beratung.

Dispensierung und Qualitätskontrolle:
Das Rezept wird von einem Apotheker überprüft. Bestehen keine pharmazeutischen Bedenken, werden die Medikamente zusammengestellt und das Paket wird zum Versand vorbereitet. Ein zweiter Apotheker kontrolliert die Lieferung. Informationsmaterial und der Medipass werden

dem Paket beigelegt. Der Apotheker platziert die Medikamente sowie Unterlagen in einer Sicherheitstasche und verschließt diese mit einem Siegel-Etikette.

Verpackung:
Zu jedem Arzneimittelpaket wird ein Fragebogen zur Kundenzufriedenheit beigefügt. Das Paket verrät nichts über den Absender oder den Inhalt. Temperaturempfindliche Medikamente werden in Spezialbehältern geliefert, welche für 48 Stunden die Medikamente konstant kühl halten.

Lieferung:
Das Paket wird nur gegen Unterschrift ausgehändigt. In der Regel erhält der Patient die Medikamente in gewünschter Frist. Sollte der Patient nicht zu Hause sein, kann er von seiner Poststelle eine kostenlose Zweitlieferung an eine gewünschte Adresse verlangen.

Erinnerung:
Bei Ablauf des Rezeptes oder wenn das Medikament aufgebraucht ist, wird der Patient an seinen Arztbesuch respektive an die Rezepterneuerung erinnert.

Qualität und Sicherheit

Mit großen Investitionen in die Ausbildung des Personals, modernstem EDV-System und klar definierten Abläufen gewährleistet MediService eine hohe Qualität und maximale Sicherheit für die Patientin und den Patienten.

EDV-System:
Das EDV-System begleitet jeden Arbeitsschritt und erlaubt damit eine Übersicht über die Patientengeschichte. Vor jeder Aussendung findet eine routinemäßige pharmazeutische Plausibilitätskontrolle in digitalen Datenbanken statt. Die Patientengeschichte erlaubt zudem eine Missbrauchskontrolle.

Gesundheitsfragebogen:
Aufgrund des Gesundheitsfragebogens kann der Apotheker die wichtigsten Unverträglichkeiten identifizieren. Es werden Fragen u. a. nach Alter, Allergien, Gesundheitsleiden oder anderen eingenommenen Medikamente gestellt. Obschon die Beantwortung des Fragebogens freiwillig ist, reichen ihn über 95 Prozent der Kunden ein. Damit besitzt der MediService-Apotheker einen wesentlich höheren Informationsgrad als die meisten traditionellen Apotheken.

Sicherheit in der Ausführung:
Die Rezepte werden nur von professionellen Apothekern und Pharma-Assistentinnen bearbeitet. Jedes Rezept wird von zwei Apothekern gesichtet. Bei Unklarheiten wird der Arzt oder der Patient kontaktiert.

Pharmazeutischer Interaktions-Check:
Vor jeder Belieferung werden alle auf einem Rezept angeforderten Medikamente digital auf mögliche Interaktion und Kontraindikation hin überprüft. Die so generierten Informationen werden dann mit den Daten des Gesundheitsfragebogens und der bisher vorliegenden Arzneimittelhistorie abgeglichen. In jeden Fall findet eine pharmazeutische Endkontrolle durch einen Apotheker statt. Diese Leistungen werden den Patienten kostenlos zur Verfügung gestellt.

Spezieller Postzustelldienst:
Die Lieferung an den Patienten erfolgt durch einen speziellen Postzustelldienst nur gegen Unterschrift. So wird vermieden, dass Medikamente in Kinderhände gelangen. Der Lieferdienst der Post erweist sich als zuverlässig.

Beratungsleistungen

MediService spricht insbesondere Langzeitpatientinnen und -patienten an. Die Patienten sind in der Regel mit ihrer langjährigen Krankheit und der notwendigen Medikation vertraut und werden von ihrem Arzt oder ihrer Ärztin betreut. Insbesondere chronisch kranke Patienten haben spezielle, anspruchsvolle Beratungsbedürfnisse, welche durch MediService wie folgt befriedigt werden:

Telefonischer Kundendienst

MediInfo-Blätter:
Jeder Medikamentenlieferung wird ein MediInfo-Blatt beigelegt. Die MediInfo enthält für Patienten gestaltete Informationen. Die Informationen sind einfach und verständlich geschrieben und enthalten wichtige Informationen zu der Arzneimitteltherapie, die den Beipackzettel ergänzen.

Medipass:
Jeder Kunde erhält mit jeder Auslieferung seinen persönlichen Medikamentenpass, welcher Medikamentenbezüge und Einnahmevorschriften enthält. Er ist besonders für Langzeitpatienten nützlich, die häufig mehrere Ärzte konsultieren. Eine E-Copy des Medipass findet sich für jeden Kunden PIN-Code gesichert auf der MediService-Internetpräsenz. Auch auf Reisen erweist sich der Medipass als nützlich.

Die Zukunft der Arzneimitteldistribution via Versandhandel

Das Schweizer Modell der Direkt Service Apotheke kann als gelungenes Beispiel dafür verstanden werden, wie die Möglichkeiten der neuen Technologien zur Kosteneinsparung bei voller Berücksichtigung des Verbraucherschutzes genutzt werden können.

In Zukunft wird es darum gehen, durch die Kombination von Versandhandel und Informationsübertragung den gestiegenen Informationsbedürfnissen – vor allem von chronisch kranken Patienten – gerecht zu werden. Dieser Trend wird sich durch die zunehmende Zahl medienkompetenter Patienten verstärken. MediService hat diese Herausforderung angenommen und eine Abteilung für Speciality-Pharmacy-Produkte etabliert. Hier werden z. B. an Multipler Sklerose (MS) erkrankte Patienten proaktiv über ein Call-Center betreut. Ziel ist es, den kontinuierlichen bidirektionalen Informationsaustausch zwischen den Patienten und MediService zu etablieren. Die von MediService hier systematisch gesammelten Kundeninformationen bzw. -anfragen werden in aggregierter Form allen MS Patienten zur Verfügung gestellt.

Perspektiven für Deutschland

Die jüngsten Beitragserhöhungen der gesetzlichen Krankenkassen gebieten es, ausnahmslos alle Wirtschaftlichkeitsreserven zu mobilisieren, bevor es zu einer quantitativen bzw. qualitativen Einschränkung der Arzneimittelversorgung in Deutschland kommt (Rationierung). Hiervon kann die letzte Stufe der pharmazeutischen Wertschöpfungskette nicht ausgespart bleiben.

Es ist mit Sicherheit davon auszugehen, dass die in der Schweiz gewonnenen Erfahrungen als beispielhaft für Deutschland angesehen werden können. Insbesondere betrifft dies den Gesetzgebungsprozess und die Erarbeitung und Festlegung von umfassenden Qualitäts- und Sicherheitsstandards.

Um eine Direkt Service Apotheke in Deutschland zu etablieren, sind insbesondere der § 43 Arzneimittelgesetz (Versandhandelsverbot) und die Arzneimittelpreisverordnung (AMPreisV) zu modifizieren. Hierdurch wird ein begrenzter Preiswettbewerb unter den Leistungsanbietern möglich.

Heute kann in Deutschland bei qualitativ identischen Produkten und den starren Regelungen der Arzneimittelpreisverordnung von keinem Qualitäts- und Preiswettbewerb zwischen Apotheken gesprochen werden. Durch die Zulassung des Arzneimittelversandhandels ließe sich die atomisierte Vertriebsstruktur der 21.500 Einzelapotheken durch eine industrielle Vertriebsform ergänzen, aber nicht ersetzen.

Im Kern ist die aktuelle Diskussion um den Arzneimittelversandhandel eine Strukturdebatte, bei der es um die generellen Rahmenbedingungen der Arzneimitteldistribution an den Endverbraucher geht. Standespolitische Vorstellungen müssen mit dem öffentlichen Interesse an einer finanzierbaren, hochwertigen Arzneimittelversorgung abgewogen werden.

Fazit

Das Schweizer Modell demonstriert erfolgreich, dass der qualifizierte Arzneimittelversandhandel in Europa an den Endverbraucher möglich ist und dass für diese Leistungen eine Nachfrage gegeben ist. Der Einsatz neuer Technologien der Informationsgesellschaft können hier zur Kosteneinsparung bei voller Berücksichtigung des Verbraucherschutzes genutzt werden.

Der Arzneimittelversandhandel nach Schweizer Muster ist ein erprobtes gesundheitspolitische Instrument zur Begrenzung der Ausgabensteigerung im Arzneimittelbereich.

Erfahrungen mit Versandapotheken in den Niederlanden und der Schweiz

Jens Apermann

Im Juli 2000 hat mit der niederländischen 0800DocMorris N.V. die „erste europäische Apotheke im Internet“ ihre Website für die Öffentlichkeit freigeschaltet. Zum ersten Mal konnten ab diesem Datum auch deutsche Verbraucher bei einer zugelassenen Apotheke in der Europäischen Union Arzneimittel online bestellen. Bis zu diesem Zeitpunkt waren in der Europäischen Union lediglich national tätige Versandapotheken aktiv. Diese Innovation löste eine Welle von Protesten, Diskussionen, Beifallsbekundungen und Bestellungen aus, die immer noch anhält. Das Spannungsverhältnis, das die in der Grenzregion bei Aachen ansässige Apotheke für Fachkreise und die breite Öffentlichkeit interessant machte, rührte nicht von der allgemeinen E-Commerce-Begeisterung her, sondern hatte in erster Linie mit dem Aufbrechen des nationalen Angebotsmonopols deutscher Apotheken zu tun. Der mit dem Eindringen in den deutschen Markt ausgelöste Rechtsstreit behandelt – grob vereinfacht – in erster Linie die Anwendbarkeit deutscher Verbote und niederländischer Erlaubnisse zum grenzüberschreitenden Versandhandel. Folgerichtig liegt die höchstrichterliche Entscheidung beim Europäischen Gerichtshof in Luxemburg, dessen Urteil 2003 erwartet wird. Im Lärm des Rechtsstreits in den Hintergrund geraten sind die Chancen der Versandapotheken, einen zukunftsorientierten Beitrag für geringere Kosten bei höherer Qualität in der Arzneimittelversorgung zu leisten.

Thema E-Pharmacy

In der breiten Öffentlichkeit werden die im Internet präsenten Apotheken und demnach in der Regel im Versandhandel tätigen Apotheken Europas regelmäßig als Internet-Apotheken bezeichnet. Mangels einer allgemein anerkannten Begriffsdefinition wird damit häufig eine virtuelle, ergo nicht reale, Apotheke assoziiert, die Arzneimittel über einen „Internet-Shop“ kaufbar macht. Diese Assoziation ist ebenso falsch wie irreführend. 0800DocMorris selbst bezeichnet sich als „E^2-Pharmacy“. Das E ist ins Quadrat gesetzt, weil es gleich zweimal Bedeutung hat. Zum einen steht es für Europa, weil der Harmonisierungsprozess, der Einigungsprozess in der Europäischen Union eine Grundvoraussetzung für den grenzüberschreitenden Versandhandel ist. Das zweite E steht für Elektronik. Dabei ist Elektronik nicht nur gleichbedeutend mit Internet. Das Internet ist lediglich als Medium wichtig, ebenso wie das Telefon, das mittlerweile ja auch voll digitalisiert oder elektronisiert ist. Elektronik meint vielmehr eher eine datenbankgestützte Sammlung und Verarbeitung von Informationen, wie man sie in Deutschland mit Schlagwörtern wie „elektronisches Rezept“ oder „elektronische Patientenkarte“ verbindet. Diese Elektronik kann in einer Apotheke sehr sinnvoll eingesetzt werden, wenn die menschliche Expertise für die Verarbeitung gegeben ist. In der Apotheke 0800DocMorris arbeiten 57 Menschen deutscher und niederländischer Nationalität. Jeder zweite hat eine pharmazeutische Qualifikation als Apotheker oder Apothekerassistent, wie in den Niederlanden die Pharmazeutisch-Technischen Assistenten bezeichnet werden. Die andere Hälfte der Mitarbeiter sind Lagerarbeiter, EDV-Techniker, Buchhalter und Marketingfachleute, die eine Apotheke wie 0800DocMorris mitfinanzieren muss. Allerdings beschäftigt die Apotheke trotz der zahlreichen Rechtsstreitigkeiten keinen einzigen Juristen, weil sich 0800DocMorris intern im Team allein auf die erfolgreiche Arbeit als Apotheke konzentriert. Der Rechtstreit wurde sozusagen an externe Kanzleien „outgesourct“.

Arzneimittelsortimente in der EU

In der Diskussion um 0800DocMorris fällt häufig das Stichwort „Vollsortiment“. Aus der Sichtweise von 0800DocMorris als europäische Apotheke bedeutet Vollsortiment etwas gänzlich anderes als für deutsche Apotheken. Summiert man nämlich allein im verschreibungspflichtigen Bereich die Arzneimittelspektren der einzelnen Mitgliedsstaaten der EU, entsteht ein Vollsortiment von mehr als 130.000 unterschiedlichen Packungen. Dabei fallen die Zahlen sehr unterschiedlich aus. Genügen in Portugal 4.500 Arzneimittel für die Volksgesundheit, sind es in den Niederlanden schon 7.500. Das mit Abstand größte Spektrum an verschreibungspflichtigen Medikamenten leistet sich Deutschland mit mehr als 40.000 unterschiedlichen Produkten.[183] Selbst wenn es logistisch möglich wäre, ein europäisches Vollsortiment über eine einzige Apotheke anzubieten, wäre es nicht wirtschaftlich. Deshalb gibt es bei 0800DocMorris kein Vollsortiment, das sich an den Möglichkeiten der pharmazeutischen Industrie orientiert, sondern ein Sortiment für den konkreten Bedarf der Kunden. Mit diesem Sortiment ist die Apotheke in der Lage, fast alle der in Deutschland ausgestellten Rezepte ohne jegliche Substitution zu bedienen. Ausgeschlossen sind nicht für den Versandhandel geeignete Bereiche wie Betäubungsmittel oder tiefkühlpflichtige Präparate.

---

[183] GIRP, European Pharmaceutical Data, 1997

Margen in der EU

Ein weiteres Kriterium in der Arbeit einer europäischen Apotheke ist die Margensituation im Handel mit Arzneimitteln. Auf den ersten Blick ist die Landschaft recht homogen. Grob vereinfacht herrschen überall ähnliche Preisbildungssysteme mit den drei Stufen Hersteller, Großhandel und Einzelhandel vor. Auch die jeweiligen Aufschläge sind nicht grundsätzlich verschieden. Die niederländische Apothekenmarge betrug 1997 noch 25 Prozent, mittlerweile sind es rund 20 Prozent. Die deutsche Marge ist mit 28 Prozent bis heute stabil geblieben.[184] Die relativen Unterschiede sind also nicht entscheidend. Das Bild ändert sich allerdings, wenn man die prozentualen Margen auf den wichtigeren Faktor, nämlich den absoluten Preis, bezieht.

Steiles Preisgefälle von Nord- nach Südeuropa

Das Industriewissenschaftliche Institut in Wien hat im vergangenen Jahr einen der vielen europäischen Preisvergleiche durchgeführt. Auch diese Untersuchung zeichnet sich nicht dadurch aus, die einzig richtige zu sein. Hinter allen Preisvergleichen stecken lobbyistische Absichten. Dennoch hat der vom österreichischen Pharmaverband in Auftrag gegebene Vergleich eine interessante Besonderheit. Das Wiener Institut hat für die unterschiedlichen Kaufkräfte in Europa eine Parität errechnet, die Einkommensunterschiede also egalisiert. Damit wird einer der häufigsten Gründe für die signifikanten Preisunterschiede in der EU, nämlich das Einkommensgefälle von Norden nach Süden, ausgeblendet. Das so entstandene Bild zeigt interessanterweise immer noch große Preisunterschiede zwischen den Extremen Schweiz als Hochpreisland und Portugal als Niedrigpreisland. Im Ergebnis sind Arzneimittel auch bei Kaufkraftparität in der Schweiz mehr als doppelt so teuer als in Portugal.[185]

Parallel- und Reimporte

Dieses Preisgefälle nutzen zum Leidwesen der pharmazeutischen Industrie immer erfolgreicher Parallel- und Reimporteure wie der deutsche Marktführer „kohlpharma“. Schon die erste Seite des Internet-Auftritts zeigt das Motto „Europäisch denken. Europäisch handeln. Der Zukunft verschrieben.“ Auch die Funktionsweise des grenzüberschreitenden europäischen Großhandels wird im Internet beispielhaft beschrieben. Einkauf in Spanien, Import nach Deutschland, Einlegen eines deutschen Beipackzettels, Abgabe an die deutsche Apotheke und damit an den

---

[184] GIRP, European Pharmaceutical Data, 1997

[185] Industriewissenschaftliches Institut; Wien, August 2000

Verbraucher.[186] Mittlerweile sind mehr als fünf Prozent der in deutschen Apotheken abgegebenen Arzneimittel Importware, ein Marktanteil über zehn Prozent wird von Experten erwartet.[187] Und diese Entwicklung findet Rückendeckung durch Europa. Genauer gesagt durch die Europäische Kommission in Brüssel, deren vorbestimmte Intention natürlich ist, einen europäischen Binnenmarkt mit freien Warenflüssen zu erzeugen – auch gegen die partikulären Interessen einzelner Marktteilnehmer wie der pharmazeutischen Industrie.

Der Binnenmarkt der EU

Die „Financial Times Deutschland" druckte im Mai 2001 die Schlagzeile „Brüssel unterstützt Pharma-Reimporte".[188] Hintergrund war eine Entscheidung der Europäischen Kommission, GlaxoSmithKline ein duales Preissystem für spanische Großhändler zu verbieten. Der Hersteller wollte einen Großhändler, der mit deutschen Reimporteuren zusammenarbeitete, mit höheren Preisen sanktionieren. Das Verbot der Europäischen Kommission untersagte diese Vorgehensweise – ein massiver Eingriff in die unternehmerischen Freiheiten von GlaxoSmithKline. Das zeigt, wie entschlossen der Prozess der Europäisierung der Märkte vorangetrieben wird. Auch der Europäische Gerichtshof stützt diese Entwicklung, indem er auch im Handel mit der besonderen Ware Arzneimittel grundsätzlich die Grundfreiheiten der europäischen Verträge anerkennt, also freier Warenverkehr mit Vorrang vor allen nationalen Beschränkungen.

Entscheidungen des EuGH

Bereits im Jahr 1989 hatte der Europäische Gerichtshof über den Fall „Schumacher" zu entscheiden. Herr Schumacher bestellte als Deutscher mit Wohnsitz in Frankfurt am Main Arzneimittel in einer Apotheke in Straßburg. Diese Praxis verstieß nach Ansicht der Bundesrepublik Deutschland gegen zollrechtliche Bestimmungen, weil das französische Arzneimittel keine Zulassung für den deutschen Markt hatte. Der EuGH entschied, dass die deutschen Zulassungsvorschriften hinter die europäische Warenverkehrsfreiheit zurückzutreten haben. Die Richter gestatteten dem Verbraucher, Arzneimittel auch ohne deutsche Zulassung für den eigenen Bedarf aus einer Apotheke der freien Wahl im Binnenmarkt der EU zu beziehen, auch im Wege des Versandes.[189] Diese Ent-

---

[186] www.kohl-pharma.de, November 2001
[187] IMS Health, Oktober 2001
[188] Financial Times Deutschland, Hamburg, 9. Mai 2001
[189] EuGH-Urteil vom 7. März 1989, RS 215/87 (Schumacher)

scheidung aus dem Jahr 1989 hat bis heute Gültigkeit. Auch neuere Entscheidungen belegen den europäischen Willen, nationale Beschränkungen der EU-Grundfreiheiten nicht zu akzeptieren. Wichtiges Detail in dieser Liberalisierung der Märkte ist die Anerkenntnis des EuGH, dass der kontrollierte Handel mit Arzneimitteln und die Expertise der Apotheker ein unverzichtbares Element des Gesundheitswesens ist. Es geht also nicht darum, zu Lasten des Verbraucherschutzes einer unkontrollierbaren Entwicklung Tür und Tor zu öffnen, sondern unter Wahrung des Gesundheitsschutzes die Anwendung europäischer Grundfreiheiten zu ermöglichen.

Arzneimittelabgabe in der E-Pharmacy

Die Geschäftspraxis einer Versandapotheke unterscheidet sich deutlich von den gewohnten Abläufen in einer lokalen Apotheke. Zum einen werden die Kunden in der Regel ohne unmittelbaren physischen Kontakt mit Arzneimitteln versorgt, zum anderen sind wesentlich höhere Umschlagszahlen zu verarbeiten. Aus diesem Grund ist die logistische Aufgabe der Arzneimitteldistribution konzeptionell getrennt von der pharmazeutischen Beratung, zu der jede Apotheke verpflichtet ist. Die Arzneimittelabgabe erfolgt in klar gegliederten Schritten. Zunächst erreicht die Bestellung des Kunden die Apotheke via Internet, Telefax oder Brief. Eine mündliche Bestellung ist nicht möglich, um erst gar nicht in die Richtung des „Easy Shoppings“ oder anderer, konsumanregender Angebote gerückt zu werden. Bestellungen rezeptpflichtiger Produkte werden erst nach Eingang des Papieroriginals bearbeitet. In der ersten Bearbeitungsstufe erfolgt eine durch pharmazeutisches Fachpersonal durchgeführte Kontrolle der Bestellung auf Echtheit des Rezepts, Existenz des verordnenden Arztes und relevante Interaktionen der Arzneimittel. Bei Stammkunden erfolgt zudem der Abgleich mit der Arzneimittelhistorie und zusätzlich gespeicherten freiwilligen Angaben des Kunden zu aktuellen Medikationen, Überempfindlichkeiten, Allergien und eventuellen Schwangerschaften etc. Bei Unklarheiten erfolgt die telefonische Rücksprache mit dem verordnenden Arzt respektive dem Kunden. In der nächsten Stufe erfolgt die Zusammenstellung der Bestellung durch Lagerpersonal und Kommissionierautomaten. Vor Übergabe des Pakets an den Abholer wird abermals durch pharmazeutisches Fachpersonal eine Ausgangskontrolle durchgeführt. In diesem Prozess werden die verschreibungspflichtigen Arzneimittelpackungen nach einer abermaligen Sichtkontrolle der Rezepte per Namensaufkleber den bestellenden Kunden zugeordnet. OTC-Präparate werden anhand der Bestellformulare geprüft. Diese Ausgangskontrolle wird stets von einer anderen Person vorgenommen als derjenigen, die in der ersten Prüfphase verantwortlich gezeichnet hat. Die Freigabe der Bestellung zur Abholung wird ebenfalls dokumentiert.

Bei Übergabe der Arzneimittel an den Besteller erfolgt immer eine schriftliche Quittierung des Empfängers, des Ortes und des Zeitpunkts. Auch diese Daten werden dokumentiert.

Beratung in der E-Pharmacy

Im Gegensatz zur pharmazeutischen Beratung in einer lokalen Apotheke erfolgt die Beratungsleistung nicht „automatisch" durch die Arzneimittelabgabe durch eine Apotheke, sondern ist Bestandteil eines aktiven Dialogs vor, während und nach der Arzneimittelabgabe. Die Kommunikation mit den Kunden in einer E-Pharmacy ist nicht an die physische Präsenz während der Öffnungszeiten in der Apotheke gebunden. Obwohl diese Beratung von Angesicht zu Angesicht auch bei 0800DocMorris möglich ist, erfolgt das Gros der Kommunikation über Telefon, E-Mail und Post. Eine eigens eingerichtete Abteilung zur Kundenbetreuung unter der Leitung eines Apothekers ist montags bis freitags von 8 Uhr morgens bis 20 Uhr abends besetzt, samstags von 8 Uhr bis 14 Uhr. Durch die Verbindung der zum Zweck der sicheren und kontrollierten Arzneimittelabgabe gespeicherten Kundendaten mit allgemeinen Wissensdatenbanken wie dem „Scholz-Verzeichnis" für Arzneimittelinteraktionen wird eine weitgehend homogene Beratungsumgebung geschaffen. In dieser Umgebung können relevante Interaktionen systematisch geprüft und bei Bedarf sofortige Maßnahmen ergriffen werden. Bei der Marktrücknahme des Bayer-Arzneimittels Lipobay konnte 0800DocMorris binnen weniger Minuten den Kundenbestand auf interaktionsgefährdete Patienten prüfen. Nachdem keine akuten Gefährdungen festgestellt wurden, erfolgte eine postalische Information zur Marktrücknahme des Arzneimittels an alle betroffenen Kunden. In dem Schreiben wurde aufgefordert, unverzüglich mit dem betreuenden Arzt Rücksprache zu halten. Eine nachgeschaltete telefonische Befragung bei einigen Kunden ergab eine hundertprozentige Akzeptanz der Informationsleistung der Apotheke. Zudem wurden authentische Erkenntnisse zu den unterschiedlichen Kundenreaktionen bezüglich der Marktrücknahme gewonnen.

Die systematische, datenbankgestützte Arbeit kann allerdings nicht nur einen Beitrag zur Arzneimittelsicherheit leisten, sondern auch Mehrfach-/Über- und Unterversorgungen feststellen. Mit dem kontinuierlichem Monitoring von chronischen Medikationen lassen sich über Reichweitenberechnungen standardisierte Therapien unterstützen durch Rezepterinnerungen an den Kunden oder durch Information der Ärzte bei Parallelverordnungen. Dabei geht es nicht um ein Konkurrenzverhältnis zum Arzt bei der Therapiehoheit, sondern in erster Linie um eine Steigerung der Compliance zur Verbesserung des Therapieerfolgs. Insbesondere in Zukunftsmodellen der integrierten Versorgung oder des Disease-Managements kann so die E-Pharmacy einen wesentlichen Beitrag zu Arzneimittelsicherheit und Therapieerfolg leisten.

Dramaturgie der Veränderungen in der Arzneimittelversorgung

Bis diese Zukunftsoptionen im Tagesgeschäft eingelöst werden können, wird es noch einige Jahre Entwicklungszeit brauchen. Nachdem 0800DocMorris im Jahr 2000 den Preiswettbewerb eröffnet hat, rückt mit zunehmendem Markterfolg der Qualitätswettbewerb mehr in den Vordergrund. Mit einer Ende 2001 erfolgten ISO-Zertifizierung der niederländischen Apotheke ist eine Grundlage geschaffen, über standardisierte, transparente und dokumentierte Prozesse weiter an Qualitätskriterien zu arbeiten, die im Wettbewerb mit Apotheken weg vom reinen Preisvorteil hin zu einem attraktiven Preis-/Leistungsverhältnis gehen. In welcher Geschwindigkeit diese Entwicklung vonstatten gehen wird, hängt wesentlich von der Akzeptanz der bisherigen Marktteilnehmer ab, Veränderungen überhaupt zuzulassen.

Ergebnisse der INIFES-Studie

Das „Internationale Institut für Empirische Sozialökonomie“ befragte im Jahr 2000 per Telefoninterview 1.006 Verbraucher mit deutschem Wohnsitz, 150 verantwortliche Apothekenleiter in öffentlichen Apotheken und insgesamt 380 niedergelassene Ärzten unterschiedlicher Fachrichtungen zur „Akzeptanz und generellen Einstellung gegenüber einer Versandapotheke“.[190] Die Ergebnisse zeigen ein wesentlich positiveres Bild, als bei der derzeitigen Polemik in der Diskussion um Versandapotheken zu erwarten gewesen wäre. Und das zu einem Zeitpunkt, an dem allein schon die Begrifflichkeit der Versandapotheke weniger durch sachliche Informationen oder gar eigene Erfahrung definiert ist als vielmehr von Vorurteilen und Angstszenarien gespeist wird.

In der Zusammenfassung kann sich etwa ein Drittel der chronischen erkrankten Menschen, die der Beratungsleistung durch eine Apotheke sehr hohen Wert einräumen, die Versorgung im Wege des Versandes vorstellen. Die befragten Ärzte sehen zu 64 Prozent bei eingeschränkter Mobilität und zu 48 Prozent bei chronischen Erkrankungen eine Indikation für Versandapotheken. Und selbst die Apotheker erkennen zu 49 Prozent bei eingeschränkter Mobilität und bei 48 Prozent bei chronischen Erkrankungen Vorteile durch die Zulassung des Versandhandels.

---

190 Workshop „Auswirkungen einer Ausweitung des Pharmaversandes in Deutschland“, Berlin, 17. September 2001

In der generellen Akzeptanz des Versandhandels mit Arzneimitteln haben naturgemäß die Apotheker eine negative Grundeinstellung, sie erwarten eine Verschlechterung der Beratung, des Kundenkontakts und der Versorgungsqualität. Die Ärzte stehen dem Versandhandel generell positiver gegenüber. Etwa jeder zweite kann sich sogar eine Kooperation mit einer Versandapotheke vorstellen. Auf Seiten der Verbraucher ist die Grundtendenz ebenfalls positiv, 39 Prozent können sich den Bezug von rezeptpflichtigen Arzneimitteln aus einer Versandapotheke vorstellen.

Vor diesem Hintergrund ist die Zukunft des Versandhandels, seine Ausbreitung und sein Marktanteil nicht exakt prognostizierbar. Aber eines erscheint sehr wahrscheinlich: Eine Zukunft in einem zusammenwachsenden Europa wird neben den bisherigen lokalen Apotheken auch das Modell der Versandapotheke enthalten.

Reformoptionen im deutschen Arzneimittelvertrieb und ihre Effekte

Frank Diener

Die Diskussion über Reformoptionen im deutschen Arzneimittelversorgungssystem (es geht ja um weit mehr als nur „Vertrieb“) hat ihren Grund in der Entwicklung der Arzneimittelausgaben der gesetzlichen Krankenkassen. Diese Ausgabendynamik ist jedoch kein spezifisch deutsches, sondern ein internationales Phänomen. Mehr noch, die Ausgabensteigerungen in Deutschland liegen im internationalen Vergleich keinesfalls in der Spitze, sondern eher im unteren Bereich (vgl. Abbildung 1).

Abbildung 1

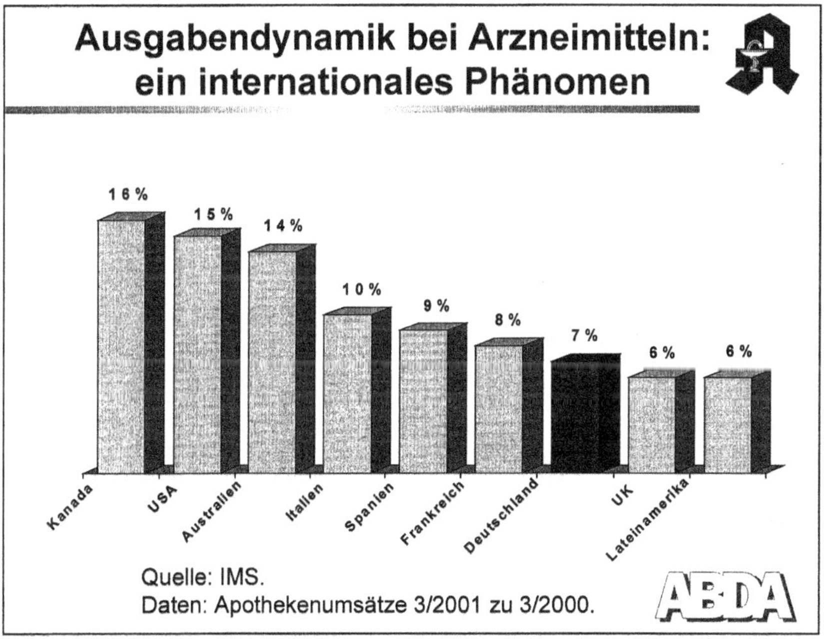

Da in der allgemeinen Diskussion die USA gern als das Paradebeispiel für „innovative“, wettbewerbliche Arzneimittelvertriebswege im Vergleich zum „verkrusteten“ deutschen System angeführt werden, ist die Gegenüberstellung der Entwicklung der Arzneimittelausgaben beider Länder besonders aufschlussreich: Bei den Arzneimittelgesamtausgaben (ärztliche Verordnungen und Selbstmedikation aggregiert über jegliche Kostenträger) hat sich das Ausgabenvolumen von 1992 bis 2000 in Deutschland von 40 auf 50 Mrd. DM (+25 %) erhöht, in den USA aber von 143 auf 299 Mrd. DM (+109 %). Die Pro-Kopf-Arzneimittelausgaben liegen in den USA damit doppelt so hoch wie in Deutschland. Auch die absehbaren Veränderungsraten für 2001 und die prognostizierten Werte für 2002 klaffen weit auseinander: In 2001 werden die deutschen Arzneimittelgesamtausgaben um etwa 7,5 % und in 2002 (unter Berücksichtigung des Arzneimittelausgabenbegrenzungsgesetzes) um etwa 3 % steigen. In den USA dagegen sind für 2001 Steigerungen von 15 % und für das Jahr 2002 sogar von 19 % prognostiziert. Auch wenn es vielen als „Stören des Unterrichts" vorkommen mag: Die Ausgabenentwicklung in den USA erklärt sich durch die Vertriebsschienenvielfalt! Werden nämlich, um Preisvorteile herauszukitzeln, verschiedene Arzneimitteldistributionswege zugelassen, muss man jedem das Recht zugestehen, über seine vorteilhaften Produktpreise informieren zu dürfen, was de facto den Wegfall der restriktiven Heilmittelwerbegesetze und damit die Erlaubnis sog. „Hardselling-Marketingstrategien" bedeutet, die das Ausmaß der Strukturkomponente deutlich erhöhen.

Auch in der Schweiz sind trotz erlaubtem Arzneimittelversand, trotz ärztlichem Dispensierrecht und trotz erlaubtem Mehrbesitz von Apotheken die Arzneimittelausgaben höher und nicht niedriger als in Deutschland. Dass einzelne „Kampfpreisangebote" hohe Medienresonanz finden, ist noch lange kein Beleg dafür, dass die Gesellschaft insgesamt mit dem „neuen" System günstiger fährt!

Dies führt zu meiner ersten These:

These 1:
Die USA und andere Länder, die mit multiplen Arzneimittelvertriebssystemen arbeiten, „managen" die Entwicklung ihrer Arzneimittelausgaben eindeutig schlechter als Deutschland. Es gibt keine empirische Evidenz dafür, dass die Erlaubnis von Ketten- und Versandapotheken in Verbindung mit einer Freigabe der Arzneimittelpreise die Ausgabenentwicklung besser als das jetzige System steuert. Die empirische Evidenz spricht vielmehr dafür, dass das Gegenteil der Fall ist.

Abbildung 2

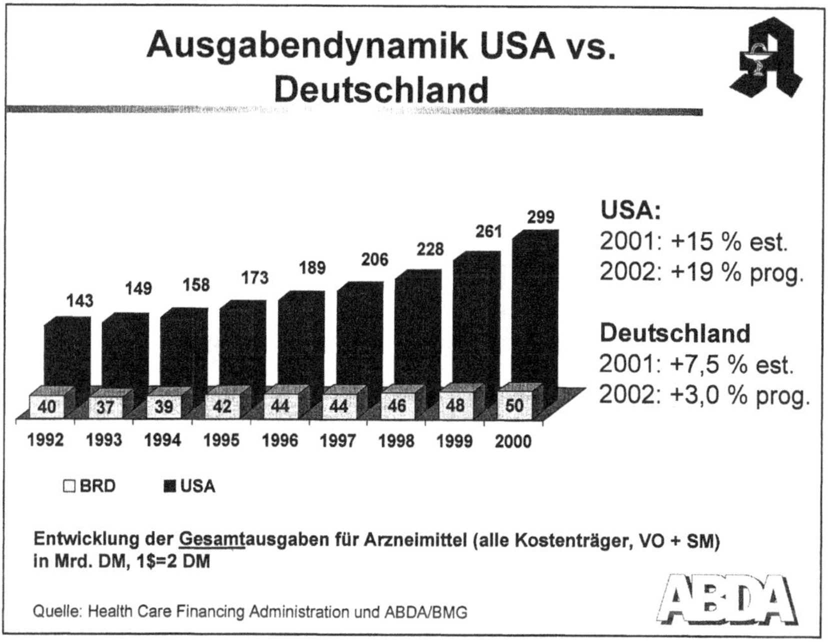

In Deutschland steht die Arzneimittelausgabenentwicklung bei der GKV im Vordergrund, da diese überwiegend aus Zwangsbeiträgen finanziert wird. Tatsächlich sind die Kosten der Arzneimittelversorgung in der GKV (GKV-Anteil plus Patientenanteil) von 33,8 Mrd. DM im Jahr 1992[191] auf 44,2 Mrd. DM im Jahr 2000 angestiegen. Dieser Ausgabenanstieg von knapp 31 % in 8 Jahren entspricht übrigens fast exakt dem Anstieg der GKV-Beitragseinnahmen in diesem Zeitraum (254 Mrd. DM im Jahr 2000 versus 194 Mrd. DM in 1992).

191 Ab 1992 liegen gesamtdeutsche Zeitreihen vor.

Abbildung 3

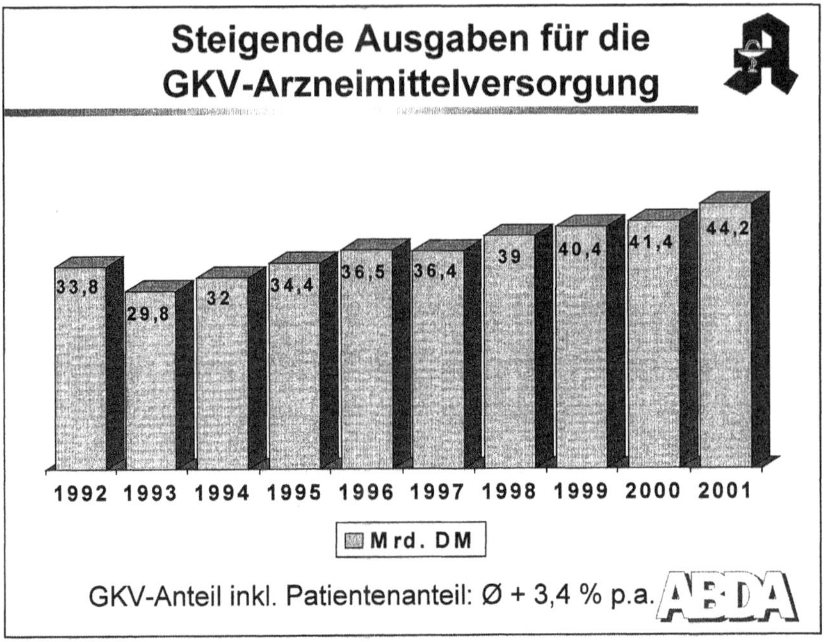

Zerlegt man die Arzneimittelausgabenentwicklung der GKV in die Komponenten Preis, Menge und Struktur, so zeigt sich, dass die Preis- und Mengenkomponente keine Mehrausgaben, sondern Minderausgaben verursacht haben. Der dominante Einflussfaktor ist unzweifelhaft die Strukturkomponente[192], die von 100 Indexpunkten im Jahr 1992 auf 167 Punkte im Jahr 2000 angestiegen ist. Der GKV-Arzneimittelindex weist für das Jahr 2000 eine Strukturkomponente von 2,4 Mrd. DM aus und für das Jahr 2001 ergibt die Verdopplung des bisher mitgeteilten Halbjahreswertes sogar eine Strukturkomponente von 3,6 Mrd. DM. Dies führt zu meiner zweiten These:

---

192 Die Strukturkomponente hat viele Facetten. Hier sollen nur einige kurz angeführt werden:
- → neue Arzneimittelwirkstoffe
- → Verbesserung „alter“ Wirkstoffe
- → neue Krankheitsbilder
- → mehr altersbedingte Krankheitsbilder
- → evidence based medicine
- → veränderte gesellschaftliche Anspruchshaltung im Krankheitsfall

These 2:
Nicht die Preis- oder Mengenkomponente, sondern die Strukturkomponente ist die zentrale pharmapolitische Steuerungszielgröße der Zukunft. Sie kann realistischerweise nicht auf Null reduziert werden, sondern liegt mindestens – je nach Einschätzung – zwischen 3 und 7 % p. a. Die entscheidende pharmapolitische Frage ist also: Wie gehen wir am besten mit ihr um? Oder im Hinblick auf Reformoptionen als Benchmarkfrage formuliert: Wird mit der beabsichtigten Maßnahme ein Beitrag geleistet, die Strukturkomponente besser als bisher in den Griff zu bekommen?

Abbildung 4

Der dominante Einflussfaktor: Strukturkomponente

	1992	1993	1994	1995	1996	1997	1998	1999	2000
Menge	100,0	88,8	86,0	91,5	88,3	78,3	75,8	73,4	69,8
Preis	100,0	96,4	95,2	95,4	95,4	94,7	94,9	95,3	96,2
Struktur	100,0	102,7	111,9	112,7	122,5	136,4	147,4	155,8	166,7

Quelle: WIdO.

ABDA

Wenn also Reformoptionen daraufhin geprüft werden, ob sie mit der Strukturkomponente besser als das bisherige GKV-System umgehen, muss die Strukturkomponente noch etwas näher untersucht werden. Eine ganz wichtige Frage ist dabei: Wer hat in welchem Ausmaß an der Strukturkomponente teil? Legt man die durchschnittlichen Wertschöpfungsanteile der GKV-Versorgung des Jahres 2000 zugrunde[193], ergibt

193 Industrie: 57,7 %, Staat: 13,8 %, Großhandel: 8,5 %, Apotheken: 20,0 %. Da sich die Strukturkomponente schwerpunktmäßig in den oberen Preissegmenten ab-

sich, dass die Industrie an der Strukturkomponente des Jahres 2000 mit 1,4 Mrd. DM, der Staat über die Mehrwertsteuer mit 0,3 Mrd. DM, der Großhandel mit 0,2 Mrd. DM und die Apotheken mit 0,5 Mrd. DM partizipierten. Das heißt, dass der Vertrieb mit insgesamt 0,7 Mrd. DM von 2,4 Mrd. DM, der Nicht-Vertrieb dagegen mit 1,7 Mrd. DM beteiligt war. Das führt zu meiner dritten These:

These 3:
Die Strukturkomponente kann nicht auf ein bloßes Vertriebsproblem reduziert werden: die komplette Wertschöpfungskette ist involviert und der Nicht-Vertriebsbereich partizipiert mit 71,5 % deutlich stärker als der Vertriebsbereich an ihr. Insofern werden Ansätze scheitern, die die bessere Beherrschung der Strukturkomponente schwerpunktmäßig über Vertriebsreformen versuchen.

Abbildung 5

Strukturkomponente: Wer partizipiert wie?

	2000 Mrd. DM	2001 est. Mrd. DM	
Strukturkomponente* (ohne Preis- und Mengenkomponente)	2,4	3,6	
57,7 % Industrie	1,4	2,1	Nicht-Vertrieb
13,8 % MWSt	0,3	0,5	Nicht-Vertrieb
8,5 % Großhandel	0,2	0,3	Vertrieb
20,0 % Apotheken	0,5	0,7	Vertrieb

* GKV-Arzneimittel Index, für 2001: 1. HJ x 2

ABDA

Es besteht hier nicht die Möglichkeit, auf alle in der Diskussion befindlichen Reformoptionen einzugehen. Deshalb werden im Folgenden ledig-

---

spielt, wäre es auch vertretbar, die dort signifikant höheren Industrie- und niedrigeren Großhandels- und Apothekenwertschöpfungsanteile anzusetzen.

lich die besonders heiß diskutierten Optionen „Versandhandel" und „Öffnung der Krankenhausapotheken für die ambulante Versorgung" erörtert. Anschließend wird dann auf mögliche systemkonforme Alternativen eingegangen.

Zur Reformoption „Versandhandel"

Die mediale Meinung zum Thema Versandhandel ist – wir können es leider nicht bestreiten – überwiegend positiv; die gängigen Aussagen sind: „Der Vertriebsanteil an den Arzneimittelausgaben ist in Deutschland viel zu hoch." „Die Benutzung des Vertriebsweges öffentliche Apotheke ist viel zu teuer." „Versandhandel würde den Arzneimittelvertrieb billiger machen." „Versandhandel bei Arzneimitteln kann unter wirksamer nationaler Kontrolle in Deutschland eingeführt und damit ´sicher` betrieben werden."

Diese Aussagen sind bereits so oft abgedruckt und vermeldet worden, dass viele sie als „Allgemeinwissen" deklarieren, das man nicht nun wirklich nicht mehr auf seinen Wahrheitsgehalt überprüfen müsse. Doch wenn man sich, sei es als Parlamentarier oder als Wirtschaftswissenschaftler oder Heilberufler, verantwortungsvoll mit Reformoptionen zur Arzneimittelversorgung befasst, muss man sich der Mühe unterziehen, zunächst die Diagnose zu validieren, ehe man darauf ansetzende Therapien entwickelt und umsetzt. Das ist, um ein Wortspiel von Professor Glaeske aufzugreifen, der entscheidende Unterschied zwischen evidenzbasierter und eminenzbasierter Politik!

Die Grundfrage ist, was die GKV für die Benutzung des „Vertriebsweges öffentliche Apotheke" insgesamt aufwendet und wie sich diese „Benutzungskosten" entwickelt haben. Stellt man hierzu die GKV-Arzneimittelausgaben (ohne Patientenanteil) in einer Zeitreihe 1992-2000 dar und bildet in einer zweiten ab, wie viel „Apothekervergütung" (im Sinne von Rohertrag = Verkaufspreis minus Einkaufspreis) darin enthalten ist, erhält man ein für viele frappierendes Ergebnis: Die GKV-Arzneimittelausgaben sind zwar von 32,6 Mrd. DM im Jahr 1992 auf 37,8 Mrd. DM im Jahr 2000 angestiegen, doch die darin enthaltene Apothekervergütung ist nur minimal von 7,36 auf 7,55 Mrd. DM angestiegen, also praktisch konstant geblieben. Das heißt, dass die GKV im Jahr 2000 nur unwesentlich mehr für die Benutzung des „Systems öffentliche Apotheke" bezahlt hat als 1992, obwohl zwischenzeitlich etwa 1 Million Menschen mehr als 1992 GKV-versichert sind und von den Apotheken mit Arzneimitteln versorgt werden.

Abbildung 6

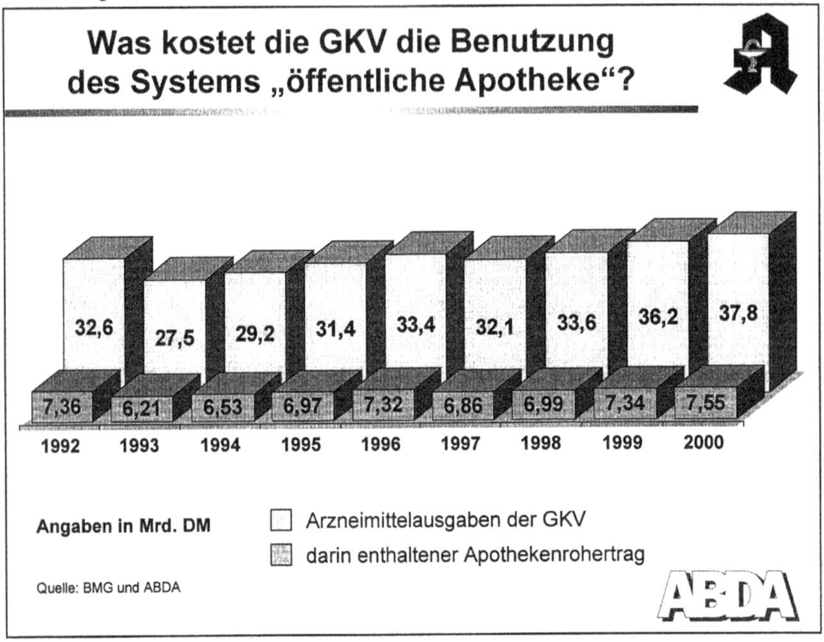

Die Benutzungskosten für das „System öffentliche Apotheke" können auch je Packung dargestellt werden. Von 1992 bis 2000 ist der durchschnittliche Preis einer GKV-Verordnung von 31,52 DM auf 50,61 DM angestiegen (+61 %). Doch die darin enthaltene „Apothekervergütung" ist nur von 7,53 auf 9,53 DM angestiegen (+27 %). Ursache ist, dass wegen der degressiven Taxstufen der Arzneimittelpreisverordnung die Handelsspanne der Apotheken mit steigendem Apothekenverkaufspreis abnimmt.[194] Da gleichzeitig die Packungszahlen um rund 30 % zurückgingen, wird klar, warum die Apothekervergütung in der GKV-Arzneimittelversorgung insgesamt praktisch konstant geblieben ist. Für die Abgabe der rund 800 Millionen GKV-Arzneimittelpackungen durch das „System öffentliche Apotheke" sind der GKV im Jahr 2000 also im Durchschnitt Benutzungskosten von 9,53 DM je Packung entstanden. Ein alternatives Arzneimittelvertriebssystem müsste es also schaffen, nicht nur punktuell einzelne Arzneimittel billiger abzugeben, sondern das neue System (das vielleicht aus einem Nebeneinander von öffentlichen Apotheken und Versandapotheken bestünde) müsste die Gesamtheit der

---

194 Seit 1978, also dem Jahr, in dem die AMPreisV in ihrer heutigen grundsätzlichen Struktur in Kraft ist, ist der Vertriebsanteil (also Apotheken- plus Großhandelsspanne) von 37,9 % auf 28,5 % zurückgegangen.

800 Millionen GKV-Packungen zu einem günstigeren Preis als diese 9,53 DM distribuieren – und zwar ohne Abstriche an der Versorgungsqualität. Das ist die Benchmark, die es zu toppen gilt!

Abbildung 7

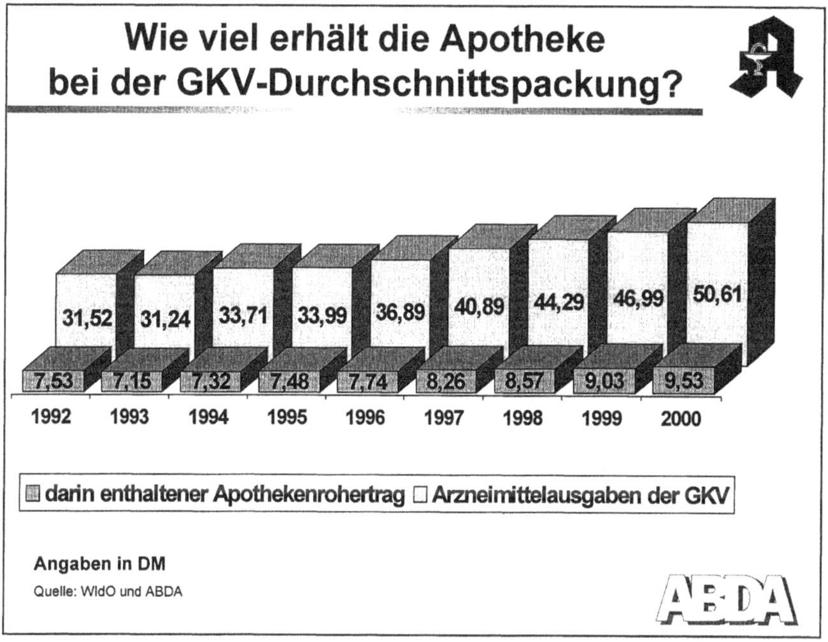

Dies führt zu meiner vierten These:

These 4:
Ein wie auch immer neu gestaltetes System des Arzneimittelvertriebs (z. B. Versandapotheken zusätzlich zu öffentlichen Apotheken) müsste, um als vorteilhaft gegenüber dem jetzigen System bezeichnet werden zu können, die GKV-Arzneimittelversorgung zu insgesamt günstigeren Benutzungskosten als das heutige System bewerkstelligen. Wenn ein alternatives System jedoch nur punktuell günstiger ist, kann nicht von einer Vorteilhaftigkeit gesprochen werden.

Die vielzitierte INIFES-Studie zum Arzneimittelversandhandel, deren handwerkliche Qualität sehr zu wünschen übrig lässt, führt – auch wenn das Wort „Rosinenpicken“ tunlichst vermieden wird – in aller Deutlichkeit aus, dass sich Versandhandel nur mit der Konzentration auf spezielle hochpreisige Arzneimittel und auf spezielle Patiententypen lohnt. In der

Akutversorgung und bei niedrigpreisigen Arzneimitteln würde der Versandhandel komplett versagen, das geben ja auch die Vertreter von Versandapotheken unverblümt zu. Niemand behauptet ernsthaft, dass der Versandhandel in der Lage wäre, alle 800 Millionen GKV-Arzneimittelpackungen für eine Handlingsgebühr von 9,53 DM je Packung zu distribuieren! Das heißt im Umkehrschluss aber auch, dass Versandhandel nur Rosinenpicken bedeutet. Abbildung 8 zeigt, welche Preissegmente für den Versandhandel interessant und welche uninteressant sind. Beim Versandhandel geht es darum, sich auf die wenigen Packungen mit hohem Umsatzanteil zu konzentrieren. Bei dieser Konferenz wurde in verschiedenen Diskussionsbeiträgen das sogar noch verschärft: Man müsse lediglich das 1 % der Patienten herausfinden, das 30 % der Arzneimittelausgaben der GKV ausmacht, und dann genau dort mit „intelligenten" Vertriebsreformen ansetzen. Doch das hat nichts mit Intelligenz, sondern mit Rosinenpickerei zu tun.

Wenn das Wissenschaftliche Institut der Ortskrankenkassen (WIdO) vorrechnet, dass bis zu 1 Mrd. DM eingespart werden könnte, wenn alle GKV-Verordnungen, für die es ein DocMorris-Angebot gibt, auch via DocMorris abgegeben würden, wird damit nur belegt, dass Rosinenpickerei möglich ist. Wir bestreiten nicht, dass es (auch uns!) möglich ist, hochpreisige Arzneimittel zu niedrigeren Handelsmargen als heute zu distribuieren, aber wir bestreiten vehement, dass dann gleichzeitig noch die niedrigpreisigen Arzneimittel zu unveränderten Handelsmargen abgegeben werden können. Wer die Rosinenpickerei in der Arzneimittelversorgung zulässt, zerstört die Mischkalkulation, die der Arzneimittelpreisverordnung zugrunde liegt: Die 10 % der Arzneimittelpackungen, die einen Apothekenverkaufspreis von über 100 DM haben, subventionieren die 90 % der Arzneimittelpackungen, die einen Arzneimittelpreis von unter 100 DM haben. Anders gesagt: das WIdO hat eine sog. Ceteris-paribus-Analyse durchgeführt, also berechnet, was wäre, wenn sich bei einer punktuellen Änderung das Gesamtsystem ansonsten in keiner Weise ändern würde. Genau das ist jedoch – wie jeder Volkswirt schon im ersten Semester lernt – völlig unrealistisch. Das WIdO vergisst also geflissentlich, den Einsparmöglichkeiten aus punktueller Rosinenpickerei die Mehrkosten, die im Gesamtsystem an anderer Stelle entstehen, gegenzurechnen. Und das bezeichne ich, mit Verlaub, als unseriös.

Abbildung 8

Rosinenpicken zerstört das System!

Auf das Preissegment entfallen ...	... % aller Packungen	... % des Umsatzes	
0 – 26 DM	55,7	15,0	uninteressant für Versandhändler
26 – 106 DM	34,7	38,7	
106 – 1.600 DM	9,5	42,2	interessant für Versandhändler
> 1.600 DM	0,1	4,1	

ABDA

Die Aussage, dass Versandhandel in Deutschland unter wirksamer nationaler Kontrolle eingeführt werden und ohne Abstriche an der Arzneimittelsicherheit betrieben werden könnte, entbehrt ebenfalls jeder Grundlage. Würde nämlich deutschen Apotheken der Arzneimittelversand erlaubt, müsste dies – wegen des Verbotes der Ausländerdiskriminierung – auch jeder EU-Apotheke gestattet werden, denn EU-Ausländern dürfen nicht Dinge versagt werden, die Inländern erlaubt sind. Wenn jedoch EU-Auslandsapotheker Arzneimittelversand in und nach Deutschland betreiben dürften, würde dabei jeweils Ursprungslandrecht und nicht deutsches Bestimmungslandrecht angewandt. Anders gesagt: Arzneimittelversand würde dann in Deutschland gleichzeitig nach dem Ursprungslandrecht von 15 und demnächst 28 EU-Mitgliedsstaaten betrieben. Dass dann von einer wirksamen nationalen Kontrolle nicht mehr die Rede sein kann, ist klar. Beiläufig geäußerte Forderungen, dass man dann eben die Regelungen zur Arzneimittelversorgung EU-weit harmonisieren müsse, sind geradezu utopisch, denn hierzu müssten die fundamentalen EU-Verträge geändert und der EU-Kommission die Befugnis zur Harmonisierung von Gesundheitssystemen gegeben werden. Dies führt zu meiner fünften These:

These 5:
Die Aufhebung des Versandhandelsverbotes für Arzneimittel in Deutschland würde dazu führen, dass von Apotheken aus allen anderen EU-Staaten Arzneimittelversand nach Deutschland betrieben werden könnte und zwar nach jeweiligem Ursprungslandrecht. Damit würde nationale Pharmapolitik obsolet. Keinesfalls wäre es möglich, die Einhaltung „deutscher" Spielregeln beim Arzneimittelversand zu erzwingen.

Dass zunehmend gesetzliche Krankenkassen ihre Versicherten auffordern, Arzneimittelverordnungsblätter bei ausländischen Versandapotheken einzulösen, ist glatter Rechtsbruch. Das Bundesversicherungsamt hat sich in einem aufsichtsrechtlichen Schreiben an die gesetzlichen Krankenkassen (Az: II-5101.0-1585/2001) hierzu eindeutig geäußert:

„(...) Zusammenfassend ist folgende Rechtslage festzustellen: Wird von der Apotheke im Ausland gewerblicher Versandhandel von Arzneimitteln betrieben, wie dies bei Internetapotheken der Fall ist, werden apothekenpflichtige Arzneimittel entgegen § 43 und § 73 Abs. 1 AMG nach Deutschland in Verkehr gebracht. Ein von der Rechtsordnung verbotenes Verhalten kann aber eine Leistungspflicht der Krankenkasse nicht begründen (vgl. Urteil des BSG vom 23.7.1998 – B 1 KR 19/96). Der Anspruch des Versicherten auf Erstattung der verauslagten Kosten nach § 13 Abs. 2 SGB V, der inhaltlich an Stelle der Sachleistung getreten ist, ist aufgrund des unzulässigen Beschaffungsweges ausgeschlossen. Kostenerstattungen für Medikamente, die aus dem Internet über Versandhandel bezogen wurden, sind daher zu unterlassen."

Wenn dennoch gesetzliche Krankenkassen als Körperschaften des öffentlichen Rechts zu diesem Rechtsbruch auffordern, ist das für einen Rechtsstaat ein geradezu unsäglicher Vorgang.

Zur Reformoption „ambulante Zuständigkeiten für Krankenhausapotheken"

Im Zusammenhang mit der anstehenden Novellierung des Apothekengesetzes ist eine „Preistransfer-Idee" von Lobbyisten ins Spiel gebracht worden. Was besagt diese Idee? Die Arzneimitteleinkaufspreise sind für Krankenhausapotheken niedriger als für öffentliche Apotheken. Wenn man also die Zuständigkeiten der Krankenhausapotheken auf die ambulante Arzneimittelversorgung ausweitet, müsste man die niedrigeren Arzneimitteleinkaufspreise in der stationären Versorgung in die ambulante Versorgung transferieren können. Die Frage ist natürlich auch hier: Funktioniert das so?

So eingängig diese Preistransfer-Idee zunächst auch sein mag, so wenig hat sie doch an Substanz. Tatsächlich ist es so, dass es das sog. „Krankenhausprivileg" beim Arzneimitteleinkauf gibt. Die pharmazeutische Industrie stellt den Krankenhausapotheken in vielen Fällen Arzneimittel, die auch in der ambulanten Anschlussversorgung Relevanz haben, zum Teil erheblich preiswerter als den öffentlichen Apotheken zur Verfügung. Dahinter steht jedoch ein knallhartes betriebswirtschaftliches Kalkül, denn weil die Krankenhausverordnungen bei diesen Arzneimitteln erhebliche Auswirkungen auf die ambulante Arzneimitteltherapie haben, amortisiert es sich hier, im Krankenhaus „anzufüttern".[195] Zum Teil werden Arzneimittel nicht nur verschenkt, sondern sogar mit einem zusätzlichen Cashbonus in den Markt gebracht. Insgesamt ist die Datenlage unscharf, nach vorsichtigen Schätzungen kann man jedoch davon ausgehen, dass die Arzneimittelausgaben der Krankenhäuser, die derzeit etwa 5 Milliarden DM ausmachen, ohne dieses Krankenhausprivileg insgesamt um etwa 20 %, also rund 1 Mrd. DM, höher wären.

Die der Preistransfer-Idee zugrunde liegende Annahme, dass die Krankenhauseinkaufspreise bei verbundenen Vertriebswegen so niedrig bleiben würden wie bisher, ist natürlich unsinnig: Warum sollten die Hersteller unter solchen Bedingungen über den stationären Sektor unlimitiert ihre Arzneimittel in die ambulante Versorgung bringen? Im Gegenteil, vermutlich würden die Herstellerabgabepreise im Krankenhaus steigen und die Idee des Preistransfers insgesamt würde hinfällig. Würde dennoch den Krankenhausapotheken der Einstieg in die ambulante Arzneimittelversorgung erlaubt, hätten sie keinen Preisvorteil mehr aufgrund von Herstellerpreisdifferentialen, sondern aufgrund der Tatsache, dass sie im Unterschied zu den privaten Offizinapotheken in dieser Konkurrenzsituation nicht zu Vollkosten, sondern nur zu Teilkosten kalkulieren müssen: da die Personalkosten der Krankenhausapotheken bereits in die allgemeine Krankenvergütung eingepreist sind, die Raumkosten durch die Länder getragen werden und überdies viele Krankenhäuser Steuerprivilegien genießen, würden die öffentlichen Apotheken einem ruinösen Wettbewerb mit hoheitlich subventionierten und privilegierten Krankenhausapotheken ausgesetzt.

Wenn – wovon man ausgehen kann – das Amortisationskalkül der Industrie bei der derzeitigen Preispraxis in Krankenhausapotheken aufgeht, muss es volkswirtschaftlich kontraproduktiv sein, die Beibehaltung dieser Praxis weiterhin zu gestatten. Zielführend wäre es somit, nicht die

---

[195] Das wird auch dadurch untermauert, dass Arzneimittel, die ausschließlich im Krankenhaus angewendet werden, zu normalen Marktkonditionen abgegeben werden.

Krankenhausapotheken für die ambulante Versorgung zu öffnen, sondern den pharmazeutischen Herstellern zu untersagen, ihre eigenen und frei gewählten Abgabepreise im Krankenhaus zu unterbieten. Das würde zwar die Arzneimittelrechnung der Krankenhäuser erhöhen, aber volkswirtschaftlich insgesamt Einsparungen bedeuten.

Dies begründet meine sechste These:

These 6:
Versuche, subventionierte Arzneimittelpreise aus dem stationären in den ambulanten Bereich zu transferieren, sind zum Scheitern verurteilt. Volkswirtschaftlich sinnvoll wäre es stattdessen, das sog. „Krankenhausprivileg" bei der Arzneimittelbeschaffung zu unterbinden, indem Hersteller verpflichtet werden, ihre – frei gewählten – Herstellerabgabepreise nicht selbst zu unterbieten.

Gibt es systemkonforme Reformoptionen?

Nach diesen Ausführungen stellt sich natürlich die Frage, ob es systemkonforme Reformoptionen gibt, die geeignet sind, besser als bisher mit der Entwicklung der Strukturkomponente umzugehen. Nach Auffassung der ABDA gibt es eine Reihe von systemkonformen Ansatzpunkten, die geeignet sind, dauerhaft besser als bisher die Strukturkomponente zu steuern. Hier sollen nur einige skizziert werden:

Ansatzpunkt „Zuzahlungssystem"

Durch die Absenkung der Zuzahlungsbeträge von 9/11/13 DM auf 8/9/10 DM werden die gesetzlichen Krankenkassen seit Anfang 1999 jährlich mit Mehrausgaben von 1 Mrd. DM belastet. Zugleich ist durch ausgeweitete Regelungen bei der Zuzahlungsbefreiung die Zahl der zuzahlungsbefreiten Arzneimittelrezepte auf mittlerweile über 50 % angestiegen. Lägen die Befreiungsquoten bei der Arzneimittelzuzahlung heute noch wie Mitte der 90er Jahre bei 30 %, wäre die Arzneimittelrechnung der GKV um 1,5 Mrd. DM p. a. niedriger.

Zum einen werden – da die Zuzahlungsbeträge für die Kleinpackungsgröße N1 und für die Großpackungsgröße N3 sich nur geringfügig unterscheiden – Ärzte auch durch die Patienten zum Umstieg auf Großpackungen veranlasst. Dass dies in erheblichem Umfang der Fall ist, wird dadurch evident, dass in den 90er Jahren zwar die Packungszahlen um 30 % gesunken sind, aber der in defined daily dosages gerechnete Packungsinhalt insgesamt fast unverändert geblieben ist. Dies kann jedermann aus den Zahlen des GKV-Arzneimittelindex nachvollziehen. Insgesamt werden damit der GKV seit 1999 durch die Zuzahlungsänderungen jährlich Arzneimittelmehrausgaben von 2,5 Mrd. DM aufgebürdet.

Zum anderen werden, wenn 50 % aller ärztlichen Verordnungen in der GKV von der Zuzahlung befreit sind, sozial sinnvolle Dimensionen verlassen. Ohne die Sinnhaftigkeit von Härtefallregelungen etc. grundsätzlich zu bestreiten, muss doch konstatiert werden, dass hier Eigenverantwortung offensichtlich in einem völlig unangemessenen Ausmaß zurückgestaucht worden ist.

Unzweifelhaft wäre die Strukturkomponente wesentlich besser zu bewältigen, wenn die Zuzahlungsregelungen so geändert würden, dass sie erstens einen wirtschaftlichen Anreiz hin zu kleineren Packungen bieten und zweitens die Zuzahlungsbeträge entsprechend der Grundlohnsummenentwicklung dynamisiert würden, also die relative individuelle Einkommensbelastung im Zeitverlauf konstant bliebe.

These 7:
Wer die Strukturkomponente mittel- und längerfristig besser als bisher beherrschen will, kann nicht auf eine verstärkte wirtschaftliche Eigenverantwortung der Patienten verzichten. Dies kann durchaus mit angemessenen Regelungen zur Zuzahlungsbefreiung vereinbart werden.

Ansatzpunkt „aut idem"

Obwohl die Politik unter Berufung auf die jährlichen Arzneiverordnungsreports unausgenutzte milliardenschwere Einsparpotentiale im Generikabereich bemängelt und den Ärzten vorwirft, bei der Nutzung dieser Einsparpotentiale zu versagen, ist mit den derzeit vorliegenden ersten Entwürfen zum AABG (Stand 21.11.2001) erstmals von einer Bundesregierung der Versuch unternommen worden, diese Einsparpotentiale nicht mehr nur über den Arzt, sondern durch Einbindung der Apotheker zu erschließen. Das Einsparpotential der vorgesehenen Aut-idem-Regelung liegt bei etwa 500 Mio. DM p. a. Wir begrüßen dies außerordentlich, wobei aus unserer Sicht mit den vorgesehenen Regelungen vor allem auch eine Verbesserung der Versorgungsqualität für den Patienten verbunden ist, weil die Zahl sog. Lieferdefekte in der Generikaversorgung praktisch auf Null zurückgefahren werden kann.

These 8:
Die Strategie, beim Generikamanagement alleine auf den Arzt zu setzen, hat sich weitgehend erschöpft. Es macht auch im Hinblick

auf die Beherrschbarkeit der Strukturkomponente Sinn, endlich den Apotheker in das Generikamanagement einzubeziehen.

Ansatzpunkt „Telematik"

Die Nutzung von Telematik im Gesundheitswesen ist wesentlich mehr als nur die Einführung eines „eRezeptes". Mit einem zusätzlichen Arzneimittelpass können die individuellen Nachteile und kollektiv kostenträchtigen Folgen von Interaktionen u. v. a. m. vermieden werden. Die Ergebnisse von Kosten-Nutzen-Analysen, die der VdAK und die ABDA anfertigen ließen, belegen, dass sich die einmaligen Investitions- und laufenden Betriebskosten einer umfassenden Telematikplattform mit e-Rezept und Arzneimittelpass nach bereits etwas mehr als einem Jahr amortisiert haben und ab dann jährliche Nettofinanzierungsüberschüsse im GKV-System von fast 1 Mrd. DM erzielt werden.[196]

These 9:
Arzneimittelpass und eRezept haben als massenhafte Anwendungen eine „Schuhlöffelfunktion" für die Etablierung einer Telematikplattform im Gesundheitswesen, die nach konservativer Abschätzung jährliche Einsparpotentiale in Höhe von fast 1 Mrd. DM haben wird.

Ansatzpunkt „Arzneimittelpreisverordnung"

Nicht nur, um den krankheitsbedingt gehandicapten Patienten vor mühseligen Preisvergleichen und im Spiel von Angebot und Nachfrage frei floatenden Apothekenabgabepreisen sowie gesundheitspolitisch unerwünschtem Pharmamarketing „über den Preis" (sog. Direct-to-Consumer-Marketing) zu verschonen, sondern auch für die Abwicklung des Sachleistungsprinzipes bei der Arzneimittelversorgung in der GKV ist der einheitliche Apothekenabgabepreis unverzichtbar. Insofern sind wie auch immer geartete Vorschläge zur Freigabe der Endverbraucherpreise bei Arzneimitteln absolut untauglich.

Dennoch ist – ich habe es weiter oben ausgeführt – heute festzustellen, dass die Mischkalkulation der Arzneimittelpreisverordnung in mehrfacher Hinsicht überstrapaziert wird. Die eher höherpreisigen verschreibungspflichtigen Arzneimittel alimentieren betriebswirtschaftlich die eher niedrigpreisigere Selbstmedikation, was im Klartext eine Subventionie-

---

[196] Den zusammengefassten Ergebnisbericht kann man sich von der Homepage der ABDA (www.ABDA.de aus der Rubrik „Beiträge zum Gesundheitswesen") im vollen Wortlaut und in einer Kurzfassung herunterladen.

rung der Selbstmedikation durch die GKV und PKV bedeutet. Im unteren Preisbereich sind die absoluten Roherträge der beiden Handelsstufen betriebswirtschaftlich zu niedrig und im oberen Preisbereich zu hoch. Das führt dazu, dass Rosinenpickerei einzelwirtschaftlich interessant ist, obwohl daraus – siehe oben – per saldo keine gesamtwirtschaftlichen Vorteile zu ziehen sind.

Deshalb sind die Apotheker wie auch die Großhändler bereit, die Taxstufenstruktur der Arzneimittelpreisverordnung, die noch auf den Marktverhältnissen des Jahres 1977 beruht, zeitgemäß anzupassen. ABDA und PHAGRO haben ein Diskussionsmodell zur sog. „Drehung der Arzneimittelpreisverordnung" entwickelt. Dabei sollen die Handelsmargen im oberen Preisbereich (auf den 10 % der Packungen und insgesamt 50 % der Umsätze entfallen) abgesenkt und die Handelsmargen im unteren Preisbereich (in dem 90 % der Packungen und ebenfalls 50 % des Umsatzes liegen) erhöht werden. Wegen der Packungsverteilung können dabei die Absenkungen im oberen Preisbereich mit vergleichsweise moderaten Anhebungen im unteren Preisbereich kompensiert werden. Mit einer solchen – für die Handelsstufen zunächst aufkommensneutralen – Umstellung könnten die GKV und PKV bereits im Startjahr um deutlich mehr als 800 Millionen DM entlastet werden. Da aufgrund dieser Drehung die beiden Handelsstufen weniger stark als bisher an der Strukturkomponente teilhaben, würde sich dieser initiale Effekt zugunsten GKV und PKV jährlich dynamisch um etwa 250 Millionen DM erhöhen.

These 10:
Die sog. „Drehung der Arzneimittelpreisverordnung" ist eine systemkonforme Alternative zur Einführung des Versandhandels und würde es den Kostenträgern GKV und PKV ermöglichen, mit der Strukturkomponente wesentlich besser als bisher umzugehen.

Fazit

Systemzerstörende Reformoptionen wie „Versandhandel" oder „Öffnung der Krankenhausapotheken für die ambulante Versorgung" haben mutmaßlich negative, zumindest aber zweifelhafte gesamtwirtschaftliche Auswirkungen, während systemkonforme Änderungen erheblich bessere und validere Ansatzpunkte bieten, die zentrale pharmapolitische Zielgröße „Strukturkomponente" zu steuern.

Reformoptionen im deutschen Arzneimittelvertrieb und ihre Effekte

Dieter Cassel

Im Zeitalter der Telekommunikation und des Internets sowie angesichts einer sich stürmisch entwickelnden Gesundheitstelematik muten bestimmte Vorgänge in der ambulanten medizinischen Versorgung geradezu archaisch an: Arbeitstäglich etwa drei Millionen Mal suchen Patienten einen niedergelassenen Arzt auf und verlassen die Praxis mit einem auf Papier geschriebenen Rezept. Sie oder ihre Beauftragten bzw. „Besorger" gehen anschließend in die Apotheke, geben ihr Rezept ab und erhalten das verschriebene Medikament – oder auch nicht. Falls das Medikament nicht vorrätig ist, wird es vom Apotheker beim Großhandel bestellt, der die Apotheken im Durchschnitt zwei- bis dreimal und in der Spitze bis zu sechsmal pro Tag beliefert. Da Arzneimittel in der Regel nur in der Offizinapotheke abgegeben werden dürfen, ist ein neuerlicher Gang dorthin fällig. Mit etwas Glück geraten die Patienten an eine Apotheke, die es mit § 17 Abs. II der Apothekenbetriebsordnung nicht so genau nimmt und die gewünschten Arzneimittel auch nach Hause liefert. Selbstverständlich werden die Apothekenkunden, sofern sie es wünschen, auch pharmazeutisch beraten – freilich meist in Unkenntnis der individuellen Befindlichkeit des jeweiligen Patienten und der von ihm sonst noch eingenommenen Medikamente, weil immer noch kein „Arzneimittelpass" existiert. Da auch das „Elektronische Rezept" auf sich warten lässt, müssen die jährlich anfallenden ca. 600 Mio. Rezepte mit ihren rd. 900 Mio. Verordnungen auf konventionelle Weise bearbeitet, abgerechnet und archiviert werden. Dies alles verursacht Vertriebskosten, die knapp 30 % des Arzneimittelumsatzes ausmachen und sich derzeit auf etwa 17 Mrd. DM pro Jahr belaufen.[197] Hinzu kommen noch die Wegekosten und der Zeitaufwand der Patienten und ihrer Beauftragten, die freilich schwer zu beziffern sind und üblicherweise in der Reformdiskussion verschwiegen werden.

---

197 Zu den Zahlenangaben hier und im Folgenden vgl. Sterzel, A., D. Wassener: Arzneimitteldistribution in Deutschland – Versandapotheken als Reformoption?, in: Arbeit und Sozialpolitik, 1-2/2001, S. 14-20; Sendatzki, V.: Elektronisches Rezept gewinnt an Kontur, in: Arbeit und Sozialpolitik, 1-2/2001, S. 21-26; Statistisches Bundesamt (Hrsg.): Gesundheitsbericht für Deutschland, Kap. 6.6 Apotheken, Wiesbaden 1998, S. 311-314.

Reformbrennpunkt Arzneimittelvertrieb

Wenn Patienten ihre Medikamente nicht wie in Japan gleich vom Arzt erhalten oder nicht bei der Entlassung aus dem Krankenhaus von der Krankenhausapotheke mitbekommen, wenn der Arzneimittelversand und die Hauslieferungen durch Präsenzapotheken normalerweise ausgeschlossen sind, wenn Rezepte immer noch in Papierform überbracht, abgerechnet und archiviert werden müssen, wenn Apotheken keine besonderen Rabatte an Praxisnetze oder einzelne Kassen gewähren und wenn die Arzneimittelpreise unabhängig von den apothekenindividuellen Vertriebskosten bundesweit einheitlich sind, so liegt dies an der ungewöhnlich restriktiven Regulierung der Arzneimitteldistribution. Sie ist historisch gewachsen – so wurde z. B. das Versandhandelsverbot erst 1998 explizit in das Arzneimittelgesetz aufgenommen – und wird allenthalben mit dem gesundheitspolitischen Ziel gerechtfertigt, die Sicherheit und Qualität der flächendeckenden Versorgung Tag und Nacht zu gewährleisten. Was dem Schutz des Patienten dienen soll, hat sich jedoch mit der Zeit zumindest teilweise zu einer paternalistischen Bevormundung entwickelt, die im Widerspruch zu dem ansonsten viel bemühten Leitbild des mündigen und aufgeklärten Bürgers steht. Die heftige Rhetorik der Apothekerschaft gegen jedwede Reform des Arzneimittelvertriebs lässt vermuten, dass die Regulierungen zudem zu einem wirksamen Bestandsschutz des gewachsenen Distributionssystems degeneriert sind.

So ist es kaum verständlich, dass in Deutschland nicht nur die rezeptpflichtigen Medikamente, sondern auch die verschreibungsfreien Präparate apothekenpflichtig sind, so dass den öffentlichen Apotheken für etwa 45.000 Präparate ein Vertriebsmonopol gewährt wird. Bemerkenswert ist auch, dass die öffentlichen Apotheken eine flächendeckende Versorgung durch Abgabe der Arzneimittel im Handverkaufsraum sicherstellen sollen, dass aber über 40 % aller Apotheken in Innenstadtlagen, aber nur etwa 27 % in ländlichen Gebieten tätig sind. Warum das Saarland mit 2.990 Einwohnern pro Apotheke eine um zwei Drittel höhere Apothekendichte als Brandenburg mit 4.970 Einwohnern pro Apotheke hat, ist ebenfalls erstaunlich.[198] Schließlich gibt auch zu denken, dass das Beratungsversprechen der Präsenzapotheke zur Gewährleistung der Versorgungssicherheit und -qualität nur bedingt eingelöst wird; denn bis zu 50 % der Apothekenkunden besorgen die Medikamente im Auftrag der Patienten und kommen somit als Adressaten der Beratung kaum in

---

[198] Die durchschnittliche Apothekendichte lag im Jahr 2000 bundesweit bei 3.800 Einwohnern pro Apotheke. Die Zahl der Apotheken betrug 21.592; vgl. Bundesverband Deutscher Apothekerverbände (ABDA): Jahresbericht 1999/ 2000, Eschborn 2001.

Betracht – ganz abgesehen davon, dass bei den verordneten Arzneimitteln die Beratungspflicht ohnehin beim Arzt liegt und der Apotheker nicht im Widerspruch zur ärztlichen Therapie beraten darf.

Diese und eine Reihe weiterer Merkwürdigkeiten des Apothekenmarktes haben dazu beigetragen, dass auch der Arzneimittelvertrieb zunehmend in den Fokus der gesundheitspolitischen Diskussion geraten ist. Dabei geht es im Wesentlichen um vier miteinander eng zusammenhängende Aspekte:

- Erstens stellt sich die Frage, ob die gegenwärtige Versorgungsstruktur mit ihrer hochgradigen Regulierung und doppelten Verantwortlichkeit von Arzt und Apotheker überhaupt noch den Präferenzen und dem Schutzbedürfnis der Arzneimittelverbraucher entspricht. Ist dem Patienten heute nicht ein höheres Maß an Eigenverantwortung und Urteilsfähigkeit auch bei Arzneimittelbeschaffung und -einnahme zuzubilligen, zumal der überwiegende Teil der apothekenpflichtigen Medikamente vom Arzt verschrieben wird und der Patient von ihm über Risiken und Nebenwirkungen aufzuklären ist? Bedarf also die Abgabe von Arzneimitteln im Vergleich zu anderen hochkomplexen und durchaus auch risikobehafteten Gütern einer derartigen Sonderbehandlung, wie sie – im Gegensatz etwa zu den USA – in Deutschland traditionell besteht?

- Zweitens wird diskutiert, ob und inwieweit die bestehenden Regulierungen des Arzneimittelvertriebs mit einer zunehmenden wettbewerblichen Ausgestaltung des deutschen Gesundheitswesens vereinbar sind. Gerade in der GKV stehen die Zeichen in Richtung auf eine stärker integrierte Versorgung aller Patienten und ein besonderes Gesundheitsmanagement für chronisch Kranke. Hierbei werden längerfristig Krankenkassen und Leistungserbringer kassenspezifische Managed-Care-Lösungen unter Einbezug der Arzneimittelversorgung entwickeln. Sollte die Gesundheitspolitik die Kassen von der Verpflichtung zu gemeinsamem und einheitlichem Handeln entbinden und selektives Kontrahieren mit den Leistungserbringern ermöglichen, müssen auch die Rechtsgrundlagen des Arzneimittelvertriebs angepasst werden. Dies umso mehr, wenn moderne Telematikanwendungen wie das „Elektronische Rezept" oder die „Elektronische Patientenakte" erst einmal zum medizinischen Versorgungsalltag gehören.

- Drittens werden die Regulierungen der Arzneimitteldistribution in Deutschland immer stärker durch die normative Kraft des europäischen Binnenmarktes in Frage gestellt. So ist nach den jüngst erfolgten Rechtsprechungen des Europäischen Gerichtshofes klar geworden, dass das Gesundheitswesen kein genereller Ausnahmebereich vom EU-weiten Wettbewerb mit seinen vier „Binnenmarktfreiheiten" darstellt: Deren Einschränkung durch nationale Regulierungen der Gesundheitsmärkte ist nur bei Gefährdung des finanziellen Gleichgewichts oder der Versorgungsqualität zulässig. Man wird gespannt sein dürfen, ob z. B. das im Prinzip wettbewerbswidrige Versandhandelsverbot im grenzüberschreitenden Verkehr diese Gefährdungstatbestände aus der Sicht des Europäischen Gerichtshofs erfüllt und dementsprechend unangetastet bleibt.

- Viertens schließlich hat die Arzneimittelversorgung die Frage nach möglichen Einsparpotenzialen entstehen lassen, nachdem die Arzneimittelausgaben in den letzten 10 Jahren trotz aller Budgetierungsversuche um etwa 40 % gestiegen sind und in jüngster Zeit sogar nach Kassenangaben den Anlass zu Beitragssatzerhöhungen gegeben haben. Wenngleich die Arzneimitteldistribution nur weniger als ein Drittel der Arzneimittelausgaben beansprucht, wird seitens der Krankenkassen und des Bundesministeriums für Gesundheit (BMG) vermutet, dass hier 800 Mio. bis 1 Mrd. DM eingespart werden könnten. Es ist jedoch kaum ersichtlich, wie dies gelingen könnte, ohne die gewachsenen Vertriebsstrukturen auf dem Arzneimittelmarkt in Frage zu stellen.

Obwohl die ersten drei Aspekte aus ordnungspolitischer Sicht von nicht zu vernachlässigender Bedeutung sind, wird die aktuelle Diskussion ganz und gar von der Frage nach den Wirtschaftlichkeitspotenzialen und ihrer Ausschöpfung beherrscht.[199] So kommt es nicht von ungefähr, dass gerade die Kassen unter dem Druck ihrer wechselbereiten Mitglieder auch kleinsten Einsparmöglichkeiten im Leistungsbereich nachgehen und inzwischen zu den vehementesten Befürwortern des Versandhandels mit Arzneimitteln gehören.[200]

---

199 Siehe die Beiträge von D. Cassel, H.-G. Friese und W. Schmeinck zur Frage effizienter Distributionswege in der zukünftigen Arzneimittelversorgung, in: Wille, E., M. Albring (Hrsg.): Rationalisierungsreserven im deutschen Gesundheitswesen. Bad Orber Gespräche über kontroverse Themen im Gesundheitswesen, 4.-6.11.1999, Frankfurt am Main u. a. 2000, S. 283-318.

200 So haben sich am 7. November 2001 in Berlin sogar 31 Ersatz- und Betriebskrankenkassen unter der Bezeichnung „Pro Direkt Service Apotheke" (www.PRO-DSA.de) zu einer Initiative für den Arzneimittelversandhandel zusammengeschlossen. Der BKK Landesverband Bayern versucht derzeit, mit einzelnen Apotheken die Zustellung von Arznei- und Verbandmitteln an die Versicherten der Betriebskrankenkassen in Bayern auf privatvertraglicher Grundlage

Reformbaustelle Arzneimittelvertrieb

Mit Blick auf eine zeitgemäße, patientengerechte, europataugliche und kostengünstige Versorgungsstruktur im Arzneimittelbereich kann es deshalb nur darum gehen, die bestehenden, teilweise jahrhundertealten Regulierungen des Arzneimittelmarktes auf den Prüfstand zu stellen: Angesichts eines fast hundertprozentigen Fertigarzneimittelanteils, omnipräsenter Patienteninformationen, fortgeschrittener Gesundheitstelematik und verlässlicher Verkehrslogistik ist zu fragen, auf welche der meist wettbewerbs- und innovationswidrigen Regulierungen verzichtet werden kann, ohne die Arzneimittelsicherheit, -qualität und -verfügbarkeit zu gefährden. Dabei liegt – wie generell bei der Rechtfertigung öffentlicher Daseinsvorsorge – die argumentative Bringschuld im Ringen um die Beibehaltung der Regulierungen nicht bei den Befürwortern einer möglichst regulierungsfreien, wettbewerblichen Arzneimitteldistribution, sondern bei den Verteidigern des Status quo.[201]

- Wäre es z. B. gesundheitspolitisch nicht vertretbar, die Selbstmedikation zu Lasten der Rezept- und Apothekenpflicht von Arzneimitteln auszuweiten, das Dispensieren von Arzneimitteln außerhalb der Offizin zu erlauben und die Sortimentsbeschränkung der Apotheken zu lockern? Paternalistische Regulierungen, die dem Gesundheitsschutz nicht oder nur bedingt dienlich sind, gehören in einer aufgeklärten Informationsgesellschaft abgeschafft.

- Müssen z. B. alle Apotheken noch über ein komplettes Labor und qualifizierte Laboranten zur Herstellung von „Magistralzubereitungen" nach individuellen Rezepturen verfügen? Ist es noch zeitgemäß, den Berufsstand des Apothekers durch das Verbot von Fremd- und Mehrbesitz an Apotheken zu schützen und damit Ketten- und Supermarktapotheken zu verhindern? Regulierungen sind überall dort obsolet, wo ihre „Geschäftsgrundlage" infolge der sozioökono-

---

zu regeln und entsprechende Preisabschläge auf den Apothekenabgabepreis zu vereinbaren.

201 Siehe dazu Kirsch, G.: Der Staat muss seine Unschuld erst beweisen, in: Frankfurter Allgemeine Zeitung (FAZ) vom 1. Dezember 2001, Nr. 280, S. 15. Wenn Peter Zweifel z. B. fordert: „Die Preise und die Vertriebskanäle der Arzneimittel werden dereguliert; insbesondere wird die Rezeptpflicht aufgehoben", klingt das am Status quo gemessen zwar radikal, bedarf aber als freiheitliche Marktlösung keiner besonderen Rechtfertigung; beweispflichtig ist vielmehr, wer Arzneimittelpreise und Handelsspannen staatlich fixieren und den individuellen Zugriff auf Medikamente durch Verordnungs- und Apothekenpflicht einschränken möchte. Siehe Zweifel, P.: Eine Gesundheitspolitik für das 21. Jahrhundert: Zehn Reformvorschläge, in: Perspektiven der Wirtschaftspolitik, 1/2001, S. 81-98, S. 90 f.

mischen und medizin-technischen Entwicklung praktisch entfallen ist.

- Warum sollten Ärzte oder Praxisnetze, die sich, wie gesundheitspolitisch gefordert, an Disease-Management-Programmen zur Versorgung chronisch Kranker beteiligen, die dazu erforderlichen Arzneimittel nicht selbst dispensieren dürfen? Und warum können die Krankenhausapotheken, nicht, wie vom Bundesrat gefordert, an der „integrierten Versorgung" nach § 140 b SGB V sowie an der Arzneimittelversorgung von Krankenhausambulanzen oder Pflegeheimen beteiligt werden? Dispensierungsverbote für Ärzte und Krankenhausapotheken halten potenzielle Wettbewerber von den öffentlichen Apotheken fern und verschaffen ihnen bei apothekenpflichtigen Medikamenten ein doppeltes Vertriebsmonopol.

- Sind die Apotheken rechtlich und tatsächlich den Herausforderungen gewachsen, die z. B. mit E-Commerce, Telemedizin, Patientenführung in integrierten Versorgungssystemen, selektivem Kontrahieren der Kassen oder kassenindividuellen Arzneimittelpositivlisten schon jetzt erkennbar sind?[202] Innovationshemmende Regulierungen sind rechtzeitig zu beseitigen, oder sie werden von der Praxis – nicht zuletzt im Zeichen des EU-Binnenmarktes – überrollt.

- Wodurch rechtfertigt sich z. B. ein einheitlicher Apothekenabgabepreis für Arzneimittel sowie ein apothekeneinheitlicher Rabatt an die GKV, wo doch Preise und Rabatte zentrale Wettbewerbsparameter auf allen sonstigen Märkten sind? Warum sollten Apotheken nicht im Wettbewerb um die Belieferung der Patienten von Ärztenetzen und Gesundheitszentren besondere Konditionen bieten oder ihre Beratungs- und Bereitschaftsleistungen separat bepreisen können? Regulierungen, die den Gebrauch von Wettbewerbsparametern einschränken, stehen im Widerspruch zu marktwirtschaftlichen Prinzipien und sind – wenn überhaupt – nur zu rechtfertigen, wenn sie dem Gesundheits- und nicht etwa dem Bestandsschutz dienen.

Sicherlich weisen derartige Fragen weit über den derzeitigen Status quo des nach wie vor noch überwiegend administrativ durch Rechtsverord-

---

[202] Siehe dazu Cassel, D., J. Friske: Positivlisten für Arzneimittel: Instrument der Kostendämpfung oder Wettbewerbsparameter der Kassen?, in: Gesundheitsökonomie & Qualitätsmanagement, 4 (1999), S. 194-201; Wille, E., M. Albring (Hrsg.), Rationalisierungsprozesse ..., a.a.O., insbes. die Themenkreise 2-4, S. 89 ff.

nungen und Kollektivverhandlungen gesteuerten GKV-Systems hinaus. Doch wer nicht will, dass Organisation, Effizienz und Fortschritt des Leistungsgeschehens hinter dem Standard vergleichbarer Länder zurückfallen und die Regulierungen des deutschen Gesundheitswesens mit geltendem EU-Recht in Konflikt geraten, muss rechtzeitig für innovations- und wettbewerbsorientierte Anpassungsprozesse sorgen und die dafür geeigneten ordnungspolitischen Rahmenbedingungen realisieren. Gesundheitspolitisch kann das nur heißen, eine „solidarische Wettbewerbsordnung" zu schaffen, die unter strikter Wahrung der unverzichtbaren Solidarprinzipien mehr Markt und Wettbewerb durch konsequente Deregulierung des GKV-Systems ermöglicht.[203] Davon kann die Arzneimitteldistribution nicht ausgenommen sein.

Reformeffekte im Arzneimittelvertrieb

Wenn mitunter behauptet wird, allein durch die Zulassung von Versandapotheken ließen sich zwischen 410 und 870 Mio. EURO einsparen[204] oder in Deutschland gäbe es angesichts der im internationalen Vergleich hohen Apothekendichte 4.000 Apotheken zuviel[205], stellt dies letztlich eine „Anmaßung von Wissen" (F. A. von Hayek) dar; denn nur ein ergebnisoffener Wettbewerbsprozess in einem gegenüber dem Status quo deutlich deregulierten Arzneimittelmarkt könnte verlässlich aufdecken, in welchem Ausmaß das gewachsene deutsche Distributionssystem tatsächlich ineffizient ist. Alles andere sind und bleiben vage Vermutungen, weil sich unter den Bedingungen des evolutionären Wettbewerbs alles und jedes ändern kann: apothekeninterne Betriebsabläufe, Lieferbeziehungen zwischen allen Beteiligten, Betriebsgrößen, Vertriebsformen, Absatzwege, Versorgungsdichte, Kundenpräferenzen und nicht zuletzt

---

203 Siehe dazu ausführlicher Cassel, D.: Ausbau der Wettbewerbskonzeption der Gesetzlichen Krankenversicherung, in: Arbeit und Sozialpolitik, 11-12/1997, S. 10-18; ders.: Reformoptionen in der Gesetzlichen Krankenversicherung, in: Steinmeyer, H.-D. (Hrsg.): 7. Münsterische Sozialrechtstagung – Gesetzliche Krankenversicherung in der Krise, Karlsruhe 2002 (in Vorbereitung).

204 Siehe dazu Internationales Institut für Empirische Sozialökonomie (inifes): Analyse potenzieller Auswirkungen einer Ausweitung des Pharmaversandes in Deutschland, Referentenpapier zum Workshop vom 17. September 2001 in Berlin, Mimeo, Stadtbergen 2001, S. 275, und die dort angegebenen Quellen. Inifes selbst beziffert das maximale Einsparpotenzial in einer Spanne von 665 bis 920 Mio. Euro; kurz- bis mittelfristig werden Einsparungen von 130 bis 220 Mio. Euro für möglich gehalten (S. 315). Siehe auch Pfaff, M., Th. Neldner: Pharmaversand in Deutschland. Verbesserung für die Patienten und Einsparungen für die GKV sind möglich, in: forum für gesundheitspolitik, November/Dezember 2001, S. 413-417, S. 413.

205 O.V.: Apotheken: Weniger Geld pro Packung, in: Wirtschaftswoche 48/1999, S. 12.

Größen-, Personal-, Kosten- und Preisstrukturen. Man müsste das „neue" Distributionssystem schon genau kennen, um im Vergleich mit dem bestehenden das Einsparpotenzial in Euro und Cent angeben zu können. Wer hat schon exakt vorausgesehen, wie sich Kosten, Preise und Versorgungsstrukturen im Energie- und Telekommunikationsmarkt verändert haben, nachdem der Wettbewerb durch die Liberalisierung freien Lauf bekam?

Damit sollte auch klar sein, dass niemand in der Lage ist, a priori – d. h. hier: vor einer Veränderung der apothekenrechtlichen Rahmenbedingungen – die Effizienz bestimmter Vertriebswege wie der Präsenz- oder der Versandapotheke verlässlich aufzuzeigen; denn unter den Status-quo-Bedingungen der geltenden Apothekenbetriebsordnung und der Arzneimittelpreisverordnung mag sogar die Arzneimitteldistribution in Deutschland so „effizient" wie eben möglich sein – wenn auch international gesehen vergleichsweise „kostspielig". Was dagegen relativ sicher vorhersehbar ist, sind die tendenziellen Veränderungen der Marktstruktur, falls das Versandhandels-, Fremd- und Mehrbesitzverbot aufgehoben wird und damit Versand-, Ketten- und Supermarktapotheken zugelassen werden.

So zeigt z. B. die Entwicklung in den USA mit ihren differenzierten Vertriebswegen, die sich wettbewerblich in einem weit weniger regulierten Arzneimittelmarkt herausgebildet haben,[206] dass im Jahr 2000 nur noch 21,7 % des Umsatzes mit verschreibungspflichtigen Arzneimitteln von unabhängigen, eigentümergeführten stationären Einzelapotheken („Independent Pharmacies") gemacht wurden (siehe Tabelle). Den am Umsatz mit ethischen Präparaten gemessen größten Marktanteil hatten mit 42,4 % die Kettenapotheken („Chain Drug Stores" bzw. „Chain Pharmacies"), gefolgt von den Supermarktapotheken („Supermarket Pharmacies") mit 21,3 %. Dagegen haben die Versandapotheken („Mail Order Pharmacies") noch einen eher bescheidenen Marktanteil von nur 14,6 %, obwohl sie schon länger zugelassen sind und immer stärker in das „Pharmacy Benefit Management" der Krankenversicherungen einbezogen werden. Allerdings konnten sie seit 1992 von allen Apothekentypen die größten Marktanteilsgewinne verbuchen. Dass sie sich dabei auf das lukrativere Marktsegment der hochpreisigen Präparate konzentrieren,

---

[206] Siehe hierzu ausführlicher Friske, J.: Arzneimittelversorgung zwischen Regulierung und Wettbewerb. Eine gesundheitsökonomische Untersuchung der Arzneimittelversorgung in der Gesetzlichen Krankenversicherung (GKV) unter Berücksichtigung amerikanischer Markterfahrungen, Diss., Duisburg 2002 (in Vorbereitung); Blankenberg, K.: Managed-Care-Pharmacy in den USA, in: Die BKK, 12/2001, S. 562-565.

lässt sich aus dem im Vergleich zum Umsatzanteil relativ geringen Anteil der von ihnen dispensierten Verschreibungen (5,1 % im Jahr 2000) schließen. Da die amerikanischen Apothekenkunden alle Arzneimittel auch in Versandapotheken bestellen können und die in den großen Einkaufszentren und Malls gelegenen Ketten- und Supermarktapotheken, die meist einen 24-Stunden-Service bieten und über einen Drive-through-Schalter verfügen, ohnehin beim Einkaufen anfahren, fällt die vergleichsweise geringe Apothekendichte von 5.004 Einwohner pro Apotheke hinsichtlich der flächendeckenden Arzneimittelversorgung nicht nachteilig ins Gewicht.

Tabelle: Entwicklungstendenzen auf dem Apothekenmarkt in den USA, 1992-2000

	1992	1993	1994	1995	1996	1997	1998	1999	2000
Anzahl der stationären Apotheken[1]									
Apotheken insgesamt	54.053	54.021	53.243	52.155	51.377	51.170	51.966	53.832	55.011
Anteile der stationären Apothekentypen, in %									
Independents	50,5	48,5	46,7	44,3	42,8	40,7	39,7	38,4	38,0
Chain Drug Stores	32,9	33,4	34,0	34,8	36,1	37,4	36,8	37,3	36,9
Supermarkets	16,5	18,1	19,3	20,9	21,1	21,9	23,5	24,4	25,1
Einwohner pro Apotheke									
USA	4.725	4.776	4.895	5.043	5.168	5.237	5.205	5.058	5.004
Anteile an den dispensierten Verschreibungen nach Apothekentypen, in %									
Independents	40,8	38,1	35,9	32,8	31,2	29,6	27,9	25,1	24,0
Chain Drug Stores	37,5	38,4	39,2	41,6	42,2	43,1	43,8	46,0	46,9
Supermarkets	18,4	19,9	21,0	21,6	22,2	22,6	23,3	23,9	24,0
Mail Order	3,2	3,6	3,9	4,0	4,4	4,7	4,9	4,9	5,1
Umsatzanteile bei verschreibungspflichtigen Arzneimitteln nach Apothekentypen, in %									
Independents	32,4	34,4	31,8	29,2	27,1	25,3	24,1	23,1	21,7
Chain Drug Stores	38,6	37,3	38,4	40,0	39,9	40,9	41,8	42,4	42,4
Supermarkets	20,2	18,9	20,0	20,6	21,0	21,0	21,1	20,9	21,3
Mail Order	8,9	9,4	9,8	10,2	11,9	12,8	13,0	13,6	14,6

1 In den USA gibt es derzeit noch etwa 160 Versandapotheken, die häufig integraler Bestandteil eines „Pharmacy Benefit Managers (PBM)" sind.

Quelle: Friske, J.: Arzneimittelversorgung ..., a.a.O., Tabellen 4.5, 4.6 und 4.9.

Wie aus der Tabelle hervorgeht, sind die „Verlierer" im wettbewerblichen Apothekenmarkt der USA ganz eindeutig die unabhängigen, eigentümergeführten Apotheken („Independents"): Ihr Anteil am gesamten Apothekenmarkt ist nach der Zahl der Apotheken, den dispensierten Verschreibungen und dem Umsatz mit verschreibungspflichtigen Präparaten seit 1992 ständig zurückgegangen. Vor diesem Hintergrund ist es nur zu verständlich, dass sich die durchweg mittelständische Apothekerschaft in Deutschland vehement gegen die Aufhebung des Versandhandels-, Fremd- und Mehrbesitzverbotes wehrt. Doch sollte allen Beteiligten klar sein, dass Gesundheitspolitik keine strukturkonservierende Mittelstandspolitik sein kann, wenn sie das Gebot einer notwendigen, ausreichenden und wirtschaftlichen Versorgung auch im Vertrieb von Arzneimitteln ernst nimmt.

Reformoptionen im deutschen Arzneimittelvertrieb und ihre Effekte

Hans Jürgen Ahrens

Status quo

a) Organisation des Vertriebes

Nach § 43 Arzneimittelgesetz (AMG) dürfen grundsätzlich apothekenpflichtige (kann unterteilt werden in rezeptpflichtige und freiverkäufliche Arzneimittel) Arzneimittel nur über Apotheken in den Verkehr gebracht werden. Der Arzneimittelversand wird im § 43 AMG ausgeschlossen. Unter den § 43 AMG fallen auch die Krankenhausapotheken, über die die Arzneimittelversorgung für die stationäre Versorgung und für die nachstationäre Versorgung (maximal bis 14 Tage nach Entlassung) erfolgen kann. Der Vertriebsweg für Arzneimittel ist somit in der Regel wie folgt:

Hersteller → Großhändler → Apotheker → Patient

Teilweise beliefern die Hersteller direkt Apotheken unter Umgehung des Großhandels.

Vereinzelte Ausnahmen lässt der § 47 AMG zu, indem dieser den Herstellern und Großhändlern „stoffbezogen“ erlaubt, Nichtapotheken zu beliefern. Beispielsweise werden so Röntgenkontrastmittel an Radiologen, Krankenhausarzneimittel an Krankenhausapotheken und Impfstoffe an Gesundheitsämter geliefert. In der Regel sind die Ausnahmen auf Produkte beschränkt die direkt durch Krankenhausärzte oder niedergelassene Ärzte dem Patienten verabreicht werden. In diesen Fällen stellt sich die Vertriebsstruktur dann wie folgt dar:

Hersteller → Großhändler → Arzt, Krankenhaus, Gesundheitsamt → Patient

b) Honorierung des Vertriebes

§ 78 AMG ermächtigt das Bundesministerium für Wirtschaft im Einvernehmen mit dem BMG, die Arzneimittelpreisverordnung (AMPV) zu erlassen. Die Arzneimittelpreisverordnung schreibt die Großhandels- und Apothekenzuschläge für Fertigarzneimittel fest. Sie ist ein starres Gefüge von prozentualen Aufschlagsätzen, das degressiv gestaffelt ist. Im Bereich der Apotheken belaufen sich beispielsweise die Aufschlagssätze bis zum Apothekeneinkaufspreis von 2,40 DM auf 68 %. Bei einem Apothekeneinkaufspreis von 70,31 DM bis 1.063,81 DM beträgt der Aufschlagssatz 30 %. Ab 1.063,82 DM wird dem Apotheker ein fixer Aufschlag von 8,263 % gewährt. Mit der Arzneimittelpreisverordnung wird sichergestellt, dass bundesweit die gleichen Apothekenabgabepreise gelten. Festgelegt werden die Apothekenpreise letztendlich durch die pharmazeutischen Unternehmen. Diese sind frei in ihrer Preisbildung und definieren durch die starren Aufschlagssätze für den Großhandel und die Apotheken den Apothekenabgabepreis. Durch die Verordnung wird auch ausgeschlossen, dass es zu Preisverhandlungen zwischen den Kostenträgern und Apothekern für die einzelnen Produkte kommt.

Verhandlungen zwischen dem Deutschen Apothekerverband und den Spitzenverbänden der GKV ermöglicht die Arzneimittelpreisverordnung für Rezepturen und Stoffzubereitungen. Über diese Preisverhandlungen wird z. B. die Apothekerhonorierung für Sondennahrung und Krebsrezepturen bundesweit einheitlich geregelt.

Wie in jedem anderen Wirtschaftszweig werden auch im Bereich der Arzneimittel bei entsprechender Abnahme Natural- und Barrabatte gewährt. Die Rabatte gewähren sowohl Pharmaunternehmer als auch der Großhandel. Strittig ist, ob diese Rabatte den Kranken zustehen. Die bisher hierzu von Apotheken mit Landesapothekerverbänden bzw. dem DAV geführten Rechtsstreitigkeiten kamen zu dem Ergebnis, dass ständig gewährte Rabatte an die Krankenkassen weiterzugeben sind (da sie den zugrundegelegten Herstellerabgabepreis korrigieren und somit in der Logik der Arzneimittelpreisverordnung zu einem ständig geringeren Apothekenabgabepreis führen); hingegen sind temporär gewährte Rabatte nicht an die Krankenkassen durchzureichen.
Das den Apothekern gewährte Rabattvolumen wird auf bis zu 1 Mrd. geschätzt.

Reformen

a) Änderungen im Vertriebsweg

Versand-, Internetapotheken

Versand- und Internetapotheken sind voneinander zu trennen. Trennen kann man die beiden Apotheken am Kriterium „grenzüberschreitender" Handel. Allerdings basiert jede Internetapotheke auf einer Versandapotheke. Nach Eingang des Rezeptes oder der Bestellung (durch den Patienten im freiverkäuflichen Arzneimittelbereich) sind Internet- und Versandapotheke im Vertrieb via Postversand identisch. Unterschiede zwischen Versandapotheken und „akzeptablen" Internetapotheken (Beispiel Doc Morris) bestehen faktisch nicht, denn bislang versenden die akzeptablen Internetapotheken genau wie Versandapotheken rezeptpflichtige Arzneimittel erst, nachdem das Rezept vorliegt. Es gibt allerdings eine Reihe von Internetapotheken, die rezeptpflichtige Arzneimittel ohne Rezept versenden und bei denen unklar ist, was für Ware sie in Verkehr bringen. Dieser Internethandel ist durch gesetzliche Regeln und legale Internetalternativen im Interesse der Patienten zu unterbinden.

Bei Einführung des elektronischen Rezeptes werden es alle Versandapotheken den Ärzten ermöglichen, Rezepte online einzureichen, so dass die Belieferung umgehend durch die Versand-/Internetapotheke aufgenommen werden kann.

Der wirtschaftliche Vorteil von Versandapotheken besteht in der Bildung von Nachfrage. Auch Doc Morris bietet der GKV deutsche Ware zu günstigeren Konditionen als die öffentliche Apotheke an. Dabei reicht Doc Morris nur die gewährten Großhandelsrabatte weiter.

Da der Versand aufgrund des § 43 AMG verboten ist, werden Abrechnungen von Doc Morris von AOKs nicht bezahlt, wenn offensichtlich ist, dass diese Arzneimittel via Versand bezogen wurden. Wenn allerdings Versicherte bei Doc Morris in Holland direkt diese Arzneimittel geholt haben, muss die GKV in Folge des Kohl/Decker-Urteils diese Produkte im Rahmen der Kostenerstattung zahlen.

Der AOK-Bundesverband und auch der BKK-Bundesverband unterstützen die Initiative Pro Direktservice Apotheken (Anlage). Die Initiative hat ein Siebenpunkteprogramm für den Arzneimittelversandhandel abgestimmt:

1. Ein kontrollierter Arzneimittelversandhandel nach Schweizer Muster in Deutschland zugelassen werden, d. h. kein grenzüberschreitender Verkehr.

2. Zur Gewährleistung des Verbraucherschutzes und der Arzneimittelsicherheit sind gesetzliche Rahmenbedingungen zu schaffen.

3. Verschreibungspflichtige Arzneimittel werden nur bei entsprechender Verschreibung über den Versandhandel vertrieben.

4. Der neue Distributionsweg darf nicht zu unkontrolliertem Zugang von Arzneimitteln führen.

5. Zwischen den Leistungserbringern ist ein geregelter Qualitäts- und Preiswettbewerb zuzulassen, d. h. insbesondere, dass deutsche Apotheker ausdrücklich auch eine Versandapotheke betreiben dürfen.

6. Die Versandapotheken sind durch amtliche Gütekennzeichen zu kennzeichnen, um dem Verbraucher Orientierung zu ermöglichen.

7. Das im Bereich der Arzneimitteldistribution liegende Einsparpotential von rd. 1,5 Mrd. DM ist zugunsten der gesetzlichen Krankenversicherung zu realisieren.

Die Apothekerschaft wendet gegen den Versandhandel ein, dass hier „Rosinenpickerei“ stattfindet und argumentiert, dass mit der Legalisierung des Versandhandels für viele Apotheken die betriebswirtschaftliche Basis zusammenbricht und Schließungen die Folge sind. Insbesondere wird argumentiert, dass in den ländlichen Bereichen dann die Versorgung zusammenbricht. Richtig ist, dass mit Zulassen eines Versandhandels die Apothekenzahl abnimmt. Allerdings wird dies nicht zu Versorgungsengpässen führen, da die ländlichen einzelnen Apotheken auch mit dem Versandhandel umgehen können, denn sie haben die schnelle direkte Versorgung weiterhin. Apothekenschließungen wird es im städtischen, mittelstädtischen und kleinstädtischen Bereich geben, wo eine Vielzahl von Apotheken angesiedelt ist und zueinander im Wettbewerb um die Direktversorgung steht. Für die Patienten wäre die Folge, dass in jeder Fußgängerzone nicht mehr drei, sondern nur noch eine Apotheke angesiedelt ist. Die Versorgungsqualität dürfte hierunter nicht leiden.

Sehr viel größere wirtschaftliche Folgen für die deutschen Apotheken hätte der grenzüberschreitende Arzneimittelversand. Aufgrund der unterschiedlichen Preisbildungsmechanismen gibt es erhebliche Preisunterschiede. Verschärft werden die Preisdifferenzen durch Unterschiede in den Mehrwertsteuersätzen.

Das WIdO hat beispielhaft für Doc Morris an den Verordnungen des Jahres 2000 2,1 Mrd. DM Einsparungen als Folge eines grenzüberschreitenden Versandes ermittelt.

Die Initiative Pro DSA hat sich wegen dieser wettbewerbsverzerrenden Wirkungen des grenzüberschreitenden Arzneimittelversands ausdrücklich für eine deutsche Regelung zum Arzneimittelversandhandel ausgesprochen.

Kennzahlen zum Versand:

INIFES (Pfaff) Studie

je nach Größe der Versandapotheke Einsparungen von
800 Mio. DM bis 2,1 Mrd. DM

WIdO Doc Morris
an den Verordnungen von 2000 Einsparungen von 2,1 Mrd. DM

INIFES-Studie
Praktizierter Versand durch deutsche Apotheken:

7 %	der Patienten erhalten schon ihre Versorgung durch Angehörige oder die Apotheken
54 %	der Apotheker haben einen „Heimlieferservice“
29 %	der Apotheker beliefern bis zu 30 Kunden pro Woche und weitere
12 %	der Apotheker mehr als 30 pro Woche

Hohe gesellschaftliche Akzeptanz

INIFES
40 % der Bundesbürger können sich den Bezug via Versand vorstellen.

Öffnung der Krankenhausapotheken

Die Krankenhausapotheken unterliegen nicht der Arzneimittelpreisverordnung. Die Krankenhausapotheken kaufen ihre Arzneimittel direkt bei den Herstellern zu Sonderkonditionen ein. Sonderkonditionen erhalten die Krankenhausapotheker, weil die stationäre Arzneimittelversorgung in der Regel im ambulanten Bereich von den Vertragsärzten weitergeführt wird. (Ärzte ersparen sich damit die Diskussion mit den Patienten, die bei der Umstellung anfallen.) Über den ambulanten Bereich refinanziert die Industrie die billige Versorgung im stationären Bereich. Wenn die Krankenhausapotheken für den ambulanten Bereich geöffnet werden, werden mittelfristig Angleichungen der Honorierung folgen müssen, um Wettbewerbsverzerrungen gegenüber den öffentlichen Apotheken auszuschließen.

Auch dies wird im Vergleich zum Status quo zu einer kostengünstigeren Versorgung führen, weil dann nicht mehr nur teure Originalpräparate über die Krankenhäuser in die ambulante Versorgung gebracht werden, sondern auch preisgünstige Arzneimittel.

Eine Vielzahl von Krankenhausapotheken ist technisch für die Herstellung von Arzneimittelrezepturen, die z. B. für die Krebsbehandlung benötigt werden, sehr viel besser ausgerüstet als die öffentliche Apotheke. Eine Öffnung der Krankenhausapotheken für den ambulanten Bereich ist aus qualitativen und wirtschaftlichen Gesichtspunkten deshalb dringend erforderlich, da zunehmend die Behandlungszeiten in den Krankenhäusern verkürzt werden und ambulant vom Krankenhaus weitergeführt werden. Für die Patienten ist es einfacher, wenn die Arzneimittel auch während der ambulanten Versorgung durch die Krankenhausapotheke bereitgestellt werden. So müssen die Patienten nicht selbst die von den Krankenhausärzten im Rahmen der ambulanten Versorgung verordneten Rezepturen aus niedergelassenen Apotheken beschaffen.

Die Forderung nach Öffnung der Krankenhausapotheken wird von den Spitzenverbänden der gesetzlichen Krankenkassen, der DKG und den Krankenhausapothekern gemeinsam gestellt.

Dispensierrecht für Ärzte

Bislang ist die Abgabe von Arzneimitteln in der Regel den Apothekern vorbehalten. Die Spitzenverbände haben immer wieder die Abgabemöglichkeit für Ärzte gefordert. Verknüpft wurde die Forderung mit dem Qualitätsargument, dass neue hoch potente Arzneimittel nur über entsprechend ausgebildete Fachärzte in die Behandlung eingeführt werden sollten. Die Forderung nach Einführung des ärztlichen Dispensierrechtes berührt die Grundfesten des Apothekerberufs. Aufgrund der jetzt vorliegenden Rechtsvorschriften zu Modellvorhaben der integrierten Versorgung ist die Erprobung von Alternativen in der Distribution nicht möglich. Sicher ist, dass auch die Ärzte bei Einführung des Dispensierrechtes für die Lagerhaltung, Vorfinanzierung und Abgabe entlohnt werden wollen. Zudem wären die Ärzte dann ein noch direkterer Ansprechpartner für die pharmazeutische Industrie.

Gleichwohl ist darauf hinzuweisen, dass in anderen europäischen Ländern wie z. B. auch Holland ein entsprechendes Dispensierrecht besteht und hier über die Ärzte ein Großteil der Arzneimittelversorgung erfolgt. Ärzte sind damit eine grundsätzliche Alternative zu Apothekern.

b) Änderung im Apothekenrecht/Aufhebung des Mehrbesitzverbots

Aus dem Apothekensitz wird ein Mehrbesitzverbot (ein Apotheker besitzt mehrere Apotheken bzw. ein Fremdbesitzverbot, Apotheker ist nur Angestellter in der Apotheken, die z. B. einem Arzt gehört) abgeleitet. Die Bildung von Apothekenketten oder die Eingliederung von Apothekenabteilungen in Kaufhäusern ist damit in der Bundesrepublik ausgeschlossen.

Diese Angebotsstruktur verhindert Rationalisierungseffekte, die bei Apothekenketten infolge von Nachfragebündelung und Rationalisierung im Versorgungsbereich entstehen. Dementsprechend teuer ist diese Angebotsstruktur im Vergleich zu rein marktwirtschaftlichen Varianten, ohne Fremd- und Mehrbesitzverbot. Eine Aufhebung von Mehr- und Fremdbesitzverbot ist im Rahmen der europäischen Harmonisierung geboten, da eine Reihe von EU-Mitgliedsstaaten diesen Bereich ungeregelt lässt und über Ketten verfügen.

Rabatt

Zurzeit erhalten die Krankenkassen von den Apotheken nach § 130 SGB V einen Rabatt in Höhe von 5 % der Arzneimittelausgaben. Im Jahr 2000 betrug das Rabattaufkommen für die GKV insgesamt

1,6 Mrd. DM.

Das AABG sieht eine Anhebung des Rabattes von 5 % auf 6 % vor. Dies bedeutet Mehrbelastungen der Apotheker in Höhe von 400 Mio. DM. Die Belastung ist jedoch unter Berücksichtigung der in den letzten Jahren deutlichen Einkommenssteigerung mehr als vertretbar.

Die Spitzenverbände haben in der Diskussion um das AABG eine Anhebung des Rabattaufkommens auf rd. 1 Mrd. DM gefordert. Die Spitzenverbände haben vorgeschlagen, dieses Mehraufkommen durch einen nach Umsatz gestaffelten Rabatt zu erheben. Bei solch einer Regelung wären die Apotheken entsprechend ihrer wirtschaftlichen Leistungsfähigkeit an der GKV-Entlastung beteiligt worden. Die ABDA hat dies kategorisch abgelehnt. Die sehr umsatzkräftigen Apotheken in den neuen Bundesländern haben sich vehement gegen eine entsprechende Rabattstaffelung gewehrt.

c) Reformen in der Honorierung

Arzneimittelpreisverordnung

Die Arzneimittelpreisverordnung war bislang für die Apothekerschaft eine „Heilige Kuh“. Durch die Anbindung an die Industriepreise und die ständig steigenden Arzneimittelausgaben war das Wachstum der Apothekerumsätze gesichert. Auf dem letzten Apothekertag ist allerdings ein Beschluss herbeigeführt worden, dass die ABDA über Änderungen an der Arzneimittelpreisverordnung verhandeln kann. Entsprechend hat die ABDA am Runden Tisch angeboten, über eine Drehung der Arzneimittel-Preisverordnung oder eine sonstige Änderungen der AMVP zu diskutieren. Bedingung für die ABDA ist, dass die Apothekeneinkommen dabei nicht verringert werden.

Infolge der deutlichen Umsatz- und damit Einkommenssteigerung im Apothekenbereich und der daraus resultierenden Distributionskosten ist dies für die GKV nicht tragbar. Eine Reform in Richtung Änderung der Arzneimittelpreisverordnung oder Umstellung der Apothekenhonorierung auf einen fixen Arzneimittelabgabezuschlag muss nach Auffassung der GKV mit einer Abschmelzung der Distributions-/Apothekenvertriebskosten einhergehen.

Integrierte Versorgung/Modellvorhaben

Der § 140 b SGB V legt fest, dass in Verträgen zur integrierten Versorgung lediglich der Regelungsrahmen des 4. Kapitels des SGB V außer Kraft gesetzt werden kann. In diesem sind die Apothekenrabatte nach § 130 SGB V enthalten. Die ansonsten hemmenden Vorschriften im Apothekenrecht, z. B. Zuweisungsverbot und Verbot der Absprache zwischen Ärzten und Apotheken, das Wettbewerbsrecht und das Arzneimittelwerbegesetz sowie das Arzneimittelgesetz und die Arzneimittel-Preisverordnung, können durch den § 140 b SGB V nicht aufgehoben werden.

Denkbar ist, dass im Rahmen der integrierten Versorgung Netzapotheken eingerichtet werden. Diesen Netzapotheken dürften zwar die Netzärzte keine Patienten/Rezepte zuweisen, aber die Krankenkassen könnten die teilnehmenden Patienten über den Status Netzapotheke informieren und den Versicherten finanzielle Anreize anbieten, wenn sie über diese Apotheken ihre Arzneimittel beziehen. Diese Boni könnten finanziert werden über die Einsparungen, die die Netzapotheken erzielen. Diese erzielen eine größere Nachfrage und könnten dementsprechend hohe Naturalrabatte durchsetzen. Zudem verständigen sich Netzärzte und Nutzapotheker auf eine netzinterne Arzneimittelpositivliste, die der Apotheker beliefert. Dadurch kann er seine Arzneimittellager ausdünnen und somit seine Lager- und Vorfinanzierungskosten reduzieren. Auch dies sind Einsparpotentiale, die beim Apotheker anfallen und an die Netzbetreiber zurückfließen können. An die Krankenkassen erfolgt die Ausschüttung, indem der Krankenkassenrabatt nach § 130 SGB V frei vereinbart wird.

Die ABDA und auch der DAV lehnen derartige Regelungen kategorisch ab, da sie keinen Wettbewerb zwischen den Apotheken wollen. Sie fordern allerdings eine Beteiligung der Apotheker an den Netzen dergestalt, dass es den Apothekern ermöglicht wird, besondere Serviceangebote zu machen, die dann zusätzlich von den netzbetreibenden Krankenkassen zu honorieren sind.

In Netzen wäre es auch denkbar, Versandapotheken als Netzapotheke zu betreiben, d.h., der Versand könnte im Rahmen von integrierten Versorgungsmodellen erprobt werden, wenn er legalisiert wird.

Ergänzende Hinweise zur laufenden Diskussion im Rahmen des Arzneimittelausgaben-Begrenzungsgesetzes AABG

Aut idem

Geschätzte Einsparung AABG nach WIdO: 0,9 Mrd. DM/Jahr.

Nach der Apothekenbetriebsordnung muss das vom Apotheker abgegebene Arzneimittel genau der Verordnung des Arztes entsprechen. Der Austausch eines Medikamentes gegen ein wirkstoff- und dosiergleiches Präparat ist nicht zugelassen, es sei denn, der Arzt stimmt diesem Austausch ausdrücklich zu. Dies kann der Arzt schon heute tun, in dem er auf dem Rezeptblatt das Aut-idem-Kästchen ankreuzt.

„Aut idem" bezieht sich ausschließlich auf Arzneimittel, die den gleichen Wirkstoff in der gleichen Dosierung und in der gleichen Darreichungsform enthalten. Demgegenüber bedeutet „Aut simile" einen Austausch gegen ein Arzneimittel mit ähnlichem oder vergleichbarem Wirkstoff.

In der gegenwärtigen AABG-Diskussion lehnen Industrie und Ärzte die neu vorgesehenen Regelungen ab (danach gilt grundsätzlich immer Aut idem, es sei denn der Arzt untersagt durch Kreuzchen die Auswahl). Wegen des Widerstandes wird in Teilen der Politik diskutiert, die Aut-idem-Möglichkeit für den Apotheker nur in den oberen zwei Preisdritteln zuzugestehen. Soweit der Arzt schon im unteren Preisdrittel verordnet, sollte der Apotheker nicht mehr auswählen können. Da hierdurch das von Apothekern erwartete Mehreinkommen in Form von Naturalrabatten reduziert wird lehnen die Apotheker diese Regelung natürlich ab (ergänzende Anlagen sind hierzu beigefügt).

Aus Sicht der GKV ist eine Aut-idem-Regelung wünschenswert, wenn sie den Apotheker zu einer preisgünstigen Auswahl anhält und nicht die Naturalrabatte beim Apotheker belässt. Dies wäre der Fall, wenn

1. Aut idem gilt
2. der Apotheker immer im unteren Preisdrittel auswählen muss

3. soweit der Arzt schon im unteren Preisdrittel verordnet darf der Apotheker nicht teurer abgeben aber billiger abgeben und
4. ist durch die Arzneimittelpreisverordnung sicherzustellen, dass die Naturalrabatte an die Kassen durchzureichen sind.

Unter solch einer Konstruktion würde der Apotheker wirtschaftlich im Sinne der GKV handeln. Dafür könnte dann auch eine Honorierung durch die Krankenkasse erfolgen.

Rabattanhebung

Entlastung nach WIdO durch Anhebung von 5 % auf 6 %: 400 Mio. pro Jahr.

Zurzeit erhalten die Krankenkassen von den Apotheken nach § 130 SGB V einen Rabatt in Höhe von 5 % der Arzneimittelausgaben. Im Jahr 2000 betrug das Rabattaufkommen für die GKV insgesamt

1,6 Mrd. DM.

Das AABG sieht eine Anhebung des Rabattes von 5 % auf 6 % vor. Dies bedeutet Mehrbelastungen der Apotheker in Höhe von 400 Mio. DM. Die Belastung ist jedoch unter Benachrichtigung der in den letzten Jahren deutlichen Einkommenssteigerung mehr als vertretbar.

Die Spitzenverbände haben in der Diskussion um das AABG eine Anhebung des Rabattaufkommens auf rd. 1 Mrd. DM gefordert. Die Spitzenverbände haben vorgeschlagen, dieses Mehraufkommen durch einen nach Umsatz gestaffelten Rabatt zu erheben. Bei solch einer Regelung wären die Apotheken entsprechend ihrer wirtschaftlichen Leistungsfähigkeit an der GKV-Entlastung beteiligt worden. Die ABDA hat dies kategorisch abgelehnt. Die sehr umsatzkräftigen Apotheken in den neuen Bundesländern haben sich vehement gegen eine entsprechende Rabattstaffelung gewährt.

Preismoratorium

Im Entwurf des AABG sind in der Arzneimittelpreisverordnung für Nichtfestbetragsarzneimittel ein Preisstopp und ein Preisabschlag in Höhe von 4 % vorgesehen. Ausgehend vom Arzneimittelmarkt 2000 hatte dies die GKV um jährlich 690 Mio. DM entlastet. 436 Mio. DM Hersteller, 49 Mio. DM Großhandel, 104 Mio. DM Apotheken und 99 Mio. MWSt.

Jetzt ist eine Einmalzahlung der Industrie in Höhe von 400 Mio. DM vorgesehen.

Kennzahlen zu Apotheken

Seit 1990 steigt die Zahl der Apotheken jährlich trotz verschiedener Kostendämpfungsmaßnahmen an. Im Jahr 2000 betrug die Apothekenzahl 21592. Die Einwohnerzahl je Apotheke liegt seit 97 konstant bei 3800. Der durchschnittliche Umsatz ist im Jahr 2000 bis auf 2,4 Mio. DM gestiegen. Im Osten liegt der Umsatz bei über 3 Mio. DM. 2001 sind noch einmal deutliche Steigerungen im Apothekenumsatz festzustellen.

Die Apotheken machen zu 80 % ihren Umsatz mit Arzneimittelverordnungen zu Lasten der GKV, PKV und sonstigen. 14 % des Umsatzes entstammen der Selbstmedikation, 3,5 % aus Körperpflegeartikelmarkt und sonstigem apothekenüblichem Ergänzungssortiment (Bonbons usw.). Nach Packungen bezogen werden rd. 36 % der Arzneimittelpackungen im Bereich der Selbstmedikation abgegeben, und nur 64 % der Packungen laufen im Bereich der Verordnungen zu Lasten der GKV, PKV und sonstigen.

Kennzahlen

GKV-Arzneimittelumsatz im Jahr 2000:	37,8 Mrd. DM	(erstmals wieder über Arzthonorar)
mindestens 10 % plus im Jahr: 2001:	42 Mrd. DM	(geschätzt)
Mehrausgaben für die GKV verursacht durch eine verteuerte Therapie	**4 Mrd. DM**	
∅ Arzneimittelpackungskosten 2001: das sind 10,4 % mehr als im 1. Halbjahr 2000	54,42 DM/Packung	
Verordnungszahlen seit 1992 bis 2000 rückläufig	2001 erstmals wieder Steigerungen	
im Jahr 2000 750 Mio. Verordnungen (-4,3 % zu 1999) zu Lasten der GKV		

Einsparpotential

GKV 2000 nach Arzneiverordnungsreport

Generika	3 Mrd. DM
Analog Arzneimittel	2,4 Mrd. DM
umstrittene Arzneimittel	2,6 Mrd. DM
	8 Mrd. DM

Verzeichnis der Teilnehmer

Ahrens, Dr. iur. Hans Jürgen	Vorsitzender des Vorstandes des AOK Bundesverbandes, Bonn
Albring, Dr. med. Manfred	Leiter der Abteilung Gesundheitswesen der Schering Deutschland GmbH, Berlin
Apermann, Jens	Direktor Marketing & Sales, Doc Morris, Herzogenrath
Arnold, em. Prof. Dr. med. Dr. h. c. Michael	Leiter WPI – Wissenschaftliche Initiativen, Arbeitsgruppe Gesundheitssystemforschung, Tübingen
Bausch, Dr. med. Jürgen	Ehrenvorsitzender der Kassenärztlichen Vereinigung Hessen, Frankfurt
Becker, Maria	Referentin der Arbeitsgruppe Gesundheit der CDU/CSU-Bundestagsfraktion, Berlin
Brech, Prof. Dr. med. Wolfgang	Vorsitzender der Kassenärztlichen Vereinigung Südwürttemberg, Reutlingen; Mitglied des Vorstandes der Kassenärztlichen Bundesvereinigung, Köln
Cassel, Prof. Dr. rer. pol. Dieter	Lehrstuhl für Wirtschaftspolitik an der Universität Duisburg, Duisburg
Danner, Günter, M.A., PhD	Stellvertretender Direktor der Europavertretung der Deutschen Sozialversicherung, Brüssel
Diener, Dr. rer. pol. Frank	Geschäftsführer Wirtschaft & Soziales, ABDA, Eschborn
Dierks, PD Dr. iur. Dr. med. Christian	Rechtsanwalt und Arzt, Dierks & Bohle, Rechtsanwälte, Berlin
Ditzel, Peter	Chefredakteur Deutscher Apotheker Verlag, Stuttgart
Ehlers, Dr. iur. Dr. med. Alexander P. F.	Rechtsanwalt und Arzt, Rechtsanwaltssocietät Ehlers, Ehlers & Partner, München
Engelmann, Christina	Wissenschaftliche Referentin, Zentrum für Europäische Integrationsforschung an der Rheinischen Friedrich-Wilhelms-Universität Bonn, Forschungsstelle für europäisches Pharmarecht, Bonn

Flug, Dr. rer. nat. Michaela, MPH	Abteilung Gesundheitswesen der Schering Deutschland GmbH, Berlin
Francke, Prof. Dr. iur. Robert	Institut für Gesundheits- und Medizinrecht, Fachbereich Rechtswissenschaft an der Universität Bremen, Bremen
Glaeske, Prof. Dr. rer. nat. Gerd	Leiter der Forschungseinheit „Arzneimittelversorgungsforschung", Universität Bremen, Zentrum für Sozialpolitik, Bremen
Gröschel, Dr. med. Karl	Vorsitzender des Vorstandes der Kassenärztlichen Vereinigung Thüringen, Weimar
Hermann, Dr. phil. Christopher	Mitglied des Vorstandes der AOK Baden-Württemberg, Stuttgart
Heßmer, Hanno	Vorstand, Hauptgeschäftsstelle Berlin der BKK Chemie-Partner, Berlin
Jacobs, Dr. rer. pol. Klaus	Gesundheitsökonom, IGES Institut für Gesundheits- und Systemforschung GmbH, Berlin
Kaesbach, Wolfgang	Leiter der Abteilung Arzneimittel, Medizinprodukte und Heilmittel, BKK Bundesverband, Essen
Kerckhoff, Dr. med. Thomas	MBA, Vicepresident Business Development Germany, ControlMed AG, Zürich
Knieps, Franz	Geschäftsführer Stabsbereich Politik im AOK Bundesverband, Bonn
Koenig, Univ.-Prof. Dr. Christian, LL.M	Geschäftsführender Direktor, Zentrum für Europäische Integrationsforschung an der Rheinischen Friedrich-Wilhelms-Universität Bonn, Forschungsstelle für europäisches Pharmarecht, Bonn
Koring, Hans-Dieter	Stellvertretender Vorsitzender des Vorstandes der Techniker Krankenkasse, Hamburg
Laschet, Helmut	Stellvertretender Chefredakteur der Ärzte-zeitung, Berlin
Lehr, Dr. phil. Andreas	Mitherausgeber des Gesundheitspolitischen Informationsdienstes Broll & Lehr, Bonn
Leienbach, Dr. rer. pol. Volker	Geschäftsführer der Gesellschaft für Versicherungswissenschaft und -gestaltung e. V., Köln

Müller, Rolf Dieter	Vorsitzender des Vorstandes der AOK Berlin, Berlin
Münnich, Prof. Dr. rer. pol. Frank	Mitherausgeber des Gesundheitspolitischen Informationsdienstes Broll & Lehr, Königswinter
Naase, Birgit	Gesundheitspolitische Referentin der FDP-Bundestagsfraktion, Berlin
Oberender, Prof. Dr. rer. pol. Peter	Lehrstuhl für Volkswirtschaftslehre der Universität Bayreuth, Bayreuth
Passoth, Nina	Öffentlichkeitsarbeit, Schering Deutschland GmbH, Berlin
Richter-Reichhelm, Dr. med. Manfred	1. Vorsitzender des Vorstandes der Kassenärztlichen Bundesvereinigung, Köln; Vorsitzender des Vorstandes der Kassenärztlichen Vereinigung Berlin, Berlin
Schaub, Dr. rer. oec. Vanessa Elisabeth	CEMS-Master, Abteilung Gesundheitswesen der Schering Deutschland GmbH, Berlin
Schmidt, Peter	Referent der Arbeitsgruppe Gesundheit der SPD-Bundestagsfraktion, Berlin
Schönbach, Karl-Heinz	Leiter der Hauptabteilung Verträge des Bundesverbandes der Betriebskrankenkassen, Essen
Schulte, Gerhard	Vorsitzender des Vorstandes des Landesverbandes der Betriebskrankenkassen in Bayern, München
Schwabe, Prof. Dr. med. Ulrich	Pharmakologisches Institut der Universität Heidelberg, Heidelberg
Schwoerer, Dr. med. Peter	Leitender Arzt und stellvertretender Geschäftsführer des MDK Baden-Württemberg, Lahr
Seeger, Stefan	Geschäftsführer der Schering Deutschland GmbH, Berlin
Smigielski, Dr. rer. oec. Edwin	Leiter der Abteilung Gesundheitsversorgung und Krankenversicherung im Bundesgesundheitsministerium, Bonn
Straub, Dr. med. Christoph	Leiter der Abteilung Unternehmensentwicklung der Techniker Krankenkasse Hamburg, Hamburg

Sulz, Horst	Abteilung Gesundheitswesen der Schering Deutschland GmbH, Berlin
Taubert, Dr. rer. nat. Dieter	Geschäftsführer Jenapharm GmbH & Co. KG, Jena
Thielmann, Dr. rer.nat. Lars	Akademie für Technikfolgenabschätzung in Baden-Württemberg, Stuttgart
Verhees, Hans Günter	Stellvertretender Vorsitzender des Vorstandes der AOK Sachsen, Dresden
Vorderwülbecke, Dr. iur. Ulrich	Geschäftsführer Marktordnung/Gesundheitssysteme, VFA – Verband Forschender Arzneimittelhersteller e. V., Berlin
Wegener, Dr. med. vet. Bernd	Vorsitzender des Bundesverbandes der Pharmazeutischen Industrie (BPI) e. V., Frankfurt; Geschäftsführender Gesellschafter, BRAHMS Diagnostica GmbH, Hennigsdorf
Weller, Michael	Stabsbereich Politik im AOK Bundesverband, Bonn
Wetzstein, Dr. med. Eckhard	Gesundheitspolitischer Referent der PDS-Bundestagsfraktion, Berlin
Wiegand, Dr. rer. oec. Michael	Geschäftsführer, brain & more gmbh, Troisdorf
Wille, Prof. Dr. rer. pol. Eberhard	Lehrstuhl für Volkswirtschaftslehre, Planung und Verwaltung, öffentliche Wirtschaft an der Universität Mannheim, Mannheim

STAATLICHE ALLOKATIONSPOLITIK IM MARKTWIRTSCHAFTLICHEN SYSTEM

Band 1 Horst Siebert (Hrsg.): Umweltallokation im Raum. 1982.

Band 2 Horst Siebert (Hrsg.): Global Environmental Resources. The Ozone Problem. 1982.

Band 3 Hans-Joachim Schulz: Steuerwirkungen in einem dynamischen Unternehmensmodell. Ein Beitrag zur Dynamisierung der Steuerüberwälzungsanalyse. 1981.

Band 4 Eberhard Wille (Hrsg.): Beiträge zur gesamtwirtschaftlichen Allokation. Allokationsprobleme im intermediären Bereich zwischen öffentlichem und privatem Wirtschaftssektor. 1983.

Band 5 Heinz König (Hrsg.): Ausbildung und Arbeitsmarkt. 1983.

Band 6 Horst Siebert (Hrsg.): Reaktionen auf Energiepreissteigerungen. 1982.

Band 7 Eberhard Wille (Hrsg.): Konzeptionelle Probleme öffentlicher Planung. 1983.

Band 8 Ingeborg Kiesewetter-Wrana: Exporterlösinstabilität. Kritische Analyse eines entwicklungspolitischen Problems. 1982.

Band 9 Ferdinand Dudenhöfer: Mehrheitswahl-Entscheidungen über Umweltnutzungen. Eine Untersuchung von Gleichgewichtszuständen in einem mikroökonomischen Markt- und Abstimmungsmodell. 1983.

Band 10 Horst Siebert (Hrsg.): Intertemporale Allokation. 1984.

Band 11 Helmut Meder: Die intertemporale Allokation erschöpfbarer Naturressourcen bei fehlenden Zukunftsmärkten und institutionalisierten Marktsubstituten. 1984.

Band 12 Ulrich Ring: Öffentliche Planungsziele und staatliche Budgets. Zur Erfüllung öffentlicher Aufgaben durch nicht-staatliche Entscheidungseinheiten. 1985.

Band 13 Ehrentraud Graw: Informationseffizienz von Terminkontraktmärkten für Währungen. Eine empirische Untersuchung. 1984.

Band 14 Rüdiger Pethig (Ed.): Public Goods and Public Allocation Policy. 1985.

Band 15 Eberhard Wille (Hrsg.): Öffentliche Planung auf Landesebene. Eine Analyse von Planungskonzepten in Deutschland, Österreich und der Schweiz. 1986.

Band 16 Helga Gebauer: Regionale Umweltnutzungen in der Zeit. Eine intertemporale Zwei-Regionen-Analyse. 1985.

Band 17 Christine Pfitzer: Integrierte Entwicklungsplanung als Allokationsinstrument auf Landesebene. Eine Analyse der öffentlichen Planung der Länder Hessen, Bayern und Niedersachsen. 1985.

Band 18 Heinz König (Hrsg.): Kontrolltheoretische Ansätze in makroökonometrischen Modellen. 1985.

Band 19 Theo Kempf: Theorie und Empirie betrieblicher Ausbildungsplatzangebote. 1985.

Band 20 Eberhard Wille (Hrsg.): Konkrete Probleme öffentlicher Planung. Grundlegende Aspekte der Zielbildung, Effizienz und Kontrolle. 1986.

Band 21 Eberhard Wille (Hrsg.): Informations- und Planungsprobleme in öffentlichen Aufgabenbereichen. Aspekte der Zielbildung und Outputmessung unter besonderer Berücksichtigung des Gesundheitswesens. 1986.

Band 22 Bernd Gutting: Der Einfluß der Besteuerung auf die Entwicklung der Wohnungs- und Baulandmärkte. Eine intertemporale Analyse der bundesdeutschen Steuergesetze. 1986.

Band 23 Heiner Kuhl: Umweltressourcen als Gegenstand internationaler Verhandlungen. Eine theoretische Transaktionskostenanalyse. 1987.

Band 24 Hubert Hornbach: Besteuerung, Inflation und Kapitalallokation. Intersektorale und internationale Aspekte. 1987.

Band 25 Peter Müller: Intertemporale Wirkungen der Staatsverschuldung. 1987.

Band 26 Stefan Kronenberger: Die Investitionen im Rahmen der Staatsausgaben. 1988.

Band 27 Armin-Detlef Rieß: Optimale Auslandsverschuldung bei potentiellen Schuldendienstproblemen. 1988.

Band 28 Volker Ulrich: Preis- und Mengeneffekte im Gesundheitswesen. Eine Ausgabenanalyse von GKV-Behandlungsarten. 1988.

Band 29 Hans-Michael Geiger: Informational Efficiency in Speculative Markets. A Theoretical Investigation. Edited by Ehrentraud Graw. 1989.

Band 30 Karl Sputek: Zielgerichtete Ressourcenallokation. Ein Modellentwurf zur Effektivitätsanalyse praktischer Budgetplanung am Beispiel von Berlin (West). 1989.

ALLOKATION IM MARKTWIRTSCHAFTLICHEN SYSTEM

Band 31 Wolfgang Krader: Neuere Entwicklungen linearer latenter Kovarianzstrukturmodelle mit quantitativen und qualitativen Indikatorvariablen. Theorie und Anwendung auf ein mikroempirisches Modell des Preis-, Produktions- und Lageranpassungsverhaltens von deutschen und französischen Unternehmen des verarbeitenden Gewerbes. 1991.

Band 32 Manfred Erbsland: Die öffentlichen Personalausgaben. Eine empirische Analyse für die Bundesrepublik Deutschland. 1991.

Band 33 Walter Ried: Information und Nutzen der medizinischen Diagnostik. 1992.

Band 34 Anselm U. Römer: Was ist den Bürgern die Verminderung eines Risikos wert? Eine Anwendung des kontingenten Bewertungsansatzes auf das Giftmüllrisiko. 1993.

Band 35 Eberhard Wille, Angelika Mehnert, Jan Philipp Rohweder: Zum gesellschaftlichen Nutzen pharmazeutischer Innovationen. 1994.

Band 36 Peter Schmidt: Die Wahl des Rentenalters. Theoretische und empirische Analyse des Rentenzugangsverhaltens in West- und Ostdeutschland. 1995.

Band 37 Michael Ohmer: Die Grundlagen der Einkommensteuer. Gerechtigkeit und Effizienz. 1997.

Band 38 Evamaria Wagner: Risikomanagement rohstoffexportierender Entwicklungsländer. 1997.

Band 39 Matthias Meier: Das Sparverhalten der privaten Haushalte und der demographische Wandel: Makroökonomische Auswirkungen. Eine Simulation verschiedener Reformen der Rentenversicherung. 1997.

Band 40 Manfred Albring / Eberhard Wille (Hrsg.): Innovationen in der Arzneimitteltherapie. Definition, medizinische Umsetzung und Finanzierung. Bad Orber Gespräche über kontroverse Themen im Gesundheitswesen 25.-27.10.1996. 1997.

Band 41 Eberhard Wille / Manfred Albring (Hrsg.): Reformoptionen im Gesundheitswesen. Bad Orber Gespräche über kontroverse Themen im Gesundheitswesen 7.-8.11.1997. 1998.

Band 42 Manfred Albring / Eberhard Wille (Hrsg.): Szenarien im Gesundheitswesen. Bad Orber Gespräche über kontroverse Themen im Gesundheitswesen 5.-7.11.1998. 1999.

Band 43 Eberhard Wille / Manfred Albring (Hrsg.): Rationalisierungsreserven im deutschen Gesundheitswesen. 2000.

Band 44 Manfred Albring / Eberhard Wille (Hrsg.): Qualitätsorientierte Vergütungssysteme in der ambulanten und stationären Behandlung. 2001.

Band 45 Martin Pfaff / Dietmar Wassener / Astrid Sterzel / Thomas Neldner: Analyse potentieller Auswirkungen einer Ausweitung des Pharmaversandes in Deutschland. 2002.

Band 46 Eberhard Wille / Manfred Albring (Hrsg.): Konfliktfeld Arzneimittelversorgung. 2002.

Peter Lang · Europäischer Verlag der Wissenschaften

Jörg C. Mahlich

Innovationsdeterminanten in der Pharmaindustrie am Beispiel Japans

Frankfurt/M., Berlin, Bern, Bruxelles, New York, Oxford, Wien, 2001.
336 S., zahlr. Abb. u. Tab. Europäische Hochschulschriften: Reihe 5, Volks- und Betriebswirtschaft. Bd. 2788
ISBN 3-631-38014-3 · br. € 50.10*

Obwohl japanischen Pharmaunternehmen Anfang der 90er Jahre von vielen Marktbeobachtern eine rosige Zukunft prognostiziert wurde, haben sie sich im weltweiten Pharmageschäft zu keiner gefährlichen Konkurrenz für die führenden Unternehmen aus den USA und Europa entwickelt.
Von Ausnahmen abgesehen, haben es japanische Unternehmen bisher nicht geschafft, mit innovativen Medikamenten zu punkten. Die Arbeit analysiert die Gründe für die Innovationsschwäche. Ein wesentlicher Grund liegt in der Natur des Pharmamarktes, der sich fundamental von anderen Märkten unterscheidet und deshalb andere Eintrittsstrategien erfordert als beispielsweise Elektronik und Automobile, wo japanische Firmen nach wie vor erfolgreich sind. Im Pharmamarkt sind innovative Produkte mehr als alles andere entscheidend für den Markterfolg. Wichtig dabei ist die Fähigkeit einer Firma, sich in wissenschaftliche Netzwerke einzuklinken. Die Arbeit zeigt auf, warum japanische Unternehmen hier größere Schwierigkeiten haben als westliche Firmen. Im empirischen Teil der Arbeit schließlich wird gezeigt, dass sich wissenschaftliche Veröffentlichungen von Firmenforschern positiv auf Gewinne und Marktwert auswirken, da sie die Absorptionsfähigkeit erhöhen, neues und relevantes Wissen von Außen aufzunehmen.

Aus dem Inhalt: Besonderheiten des Pharmamarktes · Theorien über Innovationsdeterminanten · Das japanische Innovationssystem · Der japanische Pharmamarkt · Empirie: Zusammenhang zwischen Wissensindikatoren und ‚performance' von Firmen

Frankfurt/M · Berlin · Bern · Bruxelles · New York · Oxford · Wien
Auslieferung: Verlag Peter Lang AG
Moosstr. 1, CH-2542 Pieterlen
Telefax 00 41 (0) 32 / 376 17 27

*inklusive der in Deutschland gültigen Mehrwertsteuer
Preisänderungen vorbehalten

Homepage http://www.peterlang.de

FSC
www.fsc.org
MIX
Papier | Fördert
gute Waldnutzung
FSC® C083411

Kolibri 360 GmbH
Ferdinand-Jühlke-Straße 7
99095 Erfurt, Deutschland
produktsicherheit@kolibri360.de

Druck:
CPI Druckdienstleistungen GmbH
im Auftrag der
Kolibri 360 GmbH
Ferdinand-Jühlke-Str. 7
99095 Erfurt